SAP ERP를 중심으로 한

ERP 개론

윤철호 지음

생능

SAP ERP를 중심으로 한 ERP 개론

초판발행 2016년 11월 25일
제1판4쇄 2023년 7월 21일

지은이 윤철호
펴낸이 김승기, 김민정
펴낸곳 (주)생능 / **주소** 경기도 파주시 광인사길 143
출판사 등록일 2014년 1월 8일 / **신고번호** 제2014-000003호
대표전화 (031)955-0761 / **팩스** (031)955-0768
홈페이지 www.booksr.co.kr

책임편집 신성민 / **편집** 이종무, 유제훈 / **디자인** 유준범
마케팅 최복락, 김민수, 심수경, 차종필, 백수정, 송성환, 최태웅, 명하나
인쇄 · 제본 (주)상지사P&B

ISBN 979-11-86689-14-1 93320
정가 22,000원

- 이 도서의 국립중앙도서관 출판예정도서목록(CIP)은 서지정보유통지원시스템 홈페이지(http://seoji.nl.go.kr)와 국가자료공동목록시스템(http://www.nl.go.kr/kolisnet)에서 이용하실 수 있습니다.
(CIP제어번호: CIP2016026982)

머·리·말

ERP는 글로벌 경쟁 체제 구축을 위한 경영혁신의 도구와 디지털 경제에서 e-비즈니스 기업으로 전의(e-Transformation)를 위한 기반으로 해외는 물론 국내의 대부분의 대기업들은 ERP를 이미 도입하여 적극적으로 기업 경영에 활용하고 있다. 오늘날 기업 경영에 있어서 ERP의 역할이 큰 만큼 이를 교육에 연결시키려는 시도 또한 지속적으로 이루어져 왔다. 그러나 이러한 시도들은 대부분 특정 ERP 패키지의 사용방법과 같은 기술적인 관점에서만 진행되었다.

본서는 기존 기술적 관점의 ERP 도서들과 다르게 ERP를 이론적 · 학문적 관점에서 접근하였다. 이를 위해 ERP 시스템의 대명사인 SAP ERP를 근간으로 업무기능(모듈)별로 경영학적 이론, 선진업무절차(best practices) 및 이에 대한 SAP ERP의 기능 및 작동원리에 대해 설명하였다. 뿐만 아니라 기업 전체의 업무와 ERP 시스템 관계를 포괄적으로 이해하도록 영업유통 관리, 생산관리, 자재관리, 재무회계, 관리회계, 인적자원관리, 설비관리, 프로젝트 시스템은 물론 ABAP 프로그래밍과 ERP 확장 기능들을 포함한 전체 ERP 모듈에 대한 내용들로 구성하였다.

ERP가 실무는 물론 학문적으로도 매우 중요함에도 불구하고 이에 대한 개론적 성격의 책은 전무한 상태이다. 이런 의미에서 본서는 기업 업무에서 ERP의 역할을 이해하는 데 중요한 역할은 할 것으로 예상되며, 아울러 경영이론과 실무 간의 간격을 줄이는 데 기여할 것이다.

본서를 만드는 과정에서 많은 분들이 도움을 주었다. 전반적인 책의 구성과 내용에 대해 조언을 주신 (주)더솔루션스 박진순 대표, IT맨(주) 신용철 대표와 실무적인 조언을 주신 임종목, 전무열, 이경진, 정이철 실장, LG CNS 박규창 부장과 팀원들, 삼성 SDS 김경남 부장과 팀원들 그리고 마지막으로 이론 및 학문적인 측면에서 검토와 조언을 주신 우리 학과의 이창대, 김기범 교수께 감사드린다.

2016년 11월

윤철호

이 책의 구성 및 특징

구성

본 『SAP ERP를 중심으로 한 ERP 개론』은 기업의 전체 업무처리를 지원하는 ERP에 대하여 체계적인 설명과 포괄적인 이해를 제공하기 위하여 ERP 개관, 기업 업무와 SAP ERP의 관계 그리고 SAP ERP에서 제공하는 모듈들을 장(Chapter)으로 구성하였다. 또한 SAP ERP 시스템의 수정과 확장에 대한 이해를 돕기 위하여 ABAP 프로그래밍과 SAP ERP 확장들에 대하여도 각각 장으로 구성하여 포함하였다. 그 세부적 구성은 다음과 같다.

Chapter 1 ERP에 대한 개관으로 경영혁신의 도구로서의 ERP의 역할과 정의 그리고 SAP ERP의 전반적인 소개를 다루고 있다.

Chapter 2 기업업무와 SAP ERP 관계에 대한 소개로 전반적인 기업업무에 대한 소개와 이를 지원하는 SAP ERP의 기능적 특징 및 모듈들의 개괄적인 소개를 담고 있다.

Chapter 3 영업 및 유통(Sales and Distribution, SD) 모듈에 대한 소개로 사전 영업활동, 판매주문처리, 출하/운송, 대금청구 및 입금관리에 이르는 판매 및 제품 물류의 전 업무를 지원하는 SAP ERP의 기능 및 작동원리를 설명하고 있다.

Chapter 4 생산관리(Production Planning, PP) 모듈에 대한 소개로 자재구성표(Bill of materials, BOM), 공정(routing) 및 작업장과 같은 기준정보들에 대한 소개와 SAP ERP의 기능들을 이용한 생산계획 수립 및 자재소요량계획, 생산지시 및 실적관리 절차들을 소개하고 있다.

Chapter 5 자재관리(Materials Management, MM) 모듈에 대한 내용으로 자재소요계획(Material requirements planning, MRP)과 소비기준계획(Consumption Based Planning, CBP)에 근거한 자재소요량 산출 방식, 구매요청, 견적요청서 생성, 업체선정, 구매계약 및 주문 처리하는 구매관리 기능들에 대한 설명과 송장 검증기능 및 자재관리 업무 등에 대하여 설명하고 있다.

Chapter 6 재무회계(Financial Accounting, FI) 모듈에 대한 소개로 기업 외부에 공표할 목적으로 작성되는 재무제표 생성을 위한 기업 거래 활동과 이와 관련된 SAP ERP의 회계자료 수집 과정 그리고 기업 활동으로 발생한 고객과 공급업체에 대한 채권 및 채무에 대한 관리 기능 등을 설명한다.

Chapter 7 관리회계(Controlling, CO) 모듈에 대한 소개로 SAP ERP에서 제공하는 간접비관리, 표준원가, 실제원가계산, 원가 차이분석, 원가중심점별 비용관리, 내부오더 관리, 활동회계원가, 수익성분석, 이익중심점회계 등의 최신 관리회계 기능들을 설명하고 있다.

Chapter 8 인적자원관리(Human Resources, HR) 모듈에 대한 소개로 조직관리, 인사관리 및 급여관리 업무와 관련된 내용들로 구성되어 있다. 조직단위, 직무, 포지션과 같은 조직구성요소들에 대한 정의와 조직구조에 대한 구성, 인재의 확보, 배치, 육성, 유지에 이르는 전반적인 인적자원 라이프사이클 관리 및 종업원에 대한 급여처리 및 후생복리관리 기능 등에 대한 SAP ERP 기능 설명과 더불어 e-HRM 환경 지원을 위한 다양한 셀프서비스(self-service) 기능들에 대한 내용들을 포함하고 있다.

Chapter 9 설비관리(Plant Maintenance, PM) 모듈에 대한 내용으로 생산계획의 달성, 품질향상, 원가절감 등을 이루기 위하여 설비 보전관리 업무 지원을 위한 설비기술정보관리, 예방정비 계획, 예지점검, 정비작업관리 기능들을 소개하고 있다.

Chapter 10 프로젝트시스템(Project System, PS) 모듈에 대한 소개로 수주 생산 프로젝트, 연구개발(R&D) 프로젝트, 마케팅 캠페인 등과 같이 프로젝트성 업무들을 지원하기 위한 프로젝트 구조 정의, 프로젝트 일정계획 및 원가관리, 자원관리, 예산관리, 진척관리 등의 기능들을 통하여 프로젝트의 계획, 실행 및 통제의 프로젝트 전 프로세스를 지원하는 SAP ERP의 기능들을 소개하고 있다.

Chapter 11 ABAP(Advanced Business Application Programming) 프로그래밍에 관한 내용으로 SAP ERP 시스템의 수정과 확장을 위한 프로그래밍 기초, 데이터베이스 및 프로그램 개발 도구들의 모임인 ABAP 워크벤치(ABAP Workbench)와 같은 기술적인 내용들을 다루고 있다.

Chapter 12 SAP ERP 확장에 대한 내용으로 기업의 정보시스템이 e-Business 도구로 진화함에 따라 이를 지원하기 위한 ERP의 확장 영역인 전략적 기업경영(Strategic Enterprise Management, SEM), 비즈니스 인텔리전스(Business Intelligence, BI), 고객관계관리(Customer Relationship Management, CRM), 공급사슬관리(Supply Chain Management, SCM) 및 기업애플리케이션 통합을 위한 SAP의 SAP SEM, SAP BW, SAP CRM, SAP APO, SAP SRM, SAP NetWeaber 등의 솔루션들의 기능을 소개하고 있다.

특징

- ERP 시스템의 대명사인 SAP ERP를 근간으로 업무기능별로 경영학적 이론, 선진업무절차(best practices) 및 이에 대한 SAP ERP의 기능 및 작동원리에 대한 설명들로 구성하여 ERP에 대한 이해의 폭을 넓힐 수 있다.
- SAP ERP 모듈들의 기능적인 설명 이외에도 ERP가 정보시스템이란 관점에서 시스템의 구성과 작동원리에 대한 이해를 돕기 위하여 SAP ERP 조직구성에 대한 설명과 주요 마스터데이터들의 역할을 모듈별 영역에 추가 설명하고 있다.
- 각 장(chapter)별로 경영이론 및 SAP ERP 작동원리에 대한 연습문제와 SAP ERP의 실무적용을 위한 문제들을 포함하고 있어 실무지식을 원하는 학생들은 물론 전반적인 기업 업무 프로세스에 대한 이해가 필요한 신입사원들의 교재로도 유용하게 사용될 수 있다.
- SAP ERP에 대한 내용을 포괄적으로 다루고 있어 세부적인 SAP ERP 자격증을 준비하는 학생들에게 초기 SAP ERP Overview 교육을 위한 교재로 활용이 가능하다.
- SAP ERP의 기능설명을 위하여 경영학적 이론과 경영 실무적인 내용을 포함하고 있어 공학계열에서 경영학 교육을 위한 교재로도 활용이 가능하다.

차·례

CHAPTER 1 ERP 개관

CHAPTER 2 기업 업무와 SAP ERP

CHAPTER 3 영업유통(SD) 모듈

CHAPTER 4 생산관리(PP) 모듈

CHAPTER 5 자재관리(MM) 모듈

CHAPTER 6 재무회계(FI) 모듈

CHAPTER 7 관리회계(CO) 모듈

CHAPTER 8 인적자원관리(HR) 모듈

CHAPTER 9 설비관리(PM) 모듈

CHAPTER 10 프로젝트 시스템(PS) 모듈

CHAPTER 11 ABAP 프로그래밍

CHAPTER 12 SAP ERP 확장

1

CHAPTER

ERP 개관

학습 목표

- 경영혁신에서 ERP의 역할에 대하여 설명할 수 있다.
- 전사적 자원관리(ERP) 개념에 대하여 설명할 수 있다.
- SAP가 무엇인지 설명할 수 있다.
- SAP ERP 진화과정에 대하여 설명할 수 있다.
- SAP ERP 구성에 대하여 설명할 수 있다.
- SAP ERP 특징들에 대하여 설명할 수 있다.
- SAP ERP 기술구조에 대하여 이해한다.
- SAP ERP 구축방법에 대하여 이해한다.
- e-Business와 SAP ERP의 확장에 대하여 이해한다.

1. 경영혁신과 ERP

지난 반세기 동안 기업들은 기업생존과 경쟁우위 확보를 위하여 다양한 경영혁신운동을 전개하여 왔다. 무결점운동(Zero Defects, ZD), 종합적 품질관리(Total Quality Management, TQM), 다운사이징(downsizing), 식스시스마(Six Sigma), 아웃소싱(outsourcing), 벤치마킹(benchmarking) BPR(business process re-engineering) 등은 이러한 경영혁신운동을 지원하기 위해 개발 · 적용되어온 다양한 혁신기법들로 이중 업무재구축 또는 업무재설계로 불리는 BPR은 모든 산업에서 적용 가능한 보편적인 특성과 기법 적용의 용이성으로 21세기 초 가장 인기 있는 혁신기법으로 다양한 기업들에서 적용되어 왔다.

BPR

기업의 핵심업무 프로세스들에 대한 재설계(re-engineering)를 통하여 기업을 혁신해 나가는 경영혁신 기법

1990년대 초부터 시작된 BPR은 MIT의 컴퓨터학과 교수인 마이클 해머(Micheal Hammer)와 경영컨설턴트인 제임스 챔피(James Champy)에 의하여 주도된 경영혁신 기법으로 비용, 품질, 서비스, 속도와 같은 기업의 경쟁적 역량에 대한 극적인(dramatic) 성과를 이루기 위해 기업의 업무프로세스들을 근본적(fundamental)으로 다시 생각하고 급진적(radical)으로 재설계하는 것으로 **BPR**은 기업의 중요한 비즈니스 프로세스들, 즉 핵심(core) 업무 프로세스들을 선택하고 그것들에 대한 재설계(re-engineering)를 통하여 기업을 혁신해 나가는 경영혁신 기법이다.

BPR은 오늘날까지 많은 기업들에서 경영혁신을 위한 하나의 접근법으로 적용되어왔으며, 포드자동차, 코닥, IBM Credit 등이 BPR 적용의 대표적인 성공사례들로 잘 알려져 있다. 그러나 다수의 기업들은 BPR을 적용하는 과정에서 프로젝트가 실패한 것으로 알려져 있다. 일부 주장에 의하면 BPR 프로젝트 실행기업의 70%가 정도가 실패한 것으로 보고되고 있다. 이러한 실패에 대한 다양한 실패요인들이 제시될 수 있으나, 일반적으로 구현방법론의 모호성과 정보기술의 지원 부족 등이 핵심적인 실패요인들로 제기되고 있다.

다수의 기업들이 BPR 프로젝트에는 실패하였지만 BPR 프로젝트는 이들 기업들에게 업무재설계의 중요성과 경영혁신에 있어서 정보기술의 중요성을 각인시켰다. 이러한 BPR 실패에 근거하여 정보기술 주도의 업무재설계를 통한 경영혁신기법이 ERP이다. 따라서 오늘날 기업들은 ERP를 경영혁신을 위한 도구로서 적극 활용하고 있다.

- ERP는 기업 경쟁력 확보와 고객만족을 위한 경영혁신 도구이다.

2. 전사적 자원관리

ERP
기업의 목적을 달성하기 위해 한정된 자원을 효율적으로 이용하고자 하는 개념

ERP 시스템
판매 주문에서 제품 생산, 출하까지의 공급사슬과 회계관리, 인적자원관리를 포함한 기업의 전체 업무를 통합·관리하는 정보시스템

ERP(enterprise resource planning) 또는 전사적 자원관리(全社的 資源管理)라 불리는 **ERP**는 기업의 목적을 달성하기 위해 한정된 자원을 효율적으로 이용하고자 하는 개념으로 **ERP 시스템**은 이를 위하여 판매 주문에서 제품 생산, 출하까지의 일련의 공급사슬과 회계관리, 인적자원관리를 포함한 기업의 전체 업무를 통합·관리하는 정보시스템을 의미한다.

오늘날 기업내부의 통합정보시스템인 ERP는 기업경영에서 다음과 같은 중요한 역할을 수행한다.

첫째, ERP는 정보기술 주도(IT-driven)의 기업 업무프로세스 재설계를 통해 기업생존과 경쟁우위 확보를 위한 경영혁신의 도구로서의 역할을 수행한다.

둘째, ERP는 인터넷 및 최신 정보기술을 기반으로 핵심적인 비즈니스 업무를 간편하고 광역으로 수행함으로써 새로운 비즈니스 가치를 추구할 수 있는 유연하고 통합화된 비즈니스 방식인 e-business를 수행하기 위한 백본(backbone)으로서의 역할을 수행한다.

셋째, ERP는 기업 경영의 내외부에서 온라인, 실시간의 정보공유를 통해 의사결정 속도를 높이고 잠재적인 경영상 위험 요소들을 제거함으로써 경쟁력을 극대화한 실시간 기업경영(real-time enterprise)을 위한 근간 정보시스템으로서의 역할을 수행한다.

- 기업생존과 경쟁우위 확보를 위한 경영혁신의 도구

- e-business 수행을 위한 백본
- 실시간 기업경영을 위한 근간 정보시스템

(1) ERP 시스템

일반적으로 ERP 시스템은 조직 내부에서 자체개발하는 인 하우스(in-house) 시스템과는 달리, SAP, 오라클 등의 전문 정보기술업체에 의해 만들어진 소프트웨어 패키지 제품을 수정·보완하는 과정을 거쳐 구축된 기업 내부의 정보시스템(Information Systems)을 의미한다.

ERP 시스템은 모든 기능들이 새롭게 개발되는 것이 아니라 ERP 소프트웨어 패키지를 선정·구매하여 업무재설계 및 ERP 소프트웨어 기능들의 맞춤화(customizing) 작업과 추가 프로그램 개발(bolt-on)과 같은 구축과정을 통하여 한 기업의 정보시스템으로 구축된다. [그림 1-1]에서와 같이 ERP 소프트웨어를 근간으로 한 기업정보시스템의 구축은 자체 개발할 때 필요한 시스템 설계 및 개발과정이 없어 단기간 내에 기업 정보시스템(enterprise system)을 구축·운영할 수 있는 이점을 가지고 있다.

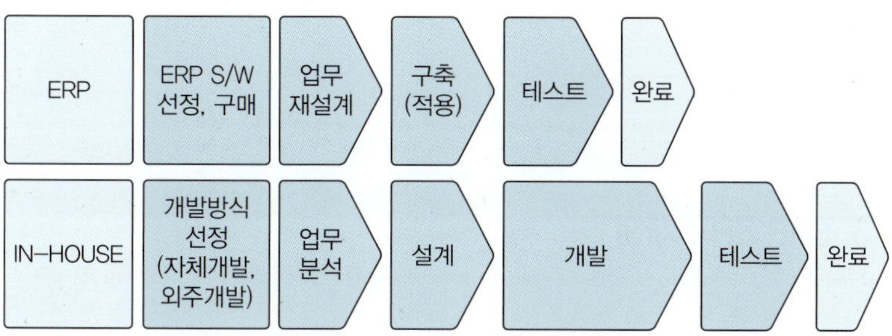

[그림 1-1] ERP 시스템의 구축

(2) ERP 소프트웨어

ERP 소프트웨어(software)는 ERP 시스템 구축을 위한 기본형태의 소프트웨어 제품을 의미한다. ERP 소프트웨어는 한 가지 기능을 제공하는 것이 아니라 워드프로세서, 엑셀, 파워포인트 등으로 구성된 오피스와 같이 기업의 여러 업무, 영업관리, 자재관리, 생산관리, 회계관리, 인사관리 등에서 필요한 다양한 비즈니스 기능들을 제공하는 패키지(package) 형태로 구성되어 있다. 따라서 ERP 소프트웨어는

ERP 소프트웨어
ERP 시스템 구축을 위한 기본형태의 소프트웨어 제품

"ERP 소프트웨어 패키지" 또는 "ERP 패키지"란 용어로 불리기도 한다.

ERP 소프트웨어는 전문 정보기술업체들에 의해 소프트웨어 제품으로 만들어서 판매된다. [그림 1-2]는 2012년도의 전 세계 ERP 소프트웨어 시장 점유율로 SAP와 Oracle이 25%와 17%로 높은 점유율들을 보여주고 있다. 또한 〈표 1-1〉은 2011년도의 국내 ERP 소프트웨어 시장 점유율로 SAP가 50% 이상의 높은 시장점유율을 보여주고 있다.

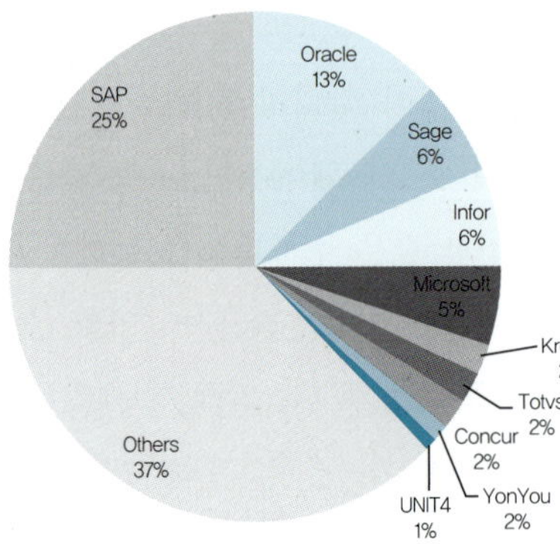

Worldwide ERP Software Market Share, 2012
Market Size: $24.5B; 2.2% Growth Over 2011

[그림 1-2] 시장점유율

〈표 1-1〉 국내시장점유율

국내 ERP 상위 벤더(단위: 백만원, SW 라이선스 기준)			
벤더명	시장점유율	2011년 매출	시장점유율
SAP	49.7%	64,275	50.3%
Duzon	17.6%	22,916	17.9%
Oracle	9.7%	12,472	9.8%
Younglimwon	5.7%	7,347	5.7%
Samsung SDS	3.5%	4,158	3.3%
Microsoft	2.0%	3,115	2.4%
BDS Infocom	1.9%	2,431	1.9%
QAD Inc.	0.9%	1,163	0.9%
Infor	0.8%	960	0.8%
Others	8.1%	9,019	7.1%
Total	100.0%	127,856	100.0%

출처: 한국IDC. Korea ERP Applications Market by Vendor Share, 2011

3. SAP ERP 개관

SAP ERP
SAP AG에서 생산하는 ERP 소프트웨어 제품

SAP(Systems, Applications and Products in data processing) **ERP**는 SAP AG에서 생산하는 ERP 소프트웨어 제품을 말한다. SAP AG는 독일의 소프트웨어 개발업체로 세계 3위의 소프트웨어 기업이다. 현재 세계 1위의 ERP 소프트웨어 시장점유율을 보이고 있으며, 포춘 500 기업 대부분이 SAP ERP를 사용하고 있고 국내의 경우 삼성전자, 현대자동차, 한국전력 등 대기업 및 주요 공기업 대부분이 SAP ERP를 사용하여 기업 정보시스템을 구축하여 사용하고 있다.

(1) SAP ERP 진화

SAP ERP는 1973년에 R1이란 이름으로 소프트웨어가 개발된 후 메인프레임 환경의 R/2, 클라이언트/서버 환경의 R/3 그리고 웹 환경의 mySAP를 거쳐 오늘날 통합 환경을 근간으로 한 SAP ERP Business Suite로 지속적인 진화 과정을 거치고 있다.

- SAP R/2 — 메인프레임 환경의 ERP 시스템
- SAP R/3 — 3계층의 클라이언트/서버 구조의 ERP 시스템
- mySAP — 웹을 이용한 사용자 인터페이스 환경으로 R/3의 기본 구성과 일부 확장 ERP을 결합한 시스템
- SAP ERP Business Suite — R/3의 기본 구성과 모든 확장 ERP를 포괄적으로 통합한 시스템

SAP는 **SAP R/3**을 가지고 세계적인 ERP 기준을 만들었고, SAP ERP는 R/3의 기본 모듈들에 근간해 있다. 따라서 이 책은 SAP R/3의 모듈들을 근간으로 구성되었다. SAP R/3가 오늘날 판매되는 SAP ERP 제품의 구성과는 약간의 차이가 있을 수 있으나, 범용적인 ERP 기능을 이해하는 데 차이가 없고 현장 실무자들에게 익숙하다는 장점을 가지고 있다.

SAP R/3
SAP사의 3계층의 클라이언트/서버 구조의 ERP 시스템으로 세계적인 ERP 기준을 제시한 제품

(2) SAP ERP 구성

SAP ERP는 [그림 1-3]에서와 같이 통합 데이터베이스를 근간으로 일반기업의 기본업무 및 산업별 특성화된 업무들을 지원하기 위한 기능들이 모듈(module) 형태로 제공되어 구성되어 있다.

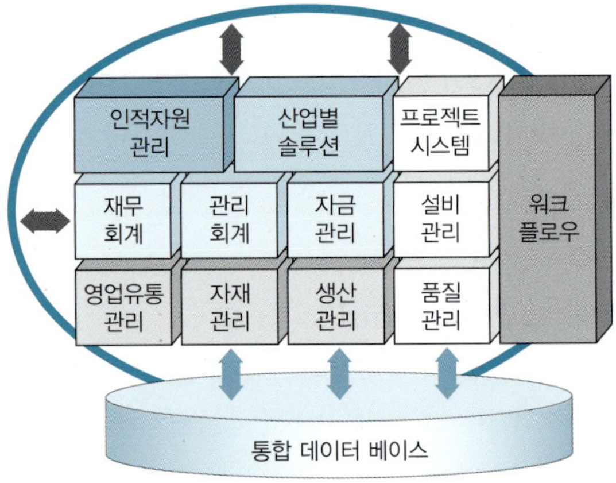

[그림 1-3] SAP ERP 구성

SAP ERP에서 제공하는 모듈과 주요업무 기능들은 다음과 같다.

- 영업유통관리(Sales & Distribution, SD) 모듈 — 사전영업활동, 판매주문처리, 출하관리, 대금청구 및 고객관리 등을 지원한다.
- 자재관리(Material Management, MM) 모듈 — 자재소요량계획(MRP), 구매주문처리, 송장검증, 재고관리 등을 지원한다.
- 생산관리(Production Planning, PP) 모듈 — 생산계획 수립, 생산실적처리, 자재구성표(BOM) 및 공정(Routing)과 같은 생산기준정보 관리를 지원한다.
- 품질관리(Quality Management, QM) 모듈 — 제품검사 및 자재검수와 같은 품질관리 활동을 지원한다.
- 설비관리(Plant Maintenance, PM) 모듈 — 설비들에 대한 예방점검, 정비작업관리 및 설비들에 대한 기본 정보관리 등을 지원한다.
- 인적자원관리(Human Resources, HR) 모듈 — 조직관리, 종업원들에 대한 채용, 교육훈련, 인재개발, 성과평가와 같은 인사관리, 급여처리 및 후생복리와 같은 보상관리 등을 지원한다.
- 재무회계(Financial Account, FI) 모듈 — 총계정원장, 매입채무, 매출채권, 고정자산 관리 및 재무제표 생성 기능 등을 제공한다.
- 관리회계(Controlling, CO) 모듈 — 간접비관리, 제조원가관리, 손익분석 등의

관리적인 의사결정을 위한 정보를 제공한다.

- 자금관리(Treasury, TR) 모듈 — 자금관리, 투자예산 관리, 재무거래 관리 및 시장위험 관리 등을 지원한다.
- 프로젝트 시스템(Project System, PS) 모듈 — 건설, 조선, 플랜트 등의 수주 생산 프로젝트, 연구개발(R&D)과 같은 투자예산 프로젝트 및 일상마케팅활동인 캠페인관리와 같은 프로젝트성 업무를 지원한다.
- 워크플로우(Workflow, WF) — SAP ERP 시스템 내 문서전달의 자동화를 지원한다.
- 산업 솔루션(Industrial Solutions, IS) — 일반제조업이 아닌 통신이나 은행과 같은 특정산업의 업무를 지원하기 위한 솔루션들을 의미한다.

(3) SAP ERP 산업별 솔루션

SAP ERP 산업별 솔루션(industrial solutions, IS)은 일반제조업체와 다르게 은행, 자동차, 중공업, 공공, 유통, 대학, 서비스 등과 같이 산업별로 특별하게 요구되는 기능들을 지원하는 모듈로서 다음과 같이 다양한 산업에서 적용되고 있다.

산업별 솔루션
SAP ERP에서 은행, 자동차, 중공업, 공공, 유통, 대학, 서비스 등과 같이 산업별로 특별하게 요구되는 기능들을 지원하는 모듈

- SAP Aerospace & Defense(항공우주/국방 산업)
- SAP Automotive(자동차 산업)
- SAP Banking(은행)
- SAP Chemicals(화학 산업)
- SAP Consumer Products(소비재 산업)
- SAP Engineering & Construction(건설 산업)
- SAP Healthcare(헬스케어 산업)
- SAP Higher Education & Research(교육, 연구소)
- SAP High Tech(하이테크 기술 산업)
- SAP Insurance(보험)
- SAP Media(방송 미디어 산업)
- SAP Mill Products(철강 산업)
- SAP Oil & Gas(석유 가스 산업)
- SAP Pharmaceuticals(의약 산업)

- SAP Public Sector(공공기관)
- SAP Retail(유통 산업)
- SAP Service Provider(서비스업)
- SAP Telecommunications(통신 산업)
- SAP Transportation(운송 산업)
- SAP Utilities(수도/전력 산업)

(4) SAP ERP 특징

SAP ERP는 통합적인 업무처리, 선진 업무절차 도입, 최신 정보기술의 적용, 세계화 지원, 중복업무의 배제, 실시간 정보처리 체계 구축 등 다양한 장점들로 오늘날 기업들의 근간 정보시스템 구축을 위한 ERP 소프트웨어로 선택되어 왔다.

[그림 1-4] SAP ERP 특징

다양한 문헌에서 최신 정보기술의 적용이 ERP 또는 SAP ERP 도입의 장점으로 제시되기도 하지만 오늘날 ERP에 적용된 기술들을 최신 정보기술들이라 하기에는 무리가 있다. 따라서 최신 정보기술의 적용을 제외한 SAP ERP의 장점들은 [그림 1-4]와 같이 통합 업무프로세스 지원, 리엔지니어링(BRP) 지원, 세계화(globalization) 지원 그리고 실시간 기업정보 제공의 4가지의 특징들로 구분 · 분류가 가능하다.

- 통합 업무프로세스 지원 — 통합 데이터베이스를 근간으로 기업의 기능부서별

업무통합뿐만 아니라 그 기업과 관련된 공급자부터 고객에 이르기까지 관련된 업무의 통합을 지원한다.

- 리엔지니어링(BRP) 지원 — SAP ERP내에는 서구 선진기업의 뛰어난 업무 절차(best practices)들이 기능들로 내장되어 있고, 이러한 선진업무 절차들은 ERP 도입 기업들의 리엔지니어링(BPR)을 지원한다.
- 세계화 지원 — SAP ERP시스템은 글로벌비즈니스 수행을 위해 다국적, 다통화(multi-currency), 다언어 기능을 지원한다. 또한 각 나라의 법률과 대표적인 상거래습관, 생산방식 등이 미리 소프트웨어에 반영되어 있어서 기업들은 이를 이용하여 세계화를 위한 현지화 전략이 가능하다.
- 실시간 기업정보 제공 — 통합데이터베이스에 저장된 기업 전반의 경영활동 자료를 활용하여 실시간으로 관리자 및 경영자들에게 의사결정을 위한 정보를 제공한다.

4. SAP ERP 기술구조

오늘날 인터넷 및 웹 기술 그리고 데이터베이스의 발전으로 정보처리를 위한 기술구조가 [그림 1-5]와 같이 다중계층구조(Multi-Tier)로 구성되는 것이 보편화되었지만, SAP ERP는 클라이언트/서버 기술의 초기버전인 SAP R/3 때부터 다중계층구조의 하나인 3계층(3-Tier) 구조를 기술구조로 채택하였다.

다중계층구조는 하나의 정보처리를 위하여 다수개의 계층에 존재하는 서버 또는 서비스들이 협력하는 기술구조로 오늘날 많이 사용되는 웹을 이용한 정보처리는 [그림 1-5]에서와 같이 사용자 대화(dialog)와 그래픽 정보처리는 사용자의 PC에 있는 웹브라우저가, 웹브라우저를 통하여 들어온 웹문서에서 정보처리를 위한 업무로직으로의 변환은 웹서버와 인터넷 서버가 업무로직들에 대한 산술연산과 같은 계산처리는 애플리케이션 서버가, 자료들에 대한 획득 및 보관과 같은 데이터 관련 처리는 데이터베이스 서버가 각기 담당하여 정보처리의 효율성을 높인다.

다중계층구조
하나의 정보처리를 위하여 다수개의 계층에 존재하는 서버 또는 서비스들이 협력하는 기술구조

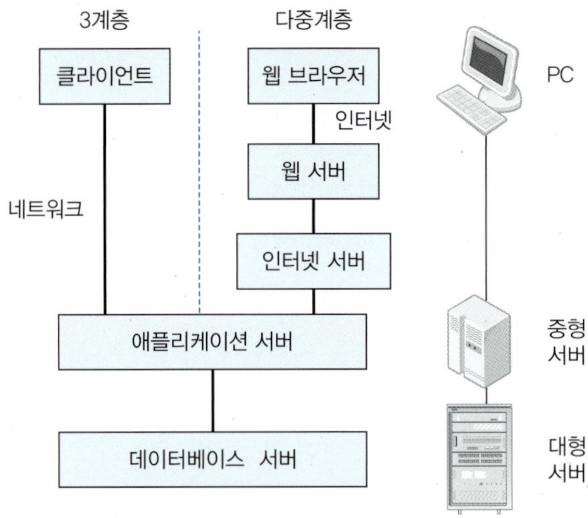

[그림 1-5] 정보처리 다중계층구조

(1) 3계층 구조

3계층(3-Tier)
표현층, 응용층, 데이터베이스층으로 구성된 3계층 구조의 기술구조

SAP ERP 시스템의 기본적인 기술구조는 [그림 1-6]과 같이 표현층, 응용층, 데이터베이스층의 **3계층(3-Tier)**으로 구성되어 있다.

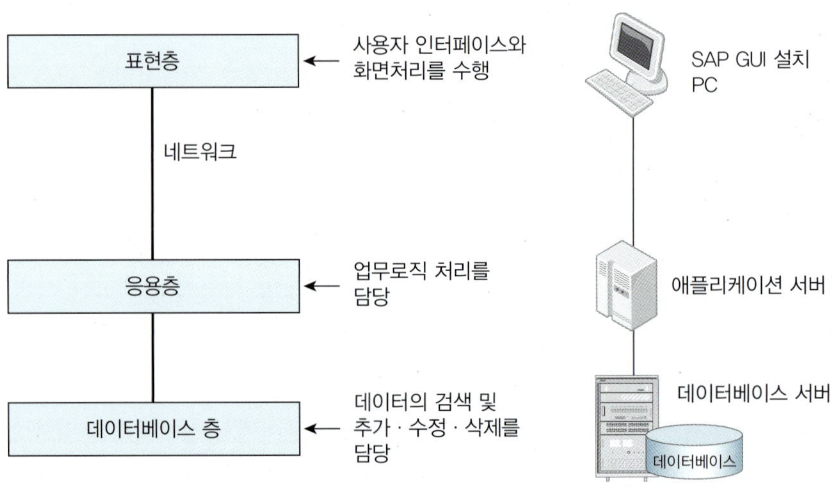

[그림 1-6] SAP ERP 기술구조

표현층(presentation layer)은 일반적으로 개인용 컴퓨터(PC)가 담당하고 있고 SAP ERP에서는 SAP GUI라는 프로그램을 통하여 사용자 인터페이스와 화

면처리를 수행한다. 응용층(application layer)은 실질적으로 업무로직 처리를 담당하는 계층으로 일반적으로 별도의 중형 서버급 컴퓨터들이 애플리케이션 서버란 명칭으로 구성된다. 마지막으로 데이터베이스층(database layer)은 데이터의 검색 및 추가 · 수정 · 삭제를 담당하는 계층으로 이를 위해 데이터베이스 관리시스템(database management system, DBMS)이 탑재된 대형 서버급 컴퓨터가 담당하며, 데이터베이스 서버란 명칭으로 불린다.

3계층이란 논리적인 구분으로 응용층과 데이터베이스층을 담당하는 기능들인 업무로직 처리와 데이터베이스 관리는 물리적으로 한 개의 컴퓨터에서 동시 서비스가 가능하다. 따라서 SAP ERP는 최소 서버급 컴퓨터 한 개만 가지고도 설치 · 운영이 가능하다.

SAP ERP 시스템의 3계층 기술구조는 화면처리와 업무로직을 분리 처리함으로서 전반적인 시스템 성능의 개선 이외에 [그림 1-7]과 같이 애플리케이션 서버들의 추가만으로 기업 전체의 시스템 규모를 확장해 나갈 수 있다는 장점도 가지고 있다.

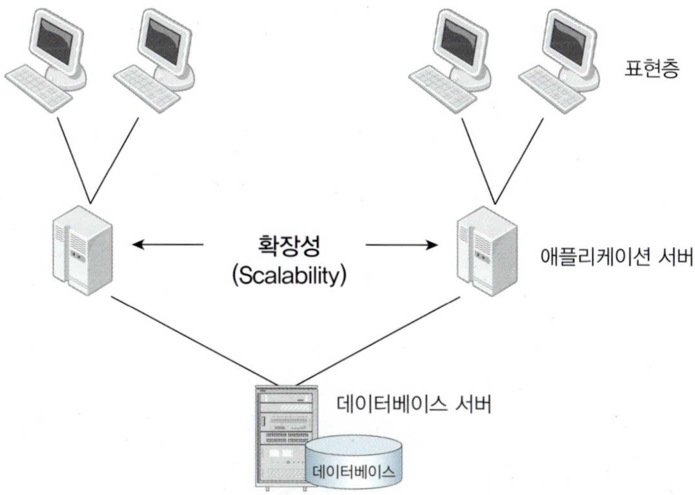

[그림 1-7] SAP ERP 구조의 확장성

(2) SAP GUI

SAP GUI는 SAP ERP 시스템을 사용하기 위해 일반 PC에 설치되는 소프트웨어로 애플리케이션 서버에 접근하거나 처리된 자료를 사용자에게 표현하는 기능을

SAP GUI
SAP ERP 시스템을 사용하기 위해 일반 PC에 설치되는 소프트웨어

수행한다. [그림 1-8]은 윈도우즈에 설치된 SAP GUI의 초기화면으로 오른쪽의 SAP ERP 프로그램들을 수행하기 위한 메뉴들이 있다.

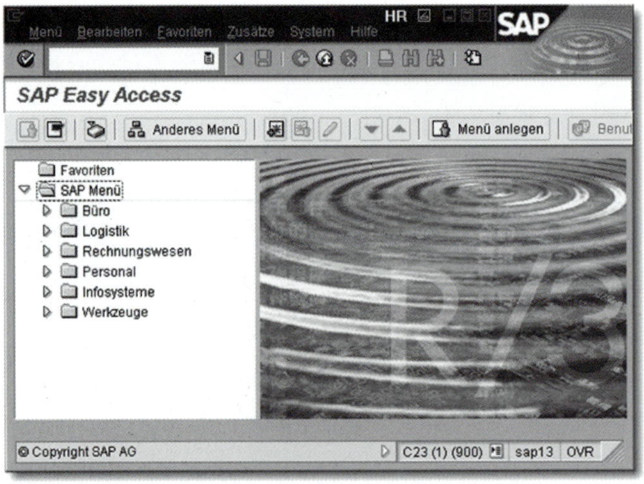

[그림 1-8] SAP GUI 화면

SAP GUI를 통하여 SAP ERP 시스템의 특정 기능들을 수행하기 위해서는 [그림 1-8]의 메뉴를 드릴다운(Drill Down)하여 해당 기능의 메뉴를 찾아 실행시키는 메뉴방식과 그림 상단의 입력필드에 해당기능의 코드를 직접 입력하여 실행시키는 T-CODE 입력방식을 사용할 수 있다. 최근 mySAP 버전부터는 별도의 SAP GUI 프로그램 설치 없이 웹 브라우저를 이용하여 SAP GUI 방식과 같이 SAP ERP 시스템에 접근한다.

(3) 애플리케이션 서버

애플리케이션 서버(application server)는 실제의 업무로직들을 처리한다. 업무로직을 처리하기 위하여 애플리케이션 서버는 데이터베이스에서 자료를 가져와 업무 트랜잭션들을 수행하고 결과를 SAP GUI가 설치된 일반 PC로 보낸다.

SAP GUI와의 통신과 업무로직 처리를 위하여 [그림 1-9]와 같이 애플리케이션 서버의 내부에는 분배기(dispatcher)와 작업프로세스들로 구성되어 있다.

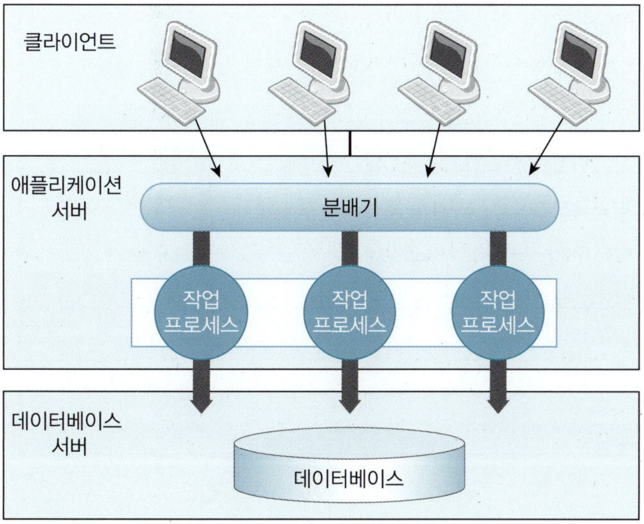

[그림 1-9] 애플리케이션 서버

분배기는 SAP GUI와의 통신뿐 아니라 하나의 미들웨어로서 부하를 분산하는 기능을 제공하고 작업프로세스들은 실제로 업무처리를 위한 트랜잭션들을 수행한다. 작업프로세스들을 실행시키는 SAP ERP 프로그램들은 애플리케이션 서버에 상주하고 있으며 이들 프로그램은 ABAP이란 SAP ERP 프로그램 언어로 작성된다.

(4) 데이터베이스 서버

데이터베이스 서버(database server)는 SAP ERP시스템의 통합 데이터베이스를 관리 · 운용하고 있다. [그림 1-10]에서와 같이 애플리케이션 서버에 상주에 있는 ABAP 프로그램들은 데이터베이스 표준 언어인 SQL(structured query language)이나 특정 데이터베이스에 국한된 Native SQL을 통하여 데이터베이스 서버에 있는 데이터를 조작한다. SQL에 대한 자세한 내용은 11장에서 설명된다.

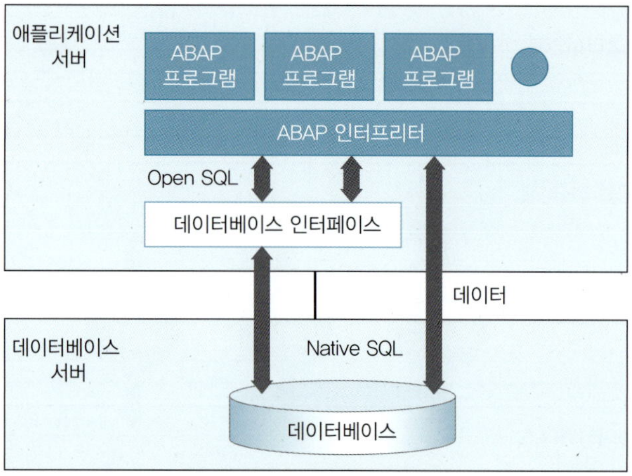

[그림 1-10] 데이터베이스 접근

5. SAP ERP 시스템의 구축

SAP ERP 소프트웨어를 근간으로 기업의 정보시스템을 구축하기 위해서는 체계적인 절차와 세부적인 활동계획이 필요하다. SAP에서는 ASAP이라는 SAP ERP 시스템 구축 절차에 대한 방법론을 제시하여 SAP ERP 소프트웨어를 이용한 기업의 정보시스템 구축을 지원한다.

(1) ASAP

ASAP

프로젝트 준비, 비즈니스 상세계획, 시스템 구현, 최종준비, 시스템 개통 및 지원 등의 5단계로 구성된 SAP ERP 시스템 구축을 위한 방법론

ASAP(Accelerated SAP)은 SAP 사에서 제시한 SAP ERP 시스템 구축을 위한 방법론으로 [그림 1-11]에서 보이는 바와 같이 프로젝트 준비, 비즈니스 상세계획, 시스템 구현, 최종준비, 시스템 개통 및 지원 등의 5단계로 구성되어 있다.

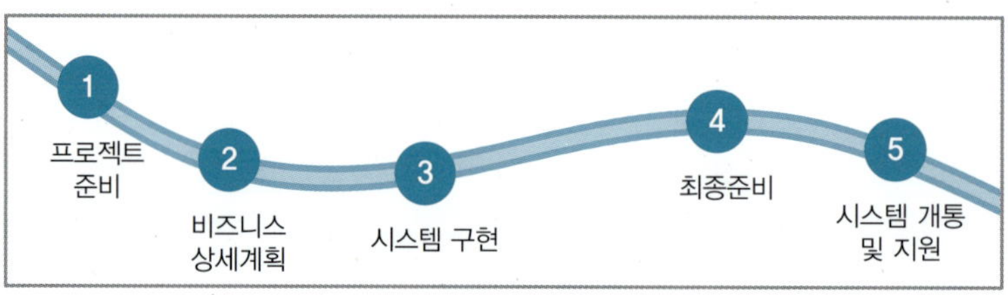

[그림 1-11] ASAP 구축단계

ASAP에서 제시된 ERP 시스템 구축 단계들에 대한 설명은 다음과 같다.

① 프로젝트 준비(Project Preparation) 단계 — SAP ERP 시스템 구현을 위한 초기 계획의 수립과 필요한 제반사항은 준비하는 단계로 프로젝트 계획 수립, 프로젝트 범위 및 목표 설정, 프로젝트 팀 구축 및 팀원들의 역할 및 책임에 대한 정의, 기술요구사항 정의, 프로젝트 킥오프(Kickoff), 프로젝트 팀원 교육 등의 활동이 수행된다.

② 비즈니스 상세계획(Business Blueprint) 단계 — 시스템 구현을 통하여 변화하게 될 미래의 모습을 기술하고 시스템에서 구현되는 과정을 정의하는 단계로 기업의 업무프로세스가 새롭게 설계되고 시스템 개발을 위한 환경이 구축된다.

③ 시스템 구현(Realization) 단계 — 이전 단계에서 설계된 업무 프로세스를 근간으로 시스템을 구축하는 단계로 맞춤화 작업(configuration)과 다양한 프로그램들(기능추가, 기능수정, 보고서, 인터페이스, 데이터 이전 등)이 개발된다.

④ 최종준비(Final Preparation) 단계 — 시스템 개통을 위한 최종 준비를 하는 단계로 기능 테스트, 사용자 교육, 시스템 운영방안 등 운영시스템으로 전환(cut-over)을 위한 제반 활동들이 수행된다.

⑤ 시스템 개통 및 지원(Go Live & Support) 단계 — ERP 시스템으로 업무를 처리하는 운영환경으로 전환하는 단계로 전환 초기에 발생되는 문제 해결 방안 및 장기적인 지원 체제를 수립하는 활동 등이 수행된다.

SAP ERP 시스템 구현을 위해서는 ASAP 구축 방법론에 포함된 많은 작업들이 수행되어야 한다. 이러한 작업 중에서 맞춤화 작업과 신규 ABAP 프로그램 개발은 업무프로세스 재설계와 더불어 SAP ERP 시스템 구현에 있어서 가장 핵심적인 작업들이다.

(2) 업무프로세스 설계

ERP을 근간으로 한 업무프로세스 설계는 정보기술 주도(IT-driven)의 업무프로세스 재설계(BPR)로 이를 위해서는 ERP내에 내장되어 있는 선진업무절차(best practices)들을 참조하여 설계되는 것이 바람직하다. 일반적으로 ERP에서 제공하는 선진업무절차들은 명시적으로 나타나 있는 것이 아니라 ERP가 제공하는 다양한 업무지원 기능들을 통하여 제공되고 있다. 따라서 SAP ERP 시스템 구축을 위한 업무프로세스 재설계를 위하여서는 SAP ERP가 제공하는 기능들에 대한 숙지가 반드시 필요하다.

(3) 맞춤화작업

맞춤화 작업

기업정보시스템 구축을 위해 ERP 소프트웨어를 도입한 기업이 시스템 구축을 위해 기업의 환경, 조직구조, 설계된 업무절차 등에 맞게 조정하는 작업

맞춤화(configuration) 작업은 기성제품인 ERP 소프트웨어 패키지를 도입한 기업의 환경, 조직구조, 설계된 업무절차 등에 맞게 조정하는 작업으로 [그림 1-12]와 같은 IMG(Implementation Guide) 세팅 화면을 통하여 수행한다. IMG 세팅을 위해서는 조직구조 및 업무처리 절차들이 미리 확정되어 있어야 하며 세팅 작업은 각 모듈의 컨설턴트들 또는 컨설턴트들의 도움을 받은 협업 담당자들에 의하여 진행된다.

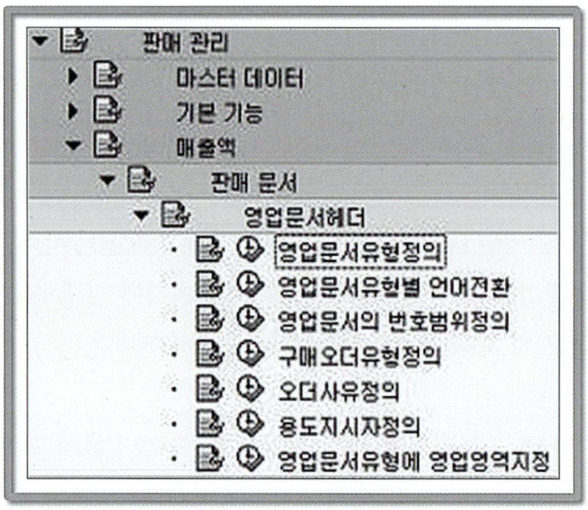

[그림 1-12] IMG Setting 화면

(4) ABAP 프로그래밍

ABAP

SAP ERP에서 프로그램 수정 및 신규 개발을 위한 고급 프로그래밍 언어

SAP ERP 소프트웨어를 근간으로 시스템을 구축하는 과정에서 새로운 기능의 추가, 기존기능의 수정, 신규보고서 작성, 타시스템들과의 인터페이스, 데이터 이전 등을 위한 다양한 프로그램 개발이 요구된다. ABAP은 SAP ERP에서 프로그램 수정 및 신규 개발을 위한 고급 프로그래밍 언어로 ABAP 프로그램 개발자들에 의하여 SAP ERP 구축 및 운영과정에 필요한 프로그램들을 수정 · 개발할 때 사용

된다. ABAP 프로그램 개발을 용이하게 하기위하여 SAP ERP는 [그림 1-13]과 같은 다양한 개발 도구들을 제공한다.

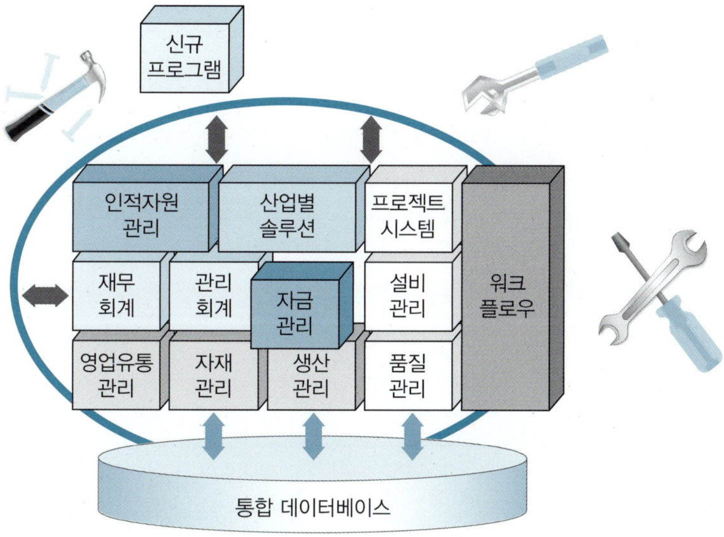

[그림 1-13] ABAP 프로그램 개발도구

SAP ERP 시스템이 ABAP 프로그램 개발을 지원하기 위한 주요 개발 도구들은 다음과 같다.

- ABAP Editor — 프로그램 소스를 편집하는 도구로 프로그램을 생성하거나 수정할 때 사용된다.
- ABAP Dictionary — 데이터베이스 구조 등을 정의하고 테이블 구조의 수정, 삭제에 사용된다.
- Screen Painter — 사용자가 사용하는 대화 상자의 화면 생성을 지원하다.
- Menu Painter — 프로그램의 메뉴 구성을 지원한다.
- Function Builder — 프로그램 소스 내의 함수(function)들을 생성, 수정, 삭제할 때 사용된다.

6. e-Business와 SAP ERP 확장

e-Business
인터넷과 최신 정보기술들을 기반으로 간편하고 광역적인 기업의 내/외부 비즈니스 업무를 수행하는 것

기업의 정보시스템은 인터넷과 최신 정보기술들을 기반으로 간편하고 광역적인 비즈니스 업무 수행을 위한 **e-Business** 도구로 진화하고 있다. SAP도 기업의 e-Business를 지원하기 위해 [그림 1-14]와 같이 SAP ERP인 전사적 자원관리 시스템을 근간으로 전략적 기업경영 시스템, 비즈니스 인텔리전스, 고객관계관리 시스템, 공급사슬관리 시스템 등을 제공하고, 이들에 대하여 기업애플리케이션통합을 위한 솔루션도 지원하여 기업들의 e-Business 수행을 지원하고 있다.

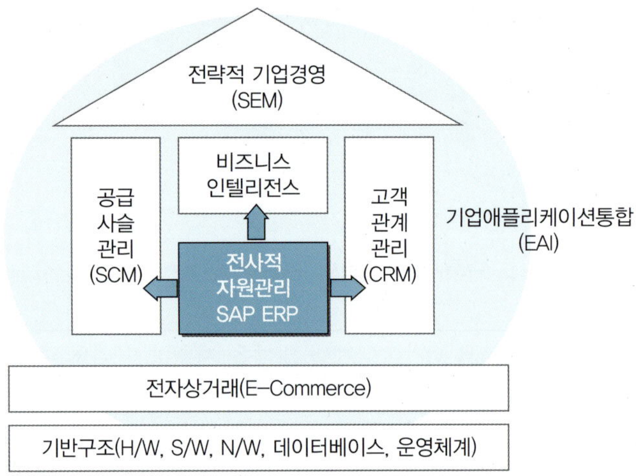

[그림 1-14] e-business 시스템

SAP ERP와 더불어 e-Business 수행을 지원하기 위하여 SAP에서 제공되는 소프트웨어 패키지들을 다음과 같다.

- SAP SEM — 전략적 기업경영을 지원
- SAP BW — 비즈니스 인텔리전스를 지원
- SAP CRM — 고객관계관리를 지원
- SAP APO, SAP SRM — 공급사슬관리를 지원
- SAP NetWeaber — 기업애플리케이션통합을 지원

요약

지난 반세기 동안 기업들은 경쟁우위 확보를 위하여 경영혁신운동을 전개하여 왔다. ERP는 기업 경쟁력 확보와 고객만족을 위한 경영혁신 도구이다. ERP는 기업의 목적을 달성하기 위해 한정된 자원을 효율적으로 이용하고자 하는 개념으로 ERP 시스템은 판매주문에서 제품출하까지의 일련의 공급사슬과 회계관리, 인적자원관리를 포함한 기업의 전체 업무를 통합·관리하는 정보시스템을 의미한다. ERP 시스템은 경영혁신의 도구, e-business 수행을 위한 백본 그리고 실시간 기업경영을 위한 정보시스템 역할을 수행한다.

ERP 시스템은 소프트웨어 패키지 제품을 수정·보완하는 과정을 거쳐 구축된 기업 내부의 정보시스템을 의미한다. SAP의 ERP 소프트웨어가 가장 높은 시장점유율을 가지고 있으며, SAP ERP는 SAP AG에서 생산하는 ERP 소프트웨어 제품을 말하며, 대기업 및 주요 공기업 대부분이 사용하고 있다. SAP ERP는 R/2. R/3. mySAP. SAP ERP Business Suite로 진화하고 있고, SAP는 R/3을 가지고 세계적인 ERP 기준을 만들었고, 현재 SAP ERP은 R/3의 기본 모듈에 근간해 있다.

SAP ERP는 통합데이터베이스를 근간으로 기업업무에 대한 기능들을 모듈 형태로 제공되어 구성되어 있으며, 산업별 솔루션(IS) 모듈을 제공한다. SAP ERP의 장점들은 통합업무프로세스 지원, 리엔지니어링(BRP) 지원, 세계화 지원 그리고 실시간 기업정보 제공 등이 있다. SAP ERP는 3계층구조를 기술구조로 채택하였고, 3계층 기술구조는 전반적인 시스템 성능 개선과 애플리케이션 서버들의 추가로 기업 전체의 시스템 규모를 확장해 나갈 수 있는 장점이 있다. SAP GUI는 SAP ERP 시스템을 사용하기 위해 일반 PC에 설치되는 소프트웨어다.

ASAP은 SAP ERP 시스템 구축을 위한 방법론으로 프로젝트준비, 비즈니스 상세계획, 시스템 구현, 최종준비, 시스템 개통 및 지원 등의 5단계로 구성되어 있다. ABAP은 SAP ERP에서 프로그램 수정 및 신규 개발을 위한 고급 프로그래밍 언어로 시스템 구축 및 운영과정에 필요한 프로그램들을 개발할 때 사용된다. SAP는 ERP 시스템을 근간으로 전략적 기업경영 시스템, 비즈니스 인텔리전스, 고객관계관리 시스템, 공급사슬관리 시스템 등을 제공하고 이들에 대한 기업애플리케이션통합을 위한 솔루션도 지원하여 기업들의 e-Business 수행을 지원하고 있다.

● 참고 문헌

- 김은 · 박진우 · 박준호 · 유세열 외, 『enterprise solutions(기업용 솔루션)』, 어람출판사, 2005.
- 서영호 · 박주석 · 김재경 · 이경전 · 김경재, 『e비즈니스 시대의 경영정보시스템』, 한경사, 2004.
- 윤철호, [텀즈] ERP, http://www.terms.co.kr, 1999.
- 윤철호, [텀즈] SAP, http://www.terms.co.kr, 1999.
- 윤철호, [텀즈] R3, http://www.terms.co.kr, 1999.
- 윤철호 · 김상훈(2004), "대학 교과과정에서의 ERP 교육 방안", 한국 SI 학회지, 3(2).
- 윤덕균, 『초우량 기업들의 경영혁신 200년』, 민영사, 2008
- Anamika Jain, Basic understanding on ASAP Methodology for beginners, SAP Community Network, 2013, http://scn.sap.com/docs/DOC-48920
- Anonymous, SAP Introduction ADMS3502, Canimani, www.yorku.ca, 2003
- Brady, Joseph, Monk, Ellen F., Wagner, Bret J., *Concepts in Enterprise Resource Planning*, 2001, Course Technology.
- CJ 시스템즈 SAP ERP 연구회, 『ABAP/4 programming guide 실전프로그래밍』, 성안당, 2005.
- Davenport, T.H., *Putting Enterprise into the Enterprise System*, Harvard Business Review, 1998.
- Eckerson, W. W.1(995), *Three tier client/server architectures: achieving scalability, performance, and efficiency in client/server applications*, Open Information Systems, 3(20), 46-50.
- ERP 연구회, 『SAP혁명』, 대청, 2001
- Gupta, M., & Kohli, A(2006), *Enterprise resource planning systems and its implications for operations function*, Technovation, 26(5), 687-696.
- Hammer, M. and Champy, J., *Reengineering the corporation: A manifesto for business revolution*, Harper Business, 1993.

- Hlupic, V., Choudrie, J. and Patel, N., *Business Process Re-engineering(BPR): The REBUS Approach, Cognition, Technology & Work 2*(2) pp 89-96, 2000.
- Kemper, A., Kossmann, D., & Zeller, B(1999), *Performance tuning for SAP R/3*, IEEE Data Eng. Bull., 22(2), 32-39.
- LG CNS, ERP 개요, 교육자료, 2005
- LG CNS, SAP OVERVIEW, 교육자료, 2005
- LG CNS, SAP 시스템 개요, 교육자료, 2005
- O'Leary D, *Enterprise resource planning systems*, Cambridge, UK: Cambridge Univ. Press, 2000.
- Richard W. Vawter, *SAP R/3 Overview & Basis Technology*, University of Southern California.
- SAP, https://help.sap.com/industries, SAP AG, 2015
- The Rushmore Group, *SAP Overview*, The Rushmore Group, LLC, 2007
- Tutorials Point , SAP – TutorialsPoint, http://www.tutorialspoint.com/sap/sap_tutorial.pdf, 2015
- Yoon C., *Concepts in Computer & Management*, 한경사, 2009.

연·습·문·제

1. 경영혁신에서 ERP의 역할에 대하여 설명하라.

2. 전사적자원관리(ERP) 개념 및 ERP 시스템에 대하여 설명하라.

3. SAP ERP 구성에 대하여 설명하라.

4. SAP ERP에서 제공되는 산업별 솔루션에 대하여 설명하라.

5. SAP ERP 진화 과정에 대하여 설명하라.

6. SAP ERP 특징들에 대하여 설명하라.

7. SAP ERP 기술구조 대하여 설명하라.

8. ASAP 방법론에 대하여 설명하라.

9. ABAP과 ABAP프로그램을 위하여 지원하는 도구들에 대하여 약술하라.

10. e−Business 지원을 위한 SAP ERP의 확장에 대하여 설명하라.

● 실무적용

- 우리 회사에 ERP 시스템 도입을 위한 기안서를 작성해 보자.
- 사장님에게 SAP ERP을 소개하기 위한 프레젠테이션 자료를 만들어 보자.
- 우리 회사 SAP ERP 도입을 위해 준비해야 할 하드웨어 목록을 만들어 보자.
- SAP ERP 시스템을 구축할 담당자로서 ASAP 방법론에 근거하여 시스템 구축 일정계획을 수립해 보자.
- 우리 회사에서 SAP ERP 시스템 구축을 위한 팀을 조직해 보자.

2

CHAPTER

기업 업무와 SAP ERP

학습 목표

- 전반적인 기업 업무에 대하여 설명할 수 있다.
- 기업의 주요 업무들에 대하여 설명할 수 있다.
- 기업 업무처리에서 통합정보시스템의 역할에 대하여 설명할 수 있다.
- SAP ERP 모듈의 기능들에 대하여 설명할 수 있다.
- SAP ERP의 조직구조에 대하여 이해한다.
- SAP ERP의 마스터데이터에 대하여 이해한다.

1. 기업 업무의 개요

기업은 이윤 추구를 목적으로 생산활동을 하는 조직이다. 이를 위해 기업은 인적자원과 물적자원을 구입 · 투입하여 제품이나 서비스를 생산하고, 이를 판매하는 활동을 수행하여 이윤을 창출하고 더불어, 이윤 극대화(profit maximization)를 추구한다. 이윤 창출과 이윤 극대화는 기업이 추구해야할 가장 본질적이고 궁극적인 목표로 이를 위하여 기업들이 수행하는 전형적인 활동들을 살펴보면 [그림 2-1]과 같다.

기업
이윤 추구를 목적으로 생산 활동을 하는 조직

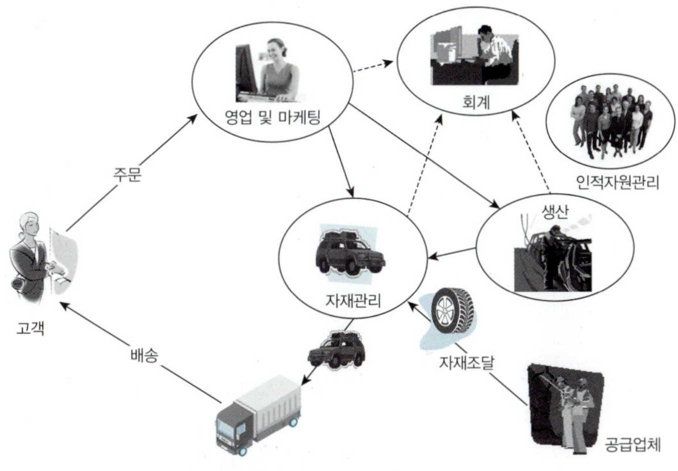

[그림 2-1] 기업의 업무

[그림 2-1]에서 보이는 바와 같이 기업은 영업 및 마케팅 활동을 통하여 고객으로부터 판매제품에 대한 주문을 받고 제품을 고객에게 배송을 한다. 제품에 대한 재고가 없을 경우 생산 과정을 거쳐 고객에 배송을 한다. 제품 생산 시 요구되는 자재는 구매를 통해 공급업체로 부터 조달되며, 제품판매 및 자재구매로 인하여 발생하는 금전거래들은 회계로 기록 · 보관되어 관리적인 의사결정을 위한 정보로 활용된다.

아울러 상기와 같은 기업 활동의 모든 업무를 처리하는 직원들에 대하여 통합적인 인적자원관리가 이루어진다.

이상과 같이 일반적인 기업에서는 이윤 창출과 이윤 극대화를 위해 다음과 같은 업무들이 상시적으로 행하여진다.

- 영업 및 마케팅 업무
- 자재관리 업무
- 생산활동 및 생산관리 업무
- 회계관리 업무
- 인적자원관리 업무

2. 기업의 주요 업무

일반적인 기업에서는 [그림 2-2]와 같이 기본적으로 영업 및 마케팅, 자재관리, 생산활동 및 생산관리, 회계 및 인적자원관리 업무들로 구성되어 있으며, 각 업무들에 대한 일반적인 목적과 세부적인 업무들은 다음과 같다.

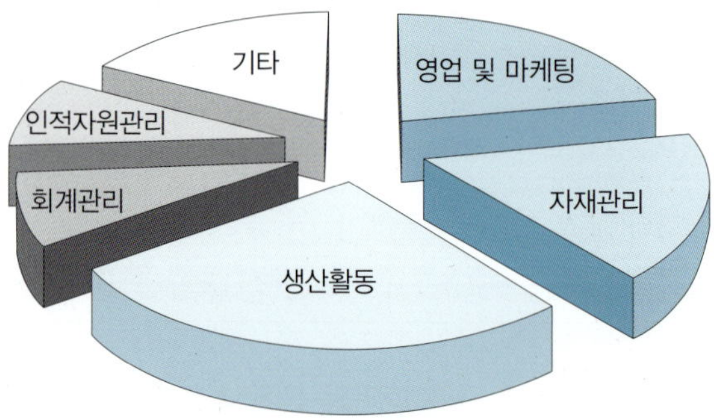

[그림 2-2] 기업의 주요 업무 구성

(1) 영업 및 마케팅 업무

영업 및 마케팅(sales and marketing) 업무는 기업이 이윤창출을 위해 고객을 대상으로 수행하는 활동으로 고객에 대한 마케팅 활동의 극대화, 영업 활동의 지원, 관리 및 통제를 통하여 회사의 수익성 도모를 목적으로 한다. 영업 및 마케팅 업무는 마케팅 활동관리, 영업 활동관리, 유통 및 서비스관리 등의 기능들을 수행하며, 구체적으로 고객분석, 마케팅 실행관리, 수요예측 및 판매계획 수립, 판매주문관리, 출하유통관리, 매출채권관리, 가격관리, 여신관리 및 사후서비스관리 등의 다양한 업무들로 구성된다.

(2) 자재관리 업무

자재관리(materials management) 업무는 제품 생산에 필요한 자재의 확보, 보관, 이동, 활용하는 과정을 체계적으로 관리하여 생산계획에 따른 생산활동이 원활하게 진행되도록 지원하는 활동으로 자재관리는 적정량의 자재확보를 통해 필요로 하는 부문에 적시에 자재를 공급하는 것을 목표로 한다. 이를 위해 자재관리에서는 자재계획수립, 구매관리, 자재검수 및 입고관리, 창고관리, 재고관리, 자재이동관리, 자재의 표준화 작업 등의 업무들이 수행된다.

(3) 생산활동 및 생산관리 업무

생산활동(production activity)은 자재, 노동력 등의 투입물을 제품이나 서비스와 같은 산출물로 변환시키는 것으로 생산관리(production management) 업무는 제품 생산활동 전반에 대한 관리로서 낮은 원가, 높은 품질, 신속한 납품 및 높은 유연성을 달성하는 것을 목표로 한다. 생산관리 업무는 생산계획에서부터 공장 내에 자재가 반입되고 모든 작업이 완료되어 제품으로 반출되기까지의 생산활동에 대한 관리 업무로서, 구체적으로 생산계획의 수립, 생산일정계획, 자재소요량계획, 생산 능력계획, 생산지시 및 생산실적관리, 품질관리 및 설비보존관리 등의 업무들이 포함된다. 오늘날 서비스 산업의 발전으로 생산관리는 서비스도 생산의 대상으로 다루어 생산운영관리(production & operation management)란 용어로 확대되어 사용되고 한다.

- 생산관리(production management) + 운영관리(operation management) = 생산관리, 생산운영관리 또는 생산경영(production & operation management)

(4) 회계관리 업무

회계(accounting)는 기업의 대한 유용하고 요약적인 정보를 외부 이해관계자나 내부의 관리자가 합리적인 의사결정을 할 수 있도록 일정 기준에 따라 기업의 활동들을 기록, 분류, 정리하여 정보로 생성하는 활동을 말한다. 회계관리(accounting management) 업무는 이러한 활동을 위하여 기업의 거래 시 발생하는 회계자료들을 확보 · 통제하고, 이들 자료들에 대한 결산을 통해 재무제표 및 경영분석을 위한 다양한 보고서들을 작성한다. 또한 기업 활동에서 발생하는 채권과 채무에 대한 관리와 세금을 납부하고, 금전을 출납하는 등의 업무들도 수행한다. 회계업무는 일반적으로 역할적인 측면에서 외부 정보이용자의 경제적 의사결정에 유용한 정보를 제공하는 재무회계(financial accounting)와 내부 정보이용자의 경영 · 관리적 의사결정에 유용한 정보를 제공하는 관리회계(managerial account)로 구분된다.

- 재무회계 — 외부 정보이용자의 경제적 의사결정에 유용한 정보 제공하기 위한 회계
- 관리회계 — 내부 정보이용자의 경영 · 관리적 의사결정에 유용한 정보를 제공하기 위한 회계

(5) 인적자원관리 업무

인적자원관리(human resource management)란 기업의 목표를 달성하기 위해서 필요로 하는 인력을 조달하고 유지 · 개발하며 이를 활용하는 인적자원관리 활동으로 인적자원의 확보, 개발, 활용, 평가, 보상, 유지와 관련한 활동들을 수행한다. 구체적으로 인적자원계획, 직무분석, 채용관리, 교육훈련관리, 경력개발관리, 업적평가, 승진 및 이직관리, 보상관리, 복리후생관리 등의 업무들을 수행한다.

3. 기업의 조직구조

경영
조직의 목표를 효과적으로 달성하기 위한 활동

경영활동
기업 업무들에 대하여 반복적으로 수행되는 계획, 조직화, 실행 및 통제 등의 경영활동

경영의 기능
영업 및 마케팅, 자재관리, 생산관리, 회계관리 및 인적자원관리 등으로 구분된 기업 업무들

경영(management)은 조직의 목표를 효과적으로 달성하기 위한 활동으로 일반기업에서의 경영은 기업 목적인 이윤 추구를 위하여 기업의 업무들, 영업 및 마케팅, 자재관리, 생산활동 · 관리, 회계관리 및 인적자원관리 등을 효과적으로 수행하는 활동들을 의미한다. 이를 위해 기업의 경영은 해당 업무들에 대한 계획, 조직화, 실행 및 통제 활동들을 반복적으로 수행한다. 이러한 활동을 경영활동이라 부르며, 업무들에 해당하는 영업 및 마케팅, 자재관리, 생산관리, 회계관리 및 인적자원관리 등을 경영의 기능이라 부른다.

기업의 전형적인 조직구조는 효과적인 경영을 위하여 영업 및 마케팅, 자재관리,

생산관리, 회계관리 및 인적자원관리 등의 업무들을 기능 형태로 구분한 조직구조를 가지고 있다. 즉, [그림 2-3]과 같이 영업 및 마케팅, 회계, 자재관리, 생산, 인사(인적자원 관리) 등과 같이 업무의 내용이 유사하고 관련성이 있는 것들을 결합하여 부서화한 기능별 조직구조(functional organization structure)로 구성되어 있다.

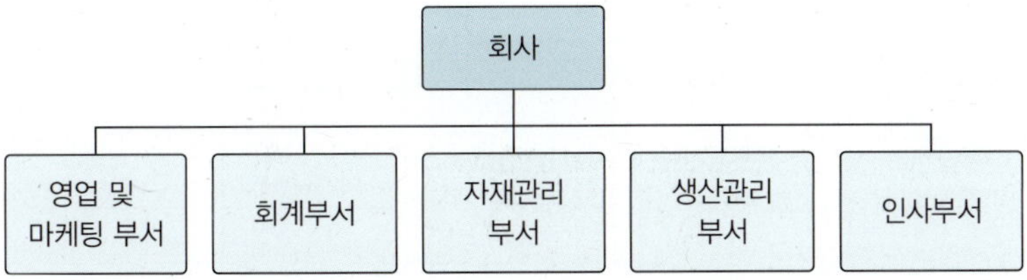

[그림 2-3] 기업의 전형적인 조직구조

기능별 조직구조는 기능부서 내에서의 규모의 경제 효과를 낼 수 있고 특정 분야에 대한 깊이 있는 지식과 기술 개발이 가능하며, 기능별 목표 달성에 유리한 특징을 가지고 있다. 그러나 오늘날 부서의 규모가 커지고 부서별 목표 달성에 대한 욕구로 인한 부서별 이기주의가 커짐에 따라 부서 간 상호협력과 커뮤니케이션 과정에서 문제점들이 발생하고 이러한 문제점들로 인하여 업무지체와 고객들의 불만족 현상 등이 나타나곤 한다.

기능별 조직구조
영업 및 마케팅, 자재관리, 생산관리, 회계관리 및 인적자원관리 등의 기업 업무들을 기능 형태로 구분한 조직구조

4. 기업 업무와 통합정보시스템

기업업무의 개요에서 살펴보았듯이 고객주문이나 자재조달과 같은 기업의 전형적인 업무 프로세스들은 [그림 2-4]와 같이 기능부서들을 걸쳐 일어나고 있다. 프로세스(process)는 하나 이상의 입력을 받아들여 고객에게 가치 있는 결과를 산출하는 활동들의 집합으로 고객주문 프로세스의 경우 마케팅 및 영업부서에서 시작하여, 자재관리 부서를 거쳐 유통 배송되는 활동을 걸치고 자재조달 프로세스의 경우 생산부서로부터 자재소요량 요구가 시작되어 자재관리 부서와 회계부서를 거치고, 생산부서로 자재가 공급되는 활동을 걸친다. 이렇듯 기업의 업무들은 부서들을 걸쳐 일어나고, 기업 업무 프로세스 처리에서 부서 간 협력적인 업무처리와 원활한 커

프로세스
하나이상의 입력을 받아들여 고객에게 가치 있는 결과를 산출하는 활동들의 집합

뮤니케이션은 오늘날 기업 생존과 고객 만족을 위한 기본적인 전제 조건이 되고 있다. 통합정보시스템은 이러한 기업 생존과 고객만족을 위한 기본 조건인 부서 간 협력적인 업무처리와 원활한 커뮤니케이션을 지원해줄 수 있는 효과적인 도구로서 역할을 수행할 수 있다.

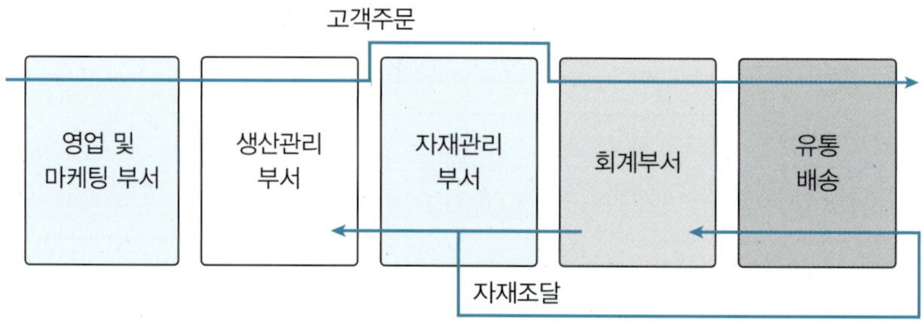

[그림 2-4] 전형적인 업무 프로세스

통합정보시스템(integrated information systems)은 [그림 2-5]와 같이 단일 데이터베이스를 근간으로 기능부서들의 업무를 통합 지원하는 정보시스템으로 부서 간 협력적인 업무처리와 커뮤니케이션을 증진시키고, 중복 업무들을 배제시켜 신속하고 간소한(streamline) 업무 프로세스들이 가능하게 만든다. 또한 각 부서들의 정보가 통합 관리되어 기업의 전략적 의사결정 수행을 돕는다. 즉, 통합정보시스템은 기업업무에서 다음과 같은 중요한 역할들을 수행한다.

- 부서 간 협력적인 업무처리와 커뮤니케이션 증진
- 신속하고 간소한 업무 프로세스 실행 지원
- 기업의 전략적 의사결정 지원

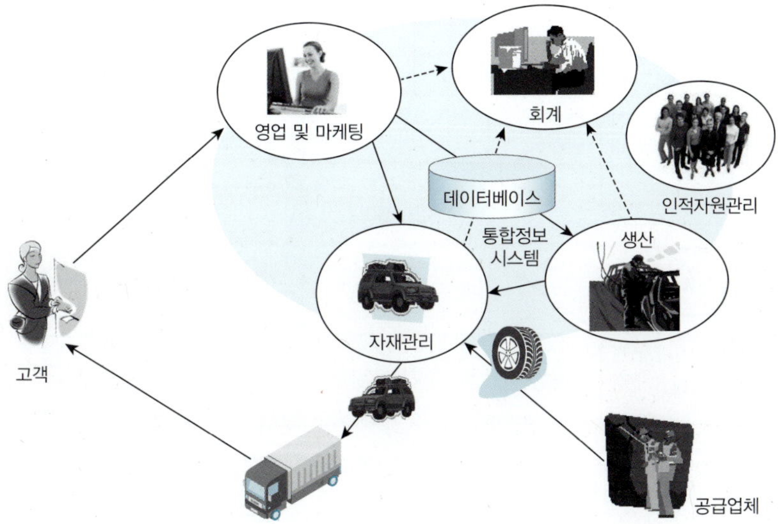

[그림 2-5] 기업업무와 통합정보시스템

5. SAP ERP 모듈의 구성

SAP ERP는 통합정보시스템으로 단일 데이터베이스를 근간으로 [그림 2-6]에서와 같이 일반기업의 기본 업무들, 즉 영업관리, 자재관리, 생산관리, 회계관리, 인적자원관리 등을 지원하기 위한 개별 정보시스템들(information systems, IS)을 모듈(module) 형태로 구성되어 있다. 또한 통합 정보시스템 내 문서전달 및 업무 자동화를 지원하기 위하여 워크플로우(workflow) 기능을 포함하고 있다.

SAP ERP는 통합정보시스템의 이점인 부서 간의 협력적인 업무처리와 커뮤니케이션 증진, 신속하고 간소한 업무 프로세스 실행, 기업의 전략적 의사결정 지원 이외에 각 모듈들에서 제공하는 다양하고 선진화된 업무지원 기능들을 통하여 기업 업무의 선진화를 지원한다.

- SAP ERP는 모듈 내의 선진화된 업무지원 기능들을 통하여 기업의 선진업무절차(best practices) 구현을 지원

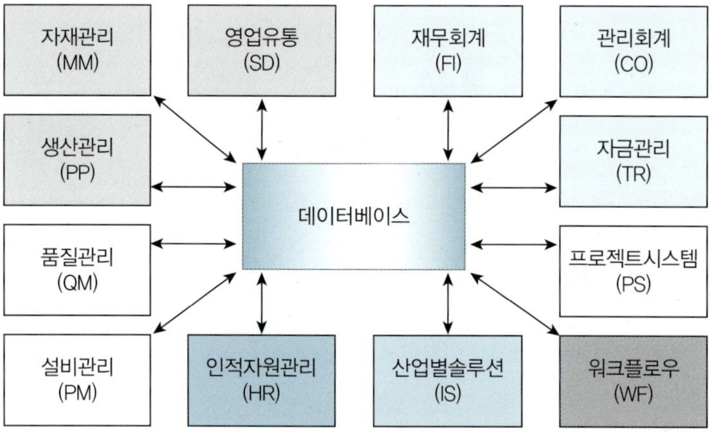

[그림 2-6] SAP ERP 모듈의 구성

SAP ERP에 제공하는 기업의 기본 업무를 지원하기 위한 모듈들과 선진업무절차 구현을 위한 개략적인 기능들에 대한 설명은 다음과 같다.

(1) 영업 및 유통 모듈

영업 및 유통(Sales and Distribution, SD) 모듈 또는 SD 모듈은 기업의 영업부서 및 제품 출하 업무를 지원하는 모듈로서 사전 영업활동, 판매주문처리, 출하/운송, 대금청구 및 입금관리, 판매 분석에 이르는 판매 및 제품 물류의 전 업무를 지원한다. 다양한 주문 형식에 적합한 유연한 주문처리 기능을 제공하고, 주문 및 출하 시점에 자동으로 여신관리를 지원하며 납기에 대한 고객 요구를 위해 가용성 검사를 실시간으로 수행하며, 회계와 통합되어 출고 및 매출처리 시 자동 회계처리 기능 등을 제공한다.

(2) 자재관리 모듈

자재관리(Materials Management, MM) 모듈 또는 MM 모듈은 기업의 구매와 자재관리 업무를 지원하는 모듈로서 자재소요량 산출, 구매요청, 발주, 입고, 출고 및 대금지급까지 일련의 구매 및 자재관리 전 업무의 자동화를 지원한다. 자재소요계획(Material requirements planning, MRP)과 소비기준계획에 근거한 자재구매 계획 수립을 지원하고 구매요청, 견적서 요청 생성, 업체선정, 구매계약 및 주문 처리하는 기능을 지원하며 송장에 대한 자동 검증 기능 등을 제공한다. 영업유통 모듈과 같이 회계와 통합되어 입고 및 송장검증 시 자동 회계처리 기능을 제공한다.

(3) 생산관리 모듈

생산관리(Production Planning, PP) 모듈 또는 PP 모듈은 기업의 생산계획 수립 및 생산활동에 대한 관리업무를 지원하는 모듈로서 제품 생산관리를 위한 자재구성표(Bill of materials, BOM), 공정(routing) 및 작업장과 같은 생산활동을 위한 기준 정보들을 관리한다. 제품들에 대한 생산전략을 고려하여 최적화된 생산계획 수립을 지원하며, 수립된 계획에 따라 제품에 대한 자재소요량계획, 생산지시 및 실적관리를 지원한다. 또한 작업장 정보를 이용하여 생산능력계획도 지원한다.

(4) 품질관리 모듈

품질관리(Quality Management, QM) 모듈 또는 QM 모듈은 제품의 전 수명주기에 걸치는 품질관리 업무를 지원하는 모듈로서 제품 및 자재에 대한 감사관리, 품질 엔지니어링, 품질통제 및 보증, 품질개선 등의 기능을 제공한다.

(5) 설비관리 모듈

설비관리(Plant Maintenance, PM) 모듈 또는 PM 모듈은 생산계획의 달성, 품질향상, 원가절감 등을 이루기 위하여 설비의 보전관리 업무를 지원하는 모듈로서 대상 설비들에 대한 정보관리, 예방정비 계획, 예지점검, 정비작업관리 기능들을 제공하고 있으며, 이러한 기능들은 타 모듈인 자재관리, 생산관리, 회계모듈은 물론 CAD(Computer-aided design) 시스템과 유기적으로 통합 · 연계되어 활용된다.

(6) 인적자원관리 모듈

인적자원관리(Human Resources, HR) 모듈 또는 HR 모듈은 조직관리, 인사관리 및 급여관리 업무를 지원하는 모듈로서 조직단위, 직무, 포지션과 같은 조직구성요소에 대한 정의와 조직구조에 대한 구성, 인재의 확보, 배치, 육성, 유지에 이르는 전반적인 인적자원 라이프사이클을 관리하며, 조직 및 개인의 성과관리 및 보상관리 등을 지원한다. 또한 종업원에 대한 급여 및 후생복리관리도 지원한다. 아울러 다양한 셀프서비스(self-service) 기능을 제공하여 완벽한 e-HRM 환경을 지원한다.

(7) 재무회계 모듈

재무회계(Financial Accounting, FI) 모듈 또는 FI 모듈은 기업의 재무회계 업무를 지원하는 모듈로서 기업의 경영활동을 기록 · 정리하여 기업 외부에 공표할 목적으로 작성되는 재무제표 등 각종 보고서를 신속하게 작성하는 업무를 지원하며, 기업 활동으로 발생한 고객과 공급업체에 대한 채권 및 채무에 대한 관리 기능을 수행한다. 이를 위해 재무회계 모듈은 이들에 대한 실시간 조회 및 분석을 지원하는 기능 등을 제공한다.

(8) 관리회계 모듈

관리회계(Controlling, CO) 모듈 또는 CO 모듈은 기업의 전략적 계획과 내부 의사결정에 필요한 정보를 제공하는 모듈로서 재무회계를 포함한 타 모듈들과의 실시간 통합성을 기반으로 간접비관리, 표준원가, 실제원가계산, 원가 차이분석, 원가중심점별 비용관리, 내부오더 관리, 활동회계원가, 수익성분석, 이익중심점회계 등의 기능들을 제공한다.

(9) 자금관리 모듈

자금관리(Treasury, TR) 모듈 또는 TR 모듈은 기업의 현금관리와 유동성 예측을 지원하는 모듈로서 다양한 금융상품에 대한 거래 및 관리를 지원하며 이에 따른 자동 회계처리 기능을 지원한다. 또한 금융자산에 대한 위험관리능력 제고를 위해 시장의 위험요인을 고려한 시뮬레이션 기능 등을 제공한다.

(10) 프로젝트시스템 모듈

프로젝트시스템(Project System, PS) 모듈 또는 PS 모듈은 건설, 조선, 플랜트 등의 수주 생산 프로젝트, 신제품 개발과 같은 연구개발(R&D) 프로젝트, 마케팅 캠페인 등과 같이 프로젝트성 업무들을 지원하는 모듈로서 프로젝트 구조의 정의와 프로젝트 일정계획 및 원가관리, 자원관리, 예산관리, 진척관리 등의 프로젝트의 계획, 실행 및 통제의 모든 프로세스를 지원한다.

(11) 워크플로우

워크플로우(Workflow, WF)는 SAP ERP 시스템 내 문서전달에 대한 자동화를 지원하는 모듈로서 시스템의 문서나 도면을 자동으로 또는 사용자가 원하는 시점에 관련 담당자나 외부 업체에 배부하는 기능을 수행하다. 수신처들을 미리 정의하여 관리할 수 있으며, 내부직원, 부서, 프린터, Fax, E-Mail 등을 수신처로 등록하여 사용이 가능하다.

(12) 산업 솔루션

산업 솔루션(Industrial solution, IS)은 일반제조업이 아니 통신이나 은행과 같은 특정 산업의 업무를 지원하기 위한 모듈로서 세부적인 산업 솔루션들은 항공우주/국방 산업용, 자동차 산업용, 은행용, 화학 산업용, 소비재 산업용, 건설 산업용, 헬스케어 산업용, 교육기관 및 연구소용, 하이테크 기술업체용, 보험 회사용, 방송 미디어 산업용, 철강 산업용, 석유 가스 산업용, 제약 산업용, 공공기관용, 유통 산업용, 서비스업용, 통신 산업용, 운송 산업용, 수도/전력 산업용 등이 있다.

상기에서 언급된 SAP ERP 모듈들이 제공하는 선진화된 업무지원 기능들에 대한 내용들은 모듈들의 관련된 장에서 상세하게 설명된다.

6. 기업 업무와 SAP ERP 모듈

기업의 일반 업무들은 [그림 2-7]에서와 같이 영업활동 및 마케팅 업무는 영업유통(SD) 모듈에서 자재관리 업무는 자재관리(MM) 모듈에서 생산활동 및 생산관리 업무는 생산관리(PP) 모듈, 설비관리(PM) 모듈, 품질관리(QM) 모듈, 프로젝트 시스템(PS) 모듈에서 회계관리 업무는 재무회계(FI) 모듈, 관리회계(CO) 모듈, 자금관리(TR) 모듈 등에서 지원한다.

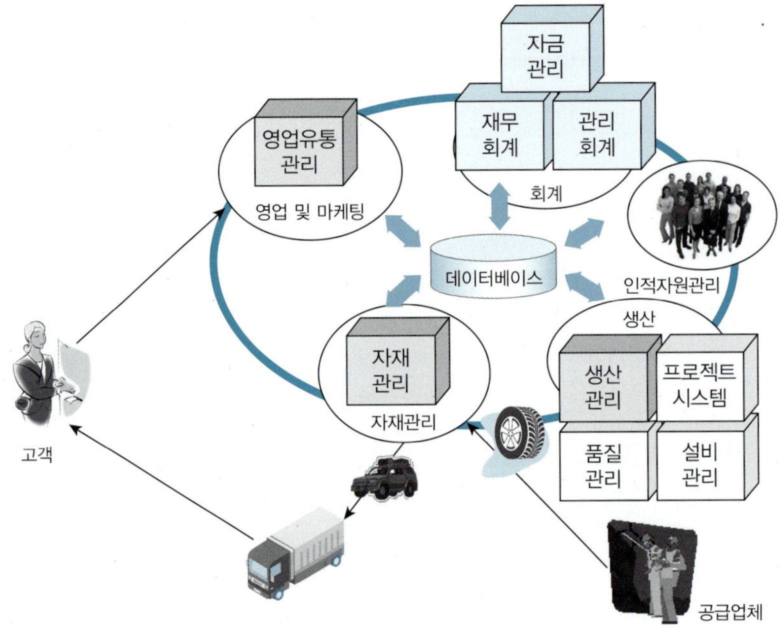

[그림 2-7] 기업 업무와 SAP ERP 모듈

- 영업활동 및 마케팅 업무 — 영업유통(SD) 모듈
- 자재관리 업무 — 자재관리(MM) 모듈
- 생산활동 및 생산관리 업무 — 생산관리(PP) 모듈, 설비관리(PM) 모듈, 품질관리(QM) 모듈, 프로젝트 시스템(PS) 모듈
- 회계관리 업무 — 재무회계(FI) 모듈, 관리회계(CO) 모듈, 자금관리(TR) 모듈
- 인적자원관리 업무 — 인적자원관리(HR) 모듈

7. SAP ERP 조직구조

SAP ERP의 기업 정보시스템은 기성제품인 SAP ERP 소프트웨어 패키지를 구매하여 도입 기업의 조직구조와 업무처리 절차에 맞게 맞춤화하는 과정을 통하여 구축된다. 이를 위해 SAP ERP 조직구조는 [그림 2-8]에서 보이는 바와 같이 현

실 세계의 기업의 조직 구조를 SAP ERP 시스템에서 참조하여 사용하기 위해 논리적인 형태로 변경하는 것으로 일반적인 기업의 구조와 같이 계층적인 구조로 구성되어 있다.

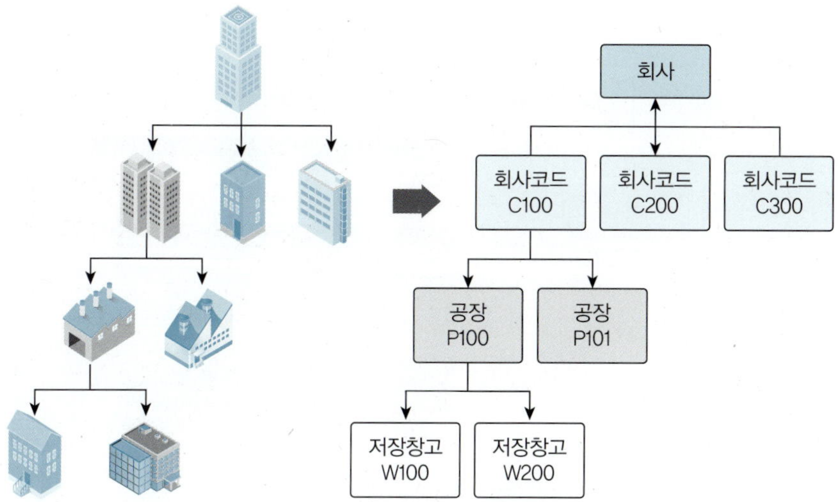

[그림 2-8] 현실세계와 SAP ERP 조직구조

SAP ERP 시스템의 조직구조는 [그림 2-9]에서 보이는 바와 같이 SAP ERP 시스템에서 시작한다. 하나의 ERP 시스템에는 다수개의 클라이언트를 생성할 수 있고 하나의 클라이언트에는 다수개의 회사를 관리할 수 있는 구조로 되어 있다.

(1) 클라이언트

클라이언트(client)는 SAP ERP에서 사용되는 고유의 용어로서 컴퓨터기술 구조의 클라이언트와는 전혀 다른 의미를 가지고 있다. SAP ERP 시스템의 클라이언트는 서로 독립적인 비즈니스 데이터(business data)를 저장, 관리할 수 있는 단위로 하나의 SAP ERP시스템은 여러 개의 클라이언트를 구성할 수 있다. 일반적으로 신규 클라이언트의 생성은 기존의 클라이언트를 복사하여 만들어진다. 이러한 클라이언트 생성 작업은 일반적으로 SAP ERP Technical Consultant (또는 Basis)라고 불리는 기업의 정보시스템 운영자들에 의하여 수행된다.

클라이언트
SAP ERP 시스템에서 서로 독립적인 비즈니스 데이터(business data)를 저장, 관리할 수 있는 단위

[그림 2-9]에서와 같이 일반 SAP ERP 시스템 사용자들이 SAP GUI화면을

통하여 시스템에 접근할 때 사용자들은 사용자번호(User ID), 비밀번호(password)와 더불어 클라이언트 번호를 초기입력 값으로 선택해야 한다.

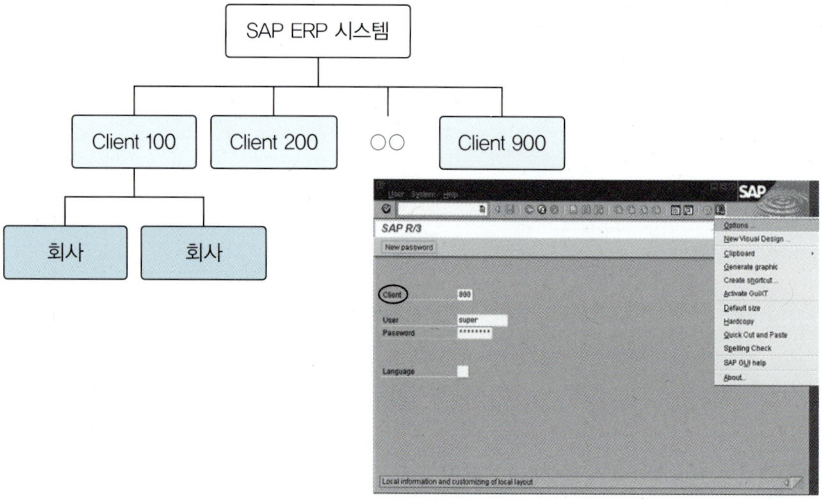

[그림 2-9] SAP ERP 시스템 계층적 조직구조

클라이언트는 실질적으로 SAP ERP 조직구조의 최상위 요소로 [그림 2-9]에서와 같이 하나의 클라이언트로는 다수개의 회사 조직을 구성할 수 있다. 즉, 하나의 클라이언트에서 다수 개의 회사 운영이 가능할 수 있음을 의미한다.

(2) SAP ERP 조직구조

SAP 조직구조

현실 세계의 기업의 조직구조를 SAP ERP 시스템에서 사용하기 위해 논리적인 형태로 변경한 형태

특정 기업 또는 기업 그룹에 대한 **SAP 조직구조**는 [그림 2-10]에서 보이는 바와 같이 현실 세계의 그 기업의 조직 구조를 SAP ERP 시스템에서 사용하기 위해 논리적인 형태로 변경한 형태이다. 이러한 SAP 조직구조는 특정 기업에 맞춤화된 업무 프로세스를 지원하는 기업 정보시스템을 구축하는 데 기초가 된다.

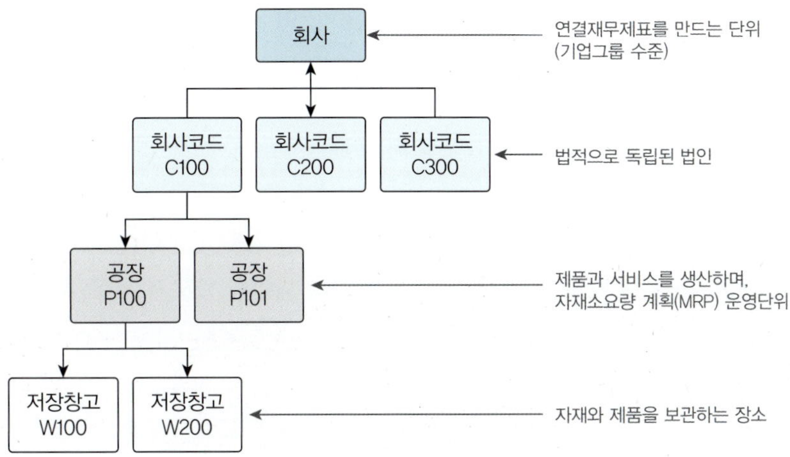

[그림 2-10] SAP ERP 조직구조

[그림 2-10]에서 회사(Company)는 연결재무제표를 만드는 단위로 일반적으로 기업의 그룹 수준에 해당된다. 하나의 회사에는 법적으로 독립된 법인인 다수의 회사코드(Company Code)가 존재할 수 있으며, 회사코드 밑에 공장(Plant)들이 있다. 또한 공장에는 다수의 저장창고(Storage Locations)들이 존재할 수 있다.

- 회사 — 연결재무제표를 만드는 단위(기업그룹 수준)
- 회사코드 — 법적으로 독립된 법인
- 공장 — 제품과 서비스를 생산하며, 자재소요량 계획(MRP) 운영단위
- 저장창고 — 자재와 제품을 보관하는 장소

SAP ERP의 조직구조는 다소 방대하고 복잡하다. 따라서 영업조직, 생산/출하조직, 구매조직, 회계 및 인사조직 등의 세부적인 SAP 조직구조는 관련 모듈들에서 설명될 예정이다. 관련모듈들에서 설명될 주요 조직구조 구성요소들은 다음과 같다.

- 영업유통 모듈 — 영업영역, 영업조직, 유통경로, 사업부, 저장창고, 출하지점, 적재지점
- 생산관리/설비관리 모듈 — 작업장
- 자재관리 모듈 — 구매조직, 가치평가 영역

- 재무회계 모듈 — 계정과목표(COA), 사업영역, 여신관리영역
- 관리회계 모듈 — 관리영역, 원가중심점그룹, 원가중심점, 이익중심점
- 인적자원관리 모듈 — 인사영역, 종업원 그룹

상기의 조직구조 구성요소들의 설정은 관련모듈의 업무 프로세스를 구현하는 데 근간이 되고, 기능 및 정보 접근 권한에 대한 설정, 다양한 보고서 생성을 위한 분류 기준 제공 등의 목적으로 사용된다.

- 업무프로세스 설계의 근간으로 사용된다.
- 접근 권한에 대한 설정의 기준으로 이용된다.
- 보고서 생성을 위한 분류기준을 제공한다.

8. SAP ERP의 마스터데이터

마스터데이터
업무처리를 위해 사전에 기본적으로 필요한 데이터

트랜잭션 데이터
업무처리 과정에서 발생하는 데이터

마스터데이터(mater data)는 해당업무처리를 위해 기본적으로 필요한 데이터를 의미한다. 반면에 업무처리 과정에서 발생하는 데이터를 **트랜잭션 데이터**(transaction data)라고 한다. SAP ERP에서의 마스터데이터는 운영을 위한 데이터베이스의 핵심적인 부분으로 ERP 시스템 운영 전에 등록되어 사용된다.

[그림 2-11] SAP ERP 마스터데이터

SAP ERP 시스템에서 관리되는 주요 마스터데이터는 고객마스터, 공급업체마

스터, 자재마스터, 자재구성표(BOM), 작업장, 라우팅, 계정과목, 원가요소, 직무(job), 포지션(position), 종업원마스터, 설비마스터 등이 있다.

- 고객마스터 — 고객에 대한 데이터로 주로 영업유통 모듈에서 사용된다.
- 공급업체 마스터 — 공급업체에 대한 데이터로 주로 자재관리 모듈에서 사용된다.
- 자재마스터 — 제품, 반제품을 포함한 모든 자재에 대한 데이터로 영업유통, 자재 및 생산관리 모듈 등에서 주로 사용된다.
- 자재구성표 — 제품의 구성정보에 대한 데이터로 주로 생산관리 모듈에서 사용된다.
- 작업장 — 공장 내 작업장 정보에 대한 데이터로 주로 생산관리 모듈과 설비관리 모듈에서 사용된다.
- 설비마스터 — 설비의 기본 정보에 대한 데이터로 주로 설비관리 모듈에서 사용된다.
- 라우팅 — 제품의 작업공정에 대한 데이터로 주로 생산관리모듈에서 사용된다.
- 계정과목 — 기업에서 사용되는 회계과목 데이터로 주로 재무회계 모듈에서 사용된다.
- 원가요소 — 기업에서 사용되는 관리회계 계정 데이터로 주로 관리회계 모듈에서 사용된다.
- 직무 — 기업에서 관리하는 직무 데이터로 인적자원관리 모듈에서 사용된다.
- 포지션 — 기업에서 관리하는 포지션 데이터로 인적자원관리 모듈에서 사용된다.
- 종업원 마스터 — 직원들에 대한 데이터로 주로 인적자원관리 모듈에서 사용된다.

상기의 모듈들의 마스터데이터들은 관련 모듈에서 제공하는 업무를 처리하는 데 필수적인 참조자료이고, 다양하고 유용한 기능들을 구현하는 데 근간이 되며, 각종 업무의 화면 초기 설정값(default)들로 제공된다.

- 모듈 업무를 처리하는데 필수 참조자료이다.
- 다양하고 유용한 기능들을 구현하는 데 근간이 된다.

- 업무 화면에 초기 설정값들로 제공한다.

SAP 조직구조와 같이 상기 마스터데이터들을 포함한 영업유통 모듈, 생산관리 모듈, 자재관리 모듈, 재무회계 및 관리회계 모듈 그리고 인적자원관리 모듈에서 사용되는 세부적인 마스터데이터들은 이후 관련모듈들과 관련된 장에서 설명된다.

요약

기업은 이윤 추구를 목적으로 생산활동을 하는 조직으로 인적자원과 물적자원을 구입, 투입하여 제품이나 서비스를 생산하고, 이를 판매하는 활동을 수행한다. 이윤 추구를 위하여 기업들이 수행하는 전형적인 업무들은 영업활동 및 마케팅 업무, 자재관리 업무, 생산활동 및 생산관리 업무, 회계관리 업무, 인적자원관리 업무 등으로 구성되어 있다. 기업의 전형적인 조직구조는 상기의 업무들을 효과적으로 지원하기 위해 영업 및 마케팅, 회계, 자재관리, 생산, 인적자원 관리 등과 같이 업무의 내용이 유사하고 관련성이 있는 것들을 결합하여 부서화한 기능별 조직구조로 구성되어 있다. 통합정보시스템은 단일 데이터베이스를 근간으로 기능부서들의 업무를 통합 지원하는 정보시스템으로 부서 간 협력적인 업무처리와 커뮤니케이션을 증진시키고, 중복 업무들을 배제시켜 신속하고 간소한 업무 프로세스들이 가능하게 만든다.

SAP ERP에 제공하는 기업의 기본 업무를 지원하기 위한 모듈들은 영업 및 유통관리(SD) 모듈, 자재관리(MM) 모듈, 생산관리(PP) 모듈, 품질관리(QM) 모듈, 설비관리(PM) 모듈, 인적자원관리(HR) 모듈, 재무회계(FI) 모듈, 관리회계(CO) 모듈, 자금관리(TR) 모듈, 프로젝트 시스템(PS) 모듈, 워크플로우(WF) 그리고 산업 솔루션(IS) 등이 있다. SAP ERP 조직구조는 현실 세계의 기업의 조직 구조를 SAP ERP 시스템에서 참조하여 사용하기 위해 논리적인 형태로 변경하는 것으로 일반적인 기업의 구조와 같이 회사, 회사코드, 공장, 저장창고로 계층적인 구조로 구성되어 있으며, 마스터데이터는 해당업무처리를 위해 기본적으로 필요한 데이터로 주요 마스터데이터는 고객마스터, 공급업체마스터, 자재마스터, 자재구성표

(BOM), 작업장, 라우팅, 계정과목, 원가요소, 직무, 포지션, 종업원마스터, 설비마스터 등이 있다.

● 참고문헌

- 김광점 · 박노윤, 『조직이론과 설계』 8판, 한경사, 2005
- 김영렬, 『ERP 전략 자재 관리 시스템』 (SAP R/3 MM 시스템 활용), 도서출판 개신, 2009
- 더존경영지원센터, 『더존 icube 핵심 ERP 정보관리사 물류 생산 1급』, 더존비즈아카데미, 2012
- 더존경영지원센터, 『더존 icube 핵심 ERP 정보관리사 회계 인사 2급』, 더존비즈아카데미, 2012
- 박용태, 『공학도를 위한 기술과 경영』, 생능출판사, 2005
- 장병집 · 이광로 · 정기만, 『경영학개론』, 신영사, 2008
- Brady, Joseph, Monk, Ellen F., Wagner, Bret J., *Concepts in Enterprise Resource Planning*, 2001, Course Technology.
- Cyert, Richard; March, James G.(1992), *A Behavioral Theory of the Firm* (2 ed.), Wiley-Blackwell.
- Guru99, What is SAP? Why do we need ERP?, YouTubu, www.youtube.com/watch?v=lYCEQqSM08I
- Hammer, M. and Champy, J., *Reengineering the corporation: A manifesto for business revolution*, Harper Business, 1993.
- SAP-ERP, SAP Module Overview, http://www.sap-erp.com/general/sap-module-overview.html, 2006
- Tutorials Point, SAP MM - Master Data, http://www.tutorialspoint.com/sap_mm/sap_mm_master_data.htm, 2016
- Tutorials Point , SAP - TutorialsPoint, http://www.tutorialspoint.com/sap/sap_tutorial.pdf, 2015

연·습·문·제

1. 기업 업무에 대하여 설명하라.

2. 기업의 주요업무들에 대하여 설명하라.

3. 기업의 기능별 조직구조에 대하여 설명하라.

4. 프로세스에 대해 정의하고 주요 업무 프로세스에 대하여 설명하라.

5. 기업 업무처리에서 통합정보시스템의 역할에 대하여 설명하라.

6. SAP ERP 모듈의 기능들에 대하여 설명하라.

7. SAP ERP 조직구조에 대하여 설명하라.

8. SAP ERP 조직구조의 역할에 대하여 설명하라.

9. SAP ERP의 마스터데이터 역할에 대하여 설명하라.

10. SAP ERP에서 관리되는 주요 마스터데이터를 나열하라.

● 실무적용

- 우리 회사의 주요 업무 프로세스들에 대하여 정의해 보자.
- 우리 회사의 고객주문 및 자재관리 업무 프로세스들의 문제점들을 도출해 보자.
- 우리 회사의 고객주문 및 자재관리 업무 프로세스들의 개선 방안들을 도출해 보자.
- SAP ERP 시스템 사용을 위해 우리 회사의 조직구조를 조직 구성요소인 회사, 회사코드, 공장, 저장창고를 정의해 보자.
- SAP ERP에 정의된 주요 마스터데이터들과 비교하여 우리 회사에서 관리하는 정보들의 샘플들을 구해 보자.

3

CHAPTER

영업유통(SD) 모듈

학습 목표

- 영업유통(SD) 모듈의 구성에 대하여 설명할 수 있다.
- 영업유통(SD) 모듈에서 제공하는 선진업무 절차들에 대하여 이해한다.
- 사전영업활동들에 대하여 알 수 있다.
- 판매주문의 구조에 대하여 설명할 수 있다.
- 판매주문의 주요기능들에 대하여 설명할 수 있다.
- 출하/운송의 주요활동들에 대하여 설명할 수 있다.
- 대금청구 및 입금관리와 회계와의 관계에 대하여 이해한다.
- 영업유통(SD) 모듈의 조직구조에 대하여 알 수 있다.
- 영업유통(SD) 모듈의 주요 마스터데이터들에 대하여 알 수 있다.

1. 영업유통 모듈 개요

SAP ERP의 영업유통(Sales and Distribution, SD) 모듈은 기업의 영업 및 제품 출하부서의 업무를 지원하는 모듈로서 사전 영업활동, 판매주문처리, 출하관리, 대금청구 및 판매분석에 이르는 판매관리 및 제품 물류의 전 프로세스를 지원한다. 또한 업무의 효율성과 통합성을 높이기 위하여 연관된 자재관리, 생산관리 및 회계관리 모듈들의 기능들과 실시간으로 연동을 한다.

영업유통(SD) 모듈
기업의 영업 및 제품 출하부서의 업무를 지원하는 모듈

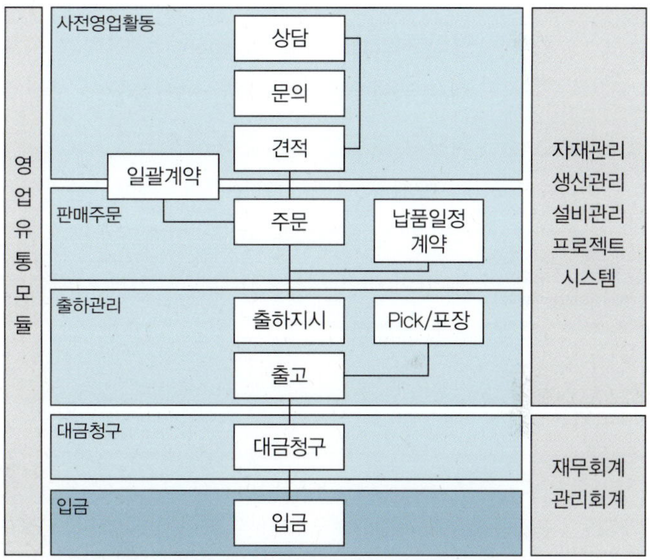

[그림 3-1] 영업유통 모듈의 기능 구성

영업유통모듈이 지원하는 주요기능들은 [그림 3-1]에서와 같이 사전영업활동, 판매주문, 출하관리 그리고 대금청구 등으로 구성되어 있다.

- 사전영업활동 — 판매 주문처리 이전의 영업활동으로 고객상담/문의, 견적활동 등을 포함한다.

- 판매주문 — 고객요청이나 견적이 승인되면 이를 참조하여 판매주문을 생성하고, 주문 처리하는 기능을 수행한다.
- 출하관리 — 판매주문 건들에 대하여 납품문서를 생성하고 피킹, 포장, 적재와 같은 출하 준비를 한 후, 창고에서 출고 처리하는 기능들을 수행한다.
- 대금청구 — 출하정보를 근거로 자동으로 매출을 발생시키고 또한 송장(invoice)을 생성하여 고객에게 대금을 청구하는 기능을 수행한다. 청구한 금액에 대하여 고객이 지급한 금액을 처리하는 입금관리는 재무회계 모듈에서 지원된다.

2. 영업관리 개요

영업관리
영업활동 계획, 영업활동 실행지원, 영업활동 관리 및 통제 등을 포함한 기업 이윤 창출을 위한 직접적인 고객접점의 업무

SAP CRM
SAP사에서 판매되는 고객관계관리(customer relationship management) 지원 시스템

영업관리(sales management)는 기업의 이윤 창출을 위한 직접적인 고객접점의 업무로서 영업활동의 계획, 영업활동의 실행지원, 영업활동의 관리 및 통제를 통하여 회사의 수익성 도모를 목적으로 한다. 실무에 있어서 영업관리는 [그림 3-2]와 같이 마케팅 및 영업활동관리, 판매주문처리, 출하관리 등의 업무로 구성된다. 이중 마케팅 및 영업활동관리는 고객관계관리 시스템인 SAP CRM에서 지원하고 SAP ERP의 영업유통(SD) 모듈은 일부 사전영업활동과 판매주문 처리와 출하관리 업무들을 지원한다.

[그림 3-2] 영업관리 개요

SAP ERP의 영업유통(SD) 모듈은 [그림 3-3]과 같이 전통적인 영업관리와는 차별화된 영업관리인 선진업무방식들(best practices)을 제공하고 있다. 즉, 사전영업활동에서는 가격, 납품일, 제품구성과 같은 고객 질의에 대한 직각적인 대응체계를 지원하고, 판매주문 처리나 견적요청 처리 시에는 제품들에 대한 자동 가격결정을 통해 신속하고 정확한 업무를 처리하며, 주문 건에 대한 예상되는 손익분석, 주문 고객의 신용도 체크를 통해 예상되는 위험에 대비하고 자동 출하스케줄링 기능을 통하여 정확한 납품일정을 제공하여 고객 만족도 향상에 도움을 준다. 또한 주문 완료와 동시에 생산에 자동 반영되는 기능으로 부서 간 유기적인 업무처리도 지원한다. 아울러 출하관리는 출하 계획이 최적화된 상태로 수립되어, 신속하고 효율적인 피킹, 포장, 출고 등의 출하처리 업무를 지원한다. 영업 업무처리 과정에서 발생하는 회계전표는 별도의 사람들에 의한 작업 없이 자동전표 처리로 재무회계시스템에 집계되어 회계 자료에 대한 실시간 조회 및 분석을 지원한다.

	전통적 영업관리	ERP 도입 후 영업관리
사전영업활동	지연된 고객 대응	실시간 고객질의 대응
판매주문처리	장님(blind) 주문 처리 수작업 생산요청	자동가격결정, 예상손익분석, 고객신용체크, 출하 스케줄링 자동 생산 반영
출하/운송관리	수작업 출하/운송 계획	자동화된 출하/운송계획
회계처리	수기 전표 작성	자동화된 전표처리

[그림 3-3] ERP 도입 후의 영업관리 업무의 변화

3. 사전영업활동

사전영업활동(pre-sales activities)은 판매 주문처리 이전의 영업활동으로 고객정보 분석, 고객상담/문의, 견적활동, 경쟁사 및 경쟁제품 관련된 정보에 대한 관리들이 사전영업활동에 포함된다. 사전영업활동은 고객들에 대한 마케팅 활동을 포함하는

포괄적인 개념으로 해석될 수 있다. 이중 영업유통 모듈에서는 비교적 제약적인 사전영업활동을 위한 기능들인 고객상담/문의(inquiry)와 견적활동지원(quotation) 기능을 제공하고 있다.

- 고객상담/문의지원 기능
- 견적활동지원 기능

(1) 고객상담/문의

고객은 주문이전에 제품 또는 서비스와 관련한 다양한 문의와 상담을 판매 영업사원들에게 요청하곤 한다. 일반적인 상거래에서 고객들은 다음과 같은 질문들을 빈번하게 한다.

Q. 제품 가격이 얼마인가?

Q. 세금, 운송비 등의 기타 부대비용은 얼마나 드는가?

Q. 현재 제품 또는 서비스의 판매가 가능한가?

Q. 지정된 날짜에 납품이 가능한가?

Q. 선택적인 사양으로 맞춤형 제품구매가 가능한가?

SAP ERP는 상기와 같은 질문들에 대하여 제품의 가격리스트를 통하여 가격 정보를 제공하고 가용성 점검(available to promise, ATP)과 출하 스케줄링 기능 등을 통하여 제품의 현재 판매 가능여부와 제품 배송과 관련한 질문들에 대하여 영업 담당자가 적절한 대응할 수 있도록 한다. 또한 일반적인 제품에 대한 주문이 아닌 고객의 선택적인 사양을 요구하는 맞춤형 주문 제품들에 대한 질의는 제품의 변형구성 관리를 통하여 고객 맞춤형 주문에 대한 수용여부도 즉각적인 답변을 할 수 있도록 도와준다. 상기의 기능들은 판매주문관리에서 상세하게 설명된다.

SAP ERP에서는 고객의 문의나 상담 내용을 문의(inquiry) 기능을 통하여 시스템 안에 등록·보관하여 견적서 작성이나 판매 주문서 작성 시 참조하여 사용한다. 이를 통해 견적 및 주문처리 업무의 효율성을 제고한다.

[그림 3-4] 고객상담/문의

(2) 견적활동지원

고객은 주문이전에 구매를 위한 목적으로 판매회사에 제품 또는 서비스에 대한 견적서를 요청하곤 한다. 견적서(quotation)는 특정 기간에 미리 정의된 가격으로 특정 제품이나 서비스를 제공한다는 공식적인 제안문서로 SAP ERP에서는 고객에게 제출하기 위한 견적서 생성을 지원한다. 이때 기존의 고객문의나 상담내용(inquiry)이 사전에 등록되어 있는 경우 견적서는 그 내용들은 참조하여 자동으로 생성이 가능하게 되어 있다. 생성된 견적서는 [그림 3-5]와 같이 영업사원이 직접 고객에게 제출하거나 인터넷, Fax 등을 통하여 고객회사에 전달될 수 있다. 이후 판매회사는 고객으로부터의 견적에 근거한 판매주문 요청을 기다린다.

견적서
특정 기간에 사전에 제안한 가격으로 특정 제품이나 서비스를 제공한다는 공식적인 문서

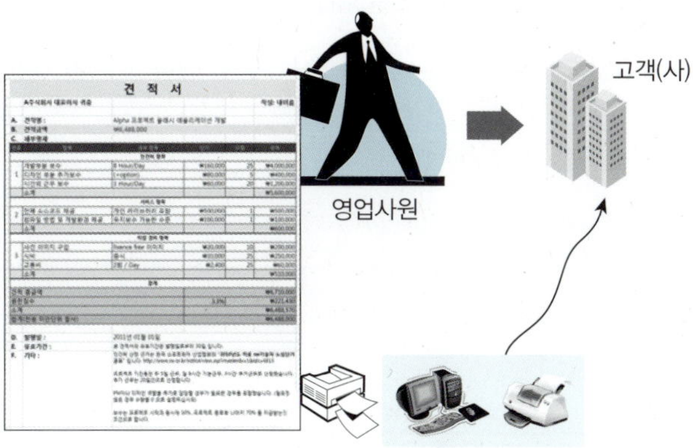

[그림 3-5] 견적서

4. 판매주문관리

판매주문관리는 고객요청이나 이미 제출한 견적서가 고객으로부터 승인되거나 고객으로부터 직접적인 주문요청이 있으면 이를 근거로 판매주문을 생성하는 활동을 의미한다. 전통적인 고객의 제품 주문에 대한 처리는 판매 요청한 고객의 정보와 주문 요청한 제품들의 가격과 수량의 정보 그리고 납품일과 납품장소에 대한 정보들을 주문장에 기입한다. SAP ERP 역시 이러한 정보들을 근간으로 판매주문을 등록하여 처리한다.

SAP ERP에서 판매주문은 [그림 3-6]의 오른쪽에서와 같이 두 개의 화면으로 구성된다. 주화면은 헤더정보(header)와 라인 아이템(line items) 영역으로 구분되며, 헤더 영역은 고객코드, 고객명, 합계금액과 같은 정보들이 관리되고, 라인 아이템 영역은 제품코드, 제품명, 수량, 단가 등이 포함되어 관리된다. 한 번의 주문에는 다수의 제품 종류들이 포함될 수 있으므로 라인 아이템 영역은 다수 개의 판매 제품들이 등록될 수 있는 형태로 구성되어 있다. 부화면은 납품정보에 대한 스케줄 라인(schedule lines) 영역을 보여주기 위한 화면으로 납품일정과 납품장소에 대한 정보들로 구성되어 있다. 하나의 제품은 수량을 분할하여 납품일정을 다르게 하여 고객에게 배송이 될 수 있고, 또한 고객이 제품을 배송 받고 싶은 장소가 다를 수 있다. 예를 들어 신세계라는 회사가 여러 지점을 가지고 있는 경우 주문은 본사에서 하지만 광주지점이나 부산지점으로 일정을 다르게 분할 납품을 요구할 수 있기 때문이다. 따라서 라인 아이템의 정보와 스케줄 라인의 정보의 관계는 1대 N의 관계를 갖는다. 이러한 판매주문화면의 구조는 고객의 다양한 배송요구에 대한 유연성을 제공한다.

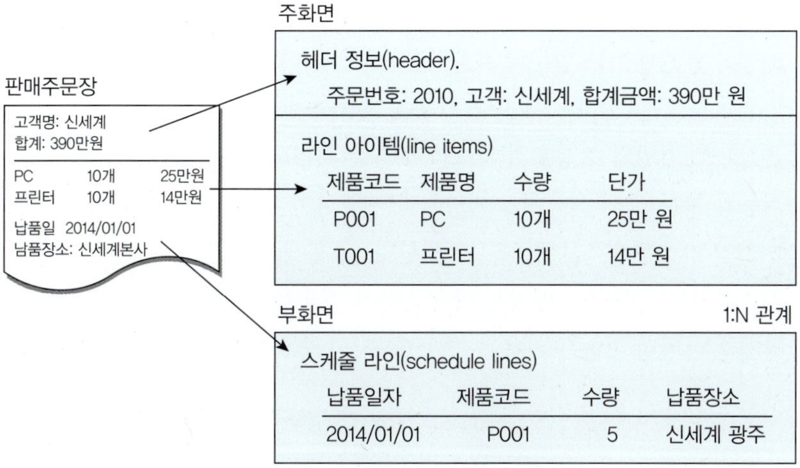

[그림 3-6] 판매주문의 화면 구성

상기와 같은 화면에서 판매주문을 처리시 SAP ERP는 [그림 3-7]과 같이 자재관리 모듈, 생산관리 모듈, 재무회계 및 관리회계 모듈 등의 기능들과 실시간으로 연동하여 유연하고, 효율적이며, 안정적인 판매주문 처리를 지원한다.

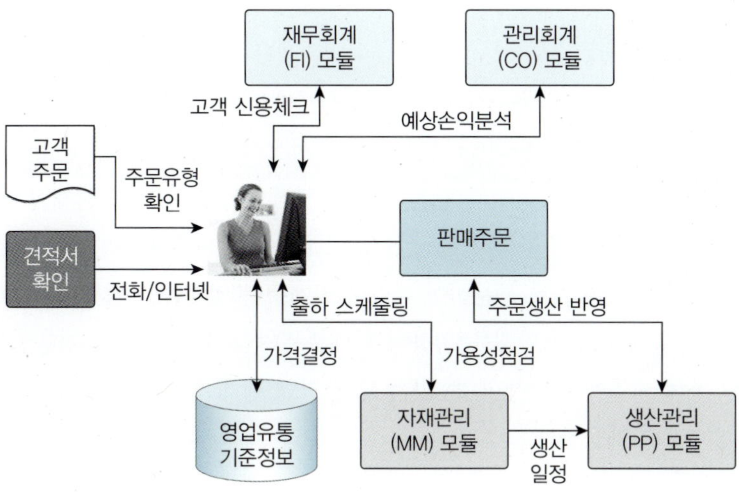

[그림 3-7] 판매주문의 기능 구성

판매주문 처리 시 SAP ERP는 일반적인 형태의 판매주문 이외에 현금판매, 위탁판매주문, 제3자 직송주문과 같은 다양한 형태의 판매 주문에 대한 처리를 지원한다. 이를 통해 판매주문 처리의 유연성을 제공한다. 또한 자동화된 가격결정 기능을 제공하여 판매주문 업무의 효율성을 높인다. 아울러 주문 품목의 가용성 점검(ATP)과 이를 통한 출하 스케줄링 기능을 제공하여 고객 요구에 대한 대응력을 높여 궁극적으로 기업의 경쟁우위 확보를 도와준다. 또한 판매 주문에 대한 예상 손익분석 기능과 주문 고객 신용체크 기능들을 제공하여 재무적으로 효과적인 판매영업활동과 안정적인 판매주문 처리를 지원한다. 주문생산 제품인 경우 판매주문이 완료되면 즉각적으로 생산에 반영을 하는 기능도 제공한다. 결론적으로 SAP ERP에서의 판매주문 처리 기능은 다음과 같은 6가지의 중요한 기능들을 제공한다.

- 다양한 주문유형 처리 기능
- 자동적인 가격결정 기능
- 판매 주문에 대한 예상 손익분석 기능
- 주문 품목의 가용성 점검(ATP) 및 출하 스케줄링 기능
- 고객 신용체크 기능
- 주문생산 제품인 경우 생산계획에 반영 기능

(1) 다양한 주문유형

주문유형
기업에 발생하는 다양한 판매주문 형태를 지원하기 위한 기능

SAP ERP의 주문유형(order type)은 기업에 발생하는 다양한 판매주문 형태를 지원하기 위한 기능이다. 일반적인 기업인 경우 정상적인 제품 판매주문이외에 현금거래, 위탁거래처리, 반품처리와 같은 다양한 성격의 주문 형태가 존재할 수 있다. 이러한 다양한 주문을 처리하기 위해 SAP ERP에서는 주문처리 화면에서 [그림 3-8]과 같이 주문유형들로 구분하여 다양한 판매주문 업무들을 지원한다. 또한 고객 맞춤형 주문제품들의 판매를 위하여 판매주문처리 시 변형구성 기능도 제공한다. 이를 통해 기업에서 발생할 수 있는 모든 판매 형태에 대한 지원으로 판매주문 처리의 유연성을 제공한다.

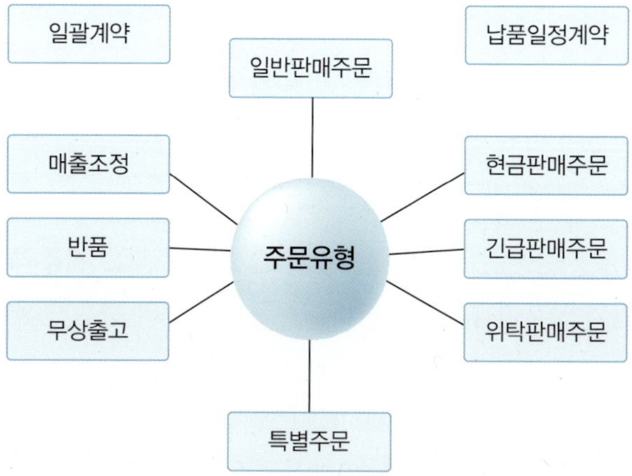

[그림 3-8] 주문유형

SAP ERP에서 지원하는 주문유형들은 일반판매, 현금판매, 긴급판매, 위탁판매, 제3자 직송주문, 무상출고, 반품, 매출조정 등이 있으며, 각 판매 주문유형들은 후속 업무처리가 다르게 진행된다.

- 일반판매주문(standard order) — 재고생산 또는 주문자생산 방식의 제품판매나 상품판매에 이용되는 일반적인 판매형태를 지원하는 주문유형을 의미한다.
- 현금판매주문(cash order) — 일반적인 판매인 경우 물품 납품 후 대금청구 및 입금이 일어난다. 그러나 일부 품목 또는 특별한 경우에 주문과 동시에 대금이 지불되는 경우가 발생할 수 있고 이러한 판매형태를 지원하는 주문유형이다.
- 긴급판매주문(rush order) — 긴급한 출하배송을 위하여 주문과 동시에 출하지시서가 바로 생성되고 출하작업 및 대금청구가 실행되는 판매형태를 지원하는 주문유형이다.
- 위탁판매주문(consignment order) — 위탁판매란 제품이 위탁상에 이동되어 실제 고객에 판매되었을 때 매출이 되는 방식으로 이를 지원하는 주문유형을 말한다.
- 제3자 직송주문(3rd party order) — 제3자의 제품을 구매하여 직접배송하게 하는 방식으로 이를 지원하는 주문유형을 말한다.
- 무상출고(free of charge delivery) — 제품의 가격 없이 물건이 출고되는 경우로,

예를 들어 견본품 제공과 같은 업무를 지원하는 주문유형을 의미한다.

- 반품(return) — 판매된 제품에 대한 반품을 처리 시 사용되는 주문유형을 말한다. 별도의 화면이 아닌 판매주문 화면에서 처리된다.
- 매출조정(CR/DR memo request) — 제품의 이동 없이 단순히 매출에 대한 조정이 필요한 경우 사용되는 주문유형을 말한다. 매출조정은 제품의 하자로 인한 가격 할인, 단가의 사후변경, 판매가격의 등록 오류 등의 경우 발생한다.

상기와 같은 주문유형 이외에 SAP ERP에서는 일괄계약과 납품일정계획과 같은 계약들도 주문유형으로 처리한다. 일반적으로 계약(contract)은 구매자와 판매자 양쪽을 구속하는 법률적인 문서인 반면에 주문(order)은 구매자가 필요한 제품, 가격 및 납품 일시 등을 요청한 내용으로 판매자가 주문은 받아들이면 하나의 계약으로 성립된다. 따라서 기업은 일반적으로 별도 계약절차 없이 주문장으로 법률적인 계약을 성립시킨다. 그러나 일괄계약과 같은 포괄적인 계약 내용을 맺고 납품은 세부적인 주문으로 처리하는 경우도 있다. 이때 사용되는 문서를 주문지시서(release order)라 부른다.

- 일괄계약(contract) — 고객과 특정 기간 동안의 제품이나 서비스에 대한 수량과 판매 가격 등을 약속한 계약사항을 지원하는 주문유형으로 출하를 위해서는 또 다른 주문생성이 필요하다. SAP ERP에서는 일반판매(standard order) 주문으로 미리 등록된 일괄계약을 적용하여 처리한다. 기업은 일괄계약 기능을 통하여 기업의 판매수량 및 판매금액에 따른 다양한 가격할인 정책을 실행할 수 있다.
- 납품일정계획(scheduling agreement) — 계약의 일종으로 자세한 납품 일정이 포함되어 있는 주문유형으로 별도의 주문처리 없이 계획된 납품일정에 따라 출하지시로 배송 처리한다.

변형구성
기본모델과 추가 사양(option)에 대한 내용을 특성 값들로 설정하여 주문처리 시 기본모델과 추가 사양을 선택하여 제품을 변형구성하여 주문할 수 있도록 하는 기능

SAP ERP는 일반적인 제품에 대한 주문이 아닌 고객 맞춤형 주문제품들의 판매를 위하여 판매주문처리 시 제품의 변형구성 기능도 제공한다. **변형구성**(variant configuration)은 기본모델과 추가 사양(option)에 대한 내용을 특성 값들로 설정하고, 주문 처리 시 기본모델과 추가 사양을 선택하도록 한다. 제품의 변형구성은 생산관리 모듈의 변형 자재구성표(variant BOM)를 통해 자동으로 제공되며, 판매주

문을 생산주문으로 전환하여 진행할 경우 등록된 판매주문이 변형 BOM에 연결되어 맞춤형주문 생산이 이루어진다.

- 변형구성(variant configuration) 기능 — 고객 맞춤형 주문제품들의 판매 주문처리 시 특별 사양들을 포함하기 위한 기능

(2) 가격결정

제품에 대한 가격결정(pricing)은 판매주문과 관련한 수주활동에 있어서 판매의 성공 여부를 결정지을 수 있는 매우 중요한 기능이다. SAP ERP에서의 제품들의 가격은 회사의 가격 정책에 의하여 생성된 기본가격 및 가격형성 요인들에 따라 판매주문 입력시 [그림 3-9]와 같이 자동 계산되어 나타난다.

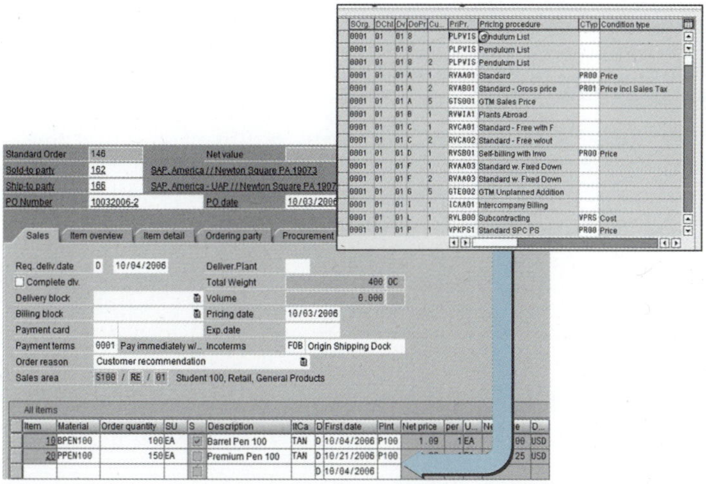

[그림 3-9] 가격결정

SAP ERP에서는 고객, 지역별로 다른 가격정책을 지원할 수 있도록 고객별, 지역별, 영업 조직별로 제품들에 대한 다른 단가 체계를 지원한다. 아울러 제품의 가격, 할인율, 매출부가세, 운송비 등의 기타 부대비용의 가격결정 요소들은 가격정책에 따라 가격기준정보로 마스터데이터에서 관리하며, 주문처리시는 물론 수주활동 지원을 위해 자동적으로 가격이 결정되는 기능을 제공한다. 또한 가격정책의 변화, 사용량에 따른 차별가격 적용, 기간별 가격 등 가격기준정보의 변경사항이 있으면 즉각적으로 판매 주문에 반영된다. 마지막으로 SAP ERP에서는 고객맞춤형 주문

제품에 대한 가격결정을 지원하기 위하여 변형구성 기능을 이용하여 제품사양의 초기 설정값(default)을 제시하여, 추가사양을 선택함에 따라 동시에 기본 모델 가격, 추가 사양 가격, 부가 세금 등을 자동으로 결정한다. 아울러 결정된 가격은 분석기능(analysis)을 이용해 가격이 결정된 조건들을 분석 가능하도록 지원한다. 결론적으로 SAP ERP에서 제공되는 제품에 대한 가격결정은 다음과 같은 특징들을 가지고 있다.

- 고객별, 지역별, 영업 조직별로 다른 제품 단가 체계를 지원한다.
- 단가 및 자동 할인/할증률, 운임을 자동으로 계산하는 기능을 제공한다.
- 사용량에 따른 차별가격 적용, 기간별 다른 가격들을 제공한다.
- 변형구성 기능을 이용하여 고객맞춤형 주문제품에 대한 가격결정을 지원한다.

(3) 예상손익분석 기능

SAP ERP는 제품 주문시 가격결정 기능뿐만 아니라 판매(예정)가격에 대한 예상손익분석 기능을 제공한다. 예상손익분석 기능은 판매주문 시점에 주문 성사여부를 결정하기 위한 핵심적인 기능으로 기업의 수익성을 극대화 시키는 역할을 한다. 예상손익분석 기능은 [그림 3-10]에서와 같이 생산관리 모듈의 자재구성표와 공정 및 작업장 정보를 참조하여 생성된 제품의 표준원가 정보를 가지고 있는 자재관리 모듈과 연계된 관리회계 모듈과 실시간 연동하여 예상손익을 계산한다. 제품의 표준원가 산정과 관련해서는 7장의 관리회계 모듈에서 상세하게 설명된다.

예상손익은 다음과 같이 할인 및 할증을 반영한 판매가격에 총투입원가를 차감하여 산출된다.

- 예상손익 = 판매가격 + 할증 금액 − 할인금액 − 총투입원가
  (총투입원가 = 제품단가 × 수량 + 판매비용)

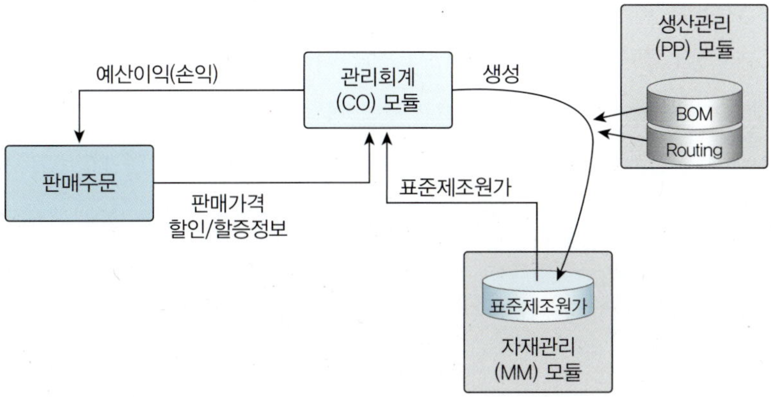

[그림 3-10] 예상손익분석 기능

(4) 가용성 점검 기능 및 출하 스케줄링 기능

가용성 점검(available to promise, ATP) 기능은 특정한 일자에 제품의 가용 여부를 점검하는 기능으로 [그림 3-11]에서 보이는 바와 같이 다음과 같은 수식에 의하여 결정된다.

가용성 점검
특정한 일자에 제품이 가용한지를 점검하는 기능

- 가용 수량 = 현 재고 수량 − 출고예정 수량 + 입고예정 수량

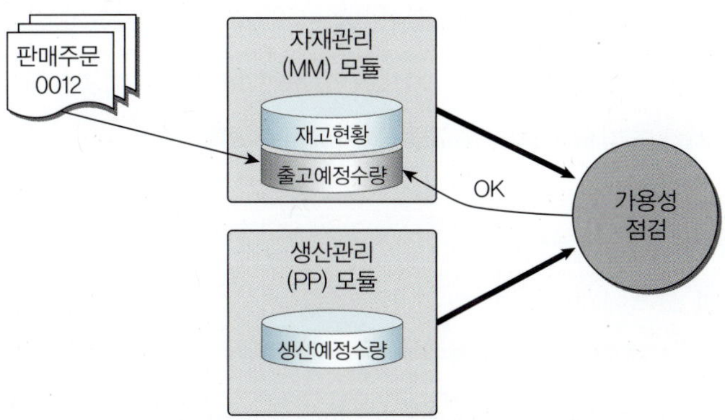

[그림 3-11] 가용성 점검

- 현 재고 수량(on-hand) — 특정 제품에 대한 현재의 재고 수량
- 출고예정 수량 — 판매주문 등으로 미리 예약된 수량
- 입고예정 수량 — 생산으로 입고 예정된 수량

특정 일자에 가용한 재고에 대하여 주문이 확정된 경우 가용재고에 대하여 재고할당(inventory allocation)이 이루어지고 이 재고할당 수량은 이후 가용성 점검 때 출고 예정수량으로 취급된다.

출하 스케줄링
가용성 점검(ATP)을 통하여 고객에게 납품일자를 통보하기 위한 기능

출하 스케줄링(delivery scheduling) 기능은 고객에게 정확한 납품일자를 통보하기 위한 기능으로 주문입력과 동시에 가용성점검(ATP)을 통하여 출하 스케줄링 기능이 수행된다. 출하 스케줄링은 가용성점검을 통하여 제품의 가용일이 산출되고, 제품 납품에 필요한 시간들인 피킹과 포장시간, 운송리드타임, 적재시간, 배송시간 등이 고려되어 납품일자가 산출한다. 출하 스케줄링 계산에 적용되는 시간 항목들은 다음과 같다.

- 피킹/포장시간(pick/pack time) — 배송을 위해 제품을 창고로부터 피킹하고 피킹된 제품을 포장하고 포장된 제품을 배송목록에 할당하는 데 소요되는 시간으로 일반적으로 출하지점 경로 및 주문 품목의 중량 등이 계산되어 정의된다.
- 운송리드타임(transportation lead-time) — 제품의 운송 과정을 수립하는 데 소요되는 시간으로 선박을 예약하거나 운송업자에서 트럭을 예약하기 위한 시간 등이 포함되어 정의된다.
- 적재시간(loading time) — 납품 품목을 적재하는 데 소요되는 시간으로 출하 지점, 품목의 적재그룹(loading group of the material) 등에 의하여 결정된다.
- 배송시간(transit time) — 공장에서부터 고객의 위치까지 제품을 배송하기 위해 요구되는 시간으로 배송 경로(route)에 의하여 정의된다.

SAP ERP에서는 고객이 희망한 일자의 납품 가능성 여부를 점검하기 위한 후진 스케줄링과 고객에게 납기가 가능한 일자를 제시할 때 사용되는 전진 스케줄링 두 가지의 출하 스케줄링 기능을 통하여 납품과 관련한 정보를 제공한다.

- 후진 스케줄링(backward scheduling) — 고객이 희망한 납기일자(고객요청 일자)에 납품이 가능한지를 점검하기 위해 사용되는 스케줄링 방식으로 [그림 3-12]에서와 같이 고객납품요청일자를 기준으로 후진하면서 납품가능 여부를 확인한다. [그림 3-12]에서 고객납품 요청일자는 배송시간, 적재시간, 내부이송 피킹 및 포장에 걸리는 시간이 제품 가용일 이후 요청일자인 6일째를 초과하여 희망 일자에 대한 납품이 불가능하다.

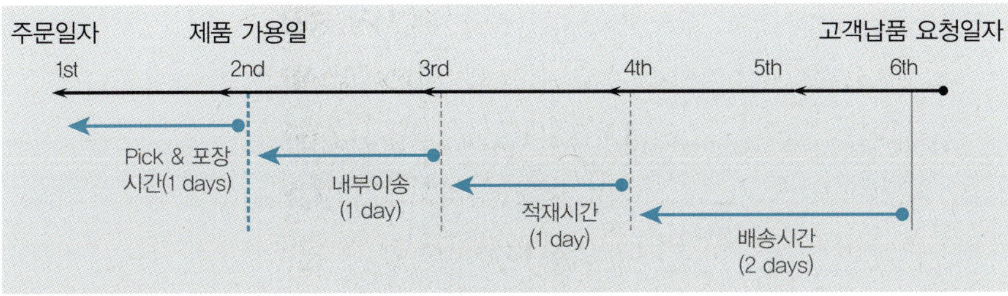

[그림 3-12] 후진 스케줄링

전진 스케줄링(forward scheduling) — 고객에게 납기가능일자를 제시할 때 사용되는 스케줄링 방식으로 [그림 3-13]에서와 같이 재고 가용일자를 기준으로 전진하면서 형태로 납품 가능일자를 계산한다. [그림 3-13]에서와 같이 납품은 주문일 이후 7일째 되는 날 가능하다.

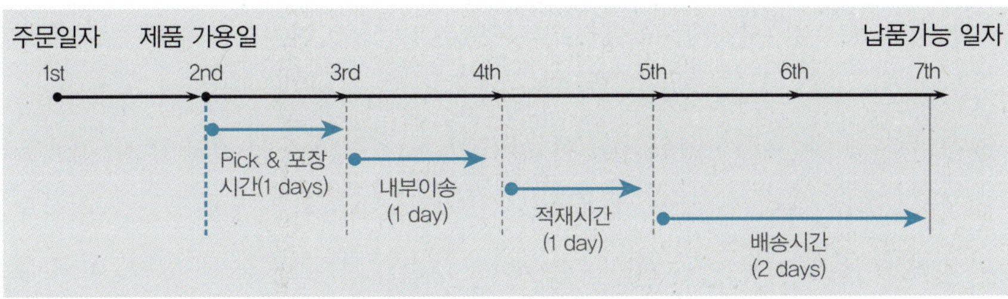

[그림 3-13] 전진 스케줄링

이미 언급하였듯이 출하 스케줄링 기능을 오늘날 효율적인 수주활동을 위한 기본기능으로 고객 요구에 대한 대응력을 높여 고객 만족도를 유도한다. 납기에 대한 즉각적이지 못한 정보제공으로 판매 수주에 실패한 사례는 주위에서 쉽게 볼 수 있다.

(5) 고객 신용체크 기능

고객 신용체크(credit limit check) 기능은 고객의 여신관리정보를 바탕으로 판매주문과 제품출고 시점에 여신한도 점검을 수행하여 향후 발생 가능한 부실채권 및 미수금의 위험을 줄이기 위한 기능이다. 신용체크 기능은 [그림 3-14]와 같이 판매주문과 제품출고 시점에 자동으로 신용을 체크하여 진행 또는 조기경보/보류(warning / block) 등의 후속조치 및 담당자와 관련부서에 신용한도 초과 내용을 자동적으로 통보할 수 있는 기능들을 제공하여 효과적으로 고객들에 대한 신용관리를 지원한다.

고객 신용체크
판매주문과 제품출고 시점에 고객의 여신한도 점검을 통하여 향후 발생 가능한 부실채권 및 미수금의 위험을 줄이기 위한 기능

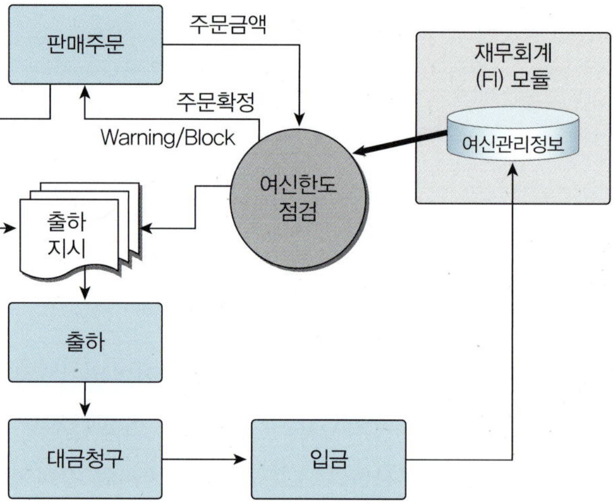

[그림 3-14] 고객 신용체크

고객 신용체크 기능은 재무회계 모듈에 있는 고객의 여신정보와 밀접하게 연계되어 있으며, 고객의 여신한도는 고객별 또는 고객그룹별로 설정되어 관리되며, 특정 고객의 신규 주문이나 출하 금액이 이 고객의 여신 한도를 초과할 때 후속조치가 발생하도록 지원한다. 고객 신용체크 기능은 고객들의 여신한도를 지정함으로서 각 고객에 대한 신용공여(credit exposure) 및 위험을 관리할 수 있다. 고객 신용체크 기능은 재정적으로 불안정한 회사와의 거래나 제한적인 환율 정책을 채택하여 정치적으로 불안정한 국가의 회사들과 거래를 하는 경우에 특히 중요한 기능이다. 이러한 고객 신용체크 기능을 통해 기업은 건전하고 안전한 판매 활동을 수행할 수 있다.

(6) 주문 완료 후 자동 생산계획 반영

주문생산 제품인 경우 SAP ERP의 판매주문 처리 기능은 주문이 완료되면 즉각적으로 생산계획에 반영하는 기능을 제공한다. 생산모듈의 주생산계획(MPS) 기능은 고객의 주문을 근거로 독립수요들에 대한 생산지시인 계획주문을 생성하여 주문생산 제품이 일정에 맞게 생산될 수 있도록 지원한다. 주문생산 제품에 대한 생산계획은 생산관리 모듈에서 상세하게 설명된다.

5. 출하관리

판매 주문된 제품들에 대하여 고객이 주문한 제품을 납품장소로 적시에 배송하기 위해서는 창고로부터의 배송될 제품의 피킹(picking), 피킹된 제품들에 대한 포장 그리고 출고처리의 공장 내의 제품 출하관리(shipping) 활동과 차량, 경로, 시간 등을 고려한 운송계획 수립하고 운송사, 차량, 운송경로의 선정과 같은 운송일정관리와 전체 운송비용의 정산 등의 공장 외의 운송관리(transportation) 활동으로 구분될 수 있다. SAP ERP의 영업관리 모듈에서는 상기의 활동 중 출하관리와 관련한 활동들을 지원하며, 운송관리 활동은 SAP의 공급사슬관리 지원시스템인 운송실행(Logistics Execution, LE)에서 지원한다. 따라서 이 책에서는 SAP ERP에서 운송관리 활동을 제외한 출하 활동을 근간으로 설명한다.

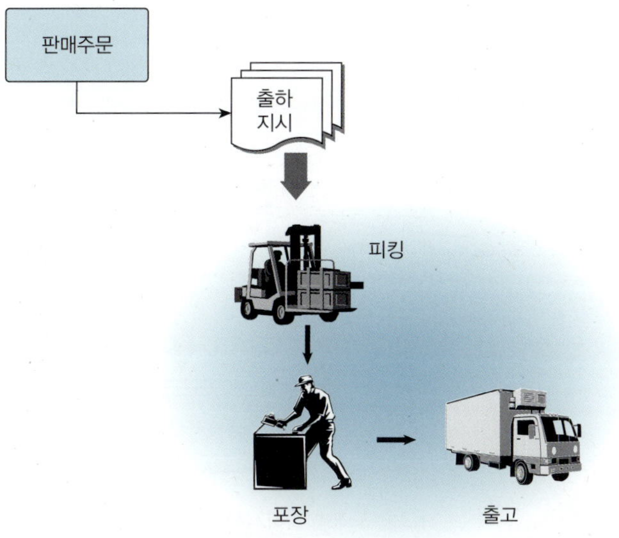

[그림 3-15] 출하/운송관리

SAP ERP에서는 [그림 3-15]에서와 같이 출하는 출하지시 기능을 통해 판매주문에 대한 납품 문서(delivery document)를 생성하는 것부터 시작한다. 납품 문서는 아래와 같은 다수의 하위 출하 활동들 피킹(picking), 포장(packing), 출고(goods issue)를 지시하고 모니터링하기 위해 사용된다.

- 피킹 지원
- 포장 지원
- 출고 처리 기능

(1) 출하지시 기능

출하지시
운송일자가 도래한 고객의 주문에 대하여 납품지시 문서들을 생성하여 제품 출고가 이루어지도록 하는 기능

SAP ERP의 출하지시(delivery note) 기능은 운송일자가 도래한 주문내용에 대한 납품 문서들을 생성하여 제품의 출고가 이루어지도록 하는 기능으로 [그림 3-16]과 같이 기존의 판매 주문들 중에서 납기가 도래한 주문들에 대하여 출하/배송을 지시하기 위하여 사용된다. 출하지시 시 자동으로 가용성 점검(ATP)과 고객 신용체크가 다시 이루어지며, 제품 가용일이나 배송일정에 대한 계획이 수행된다. 출하지시에 의한 납품 문서들은 제품 피킹에 대한 지시, 포장에 대한 지시 그리고 출고처리에 대한 지시들이 포함된다.

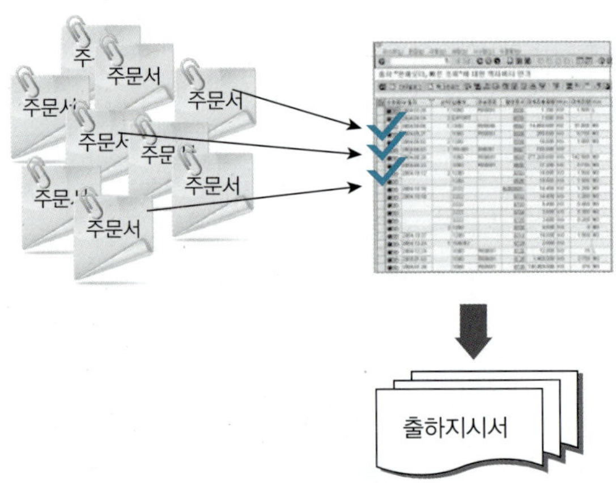

[그림 3-16] 출하지시

출하지시는 [그림 3-17]과 같이 여러 판매주문을 묶어 하나의 납품으로 하는 주문결합 또는 하나의 주문을 분할하여 납품 처리하는 분할납품 그리고 주문 하나에 납품 한 건으로 하는 처리하는 완전납품 행태들로 출하를 수행할 수 있는 기능이 있어 다양한 비즈니스 상황에 유연하게 대처가 가능하도록 지원하여, 궁극적으로는 효율적인 물류운영이 가능하도록 도와준다.

- 주문결합(Order Combination) 출하
- 분할납품(Partial Delivery) 출하
- 완전납품(Complete Delivery) 출하

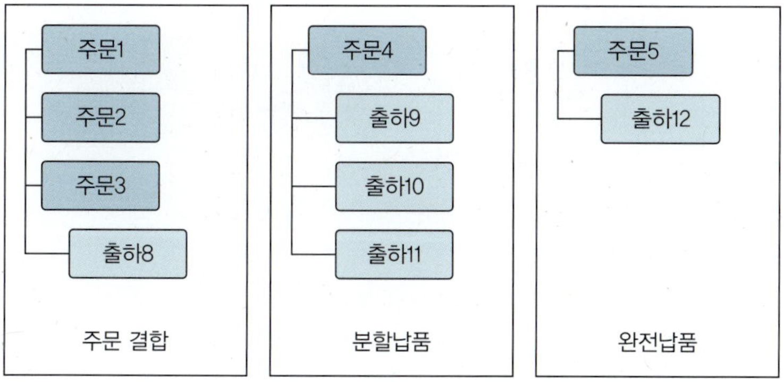

[그림 3-17] 주문에 대한 출하 형태

(2) 피킹

피킹(picking)은 저장창고에서 출하할 물품을 끄집어내는 활동으로 SAP ERP에서 피킹은 납품문서에 의하여 시작되며, 피킹을 위한 납품문서에는 피킹수량, 피킹일자, 피킹 창고 등이 포함되어 있다. 배치관리나 일련번호 관리 품목인 경우 그와 관련된 정보들도 지시서에 포함된다. 배치(batch) 관리는 동일한 자재의 특성(원산지, 품질 등급, 생산일 등)이 다르고 이들을 구분 · 관리해야 할 필요가 있는 경우 사용하는 방식으로 고유의 꼬리표인 배치번호를 부여하여 관리하는 방식이고 일련번호 관리는 제품들을 개별적으로 일련번호를 부여하여 세밀하게 관리하는 방식이다.

피킹
저장창고에서 출하할 물품을 끄집어내는 활동

SAP ERP는 [그림 3-18]과 같이 다양한 형태의 피킹, 예를 들면 점포별, 제품별, 경로별, 지역별 품목들로 피킹 처리를 위한 피킹리스트(picking list)를 제공하고 크로스도킹을 위한 피킹 처리 기능도 포함한다.

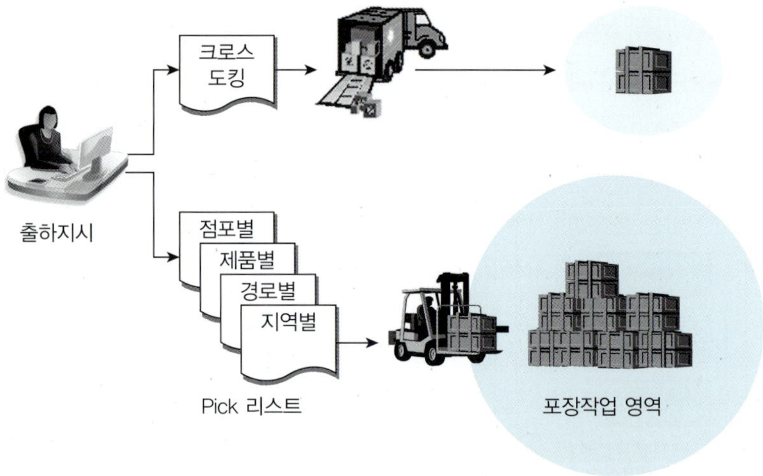

[그림 3-18] 피킹 활동

크로스도킹
창고나 물류센터에서 전달받은 물품을 중간의 저장창고의 보관 없이 바로 배송하는 물류체계

크로스도킹(cross docking)은 창고나 물류센터에서 전달받은 물품을 중간 저장창고의 보관 없이 바로 배송할 준비를 하는 물류체계이다. [그림 3-19]와 같이 중간 저장단계가 없이 배송지점으로 배송하는 크로스도킹은 중간단계가 매우 짧아져 유통의 효율성을 제고한다. 즉 중간창고에 입고되고 출고되는 데 소요되는 시간과 비용을 제거하여 배송의 동시화가 이루어지는 장점이 있다.

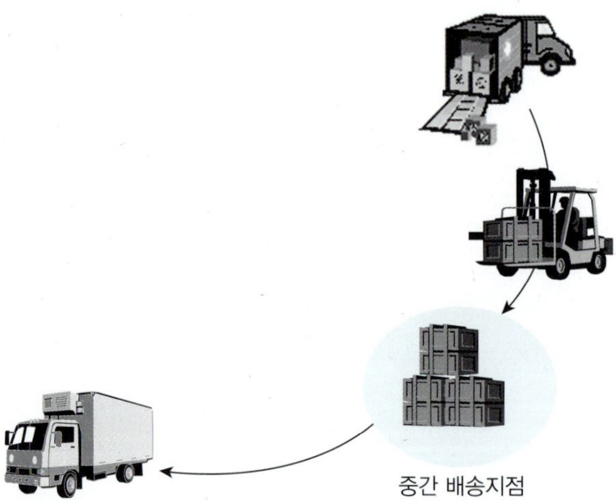

[그림 3-19] 크로스도킹

(3) 포장

포장(packing)은 피킹된 제품들에 대하여 포장 및 적재를 하는 활동으로 SAP ERP에서는 포장과 관련되어 고객 선호도 및 UCC-128 지정된 제품(Uniform Code Council, 물류단위에 다양한 정보를 표준화하기 위해 제품에 부여한 코드), 반품 관련, 컨테이너(container) 및 무게/용량 제한에 대한 내용 등을 지정할 수 있다. 포장작업은 일반적으로 Carton이라 불리는 작은 상자에 제품을 포장하고 팔레트(Pallet)에 적재하여 지게차를 이용하여 컨테이너(Container)에 적재한다.

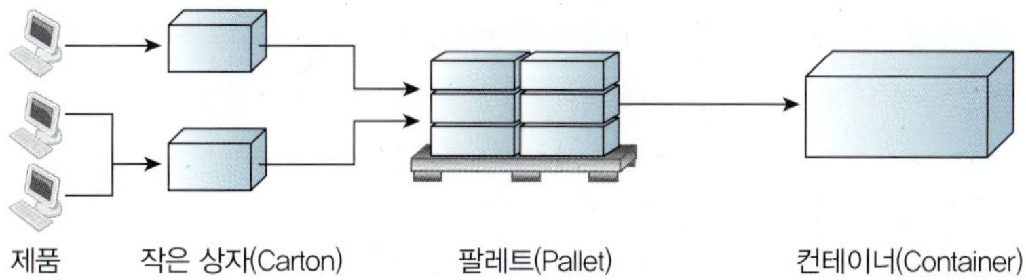

[그림 3-20] 포장상자들

SAP ERP는 [그림 3-21]과 같이 다양한 형태의 포장처리, 예를 들면 점포별, 제품별, 경로별, 지역별 품목들로 포장처리를 위한 포장지시서 발행을 지원하고 크로스도킹 처리도 가능케 하는 기능도 포함한다.

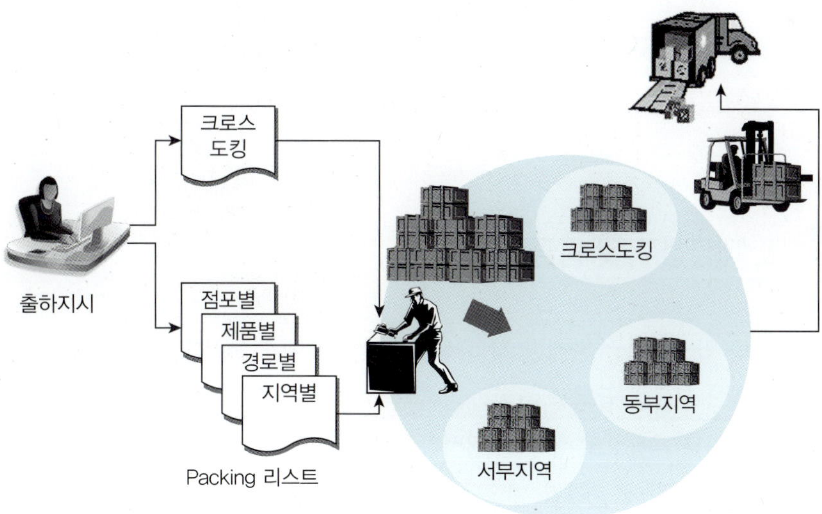

[그림 3-21] 포장 활동

(4) 출고

출고
포장된 제품들이 고객에 배송하는 활동, 법률적으로 제품의 소유자가 고객으로 바뀌는 행위

출고(Goods issue, GI)는 포장된 제품들이 고객에 배송하는 활동으로 출고는 법률적으로 제품의 소유자가 고객으로 바뀌는 행위이다. 따라서 출고처리가 완료되면 재고가 감소되고 매출원가가 생성되는 회계처리가 필요하다. SAP ERP는 [그림 3-22]와 같이 출고처리를 완료시키면 자동적으로 자재관리 모듈의 자재 수량을 감소시키고 출고 회계전표를 발생시켜 재무회계 모듈로 전송한다. 출고 회계처리와 관련해서는 6장 재무회계 모듈에서 다시 한 번 설명된다.

SAP ERP에서 제공하는 자동 회계전표처리는 ERP 시스템의 장점 중의 하나로 실시간 거래 처리와 관련한 분석정보를 즉시 제공하고, 분개와 회계전표 생성과 같은 회계부서의 반복적이고 단순한 업무를 감소시키는 효과를 제공한다.

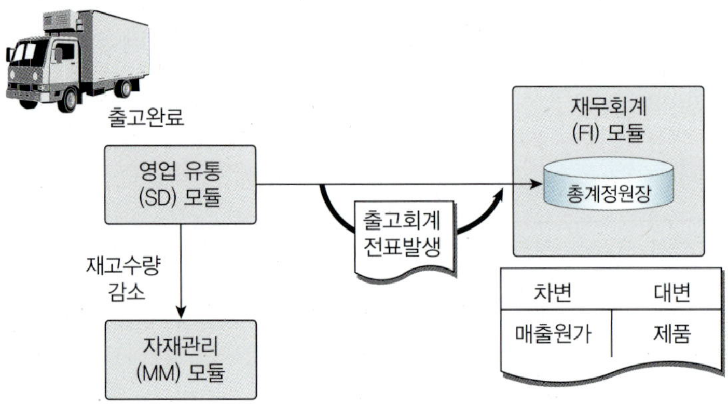

[그림 3-22] 출고처리

6. 대금청구 및 입금관리

송장
매매계약 조건을 정상적으로 이행하였음을 알리는 판매자가 구매자에게 보내는 서류

대금청구 및 입금관리는 판매한 제품에 대하여 고객에게 물품대금을 청구하고 이에 대하여 고객이 지급한 금액을 처리하는 활동이다. SAP ERP에서는 주문정보와 출하정보를 근거로 자동으로 송장을 생성하여 고객에게 대금을 청구하여 매출을 발생시키고 고객은 송장에 근거한 대금을 지급한다. 송장은 매매계약 조건을 정상적으로 이행하였음을 알리는 판매자가 구매자에게 보내는 서류로 수출입에서는 대금청

구서로서의 역할을 한다. 이때 대금청구를 위한 서류가 송장이다. 그러나 국내에서는 송장 대신에 세금계산서를 대금청구서로 대신 사용한다. 따라서 이 책에서는 송장 또는 Invoice을 세금계산서란 용어와 혼용하여 사용한다.

(1) 대금청구

대금청구(billing)는 출고처리가 완료된 후 주문정보와 출하/운송 정보를 근거로 송장을 생성하여 고객에게 판매 제품에 대한 대금을 청구하는 활동이다. SAP ERP에서는 주문정보와 출하정보를 근거로 자동으로 송장을 생성하여 고객에게 대금을 청구한다. 생성된 송장은 [그림 3-23]과 같이 영업사원이 직접 제출하거나 인터넷, Fax 등을 통하여 고객에게 전달될 수 있다. 이후 고객으로부터의 대금 결제를 기다린다. 자동화된 송장 생성 기능이나 인터넷을 이용한 대금청구는 판매활동에서 중요한 대금청구 업무의 효율성을 제고한다.

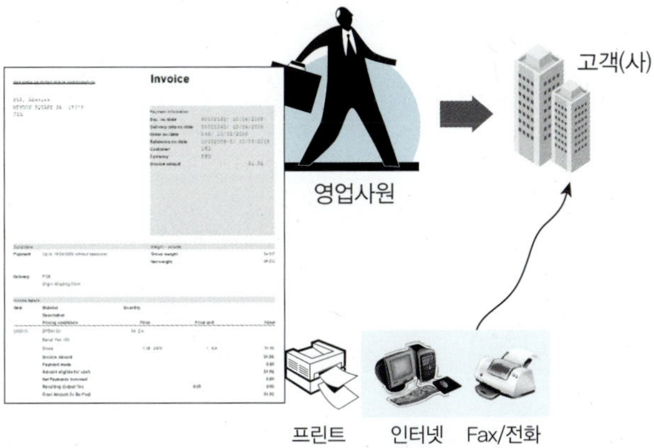

[그림 3-23] 대금청구

SAP ERP에서 대금청구 방식은 [그림 3-24]에서와 같이 출하건별로 대금청구를 수행하는 출하근거 대금청구 방식, 여러 출하 건을 묶어 하나의 대금청구 문서를 작성하는 통합 대금청구 방식 그리고 하나의 출하 건을 여러 번의 대금청구 문서로 생성하는 분할 대금청구 방식이 있다. 통합 대금청구 방식은 일반적인 기업 간 거래에서 많이 사용하는 월 단위로 대금을 청구하는 업무 수행을 지원할 수 있다.

- 출하근거 대금청구(Delivery based Invoicing) 방식
- 통합 대금청구(Collective Invoicing) 방식

- 분할 대금청구(Split Invoicing) 방식

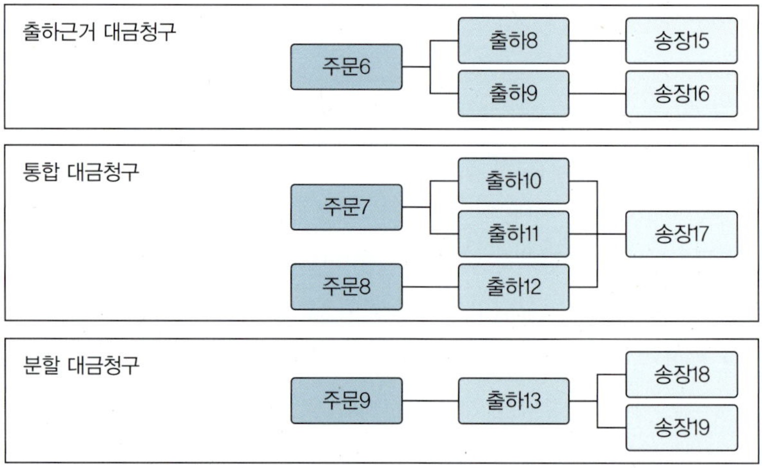

[그림 3-24] 주문, 출하와 송장 관계

SAP ERP는 대금청구와 회계 기능이 연계되어 있어 출고가 완료되면 송장을 발행하여 고객에게 대금청구를 하고 대금 청구한 정보는 채권관리 및 고객의 여신관리를 위하여 재무회계 모듈에 자동적으로 전달된다. 이렇게 전달된 채권정보는 [그림 3-25]에서와 같이 이후 주문에서 고객신용체크 기능의 자료로 활용된다.

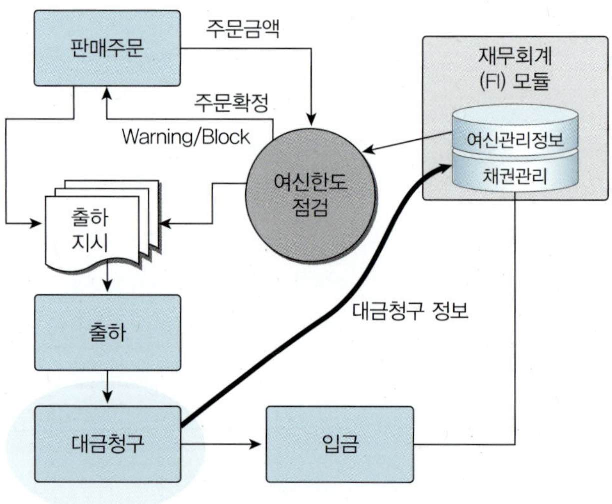

[그림 3-25] 대금청구 회계 연계

대금청구는 기업의 매출과 채권이 동시에 발생하는 거래이다. SAP ERP에서 대금청구를 실행하면 [그림 3-26]과 같이 자동적으로 채권계정인 외상매출금이 발생하고 매출이 일어나는 매출 회계전표를 발생시켜 재무회계 모듈로 전송한다.

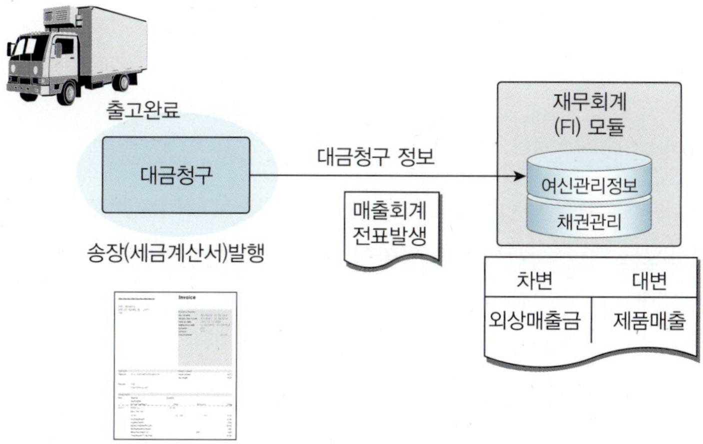

[그림 3-26] 대금청구, 채권관리 및 여신관리

(2) 입금관리

입금관리(payment)는 대금 청구한 금액에 대하여 고객이 지급한 금액을 임금 처리하는 것으로 SAP ERP에서는 재무회계 모듈에서 지원하며, 임금처리가 완료되면 현금이 증가하고 외상매출금이 감소하는 자동 회계전표가 발생된다.

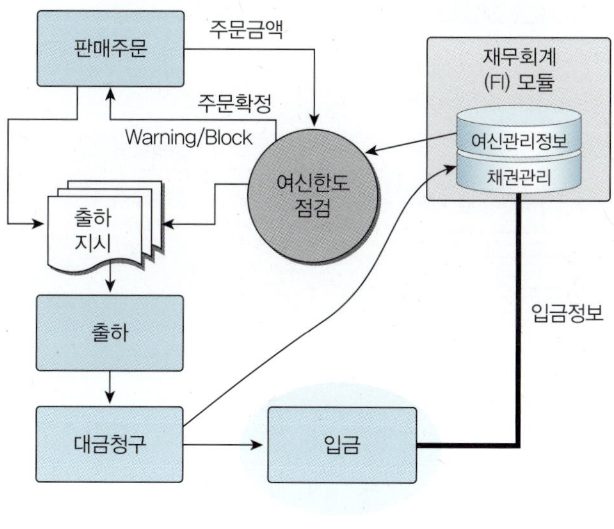

[그림 3-27] 입금관리

7. 영업유통 모듈 조직구조

SD 모듈 조직구조는 기업의 영업 및 출하/운송 관리를 위한 조직구조로 주요 조직 구성 요소들은 영업영역과 영업조직, 내부영업구조, 저장창고, 출하지점 및 적재지점 등이 있다.

(1) 영업영역 및 영업조직

영업영역
영업실적을 보고하는 단위로 영업조직, 유통경로, 그리고 사업부로 구성되어 있음

영업영역(sales area)은 영업실적을 보고하는 단위로 [그림 3-28]에서와 같이 일반적으로 회사에는 하나 이상의 영업영역이 존재하고, 영업영역은 영업조직, 유통경로 그리고 사업부로 구성되어 있다. 영업조직(sales organization)은 기업의 영업을 책임지는 조직들로 본사, 지사, 해외 영업법인에서 정의될 수 있다. 유통경로는 상품이 소비자 또는 최종수요자의 이르기까지 거치게 되는 통로로 일반적인 예는 대리점, 백화점, 온라인, 직접판매 등이다. 유통경로 경로는 영업조직에 종속되며, 특정 영업조직과 유통경로의 결합을 유통경로망(distribution chain)이라 불린다. 사업부는 특정제품 또는 서비스를 판매하는 조직으로 가전사업부, 반도체사업부, 모바일기기 사업부 등이 사업부의 전형적인 예가 될 수 있다. 사업부 역시 영업조직에 종속적이며 일반적으로 기업의 제품라인과 연계되어 있다.

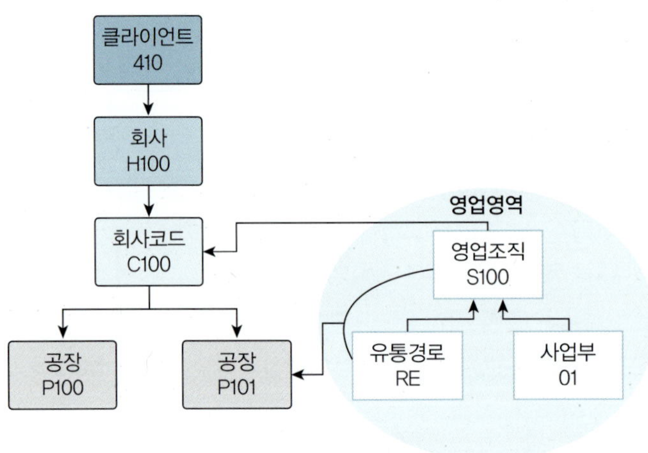

[그림 3-28] 영업영역

- 영업조직(sales organization) — 기업의 영업을 총괄적으로 책임지는 조직
- 유통경로(distribution channel) — 상품이 소비자 또는 최종수요자의 이르기까지 거치게 되는 통로
- 사업부(division) — 특정제품 또는 서비스를 판매하는 사업부

(2) 내부영업구조

내부 영업구조(internal sales structure)는 영업조직을 계층적 관점에서 분류한 것으로 [그림 3-29]에서와 같이 영업조직 밑에 하나 이상의 영업점이 존재하고 영업소에는 영업그룹과 판매원들로 구성되어 있다.

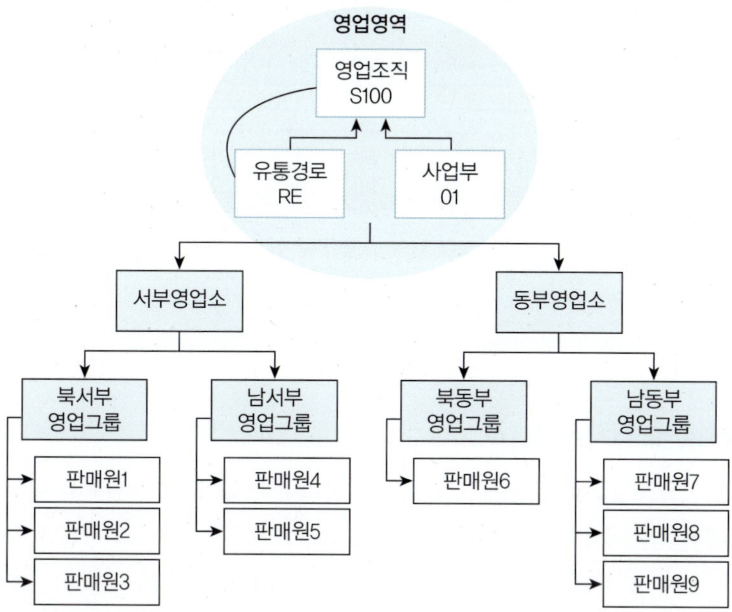

[그림 3-29] 내부 영업조직

- 영업소(sales office) — 일반적으로 지역특성을 반영하여 구성됨
- 영업그룹(sales groups) — 영업소 내의 영업사원들의 그룹
- 판매원(salesperson) — 영업사원들

(3) 저장창고

출하 조직구조는 기업의 물류관련 조직들에 대한 구조로 공장, 저장창고, 출하지점, 적재지점 등의 구성요소들이 있다. [그림 3-30]과 같이 회사에는 하나 이상의 공장과 공장에는 다수개의 저장창고가 존재한다. 저장창고는 공장 내의 재고를 보관하는 장소로 일반적으로 자재와 제품으로 구분되어 설정된다.

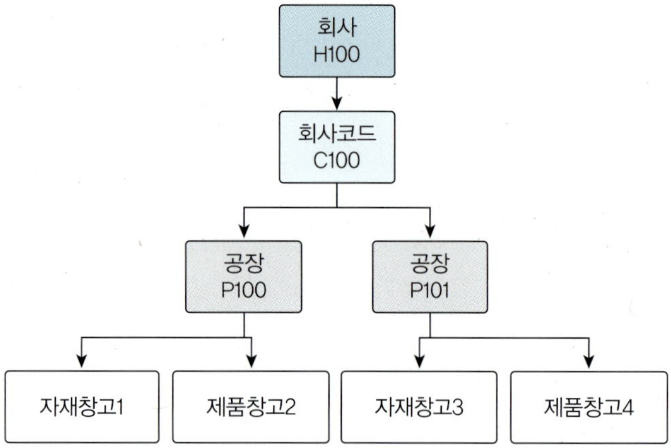

[그림 3-30] 공장 및 창고

- 저장창고(storage locations) — 공장 내의 자재와 제품을 보관하는 장소

(4) 출하지점 및 적재지점

출하지점은 출하업무를 진행하기 위하여 컨테이너 터미널, 선박부두와 같이 물리적으로 고정된 장소를 말한다. SAP ERP 조직구조에서는 [그림 3-31]과 같이 출하지점은 공장에 연결되어 있으며, 하나의 출하지점에는 복수개 공장에서 제품의 출하가 가능하다. 적재지점은 출하물품에 대한 적재업무를 수행하기 위한 장소를 의미한다. 복수개의 적재지점은 하나의 출하지점에 종속되어 있다.

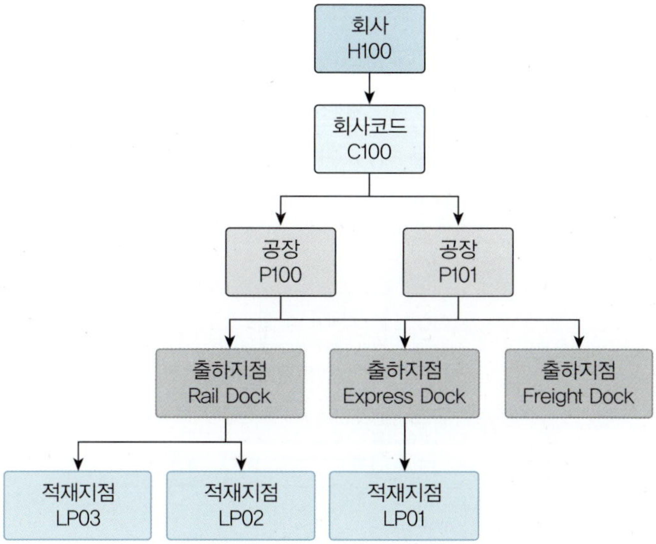

[그림 3-31] 출하지점, 적재지점

- 출하지점(shipping point) — 출하업무를 진행하기 위한 고정된 장소
- 적재지점(loading point) — 출하물품에 대한 적재업무를 수행하기 위한 장소

8. 영업유통 모듈 마스터데이터

SD 모듈 마스터데이터는 영업주문처리, 출하/운송, 대금 청구 업무를 처리 시 기본적으로 필요한 자료들로 주요 SD 모듈 마스터데이터에는 고객마스터, 가격결정과 관련한 조건마스터 그리고 고객-자재 정보 마스터 등이 있다.

(1) 고객마스터

고객마스터(customer master)는 고객에 관한 광범위한 정보를 관리한다. 고객마스터는 SAP ERP의 전 모듈에서 공통적으로 관리되어 동일 고객에 대한 중복관리를 배제하고, 신규 고객등록 및 고객정보 변경에 대하여 전사적으로 통합 관리된다. 고객마스터 정보는 주소나 담당자 등의 고객의 일반정보를 관리하는 일반데이터(general data)와 가격, 선적 조건 등의 영업정보를 관리하는 영업영역데이터(sales area data) 그리고 계정이나 보험 등의 회계에 관한 사항을 관리하는 회사코드데이터(company code data) 부분으로 구분되어 관리된다. 고객마스터는 [그림 3-32]와 같이 판매주문, 출하지시, 여신점검, 채권관리 등에 대한 업무처리에서 활용된다. 판매주문을 포함한 상기의 업무를 하기 위해서는 고객의 정보는 반드시 사전에 고객마스터에 등록되어 있어야 한다.

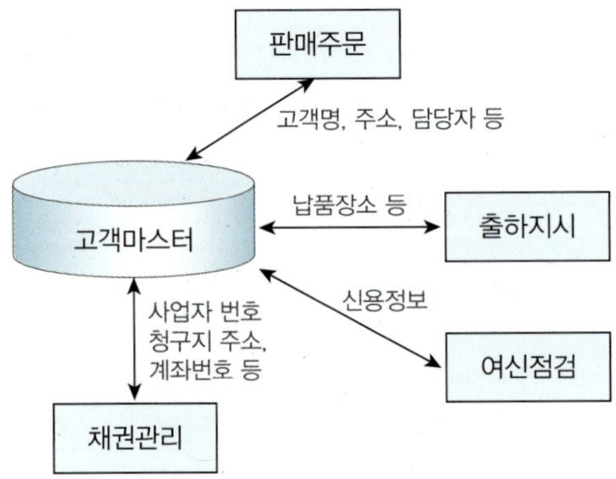

[그림 3-32] 고객마스터

(2) 조건마스터

조건마스터(condition master)는 판매조건과 관련한 정보를 관리한다. 조건마스터 내에서 제품, 고객, 지역별 가격정책과 물품대금, 할인율, 부가세금 운송비용 등 부대비용의 가격결정 요소들은 가격정책에 따라 조건으로 설정되어, 영업활동 지원 및 주문입력 시에 자동적으로 설정된 조건에 따라 가격이 결정되도록 지원한다. 아울러 조건마스터를 통하여 가격정책의 변화, 사용량에 따른 차별가격 적용, 기간별 가격 등 가격 기준정보의 변경사항이 즉각적으로 주문에 반영된다. 조건마스터데이터가 관리한 항목은 가격, 할증/할인, 운송조건, 세금관련 정보 등이 있다.

- 조건마스터 관리항목 — 가격, 할증/할인, 운송조건(freights), 세금 정보

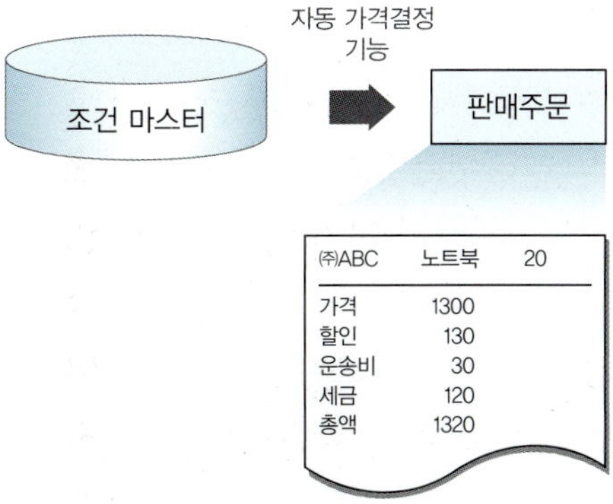

[그림 3-33] 조건마스터 데이터

(3) 고객-자재 정보 레코드

고객-자재 정보 레코드(customer-material info record)는 특정 고객을 위하여 사전에 정의된 제품 주문, 배송과 관련한 정보를 관리한다. 구체적으로 특정고객용 제품단가, 할인, 할증, 출하정보, 창고, 납품장소 등을 포함한다. 고객-자재 정보 마스터에 있는 정보들은 판매주문 등록 시 최초 설정값들(default)로 제공된다.

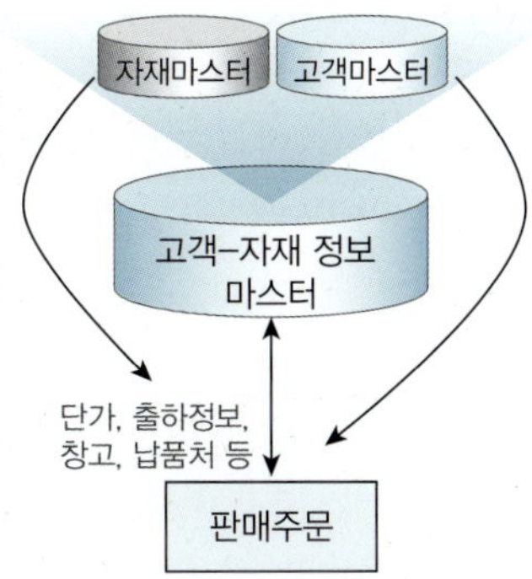

[그림 3-34] 고객-자재 정보 마스터

판매 주문입력 시 최초 설정값들에 대한 순위결정 규칙(sequence rule)은 다음과 같다. 우선 고객-자재 정보 레코드에 있는 제품단가, 할인, 할증, 출하정보, 창고, 납품장소 등의 등록된 값들이 참조된다. 고객-자재 정보 레코드에 등록된 값이 없는 경우 고객마스터에서 참조하고, 고객마스터에서 없는 경우 마지막으로 자재마스터에 있는 값들이 초깃값으로 설정된다.

- 고객-자재 정보 레코드
- 고객마스터
- 자재마스터

요약

SAP ERP의 영업유통(Sales and Distribution, SD) 모듈은 기업의 영업 및 제품 출하부서의 업무를 지원하는 모듈로서 사전 영업활동, 판매주문처리, 출하/운송, 대금청구 및 입금관리, 판매 분석에 이르는 판매 및 제품 물류의 전 프로세스를 지원한다. 사전영업활동을 위하여 고객상담/문의와 견적활동지원 기능을 제공하고 있고 판매주문 처리에서는 다양한 주문유형 처리 기능, 자동적인 가격결정 기능, 판매주문에 대한 예상 손익분석 기능, 주문 품목의 가용성 점검(ATP) 및 출하 스케줄링 기능, 고객 신용체크 기능, 주문생산 제품인 경우 생산계획에 반영 기능 등의 6가지의 중요한 기능들을 제공한다. 출하/운송은 점포별, 제품별, 경로별, 지역별 품목들로 다양한 피킹, 포장, 출고를 지시하고 관리하는 기능을 지원한다. 대금청구 및 입금관리에서는 출하근거 대금청구, 통합 대금청구 그리고 분할 대금청구 등의 다양한 대금청구방식을 지원하며, 출고처리와 대금청구서 생성 시 자동 회계전표를 발생시켜 재무회계 모듈로 전송한다.

SD 모듈 조직구조는 기업의 영업 및 출하/운송 관리를 위한 조직구조로 주요 조직구성 요소들은 영업영역과 영업조직, 내부영업구조, 저장창고, 출하지점 및 적재지점 등이 있으며 SD 모듈 주요 마스터데이터는 고객마스터, 가격결정과 관련한 조건마스터 그리고 고객-자재 정보 마스터 등이 있다.

● 참고문헌

- 김은 · 박진우 · 박준호 · 유세열 외, 『enterprise solutions(기업용 솔루션)』, 어람출판사, 2005.
- 더존경영지원센터, 『더존 icube 핵심 ERP 정보관리사 물류 생산 1급』, 더존비즈아카데미, 2012
- 함용석, 『무한세계 SAP ERP 여행』, 두남출판사, 2008
- 황재훈 · 황문섭 · 송진용 · 오세창 · 서경미, 『SAP R/3 이해』, 어람출판사, 1999.
- Chen C.C.(2014), *Sales & Distribution Processes: EGN 5620 – Enterprise Systems Configuration*, Florida International University Engineering Management
- Chudy, M. & Castedo, L., *Sales and Distribution in SAP ERP: Practical Guide*, Galileo Press, 2011.
- Hwang, B.(2011), Differences Between Purchase Orders and Contracts, http://www.benhwang.com/2011/01/differences-between-purchase-orders-and-contracts, 2014-03-01
- Magal, S. R. & Word, J., *Integrated Business Processes with ERP Systems*, WilleyPLUS, 2012.
- Monk, E. & Wagner, E., *Concepts in Enterprise Resource Planning, 4th Edition*, 2013.
- SAP Korea, SAP 솔루션 상세 설명 자료: 영업관리(SD), SAP Korea, 2005
- The Rushmore Group, *Sales & Distribution: BPI – Overview*, The Rushmore Group, LLC, 2007
- Tutorials Point , SAP SD Tutorial – TutorialsPoint, http://www.tutorialspoint.com/sap_sd/sap_sd_tutorial.pdf, 2016

연·습·문·제

1. 영업유통(SD) 모듈의 구성에 대하여 설명하라.

2. 영업유통(SD) 모듈에서 제공하는 선진업무절차들(best practices)에 대하여 설명하라.

3. 영업유통(SD) 모듈에서 지원하는 사전영업활동 기능들에 대하여 설명하라.

4. 판매주문의 6가지 주요기능들에 대한 필요성 및 작동원리에 대하여 설명하라.

5. 판매주문에서 고객 요구사항 주문을 위한 기능에 대하여 설명하라.

6. 출하/운송의 주요활동들에 대하여 정의하고 설명하라.

7. 영업/유통(SD) 모듈에서 지원하는 대금청구 방식들에 대하여 설명하라.

8. 출고와 대금청구 시 발생하는 자동 회계전표에 대하여 설명하라.

9. SD 모듈의 조직 구성요소들에 대하여 설명하라.

10. SD 모듈 주요 마스터데이터들을 나열하고 역할들에 대하여 설명하라.

실무적용

- 우리 회사에 판매되는 제품들에 대하여 가상의 고객에게 견적서를 만들어 보자.
- 영업관리 모듈의 판매주문 처리 기능을 참조하여 우리 회사의 판매주문 처리 절차를 검토해 보자.
- 우리 회사 제품의 단가 계산 방법에 대하여 알아보자.
- 우리 회사의 고객 여신관리 절차에 대하여 알아보자.
- SAP ERP 시스템 사용을 위해 우리 회사의 조직구조를 SD 모듈의 조직 구성요소인 영업영역과 영업조직, 내부영업구조, 저장창고, 출하지점 및 적재지점들을 우리 회사 관점에서 정의해 보자.
- SD 모듈의 고객마스터에 필요한 자료들을 우리 회사에서 구해 보자.

CHAPTER 4

생산관리(PP) 모듈

학습 목표

- 생산관리(PP) 모듈의 구성에 대하여 설명할 수 있다.
- 다양한 생산방식들에 대하여 이해한다.
- 제조전략에 대하여 설명할 수 있다.
- 생산기준 정보관리에 대하여 설명할 수 있다.
- 생산계획 수립과정에 대하여 설명할 수 있다.
- 생산실행 과정에 대하여 기술할 수 있다.
- 생산관리(PP) 모듈의 조직구조에 대하여 이해한다.
- 생산관리(PP) 모듈의 마스터데이터에 대하여 설명할 수 있다.

1. 생산관리 모듈 개요

SAP ERP의 **생산관리(Production Planning, PP) 모듈**은 제품의 생산관리를 위한 생산기준정보들을 관리하고, 제조전략에 근간한 제품들에 대한 최적화된 생산계획 수립을 지원하며, 수립된 계획에 따른 제품 생산활동을 지원한다. 또한 효과적인 생산계획 수립과 안정적인 제품 생산을 위하여 연관된 영업유통, 자재관리 및 회계관리 모듈들의 기능들과 실시간으로 연동한다.

생산관리(PP) 모듈
기업의 제품 생산 업무를 지원하는 모듈

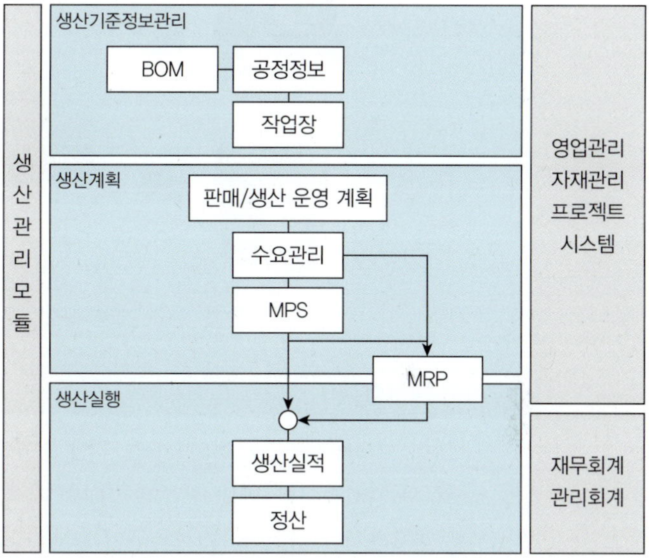

[그림 4-1] 생산관리 모듈의 기능 구성

생산관리 모듈이 지원하는 주요기능들은 [그림 4-1]에서와 같이 생산기준정보관리, 생산계획 그리고 생산실행 부분으로 구성되어 있다.

- 생산기준정보관리 — 자재구성표(BOM), 공정 및 작업장 등의 생산활동과 관련한 기준정보들을 관리한다.
- 생산계획 — 다양한 제조전략을 지원하며, 생산운영계획 수립, 수요

관리 및 주생산계획(MPS), 자재소요계획(MRP) 실행 등의 기능을 제공한다.

- 생산실행 — 생산주문을 확정하고 생산실적을 정산하는 기능을 수행한다.

2. 생산관리 개요

생산
자본, 노동력, 토지, 정보 등의 투입물을 제품이나 서비스와 같은 산출물로 변환시키는 변환시스템

생산은 [그림 4-2]와 같이 자본, 노동력, 토지, 정보 등의 투입물을 제품이나 서비스와 같은 산출물로 변환시키는 변환시스템을 의미한다. 이상적인 생산 활동은 낮은 원가, 높은 품질, 신속한 납품 및 높은 유연성을 달성하는 것을 목표로 하고 있다.

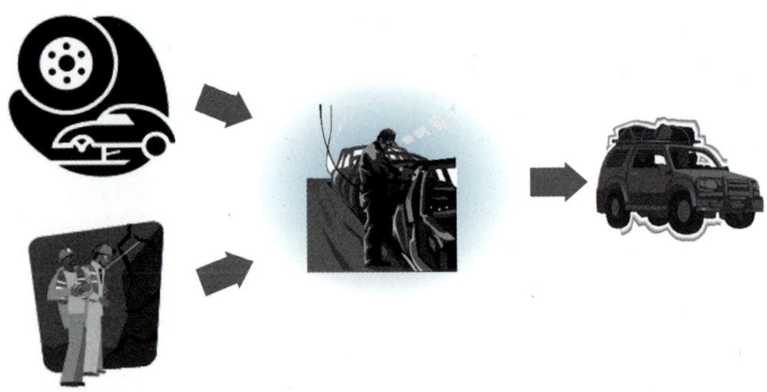

[그림 4-2] 생산시스템

(1) 생산방식

생산방식
제품이나 서비스를 생산하는 방식으로 프로젝트 생산방식, 단속 생산방식, 반복 생산방식 그리고 흐름 생산방식 등으로 구분

생산방식(production method)은 기업들이 제품이나 서비스를 생산하는 방식으로 생산하는 제품이나 생산 공정의 형태에 따라 프로젝트 생산방식, 단속 생산방식, 반복 생산방식 그리고 흐름 생산방식 등으로 구분된다. 각 생산방식들에 대한 설명은 다음과 같다.

- 프로젝트 생산방식 — 건물이나 교량, 선박 등 장소의 제한을 받으며, 제품은 고정되어 있고 자재 투입 및 생산 공정이 시기별로 변경되는 제조라기보다는 구축한다는 개념이 더 강한 제품들을 생산할 때 사용되는 방식이다.

- 단속 생산방식 — 가구나 악기 등 주문자 요구에 따라 맞춤 형태로 제품을 생산하는 방식으로 일반적으로 소량 생산이 이루어지고 공장의 구성이 유동적인 형태이다.

- 반복 생산 방식 — 자동차, 텔레비전, 생활용품 등 산업의 주류를 이루고 있는 제품들을 생산하는 방식으로 공장의 구성이 단속 생산반식에 비하여 고정적인 형태이다.
- 흐름 생산방식 — 액체, 기체, 혹은 분말 성질을 가진 석유, 화학, 가스, 음료수, 주류, 철강 등의 제품을 생산할 때 적용되는 생산방식으로 원자재가 파이프라인을 통해 공정으로 이동되는 공장의 자동화가 높은 형태를 가지고 있다.

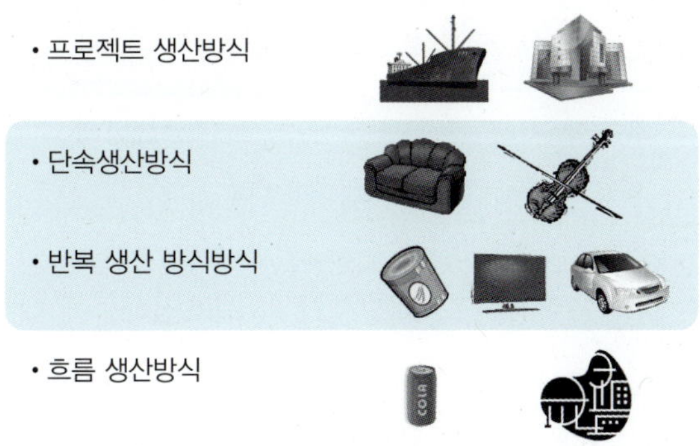

[그림 4-3] 생산방식의 구분

SAP ERP의 생산관리 모듈은 [그림 4-3]의 표시에서와 같이 상기의 생산방식 중 단속 생산방식과 반복 생산방식의 제품들에 대한 생산관리를 주로 지원한다. 실질적으로 프로젝트 생산방식의 기업들에서 생산관리 모듈이 사용되나, 이는 일정관리 과정에서 부품이나 반제품 생산을 위하여 사용된다. 자세한 내용은 10장의 프로젝트시스템에서 설명한다.

(2) 제조전략

제조전략(manufacturing strategy)은 일반적으로 기업의 생산 프로세스에서 고객의 주문과 생산 프로세스가 만나는 시점을 결정하는 전략으로 정의되며, 실질적으로 제품 생산의 목적, 제품의 특성, 생산 수량, 제조시기 등에 따라 [그림 4-4]에서와 같이 재고생산, 주문생산, 조립생산, 설계생산 등으로 구분된다.

제조전략
고객의 주문과 생산 프로세스가 만나는 시점을 결정하는 전략으로 재고생산, 주문생산, 조립생산, 설계생산 등으로 구분

재고생산(MTS) 주문생산(MTO)

조립생산(ATO) 설계생산(ETO)

[그림 4-4] 제조전략

재고생산, 주문생산, 조립생산, 설계생산의 각 제조전략들에 대한 설명은 다음과 같다.

- 재고생산(Make-to-Stock, MTS) — 완제품을 재고로 가지고 있다가 고객의 주문에 맞추어 공급하는 전략으로 마트에서 판매되는 대부분의 공산품들이 이러한 전략으로 생산된다. 재고 생산되는 제품들은 대개 저렴하며, 다양한 옵션을 가지고 있지 않다. 일반적으로 소품종 대량생산에 적합한 제조전략이다.
- 주문생산(Make-to-Order, MTO) — 고객의 주문이 들어오면 원자재의 가공 및 반제품 생산을 통한 주문생산이 이루어지는 방식으로 주문형 가구를 생산하는 업체들이 대개 이 주문생산 전략을 따르고 있다.
- 조립생산(Assemble-to-Order, ATO) — 반제품을 재고로 보관하고 있다가 고객의 주문에 맞추어 조립한 후에 제품을 공급하는 전략으로 일반적으로 반제품은 재고생산, 제품은 주문 후 조립하는 형태로 조립형 PC가 이런 생산 전략을 따르고 있다.
- 설계생산(Engineer-To-Order, ETO) — 고객의 주문이 들어오면, 설계로부터 시작해서 자재의 구입 및 생산, 조립을 하는 제조전략이다. 일반적으로 항공기, 선박 또는 플랜트 등과 같은 대형 구조물 제작시 설계생산 전략이 수행된다.

SAP ERP의 생산관리 모듈은 상기의 모든 제조전략들을 지원하기 위하여 생산계획수립과 관련한 다양한 기능들을 제공하고 있다. 따라서 기업들은 SAP ERP의 생산관리 모듈에서 제공하는 기능들을 선택 · 조합하여 각 회사의 제조전략에 부합하는 생산계획 프로세스의 설계가 필요하다.

3. 생산 기준정보 관리

생산 기준정보(production master data) 관리는 생산활동과 관련한 기준정보들을 관리하는 것으로 효과적인 생산 활동관리를 위해서는 자재구성표, 공정 및 작업장 정보와 같은 제품 생산과 관련한 기준정보들에 대한 체계적인 관리가 필요하다. 생산 기준정보는 생산계획의 수립, 작업지시서 발행, 생산실적 처리 및 제조원가 계산 등 생산관리 및 원가관리의 다양한 업무에서 활용된다.

생산기준정보
생산활동과 관련하여 기준이 되는 정보들로 자재구성표, 공정 및 작업장 등이 포함됨

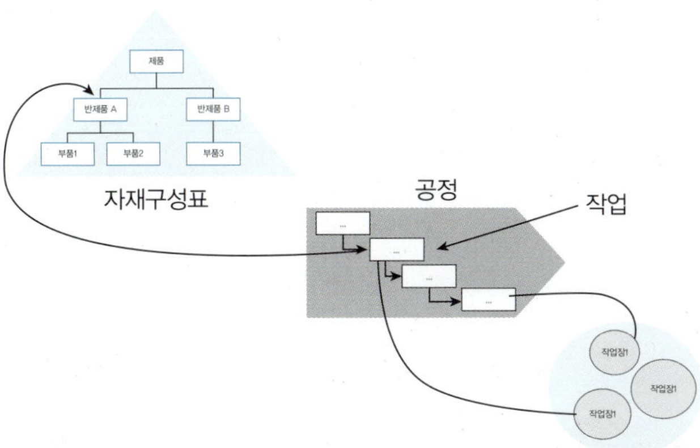

[그림 4-5] 생산 기준정보

SAP ERP 생산관리 모듈에서 관리되는 주요 생산기준정보들은 제품들을 구성하는 자재들을 보여주는 자재구성표(BOM), 제품의 생산과정을 보여주는 공정과 공정 내 작업들 그리고 그 작업들이 수행되는 작업장들에 대한 정보 등이고 [그림 4-5]에서 보이는 바와 같이 공정 내의 작업들을 고리로 서로 연결된 관계를 가지고 있다.

- 자재구성표(BOM) 기준정보
- 공정 기준정보
- 작업 기준정보
- 작업장 기준정보

(1) 자재구성표

자재구성표(BOM)
특정 제품을 구성하는 반제품 및 부품들과 그들 간의 관계를 나타내는 자료로 생산 과정에서 다양한 용도로 사용됨

자재구성표(Bill of Materials, BOM)는 특정 제품을 구성하는 반제품 및 부품(자재)들과 그들 간의 관계를 나타내는 자료를 의미한다. [그림 4-6]은 자재구성표의 논리적인 형태를 보여준다. 일반적인 제품은 [그림 4-6]에서와 같이 다수의 반제품들로 구성되어 있고, 각각의 반제품들은 하나 이상의 부품(자재)들로 구성되어 있다.

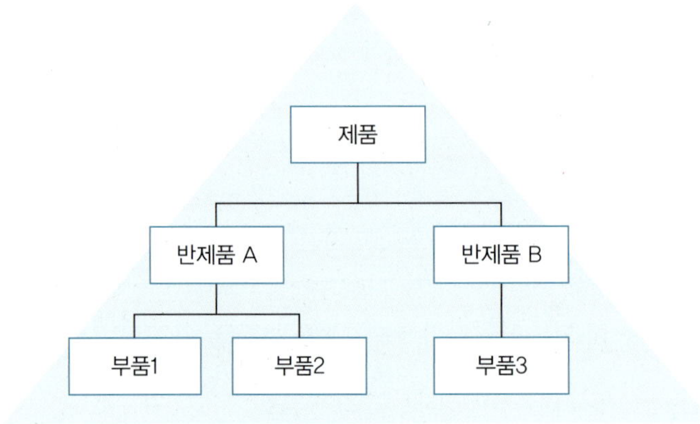

[그림 4-6] 자재구성표

[그림 4-7]은 자재구성표(BOM)의 예로 자전거의 구성과 자료 형태로 보관된 자재구성표(BOM)를 보여주고 있다. 자전거는 자전거 본제, 기어세트, 페덜 세트, 손잡이세트, 브레이크, 바퀴 그리고 안장으로 구성되어 있고 세트들은 세부 부품들로 구성되어 있는 것으로 보여주고 있다.

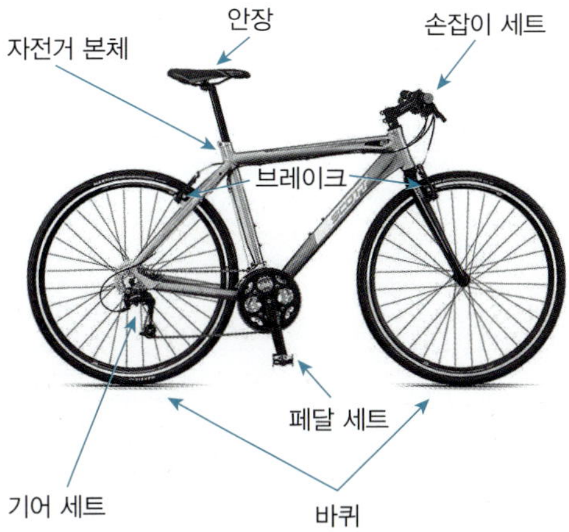

품목	수량
자전거	1
자전거 본체	1
기어 세트	1
– 기어	1
– 체인	1
페달 세트	1
– 페달	2
– 중심축	1
손잡이 세트	1
– 핸들	1
– 브레이크 손잡이	2
– 브레이크 라인	2
브레이크	2
바퀴	2
안장	1

[그림 4-7] BOM의 예

기업에서는 사용 용도에 따라 설계 BOM 또는 E-MOM, 생산 BOM 또는 M-BOM, 계획 BOM, 형태에 따라 모듈러 BOM, 백분율 BOM, 역삼각형 BOM 등의 다양한 용도와 형태의 자재구성표(BOM)들이 존재한다.

- 설계(engineering) BOM — 제품 설계 시 사용되는 BOM으로 상용화 되면 생산 BOM으로 이관된다.
- 생산(manufacturing) BOM — 생산 관리부서 및 생산 현장에서 사용되는 BOM으로 자재소요계획(MRP) 시스템에서 자재소요량을 산출할 때 주로 사용된다.
- 계획(planning) BOM — 판매계획, 생산계획, 구매계획과 같은 계획을 수립시 사용되는 BOM을 말한다.
- 모듈러(modular) BOM — 다양한 옵션을 가지고 있는 제품에 사용되는 BOM으로 옵션과 공통부품들로 구성되어 있다. 모듈러 BOM으로 구성하면 실제 제품종류보다 적은 수의 BOM으로 구성이 가능하다.
- 백분율(percentage) BOM — 계획 BOM의 일종으로 제품군을 구성하는 제품 또는 제품의 구성하는 부품의 양을 정수로 표현하는 것이 아니라, 백분율로 표현한 BOM을 말한다.
- 역삼각형(inverted) BOM — 화학이나 제철과 같은 산업에서는 적은 종류 또는 단일한 부품(원료)을 가공하여 여러 종류의 최종 제품을 만든다. 나무가 뒤집힌

형태, 즉 역삼각형 형태의 BOM을 말한다.

SAP ERP는 상기와 같은 다양한 용도의 BOM들에 대한 정보관리를 지원한다. 또한 다양한 제품들에 대한 효과적인 관리를 위해 여러 가지 구조별 유형을 제공하고 있다. SAP ERP가 제공하는 BOM 구조별 유형은 단순 BOM, 복수 BOM 그리고 변형 BOM이 있다.

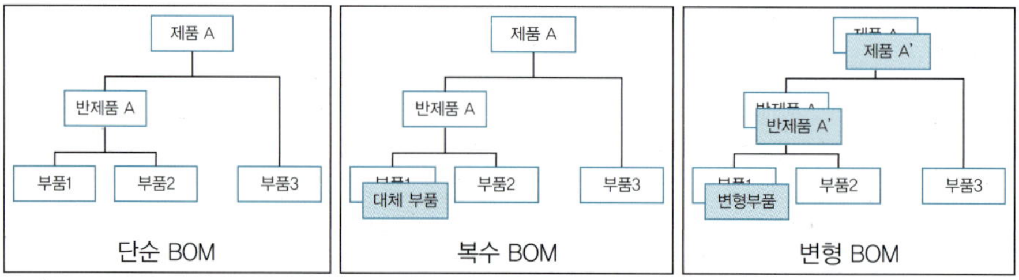

[그림 4-8] BOM의 구조별 유형

- 단순 BOM(simple BOM) — 부품과 반제품의 구성이 일반적인 제품의 자재구성표(BOM)를 구조를 의미한다.
- 복수 BOM(multiple BOM) — 한 개의 제품을 구성하는 하위품목에 대체부품이 존재하는 경우 사용가능한 BOM 구조로 선택(alternative) BOM이라고도 한다.
- 변형 BOM(variant BOM) — 대부분의 하위품목이 동일하며, 하위 품목 중 변형 자재들이 존재하고 이것에 의하여 상위품목(제품, 반제품)의 변형이 발생하는 경우 사용가능한 BOM 구조이다. 단순 BOM에서 변형 BOM으로 확장 가능하다.

(2) 공정

공정

제품을 생산하기 위해 수행되어지는 작업들에 대한 순서로 자재구성표에 등록된 제품 또는 반제품 생산을 위한 작업들로 구성되어 있음

공정(routing)은 제품을 생산하기 위해 수행되어지는 작업들에 대한 순서로 자재구성표에 등록된 제품 또는 반제품 생산을 위한 작업들로 구성된다. 작업공정 정보는 작업들에 대한 선후관계가 정의되어 있어 작업들에 대한 후진 스케줄링(backward scheduling)을 통하여 생산주문에 대한 작업들의 일정수립을 지원한다.

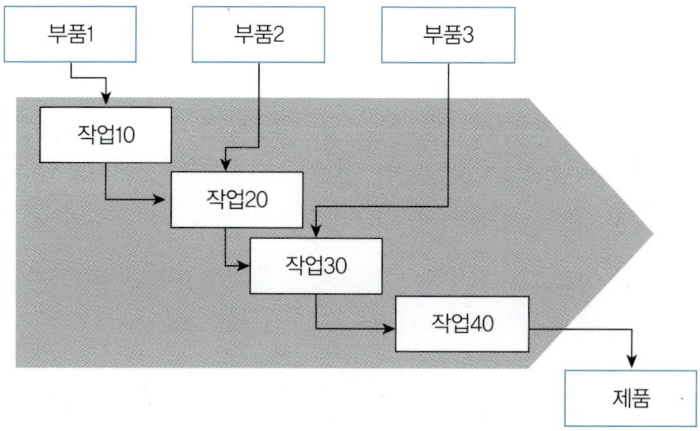

[그림 4-9] 작업공정

SAP ERP의 작업공정은 [그림 4-9]와 같이 자재구성표(BOM)와 연계되어 BOM상의 각 부품은 해당 작업에 할당되는데 두 곳 이상 작업에 할당되지 못하고 한 작업에만 할당된다. 그러나 한 작업에는 여러 부품의 할당이 가능하다.

(3) 작업

작업(operation)은 제품 또는 반제품을 생산하기 위한 공정에서 행하여지는 세부적인 과업으로 SAP ERP에서는 [그림 4-10]과 같이 작업별로 작업장정보, 작업 표준시간(times), 소요 부품(material components) 및 소요자원(resource) 그리고 필요장비(tools)에 대한 정보 등이 정의되어 관리된다.

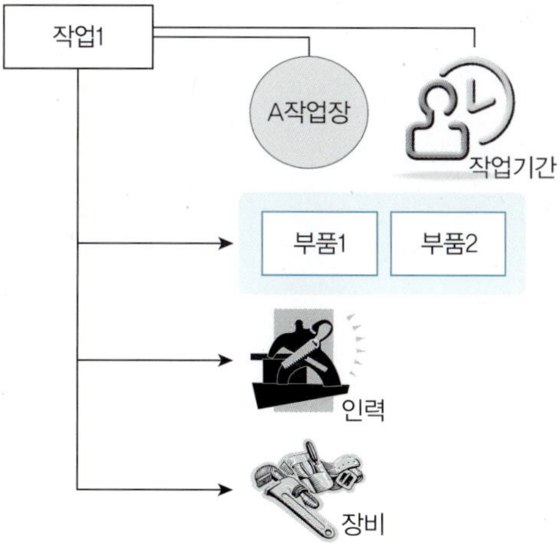

[그림 4-10] 작업정보

(4) 작업장

작업장
작업이 수행되는 장소로 생산능력계획, 작업 일정계획, 원가 계산을 위한 기준정보들이 관리됨

작업장(work center)은 하나의 특별한 작업이 수행되는 장소로 SAP ERP는 작업장에 대한 생산능력계획(capacity planning), 작업 일정계획, 원가 계산을 위한 파라미터와 계산식(formula) 등의 정보를 관리한다. 작업을 수행하는 사람(labor)이나 기계 또는 작업이 수행되는 장소 등이 작업장으로 설정될 수 있으며, 그 작업장에서 활동들은 활동유형(activity type)들로 분류 · 정의된다. 따라서 작업장은 사람(labor)이나 기계가 작업 수행에 요구되는 자원에 대한 정보로서 생산능력(capacity) 계획 수행시 활용되고 작업 수행에 소요되는 자원에 대한 정보로서 원가계산시 활용된다.

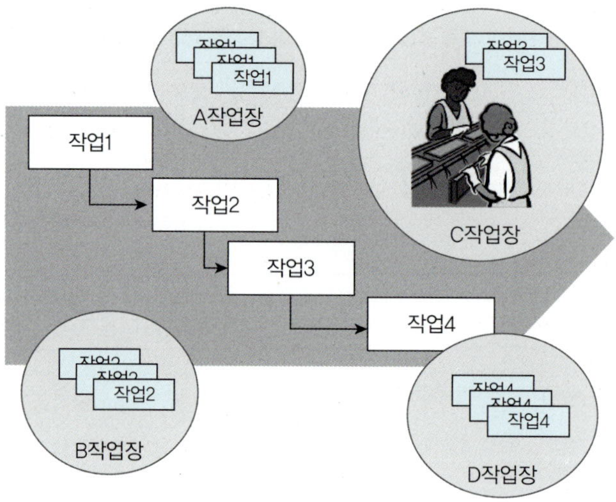

[그림 4-11] 작업장

4. 생산계획

생산계획
생산활동에 필요한 자원에 대한 효율적 배분을 통하여 생산시스템의 능력을 시장수요에 적응시키는 과정

생산계획(Production Planning) 수립은 생산활동에 필요한 자원을 효율적으로 배분함으로써 생산시스템의 능력을 시장수요에 적응시키는 과정을 의미한다. 따라서 생산계획은 기업의 제품 제조전략과 밀접한 관련이 있다. 생산계획은 판매예측이나 고객의 주문으로부터 시작되며, 최종적으로 제품생산을 위한 주생산계획(MPS)이

나 자재소요량 계획(MRP)이 이루어진다.

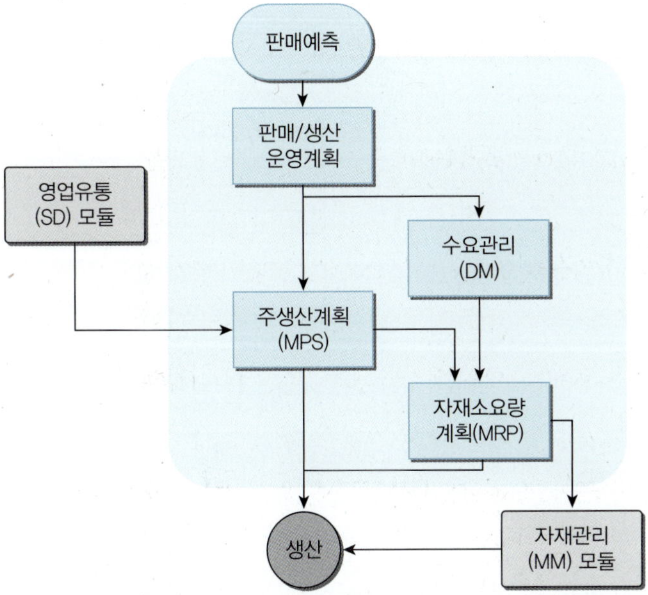

[그림 4-12] 생산계획

SAP ERP에서는 재고생산(MTS), 주문생산(MTO) 그리고 조립생산(ATO) 등의 다양한 제조전략에 부합하는 생산계획을 위하여 [그림 4-12]와 같이 판매/생산 운영계획 (SOP), 수요관리(DM), 주생산계획(MPS), 자재소요량계획(MRP) 기능들을 제공한다.

- 판매/생산 운영계획
- 수요관리
- 주생산계획
- 자재소요량계획

(1) 판매/생산 운영계획

판매/생산 운영계획(Sales and Operations Planning, SOP)은 제품에 대한 판매 또는 생산계획을 관리한다. 판매 또는 생산계획(SOP)은 [그림 4-13]과 같이 판매에

판매/생산 운영계획
제품에 대한 판매 또는 생산 계획을 관리하는 기능으로 일반적으로 총괄생산계획을 수립하는데 이용됨

측을 근간으로 목표 재고수준, 가용작업일수나 제품생산능력을 고려하여 확정된다. 판매/생산 운영계획은 일반적으로 총괄생산계획을 수립하는 데 이용된다.

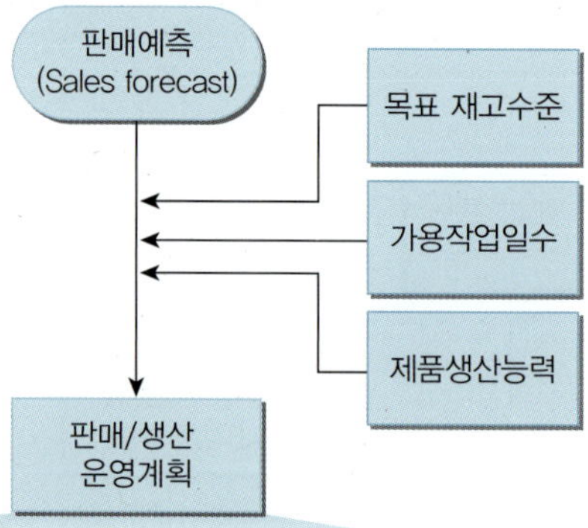

생산운영계획		1월	2월	3월	4월	5월	6월
판매예측		25000	24000	24000	26000	25000	24000
– 목표 재고수준		0	0	0	0	0	0
– 가용작업일수		22	20	22	21	23	21
– 제품생산능력		28000	28000	28000	28000	28000	28000
설비 가동율		89%	86%	86%	93%	89%	86%
판매/생산계획		25000	24000	24000	26000	25000	24000
노트북 A	70.0%	17500	16800	16800	18200	17500	16800
노트북 B	30.0%	7500	7200	7200	7800	7500	7200

[그림 4-13] 판매/생산 운영계획

총괄생산계획

총괄생산계획
항후 1년간의 수요를 고려하여 수립된 월간 단위의 연간 생산계획으로 일반적으로 제품군 단위로 수립됨

총괄생산계획(aggregate production planning)은 향후 약 1년(12개월)에 걸친 생산계획으로 대상기간 동안 변화하는 수요를 가장 경제적으로 충족시킬 수 있도록 월별로 기업의 전반적인 생산수준, 자재수준, 고용수준, 잔업수준, 하청수준 등을 결정하기 위한 중기계획이다. [그림 4-14]와 같이 월간 단위의 연간 계획으로 제품군 단위로 수립되다. 제품군 계획은 필요에 따라 계획(planning) BOM, 특히 백분율(percentage) BOM을 이용하여 수립된 총괄생산계획에 대하여 제품별로 생산계획을 분석하기도 한다.

[그림 4-14]에서와 같이 생산계획은 제품들(노트북 A, 노트북 B)의 백분율에 따라 단순 배분된다. 총괄생산계획에서는 제품들의 계획수량보다 제품군의 전체 수량이 더 큰 의미를 갖는다. 즉, 연간 단위의 자재수급계획이나 인적자원계획은 제품군의 생산계획 수량에 근거하여 수립된다.

생산운영계획		1월	2월	3월	4월	5월	6월	7월	8월	9월	10월	11월	12월
판매예측		25000	24000	24000	26000	25000	24000	25000	24000	24000	26000	25000	24000
– 목표 재고수준		0	0	0	0	0	0	0	0	0	0	0	0
– 가용작업일수		22	20	22	21	23	21	22	20	22	21	23	21
– 제품생산능력		28000	28000	28000	28000	28000	28000	28000	28000	28000	28000	28000	28000
설비 가동율		89%	86%	86%	93%	89%	86%	89%	86%	86%	93%	89%	86%
판매/생산계획		25000	24000	24000	26000	25000	24000	25000	24000	24000	26000	25000	24000
노트북 A	70.0%	17500	16800	16800	18200	17500	16800	17500	16800	16800	18200	17500	16800
노트북 B	30.0%	7500	7200	7200	7800	7500	7200	7500	7200	7200	7800	7500	7200

[그림 4-14] 총괄생산계획

(2) 수요관리

수요관리(Demand Management, DM)는 다양한 생산계획들을 관리한다. 생산계획과 상위 수준의 판매/생산 운영계획(SOP)과 하위의 실행계획(MRP)과의 사이를 연결하는 기능으로 제품에 대한 예측된 독립소요량(제품)에 대한 주간, 월간, 반기와 같은 생산계획 단위기간으로 설정되어 관리된다.

수요관리
생산계획과 상위 수준의 판매/생산 운영계획과 하위의 실행계획(MRP)과의 사이를 연결하는 기능으로 다양한 형태의 생산계획을 관리하는 데 사용됨

SAP ERP에서 수요관리에서 관리되는 자료들은 [그림 4-15]와 같이 판매/생산 운영계획뿐만 아니라 다양한 소스(source)를 통하여 입력될 수 있으며, 이를 생산계획으로 변경하여 관리된다.

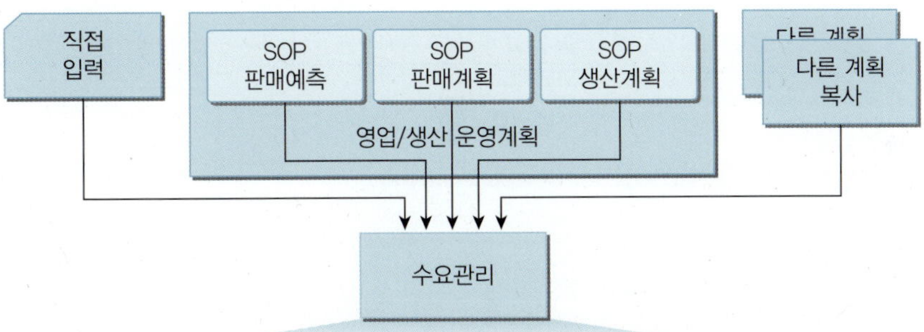

		1주	2주	3주	4주	5주	
수요관리		1/2 – 1/5	1/8 – 1/12	1/15 – 1/19	1/22 – 1/26	1/29 – 1/31	2/1 – 2/2
1월 수요	노트북-A			17500			
	노트북-B			7500			
주 작업일수		4	5	5	5	3	2
월 작업일수		22	22	22	22	22	20
주간 수요	노트북-A	3182	3977	3977	3977	2327	
	노트북-B	1364	1705	1705	1705	1021	

[그림 4-15] 수요관리

수요관리를 이용한 전형적인 생산계획 수립 과정은 [그림 4-16]과 같다. 판매/생산 운영계획을 통하여 연간계획이 입력되어 수요관리에서 반기계획이 생성된다. 반기계획의 특정 월은 기간분할 기능을 통해 월간계획으로 생성한다. 생성된 월간계획의 특정 주들은 다시 주간계획들로 생성된다. 생성된 주간계획 중 특정 주간계획에 대하여 생산지시를 위한 자재소요량계획(MRP)을 실행한다. 수요관리 내의 여러 가지 생산계획들은 비활성 상태로 관리되며, 활성화된 것만이 자재소요량계획(MRP) 실행이 가능하다.

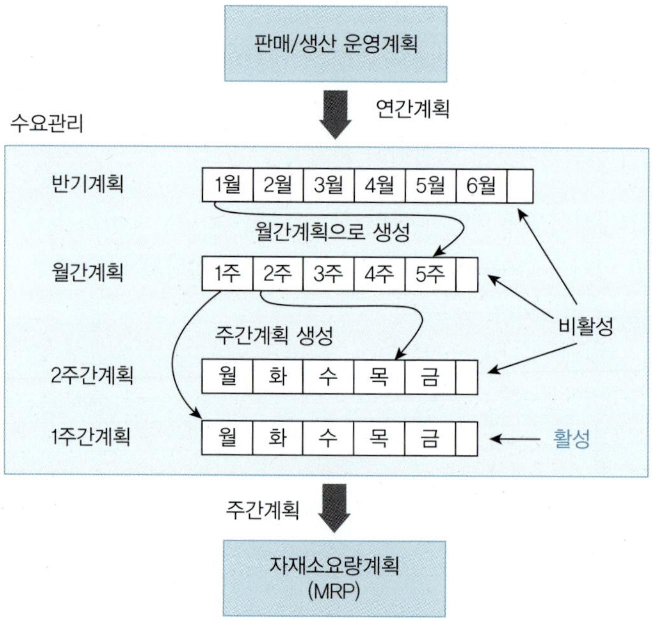

[그림 4-16] 수요관리를 이용한 생산계획 수립과정

(3) 주생산계획

주생산계획
주 또는 일별로, 생산되어야 할 구체적인 제품 또는 중요 부품에 대한 생산계획

주생산계획(master production planning, MPS)은 주 또는 일별로, 생산되어야 할 구체적인 제품 또는 중요 부품에 대한 생산계획을 수립하는 것으로 정의된다. 실질적으로 SAP ERP에서 주생산계획(MPS)의 정의에 입각한 기능은 실질적으로 전장에서 설명한 수요관리(DM)에서 담당한다.

SAP ERP의 주생산계획(MPS)의 기능은 [그림 4-17]과 같이 판매/생산 운영계획(SOP)의 데이터나 고객의 주문을 근거로 독립수요들에 대한 생산지시인 계획주문(planned order)을 생성하는 역할을 수행한다. 따라서 일반적으로 주문생산 전략을 실행하는 기업들에서 SAP ERP의 주생산계획(MPS) 기능을 사용한다.

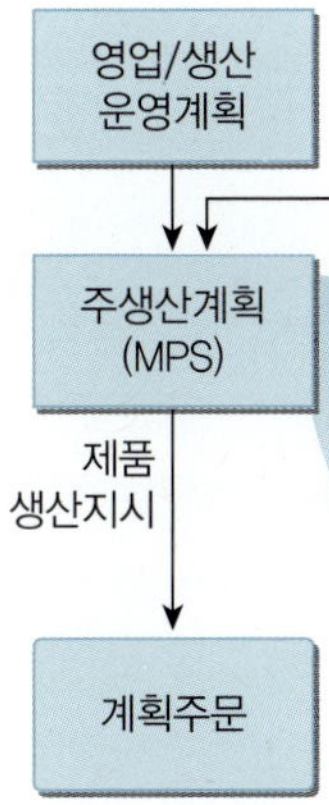

		1주	2주	3주	4주	5주	
수요관리		1/2 – 1/5	1/8 – 1/12	1/15 – 1/19	1/22 – 1/26	1/29 – 1/31	2/1 – 2/2
주생산계획	노트북-A	3182	3977	3977	3977	2327	
	노트북-B	1364	1705	1705	1705	1021	
주 작업일수		4	5	5	5	3	2
월 작업일수		22	22	22	22	22	20
계획주문	노트북-A	3182					
	노트북-B	1364					

[그림 4-17] 주생산계획

(4) 자재소요량계획

자재소요량계획(Material Requirement Planning, MRP)은 제품의 생산계획에 맞추어 그에 필요한 부품 생산량이나 자재의 소요량을 산출하는 것으로 SAP ERP의 자재소요량계획(MRP)은 [그림 4-18]과 같이 주생산계획(MPS)이나 수요관리(DM)에 있는 독립수요량에 근거하여 생산에 필요한 자재를 산출하고 반제품 계획주문을 생성한다. 계획주문(planned order)은 제품 또는 반제품에 대한 생산을 위한 예정된 주문계획을 의미하며, 생산에 필요한 소요자재 및 반제품을 수량을 산출하기 위해 자재구성표(BOM)와 재고현황 정보를 참조한다. 자재소요량계획(MRP)의 상세한 기능은 3장 자재관리 모듈에서 설명된다.

자재소요량계획
제품의 생산계획에 필요한 부품들의 생산량이나 자재의 소요량을 산출하는 것

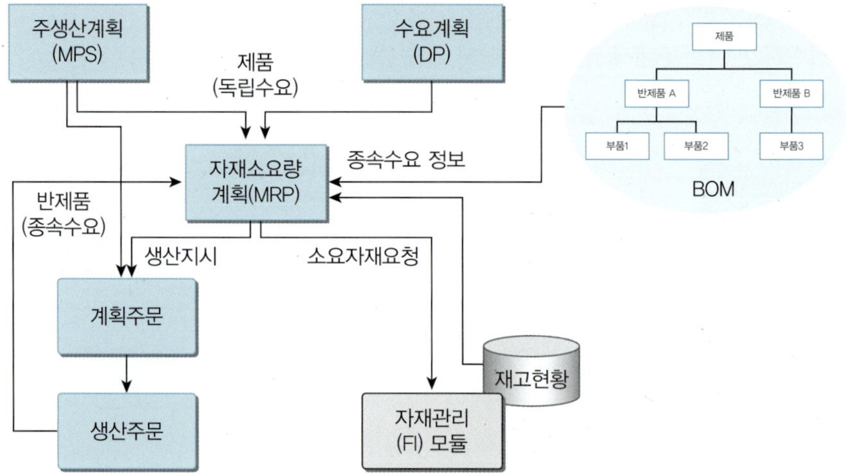

[그림 4-18] 자재소요량계획

[그림 4-19]와 같은 다계층제품구조(multi-level materials planning structure)에서 먼저 독립수요(제품)에 대한 계획주문은 종속수요인 반제품들에 생산을 위하여 다시 자재소요량계획(MRP)으로 회귀하여 반제품 생산하는 데 필요한 자재들을 산출하는 형태로 진행된다.

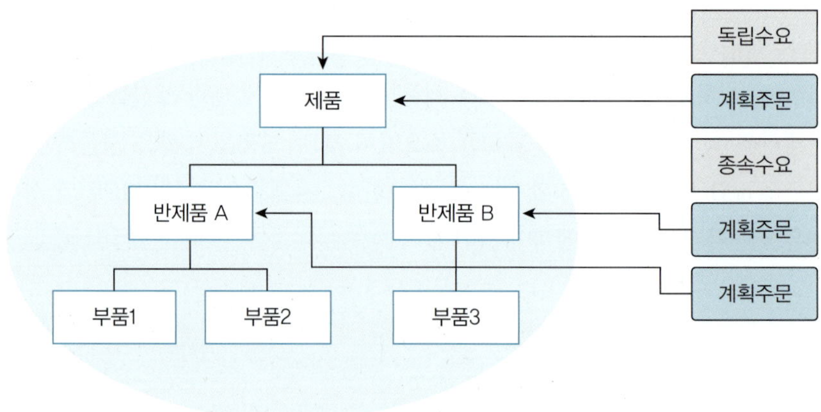

[그림 4-19] 다계층제품구조

(5) 제조전략별 기능 사용

SAP ERP에서 제공하는 판매/생산 운영계획, 수요관리, 주생산계획, 자재소요량 계획 기능들을 이용하여 재고생산과 주문생산 제조전략에 부합하는 생산계획 절차를 구성하면 [그림 4-20]과 같다. 즉, 재고생산 전략을 수행하는 기업들은 판매/생산 운영계획과 수요관리 기능을 이용하여 계획된 재고생산을 실행하고, 주문생산 전략을 수행하는 회사들은 영업모듈에서 들어온 주문에 대한 건별로 주생산계획을 통하여 생산을 실행하는 형태로 생산이 이루어진다. 아울러 조립생산 기업들은 반제품 생산은 재고생산 방식은 제품생산은 주문생산 방식을 통하여 기업의 제조전략을 실현할 수 있다.

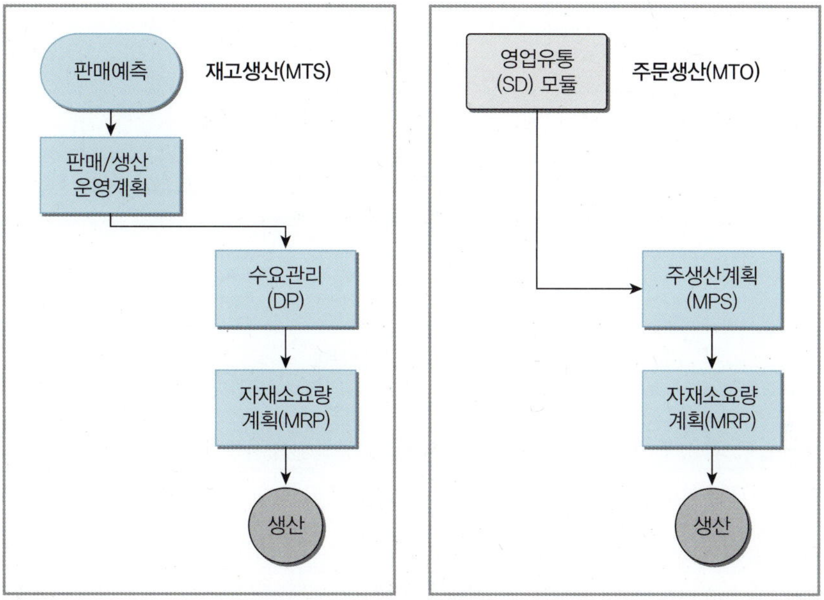

[그림 4-20] 재고생산계획과 주문생산계획 비교

5. 생산실행

생산실행(production execution)은 생산계획에서 넘어온 독립수요(제품)나 종속수요(반제품)에 대하여 생산을 지시하고 실적을 확인하는 과정으로 [그림 4-21]과 같이 계획주문, 생산주문 그리고 실제 생산을 거쳐 생산된 주문을 완료 처리하는 과정으로 구성된다.

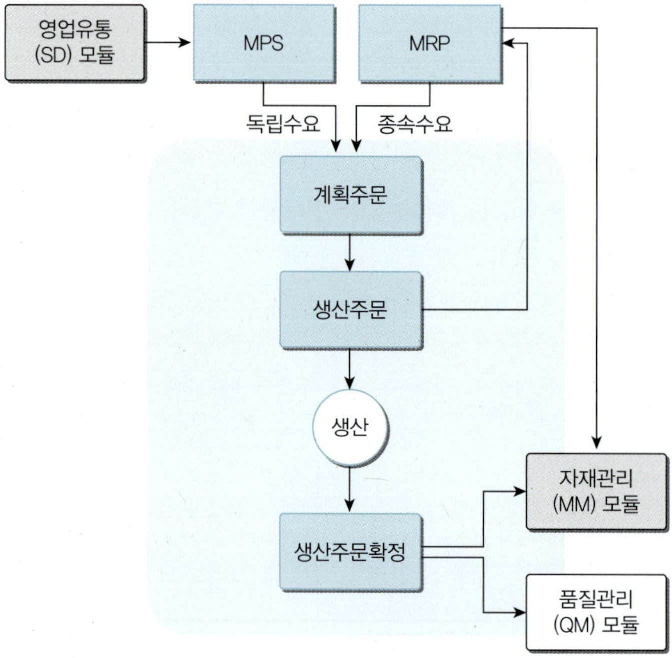

[그림 4-21] 생산실행

생산실행 과정을 위하여 SAP ERP에서의 생산실행은 계획주문, 생산주문 그리고 생산주문확인(order confirmation) 기능으로 구성되어 있다.

- 계획주문 기능
- 생산주문 기능
- 생산주문확인 기능

(1) 계획주문

계획주문(planned order)은 고객주문, 주생산계획(MPS), 자재소요량계획(MRP)에서 하달된 제품 또는 반제품 생산을 위한 계획된 주문으로 [그림 4-22]와 같이 자재들에 대한 가용성 점검과 변환과정을 거쳐 실제의 생산주문으로 변경된다.

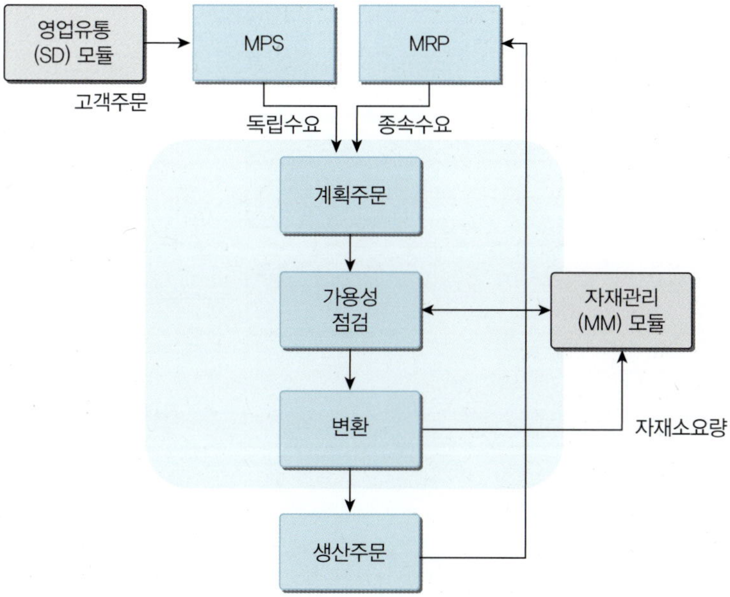

[그림 4-22] 계획주문

가용성 점검은 계획주문에 대한 소요자재들에 대한 가용 여부에 대한 점검으로 자재관리 모듈과 연계되어 진행된다. 가용성 점검이 완료되면 계획주문은 생산주문으로 변환되는 과정을 거친다.

(2) 생산주문

계획주문의 확정인 생산주문(production order)은 최종적으로 제품 또는 반제품에 대한 생산을 지시하는 것으로 SAP ERP에서는 생산주문이 실행되면 생산을 중단하거나 취소할 수가 없다. 생산주문이 하달되면 [그림 4-23]에서와 같이 생산을 위한 자재를 창고에서 불출하고 제품 생산을 하여 창고에 입고시키는 생산 절차들이 수행된다.

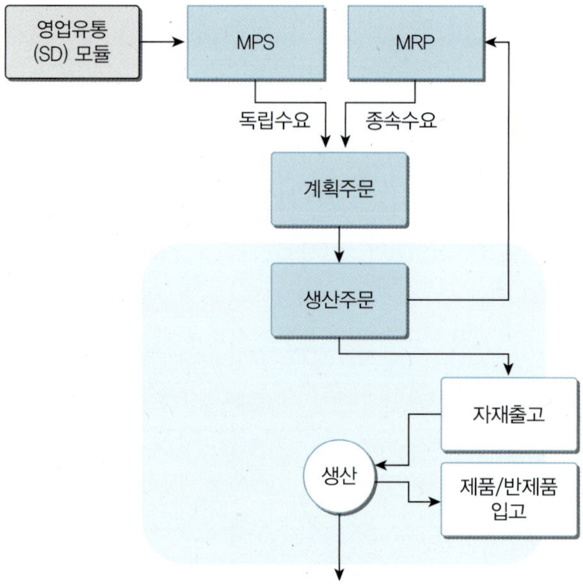

[그림 4-23] 생산주문

(3) 생산주문확정

생산주문확정(order confirmation)은 SAP ERP에서 내부적으로 진행되는 실제 생산된 주문의 진행 사항을 기록하기 위한 기능으로 [그림 4-24]와 같이 생산이 완료되면 생산주문확정을 통하여 생산실적과 투입된 자재들에 대한 등록이 수행된다.

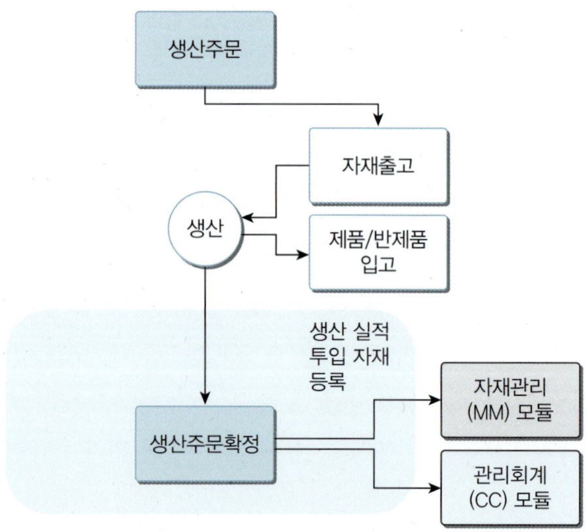

[그림 4-24] 생산주문확정

생산에 투입된 자재 기록은 단속생산(discrete)의 경우 개별 자재출고 또는 백플러시로 처리하고 반복생산(repetitive)은 일처리의 효율성을 높이기 위하여 백플러시로 처리하는 것이 보편적이다. **백플러시(backflush)**는 재고 불출의 한 방법으로 일상적으로 소비되는 자재를 출고시 일일이 재고불출 내역을 기록하지 않고, 생산된 수량에 근거하여 자재 소비된 수량을 산술적으로 계산하여 재고불출을 기록하는 방식으로 재고불출 기록 행위의 시간 및 노력의 낭비를 제거하기 위한 목적으로 이용된다. [그림 4-25]와 같이 제품이 완성되면 소요된 자재를 자재구성표(BOM)와 같은 자재소요 정보를 이용하여 자동으로 해당 자재소요 수량만큼 불출처리하는 것으로 이를 사용할 경우 주기적인 재고조사를 실시하여 실제 재고수량과 전산 재고수량을 일치시키는 작업이 필요하다.

백플러시
재고 불출의 한 방법으로 생산된 제품 수량에 근거하여 소비된 자재 수량을 자재구성표(BOM)을 이용하여 산술적으로 계산하여 재고불출을 기록하는 방식

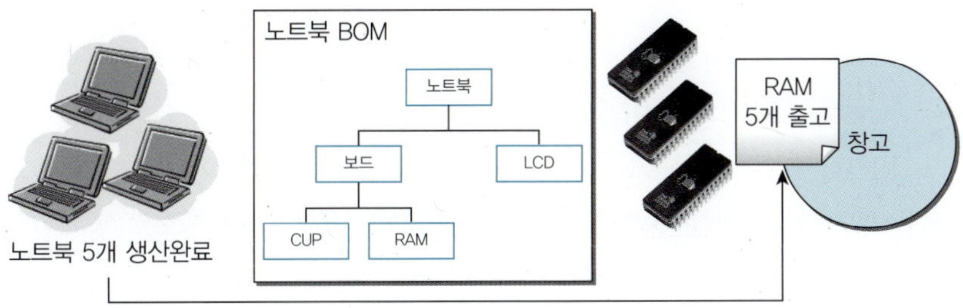

[그림 4-25] 백플러시 방식

6. 생산관리 모듈 조직구조

PP 모듈 조직구조는 기업의 생산관련 부서에 대한 조직구조로 주요 구성요소는 작업장이다.

(1) 작업장

작업장은 하나의 특별한 작업이 수행되는 장소로 [그림 4-26]과 같이 작업장은 공장에 소속되어 있다. SAP ERP의 작업장 조직은 작업을 수행하는 사람(labor)이나 기계 또는 작업이 수행되는 장소들 모두를 포함하여 설정된다.

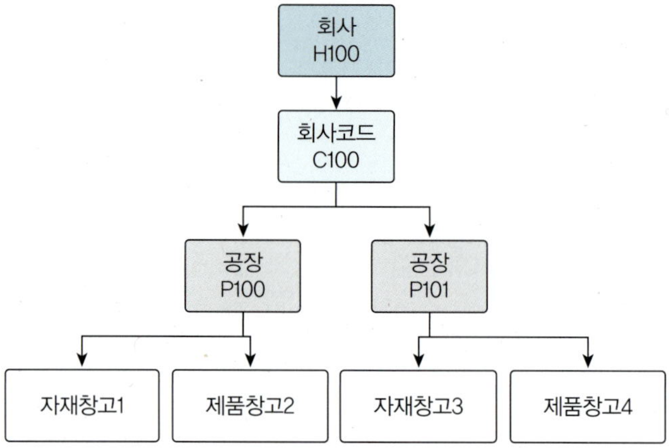

[그림 4-26] 작업장

7. 생산관리 모듈 마스터데이터

PP 모듈 마스터데이터는 생산관리 및 원가관리를 위하여 기본적으로 필요한 자료들로 주요 PP 모듈 마스터데이터들은 자재구성표, 공정, 작업장 등이 있다.

(1) 자재구성표

자재구성표(BOM)는 제품에 대한 구성 정보로 제품, 반제품, 부품의 품목정보로 품목 간 상하 관계, 수량 및 단위 정보가 정의되어 있으며, 일반적으로 상위와 하위는 1대 N의 구조를 가지고 있다. SAP ERP 시스템에서 자재구성표(BOM)는 다음과 같은 모듈들에서 사용된다.

- 판매 및 유통 — 조립(assembly) 주문 등록시
- 자재 관리 — 자재소요량 계획(MRP) 실행시
- 생산 관리 — 생산용 자동 자재출고(back flush) 등록시
- 관리회계 — 표준원가 구성을 위한 자재비 산출시

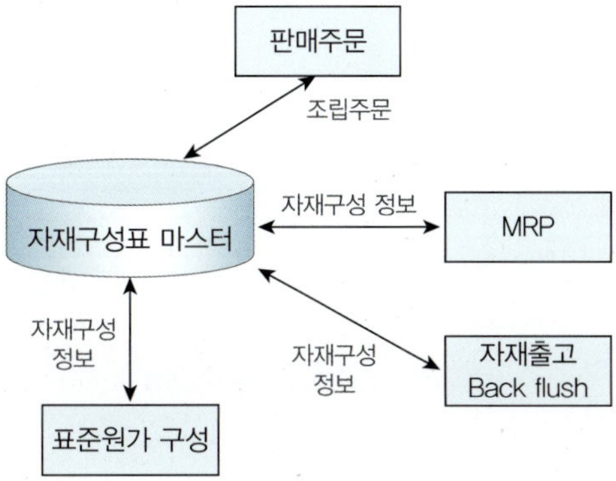

[그림 4-27] 자재구성표 마스터

(2) 공정

공정은 제품, 반제품 생산 과정에 대한 정보로 작업, 작업장, 작업기간, 소요부품, 소요자원, 필요 장비에 대한 정보들이 관리되어 [그림 4-28]과 같이 작업관리, 작업 일정계획 수립, 표준원가 구성 시 참조된다.

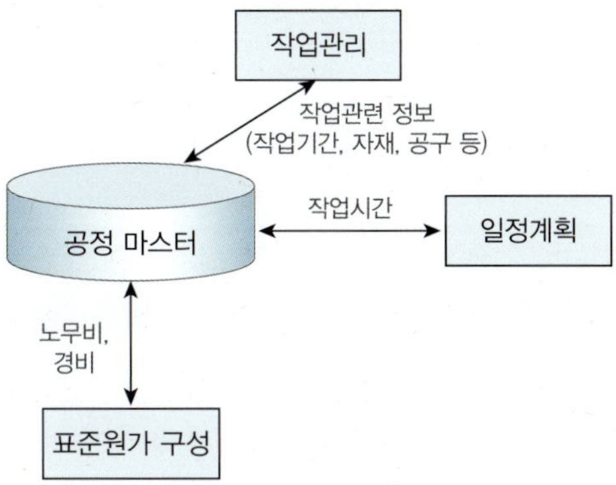

[그림 4-28] 공정 마스터

(3) 작업장

작업장은 생산작업이 수행되는 작업장에 대한 광범위한 정보를 관리한다. 일반데이터로 작업자 명칭, 공정을 위한 기본정보, 가용성 정보, 가용자원, 작업일정계획 정보, 기본적인 일정계획, 원가 및 인력 정보, 원가중심점, 활동형태 등이 관리되어 [그림 4-29]와 같이 능력계획, 일정계획 수립과 원가중심점관리 등에 이용된다.

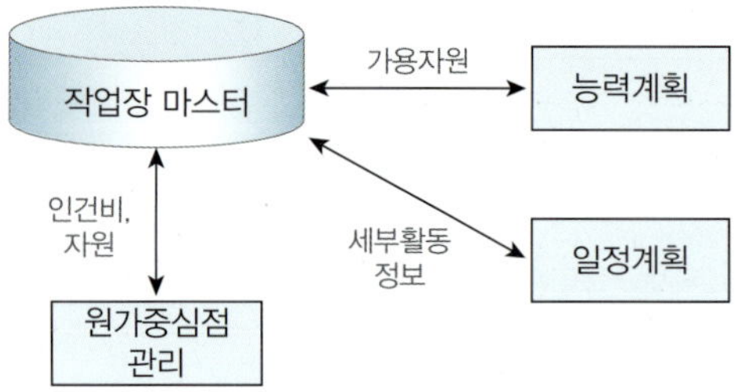

[그림 4-29] 작업장 마스터

요약

SAP ERP의 생산관리(Production Planning, PP) 모듈은 생산기준정보관리, 생산계획 그리고 생산실행으로 구성되어 있다. 생산방식(production method)은 기업들이 제품이나 서비스를 생산하는 방식으로 생산하는 제품이나 생산 공정의 형태에 따라 프로젝트 생산방식, 단속 생산방식, 반복 생산 방식 그리고 흐름 생산방식 등으로 구분된다. 제조전략(manufacturing strategy)은 제품 생산의 목적, 제품의 특성, 생산 수량, 제조시기 등에 따라 재고생산, 주문생산, 조립생산, 설계생산 등으로 구분된다.

SAP ERP 생산관리 모듈에서 관리되는 주요 생산기준정보들은 자재구성표(BOM), 제품의 공정과 작업들, 그리고 작업장들에 대한 정보로 구성되어 있으며, SAP ERP에서는 재고생산(MTS), 주문생산(MTO), 그리고 조립생산(ATO) 등의 다양한 제조전략에 부합하는 생산계획을 위하여 판매/생산 운영계획(S&OP), 수요관리(DM), 주생산계획(MPS), 자재소요량계획(MRP) 기능들을 제공한다. SAP ERP에서의 생산실행은 계획주문, 생산주문 그리고 생산주문확인(order confirmation) 기능으로 구성되어 있다. PP 모듈 주요 조직 구성 요소는 작업장이고 주요 마스터데이터들은 자재구성표, 공정, 작업장 등이 있다.

● 참고문헌

- 김은 · 박진우 · 박준호 · 유세열 외, 『enterprise solutions(기업용 솔루션)』, 어람출판사, 2005.
- 더존경영지원센터, 『더존 icube 핵심 ERP 정보관리사 물류 생산 1급』, 더존비즈아카데미, 2012
- 삼성 CPIM, 『공급망 관리 기초』, 피어슨에듀케이션코리아, 2002
- 이상범, 『현대생산운영관리』 (제2판), 명경사, 2003
- 편인범, 『전략적 생산운영론』, 학문사, 2001
- 함용석, 『무한세계 SAP ERP 여행』, 두남출판사, 2008
- 황재훈 · 황문섭 · 송진용 · 오세창 · 서경미, 『SAP R/3 이해』, 어람출판사, 1999.
- Brady, Joseph, Monk, Ellen F., Wagner, Bret J., *Concepts in Enterprise Resource Planning*, 2001, Course Technology.
- Dickersbach, J. T., & Keller, G., *Production planning and control with SAP ERP*, SAP PRESS, 2010
- Jörg Dickersbach, Gerhard Keller, and Klaus Weihrauch, *Production Planning and Control with SAP* (2nd Edition), SAP PRESS,
- Harinder S., Jagdev, Brennan A. & Browne, J. *Strategic decision making in modern manufacturing*, Kluwer Academic, 2004
- Plossl, K. R., *Engineering for the Control of Manufacturing*, Prentice Hall, 1987

연·습·문·제

1. 생산관리(PP) 모듈의 구성에 대하여 설명하라.

2. 기업들의 생산방식들에 대하여 설명하라.

3. 생산전략에 대하여 설명하라.

4. 생산관리의 기준정보인 자재구성표, 공정, 작업, 작업장에 대하여 설명하라.

5. 생산관리(PP) 모듈에서 지원하는 생산계획 수립을 위한 기능들에 대하여 설명하라.

6. 생산관리(PP) 모듈에 MTO, MTS 생산계획 수립방법에 대하여 설명하라.

7. 생산관리(PP) 모듈에서 지원하는 생산실행과 관련한 기능들에 대하여 설명하라.

8. 생산관리에서의 선진업무절차들(best practices)에 대하여 설명하라.

9. PP 모듈의 조직 구성요소들에 대하여 설명하라.

10. PP 모듈 주요 마스터데이터들을 나열하고 역할들에 대하여 설명하라.

● 실무적용

- 우리 회사 생산하는 제품들 모두가 BOM이 구성이 가능한지 검토해 보자.
- 우리 회사에서 가장 많이 생산하는 제품에 대한 작업과정을 알아보자.
- 우리 회사의 하나의 작업장에 방문하여 하나의 작업에 소요되는 자원들에 대하여 알아보자.
- 우리 회사의 금년도 총괄생산 계획을 알아보자.
- 우리 회사에 제조전략에 부합되게 SAP ERP 생산모듈의 생산계획 수립 기능들을 배열해 보자.

5

CHAPTER

자재관리(MM) 모듈

학습 목표

- 자재관리(MM) 모듈의 구성에 대하여 설명할 수 있다.
- 자재구매계획의 목적과 자재요구량 산출방식들에 대하여 설명할 수 있다.
- 구매관리 업무 흐름 및 기능들에 대하여 설명할 수 있다.
- 자재관리 업무의 주요 활동들에 대하여 기술할 수 있다.
- 송장검증 업무에 대하여 이해할 수 있다.
- 자재관리(MM) 모듈의 조직구조에 대하여 알 수 있다.
- 자재관리(MM) 모듈의 주요 마스터데이터들에 대하여 알 수 있다.

1. 자재관리 모듈 개요

SAP ERP의 **자재관리(Materials Management, MM) 모듈**은 기업의 구매와 자재관리 업무를 지원하는 모듈로서 자재소요량 산출, 구매요청 및 주문, 자재 입고 및 출고 그리고 송장 검증에 이르는 일련의 구매 및 자재관리 전 업무를 지원하며, 재무회계, 관리회계의 회계관리 기능들은 물론 영업유통, 생산관리, 설비관리 등의 물류관리 기능들과 실시간으로 연동하여 효율적인 구매 및 자재관리 업무를 지원한다.

자재관리(MM) 모듈
기업의 구매와 자재관리 업무를 지원하는 모듈

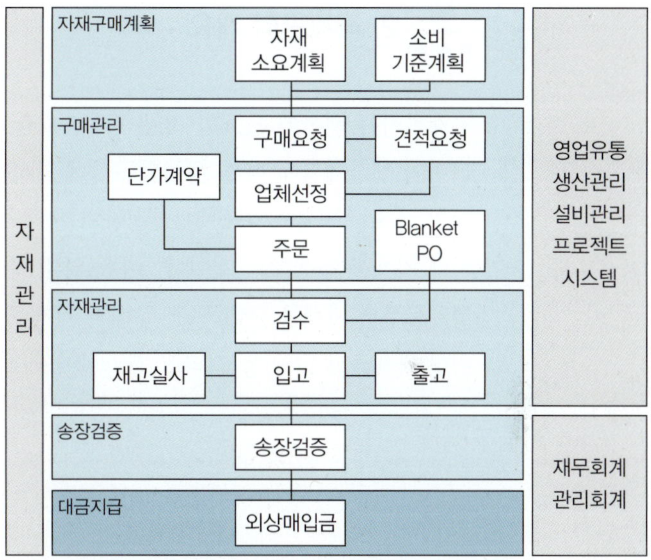

[그림 5-1] 자재관리 모듈의 기능 구성

자재관리 모듈이 지원하는 주요기능들은 [그림 5-1]에서와 같이 자재구매계획(inventory planning), 구매관리, 자재관리 그리고 송장검증 등으로 구성되어 있다. 대금지급은 송장(대금청구서) 검증된 금액에 대하여 대금을 지불하는 업무로 일반적으로 회계부서에서 수행한다. 따라서 SAP ERP에서는 재무회계 모듈이 대급지금 기능을 포함한다.

- 자재구매계획 — 자재소요계획(MRP)과 소비기준계획(CBP) 등에서 산출한 자재 요구량을 근거하여 자재구매 계획을 수립하는 기능을 수행한다.
- 구매관리 — 구매요청, 견적요청서 작성, 업체선정 지원, 구매계약 및 주문 처리하는 기능을 수행한다.
- 자재관리 — 자재입고, 자재출고, 자재이동, 재고실사와 관련된 자재관리 활동을 지원하는 기능들을 수행한다.
- 송장검증 — 구매한 자재 및 물품들에 대한 대금지급을 위한 송장을 검증하는 기능을 수행한다.

2. 자재관리 개요

자재관리
생산에 필요한 자재를 체계적으로 관리하여 생산계획에 따른 생산활동이 원활하게 진행되도록 지원하는 업무

자재관리는 생산에 필요한 자재 확보, 보관, 이동, 활용하는 과정을 체계적으로 관리하여 생산계획에 따른 생산활동이 원활하게 진행되도록 지원하는 업무로 자재관리의 목표는 품질이 보장된 적정량의 자재확보를 통해 필요로 하는 생산부문에 적시에 자재를 공급하는 것이다. 이를 위해 자재관리는 자재소요량을 산출하고, 공급업체로부터 자재를 구매하며, 구매한 자재에 대한 품질 검수 및 입고를 거쳐 생산을 위한 자재출고 및 이동 그리고 재고실사와 같은 세부 업무들을 수행한다.

[그림 5-2] 자재관리의 개요

SAP ERP의 자재관리(MM) 모듈은 [그림 5-3]과 같이 전통적인 자재관리업무

들과는 차별화된 자재관리 선진업무 방식(best practices)을 제공하고 있다. 자재구매계획 업무는 MRP 시스템과 소비기준계획에 따른 자재소요량 계획으로 합리적인 자재 구매계획 수립 및 전략적인 공급정책을 위한 기획업무로 변화되고, 구매관리는 자동화된 업무처리로 업체발굴과 같은 전략적 구매활동이 구매업무의 중심이 되며, 자재관리 업무는 자동화된 수불관리로 반복 업무를 제거한 능률적인 업무처리가 가능해진다. 아울러, 자동화된 송장 검증처리로 관련 인력들을 대폭 감축할 수 있는 효과를 낸다.

	전통적 자재관리		ERP 도입 후 자재관리
자재 구매계획	생산부서의 수작업에 의한 소요량 산출	➡	MRP, 소비기준계획을 통한 소요량 산출, 전략적 공급정책 기획
구매관리	수작업 구매주문처리 (견적요청, 업체선정, 주문)		자동화된 구매주문처리, 전략구매 활동(업체 발굴)
자재관리	수작업 자재수불관리		자동화된 수불관리 (백플러시, backflush)
송장검증	수작업 송장검증		자동화된 송장검증 처리 관련 인력 감축

[그림 5-3] ERP 도입후의 자재관리

SAP ERP에서의 자재관리 모듈은 생산을 위한 자재뿐만 아니라 기업의 제품 및 상품을 포함한 모든 재고 품목들을 관리할 수 있다.

재고의 구분

국내에서 재고들은 일반적으로 회계계정 관점에서 다음과 같이 원재료, 재공품, 제품, 상품 등으로 구분 관리된다.

- 원재료 — 제품 생산에 사용하기 위하여 구매된 자재로서 재료 또는 원료로 구분된다. 원료는 가공에 의하여 재료의 형태나 질이 크게 변화하는 경우의 자재를 말하며, 재료는 가공 후에도 제품 내에서 재료의 원래 성질이 보존되는 자재로 일반적으로 자재라고 부른다.
- 재공품 — 공정에서 제조과정 중에 있는 재고를 의미한다. 제조공정에서는 제품

의 제조 과정의 재고들, 즉 제품완성 이전단계의 상태를 재공품이라 한다.

- 제품 — 제품 판매 기업이 제조활동을 통하여 생산이 완료하여, 판매가 가능한 상태의 완성품을 제품이라 한다.
- 상품 — 판매업자가 판매를 목적으로 제조업자로부터 제품을 매입하는 경우의 물건으로 판매업자가 직접 제작하지 않은 제품을 상품이라 부른다.

3. 자재구매계획

자재구매계획

판매 및 생산 능력과 연계하기 위한 목적으로 재고의 최적 수량 및 적절한 구매 시기를 결정하는 것

자재구매계획(Inventory planning, 재고계획)은 판매 및 생산 능력과 연계하기 위한 목적으로 재고의 최적 수량 및 적절한 구매 시기를 결정하는 것으로 SAP ERP에서의 자재구매계획은 [그림 5-4]에서와 같이 자재소요계획(MRP)과 소비기준계획(CBP) 등에서 산출한 자재요구량에 근거하여 자재구매계획이 수립된다.

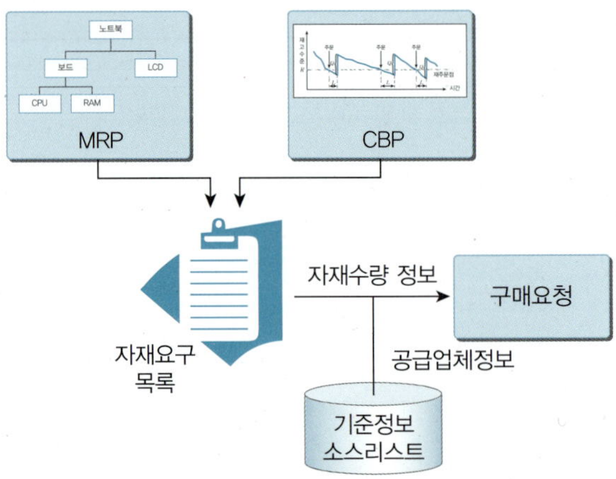

[그림 5-4] 자재구매계획

SAP ERP의 자재구매계획은 자재소요계획(MRP)과 소비기준계획(CBP)을 이용하여 자재요구목록을 생성하는 기능뿐 아니라 생성된 자재요구목록과 마스터데

이터인 소스리스트(source list)[1]를 이용하여 구매요청서를 자동으로 생성하는 기능도 제공한다.

- 자재소요계획 지원
- 소비기준계획 지원
- 자동 구매요청 생성 기능

(1) 자재소요량 산출방식

일반적으로 자재소요량 산출방식은 [그림 5-5]에서와 같이 판매 및 생산계획을 고려한 자재소요계획(MRP)과 과거의 사용실적자료를 이용한 소비기준계획(CBP) 방식으로 크게 구분된다. 세부적으로 소비기준계획(CBP)은 재주문점 방식과 수요예측 기준계획 그리고 기간별 재주문 방식으로 구분되고 재주문점 방식은 수작업 재주문점 방식과 자동 재주문점 방식으로 분류할 수 있다. SAP ERP는 이들 모두의 자재소요량 산출방식을 지원하여 자재관리 담당자들은 자재 특성에 따라 선택적으로 적용하여 사용한다.

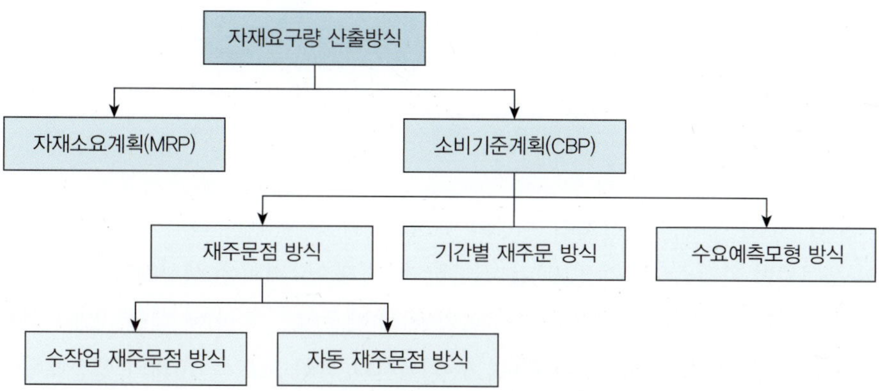

[그림 5-5] 자재소요량 산출방식

(2) 자재소요계획

자재소요계획(Material Requirement Planning, MRP)은 제품의 생산계획에 맞추어 그에 필요한 부품이나 자재의 소요량을 산출하는 것으로 SAP ERP에서는 [그림

자재소요계획(MRP)
제품의 생산계획에 맞추어 그에 필요한 부품이나 자재의 소요량을 산출하는 것으로 생산계획과 자재구성표(BOM)를 이용하여 순자재소요량을 산출하고 재고현황 정보를 반영하여 자재에 대한 조달 계획을 수립하는 방식

1) 자재관리 모듈 마스터데이터 부분 참조.

5-6]에서와 같이 생산계획 및 정비계획과 자재구성표(BOM)를 이용하여 자재소요량을 취합하고 재고현황 정보를 고려하여 자재에 대한 조달 계획을 수립하는 기능을 수행한다.

자재소요계획(MRP) 기능은 일반적으로 생산을 위한 자재들에 대한 조달 계획을 수립하는 데 이용되는 것으로 알려져 있다. 그러나 SAP ERP는 설비 정비에 필요한 자재(parts)들에 대한 수급 계획을 위해서도 자재소요계획(MRP) 기능이 이용될 수 있다.

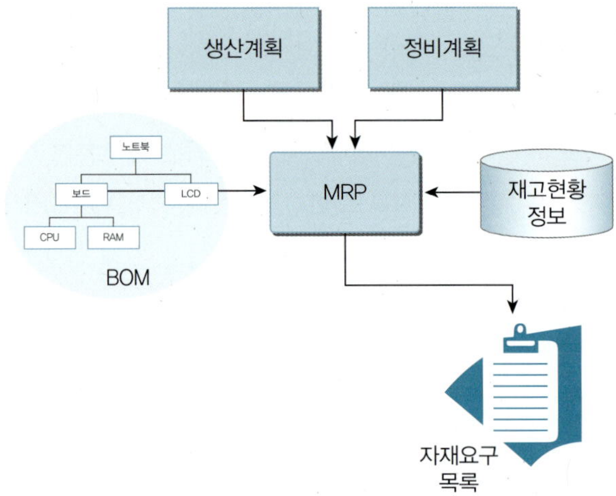

[그림 5-6] 자재소요계획(MRP)

SAP ERP에서는 생산계획 수량이 결정되거나, 혹은 설비관리[2]에서 정비주문이 생성되면 자재소요계획(MRP)을 실행한다. 자재소요계획은 생산계획 제품의 종속적 수요(자재)들의 총소요량을 산출하기 위해 제품(또는 설비)에 대한 자재구성표(BOM)를 참조한다. 예를 들어 [그림 5-7]에서와 같이 노트북 10개의 생산계획이 결정되면 자재구성표에 등록된 개별 자재들인 LCD, CPU, RAM, 메인보드 등의 각 10개씩의 총소요량이 산출된다. 이후 개별 자재들에 대한 현 가용재고 수량과 입고 예정량, 출고 예정량을 반영하여 개별 자재들에 대한 순소요량들을 산출한다. 이렇게 산출된 개별 자재들에 순소요량은 자재요구 목록에 저장되어 구매요청을 위한 자료로 활용된다.

---

2) 9장 설비관리(PM) 모듈 참조.

- 자재구성표(BOM) — 생산 계획 제품의 종속적 수요들의 총소요량을 산출하기 위한 정보제공
- 순소요량 = 총소요량 – 현 가용재고 – 입고 예정량 + 출고 예정량

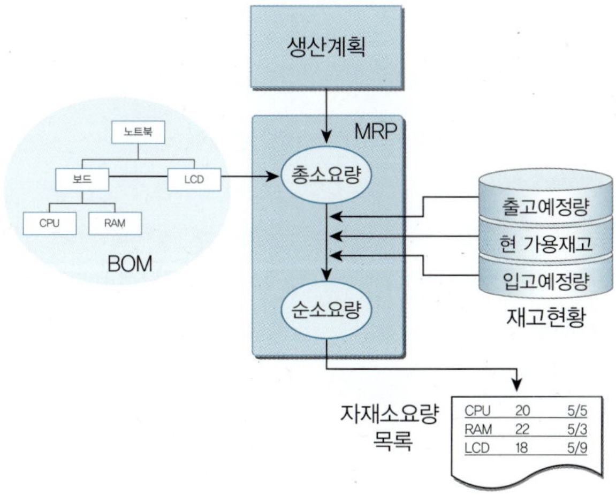

[그림 5-7] MRP 실행

(3) 소비기준계획

소비기준계획(Consumption Based Planning, CBP)은 MRO 자재 등과 같이 직접적인 자재 요구량 산정이 곤란한 자재에 대해서는 과거의 사용실적을 바탕으로 향후 수요에 대한 예측을 하고 그 결과에 따라 적정한 재고 수준을 유지하도록 자재소요량을 산출하는 방식을 말한다. MRO(maintenance, repair and operations)는 Maintenance(유지), Repair(보수) 그리고 Operations(운영)의 약자로, 기업에서 제품 생산에 필수인 직접 원자재를 제외한 소모성 자재와 간접 자재를 의미한다.

소비기준계획(CBP)
직접적인 자재 요구량 산정이 곤란한 자재에 대해서는 과거의 사용실적을 바탕으로 적정한 재고 수준을 유지하도록 자재소요량을 산출하는 방식

SAP ERP에서는 [그림 5-8]에서와 같이 재고량에 도달하면 자동으로 주문량이 산출되는 재주문점 방식, 일정 시간주기마다 소요량 산출하는 기간별 재주문 방식 그리고 과거소모량을 기준으로 한 수요예측 모형을 설정하고 이를 통해 소요량을 산출하는 수요예측 기준계획 방식 등을 지원하여 자재관리 담당자들이 자재별로 적합한 방식을 적용하여 사용하도록 지원한다. 이를 위해 SAP ERP에서는 자재마스터에서 자재별로 소비기준계획 방식이 설정된다.

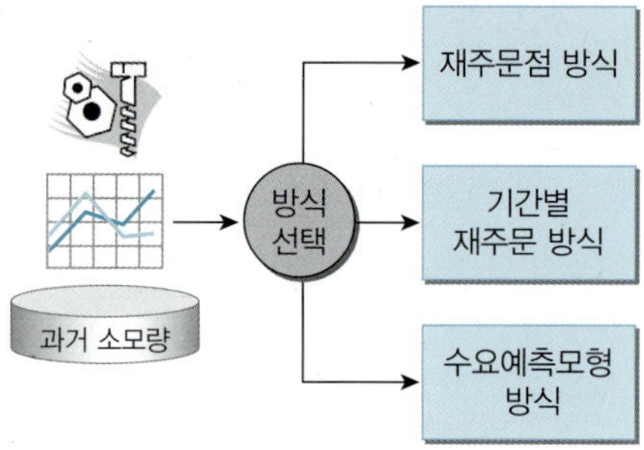

[그림 5-8] 소비기준계획

(4) 재주문점 방식

재주문점 방식

소비기준계획 방식의 일종으로 재고수준이 미리 정해진 재주문점에 도달하면 일정한 양만큼 소요자재의 주문량을 산출하는 방식

재주문점(reorder point) 방식은 [그림 5-9]에서와 같이 재고수준이 미리 정해진 재주문점(R)에 도달하면 일정한 양(Q)만큼 소요자재 주문량을 산출하는 방식으로 주문시기에 대한 간격은 일정하지 않은 형태를 가지고 있다.

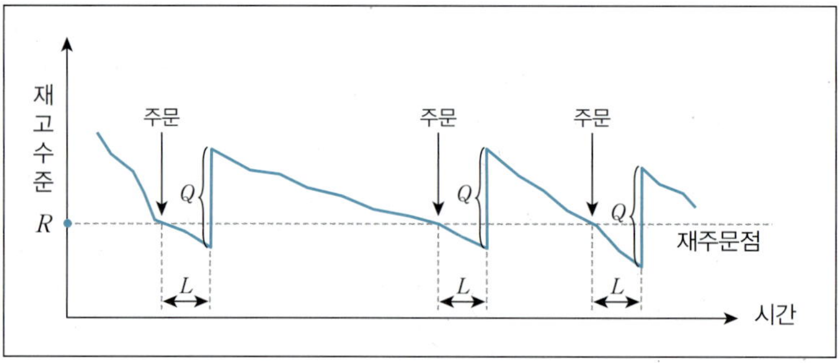

[그림 5-9] 재주문점 계획

재주문점(reorder point) 방식을 적용하기 위해서는 안전재고, 현재의 소비량 또는 예측소비량 그리고 보충리드타임이 사전에 정의되어 있어야 한다.

- 안전재고 — 수요와 공급의 예측차이에 따른 재고 부족을 방지하기 위해 여분으로 보유하는 재고
- 현재의 소비량 또는 예측소비량
- 보충리드타임 — 재주문후 재고 입고까지의 시간(L)

재주문점 방식은 재고 관련 총비용이 최소가 되도록 재주문점과 1회 주문량(Q)의

최적값으로 결정하는 것이 바람직하나, 실무에서는 구매 단위(lot size)에 따라 주문량이 결정되는 것이 보통이다.

(5) 기간별 재주문 방식

기간별(time-phased) 재주문 방식은 [그림 5-10]에서와 같이 미리 정해진 일정한 시간간격(T)마다 주문(예; 매주말, 매월말)하는 방식으로 주문시점의 재고수준과 목표재고수준과의 차이만큼을 주문한다. 따라서 사용량에 따라 주문량(Q)은 매번 달라진다.

기간별 재주문 방식
소비기준계획 방식의 일종으로 미리 정해진 일정한 시간간격마다 주문시점의 재고수준과 목표재고수준과의 차이만큼을 주문하는 방식

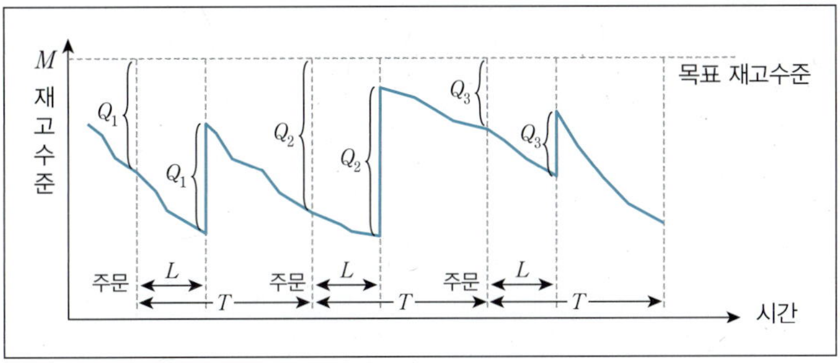

[그림 5-10] 기간별 재주문 방식

기간별 재주문 방식에서는 재고관련 비용이 최소가 되도록 주문주기(T)와 목표재고수준(M)의 최적값을 결정해야 한다.

(6) 수요예측모형 방식

수요예측모형(forecast-based) 방식은 과거소모량을 기준으로 한 수요예측모형을 설정하고 이를 통해 소요량을 산출하는 방식으로 SAP ERP는 수요예측에 필요한 각종 요인(factor)값을 자동으로 설정한다. 일반적으로 수요예측모형은 시계열 분석과 인과모형분석을 통하여 설정할 수 있다. 시계열 분석은 시간의 흐름에 따라 일정한 간격마다 기록한 통계자료, 즉 시계열 데이터를 분석하여 예측하는 방법으로 단순이동평균법, 가중이동평균법, 지수평활법 등이 있으며, 시계열 변동요인들은 다음과 같다.

- 경향변동 — 오랜 세월에 걸쳐 추세적으로 나타나는 장기적인 변동
- 순환변동 — 경기변동과 같이 1년 이상의 기간에 걸쳐 발생하는 일정한 주기의 변동
- 계절변동 — 매년 반복되는 계절 변화에 따른 변동
- 불규칙변동 — 우발적으로 발생하는 불규칙적인 변동

인과모형은 어떤 수요에 영향을 미치는 요인을 찾아내고 그 요인과 수요와의 관계를 분석하는 방식으로 회귀분석이 대표적이다.

(7) 자재소요계획과 소비기준계획의 비교

자재소요계획(MRP)과 소비기준계획(CBP)은 대상자재, 산출 기준요소 등에서 〈표 5-1〉과 같은 차이들을 가지고 있다.

〈표 5-1〉 자재소요계획 vs 소비기준계획

구분	자재소요량계획(MRP)	소비기준계획(CBP)
수요	종속수요	독립수요
대상 자재종류	생산 및 주요 정비 자재 (중요도가 높은 자재)	MRO 자재, 잡자재 (중요도가 낮은 자재)
기준 요소	기준 생산계획(MPS), 정비계획, BOM	재주문점, 소비예측모델, 주기
기법	MRP 프로그램	재주문점 방식 수요예측모형 방식 기간별 재주문 방식

(8) 구매요청 생성 기능

SAP ERP는 자재소요계획(MRP)과 소비기준계획(CBP) 등에서 산출한 자재 요구량에 대하여 미리 설정된 소스리스트(source list)를 참조하여 자동으로 구매요청서를 생성하는 기능을 제공한다. [그림 5-11]에서와 같이 자재요구 목록에서 요구자재 및 수량정보가 제공되고 특정 공장의 특정 자재들에 대하여 자재를 조달할 수 있는 공급업체의 목록을 포함하는 소스리스트에서는 공급업체 정보를 제공받아 자동 구매요청서를 생성한다. 이를 통해 자재관리 업무의 효율성을 높일 수 있다.

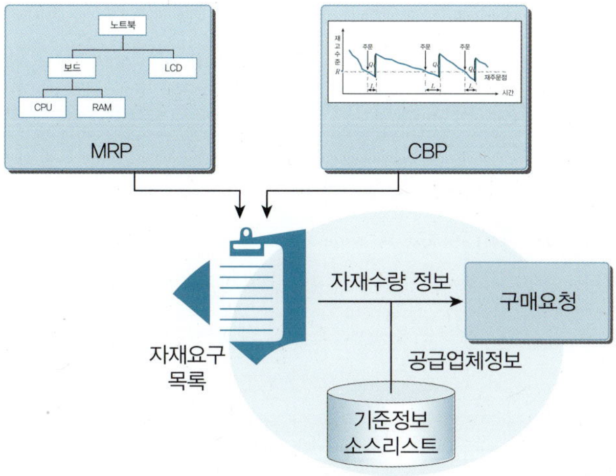

[그림 5-11] 구매요청 생성

4. 구매관리

구매관리(purchasing management)는 [그림 5-12]에서와 같이 자재소요계획(MRP)과 소비기준계획(CBP)에 근거한 생산용 자재에 대한 구매과정만 아니라 기업에 필요로 하는 고정자산, 비품, 공기구와 같은 일반 물품들을 외부 공급업체에 구매하는 일련의 과정으로, 구매요청, 견적요청, 업체선정, 계약 및 주문 등의 업무들을 포함한다.

구매관리
생산용 자재와 기업에 필요로 하는 고정자산, 비품, 공기구와 같은 일반 물품들을 외부 공급업체에게 구매하는 일련의 과정

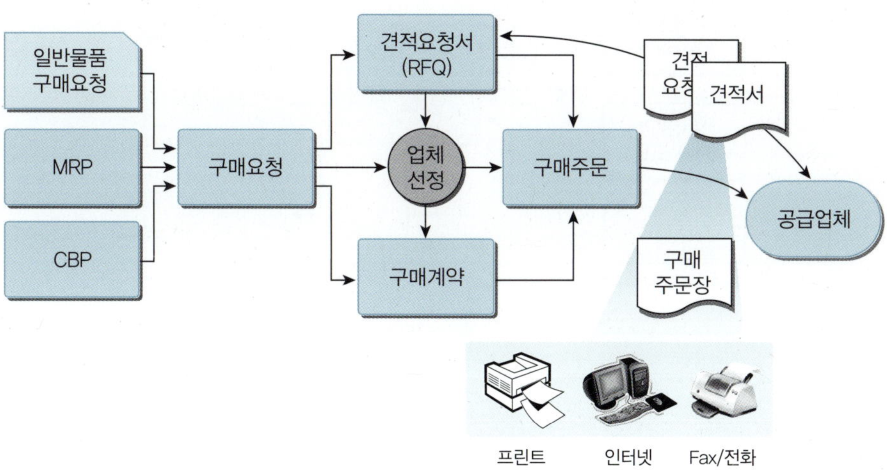

[그림 5-12] 구매관리

SAP ERP는 구매관리를 위하여 구매요청관리, 견적요청서/견적서관리, 업체선정, 구매주문, 총괄 구매주문, 단가계약과 같은 기능들을 제공한다. 이를 통해 구매주문관리의 자동화로 업무의 효율성을 제고한다.

- 구매요청관리 기능
- 견적요청서/견적서관리 기능
- 업체선정 지원
- 구매주문 기능
- 총괄 구매주문 지원
- 단가계약 방식 지원

(1) 구매요청 관리

구매요청(purchase requisition, PR)은 물품에 대한 구매를 요청하는 행위로 SAP ERP에서는 [그림 5-13]에서와 같이 자재 또는 물품 사용부서의 담당자가 직접 입력하거나, 생산관리 모듈, 설비관리 모듈, 프로젝트시스템 등 다른 모듈들과 연계·생성되어 구매부서에 요청된다.

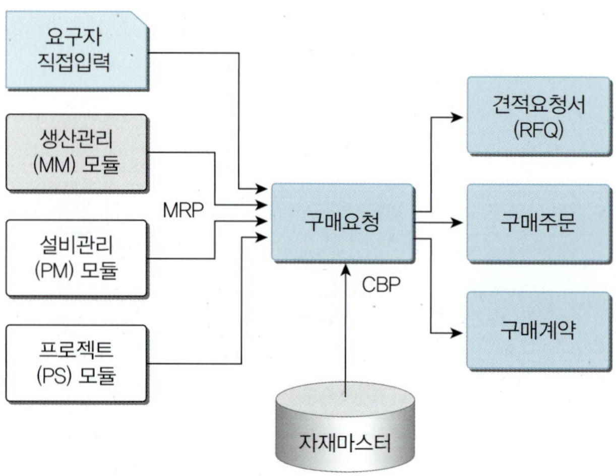

[그림 5-13] 구매요청

SAP ERP에서 구매요청 대상 품목은 생산을 위한 자재뿐 아니라 정비자재, 고정자산, MRO, 임가공, 공사용역, 소모품 등이 포함될 수 있다. 〈표 5-2〉는 구매요청 품목들과 SAP ERP에 일반적으로 처리되는 형태이다.

〈표 5-2〉 구매품목 및 관련 모듈

구매품목	관련 모듈 및 프로그램
생산용 자재	생산관리/MRP
임가공	생산관리/요구자 직접입력
주요정비자재	설비관리/MRP
MRO	자재관리/CBP
공사용역	프로젝트 시스템/요구자 직접입력
고정자산	자재관리/요구자 직접입력
소모품	자재관리/요구자 직접입력

SAP ERP에서 생성된 구매요청은 견적요청서, 구매주문 또는 구매계약의 소스(source)로 활용된다. 이를 통해 구매주문관리 업무의 자동화를 지원한다.

(2) 견적요청서/견적서 관리

견적요청서(Request for Quotation, RFQ)는 합리적인 구매를 위하여 구매자가 공급업체들을 대상으로 구매 예정 품목들에 대하여 공급 가능한 가격 및 제반 조건들을 미리 알려달라고 요청하는 문서로 SAP ERP에서는 구매요청을 근거로 [그림 5-14]에서와 같이 다수의 공급업체들에 보낼 견적요청서를 생성하고, 공급업체들로부터 받은 견적서들을 업체선정을 위하여 관리한다.

견적요청서
구매자가 공급업체들을 대상으로 구매 예정 품목들에 대하여 공급 가능한 가격 및 제반 조건들을 미리 알려달라고 요청하는 문서

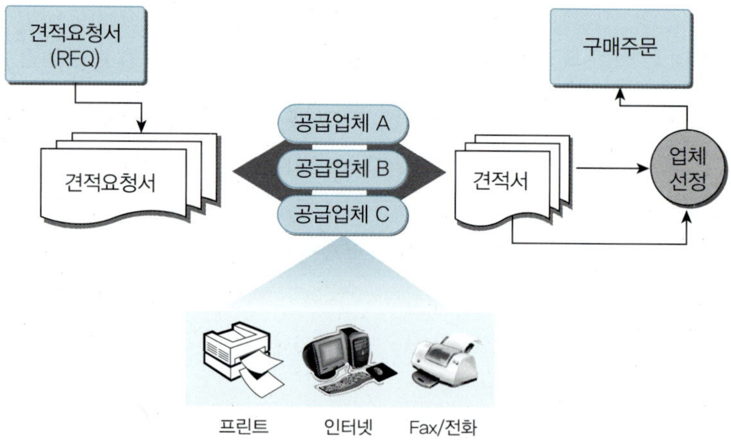

[그림 5-14] 견적요청서/견적서

상기의 과정에서 SAP ERP는 견적요청서를 종이문서뿐만 아니라 전화, 팩스, 인터넷을 통해서 전달할 수 있고 업체로부터 받은 견적서들을 다양한 방법을 통해 획득 · 저장할 수 있다.

(3) 업체선정 지원

업체선정(vendor selection)은 일반적으로 복수의 공급업체들에 보내온 견적서들에 대한 비교분석을 통하여 이루어진다. SAP ERP는 [그림 5-15]와 같이 견적조건 설정을 통하여 공급업체들에서 보내온 견적서들에 대한 비교 견적을 시행하여 적합한 업체선정을 지원한다.

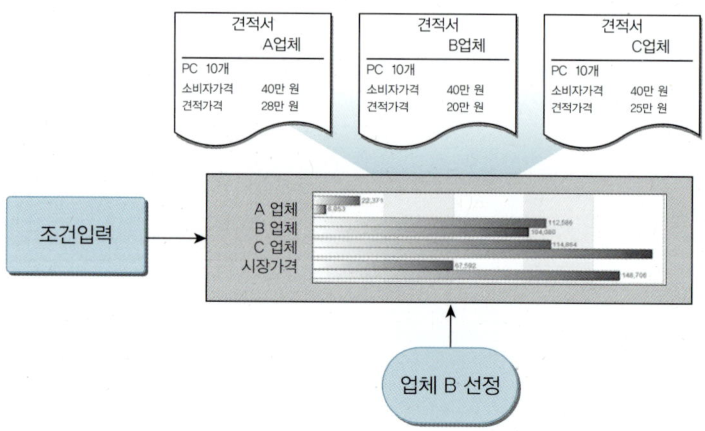

[그림 5-15] 업체선정

(4) 구매주문

구매주문(purchase order, PO)은 특정 공급업체에 구매를 위한 주문을 하는 행위로서 SAP ERP에서 구매주문은 [그림 5-16]과 같이 구매 담당자가 직접 입력처리하거나, 구매요청, 견적요청서, 구매계약 등을 참조하여 선정된 공급업체를 상대로 구매주문을 자동으로 생성할 수 있다. 이를 통해 구매부서의 업무를 절감시킬 수 있다.

구매요청을 참조하여 구매주문을 자동 생성할 수 있으나, 이들의 관계는 일대일의 관계가 아니다. 구매주문은 특정 공급업체를 대상으로 하고 있기 때문에 구매요청에 포함된 제품들이 다수의 공급업체로부터 공급이 필요한 경우 구매요청한 건은 공급업체들로 분리된 다수의 구매주문들로 변경 · 생성된다. 생성된 구매주문들은 견정요청서와 같이 구매주문서를 문서, 전화, 팩스, 인터넷 등 다양한 채널을 통하여 전달될 수 있다. 아울러 처리된 구매주문은 후속처리 이력으로 자동 관리되며, 구매주문의 가격조건은 각 가격 구성항목별로 세부적으로 관리된다.

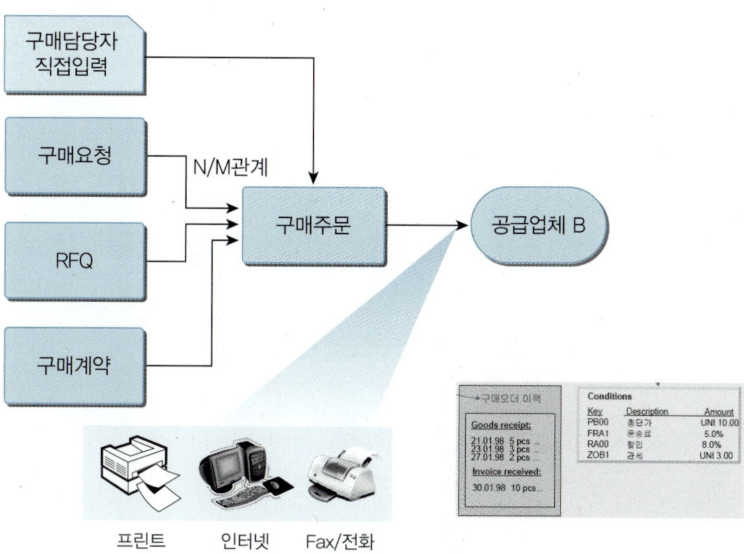

[그림 5-16] 구매주문

(5) 총괄 구매주문

총괄 구매주문(Blanket PO)인 상기의 일반적인 구매주문(Standard PO)과 다르게

총괄 구매주문
견적요청 활동 및 입고처리 과정을 배제하여 신속하고 효율적인 구매업무를 수행하는 방식으로 재고관리나 엄격한 구매관리가 필요하지 않은 물품 구매시 사용됨

재고관리나 엄격한 구매관리가 필요하지 않은 소모품 구매의 경우에 사용되는 방식으로 SAP ERP는 [그림 5-17]과 같이 견적요청 활동 및 입고처리를 구매과정에서 배제하여 신속하고 효율적인 린(lean) 프로세스로 구매업무를 처리할 수 있는 총괄 구매주문 기능을 지원한다. 린(lean)은 사전적 의미로 "기름기 없는"이란 뜻으로 경영학에서는 일본의 토요타 생산 시스템(TPS)을 미국식 환경에 맞춰 재정립한 것으로 자재 구매에서부터 생산, 재고관리, 유통에 이르기까지 모든 과정에 손실을 최소화하여 최적화한다는 개념으로 낭비 없는 효율적인 관리를 의미한다.

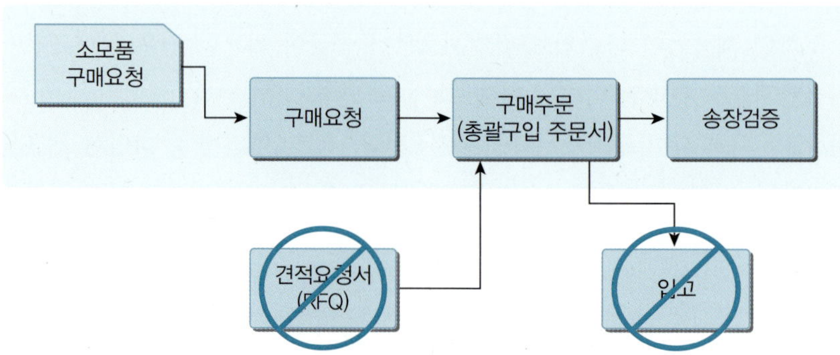

[그림 5-17] 총괄 구매주문

(6) 단가계약 방식

단가계약(contract) 방식은 반복 구매되는 물품이나 용역에 대해 구매의 효율성을 높이고자 [그림 5-18]과 같이 품목에 대한 구매계약을 맺어 주문지시서로 구매 처리를 하는 방식이다. 주문지시서는 구매주문서 유형 중의 하나로서 단가계약과 연결된 구매주문일 때 주문지시서(Release Order)라 부른다.

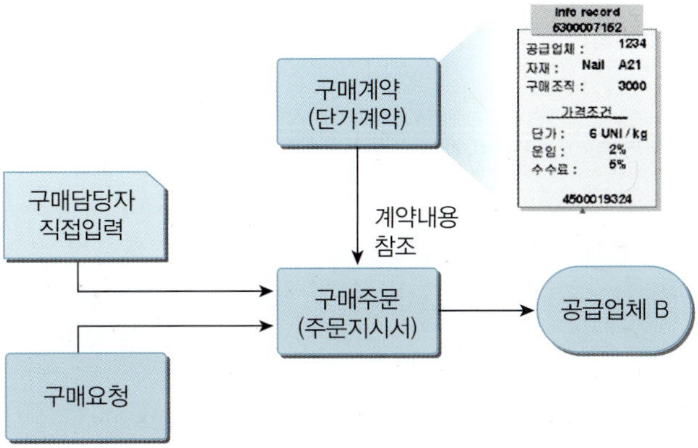

[그림 5-18] 단가계약 방식

SAP ERP에서 단가계약은 일반자재, 서비스, 외주가공, 공급자 주도형 재고관리(VMI) 등 구매의 대상이 되는 모든 품목이 가능하다. 또한 단가계약은 일정기간 동안의 총구매수량 혹은 금액에 대해 개별물품에 대한 단가를 책정하여 관리할 수 있다.

공급자 주도형 재고관리(Vender Managed Inventory, VMI)는 [그림 5-19]와 같이 구매업체가 공급업체에 판매 · 재고정보를 제공하면 공급업체는 이를 토대로 과거 데이터를 분석하고 수요를 예측하여, 자재의 적정 납품량을 결정하는 시스템 환경으로 구매업체는 재고관리에 소모되는 인력, 시간 등의 비용절감 효과를 기대할 수 있고, 공급업체는 적정생산 및 납품을 통해 경쟁력을 유지할 수 있다. 월마트에서 판매되는 P&G의 제품들은 대표적인 공급자 주도형 재고관리 형태이다.

공급자 주도형 재고관리
구매업체가 공급업체에 판매 및 재고정보를 제공하여 공급업체가 이를 토대로 자재의 적정 납품량을 결정하고 재고관리를 대행하는 방식

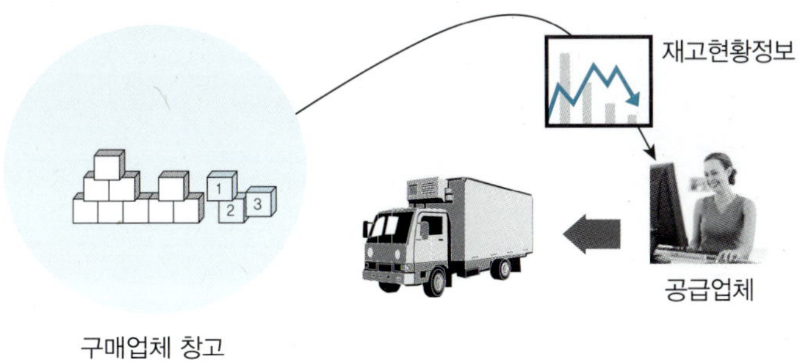

[그림 5-19] 공급자 주도형 재고관리

5. 자재관리

자재관리(materials management)는 생산 활동에 필요한 자재의 입고와 출고를 통제하고 관리하는 일로 SAP ERP에서는 구매를 통한 입고, 생산을 위한 출고, 다양한 자재의 이동에 대한 관리 및 재고실사 및 재고 분석/현황의 제공 등의 기능을 수행한다.

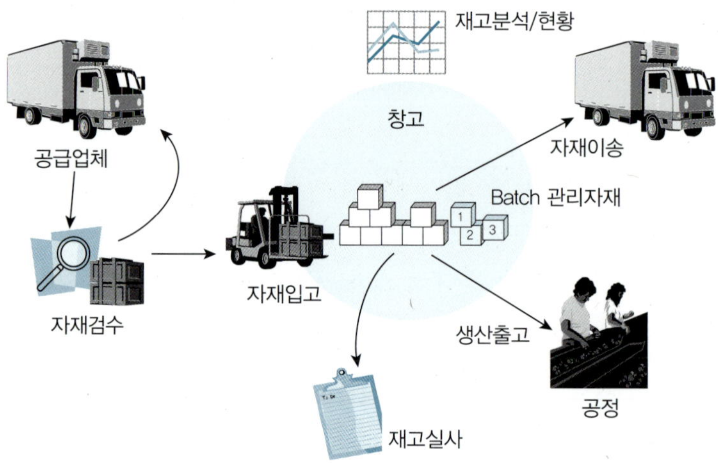

[그림 5-20] 자재관리

SAP ERP는 자재관리를 위하여 [그림 5-20]과 같이 자재입고, 출고, 자재이송과 같은 자재이동관리(goods movement), 특성자재들의 배치관리 및 일련번호관리 기능, 재고실사 지원, 다양한 재고분석/현황 제공과 같은 기능들을 제공한다.

- 자재입고, 생산출고, 자재이송 등의 자재이동 관리
- 배치관리 및 일련번호관리 기능
- 재고실사 지원
- 재고현황분석 기능

(1) 자재입고

자재입고(goods receipt, GR)는 구매 주문되어 공급업체가 배송해온 자재들에 대하여 창고에 입고 처리하는 자재이동 활동으로 SAP ERP는 자재가 입고되면 자재의 종류 및 입고의 종류에 따라 정해진 품질검사를 위한 [그림 5-21]과 같이 검사 로트(Lot)가 생성되고 입고된 자재는 자동으로 품질검사 재고로 책정되어 직각적인 사용을 방지하며, 부여된 검사항목에 대해 검사를 수행한 후 결과값에 따라 가용재고로 이전 처리되어 사용된다. 자재가 입고되면 창고의 자재수량은 자동 증가한다.

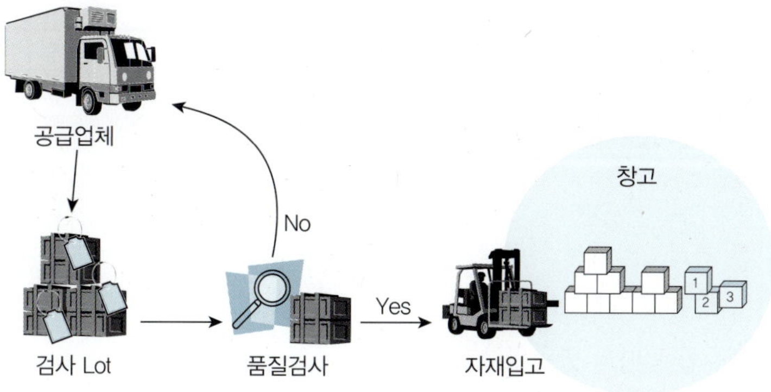

[그림 5-21] 자재입고 관리

자재의 입고처리는 회사의 재고를 증가시키는 행위이다. 따라서 입고처리가 완료되면 재고가 증가되고 자재 매입에 따른 채무가 발생하는 회계처리가 필요하다. SAP ERP에서는 [그림 5-22]와 같이 자재 입고가 완료되면 재고수량이 증가하고 입고 가계정(GR clearing account)의 자동회계 전표가 회계 상에 반영되며, 송장검증 시 그 가계정의 금액은 소멸하는 형태로 회계처리를 수행된다. 가계정(clearing account)은 거래가 발생하여 자산의 변화가 있었으나 아직 어느 계정과목에 귀속될 것인지 불명확하다든가 또는 계정과목은 확정되었으나 그 금액이 불명확한 경우에 그 계정과목이나 금액이 확정될 때까지 잠정적으로 회계 처리하여 두는 계정을 의미한다.

입고 회계처리와 관련해서는 6장 재무회계 모듈에서 다시 한 번 설명된다.

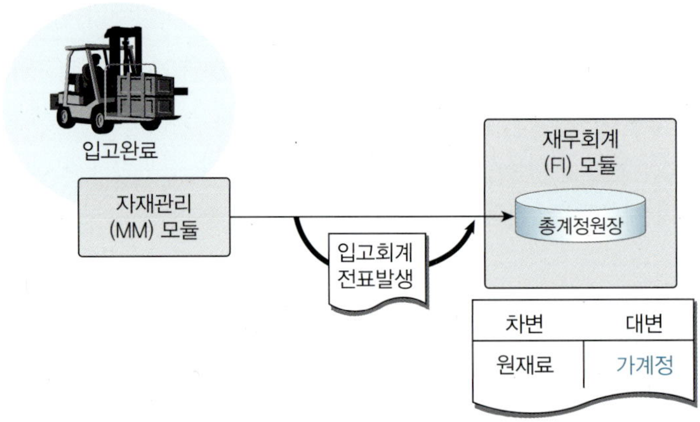

[그림 5-22] 자재입고 회계처리

앞과 같은 회계처리에서 차변에 증가하는 재고(원재료) 금액은 부대비용을 포함한 구매가격이 된다. 그러나 재고가 된 이후의 자재의 재고가는 기업에서 운영하는 재고자산 평가방법에 따라 산출된다.

국내에서 매출원가 산정에 적용되는 재고자산 평가방법으로는 개별법, 선입선출법, 후입선출법, 총평균법, 이동평균법 등이 있다.

- 개별법(specific identification method) — 재고자산 품목의 하나마다 단위별로 개별적인 원가를 파악하여 평가하는 방법으로, 가장 이상적이나 현실적으로 불가능하여 실무에서 거의 사용하지 않는다.
- 선입선출법(first-in first-out method) — 먼저 매입한 재고자산을 먼저 매출하는 것으로 가정하여 매입원가를 매출원가에 적용하는 방법으로, 이 방법에서 매출원가는 먼저 매입된 재고자산의 원가가 순차적으로 배분되며, 기말 재고자산액은 최근에 매입된 재고자산이 원가로 적용된다.
- 후입선출법(Last-in first-out method) — 선입선출법과 반대로 최근에 매입한 재고자산을 먼저 매출하는 것으로 가정하여 매입원가를 매출원가에 적용하는 방법으로 매출원가는 최근 매입된 재고자산의 원가가 순차적으로 배분된다. 반대로 기말 재고자산액은 먼저 매입된 재고자산의 원가가 적용된다.
- 총평균법(total average method) — 기초재고 자산금액과 일정기간 동안의 당기 매입 재고자산금액의 총합계 금액을 전체수량으로 나누어 재고금액의 총평균 값

을 구하며 이를 매출원가에 적용하는 방식으로 계산이 간편하고 매출원가가 동일하게 적용되나 해당기간이 종료된 후에 처리해야만 하는 단점이 있다.

- 이동평균법(moving average method) — 재고자산이 입고될 때마다 재고자산 금액의 새로운 평균(이동평균)을 산정하여 매출원가에 적용하는 방법으로 매출원가는 매입이 있을 때마다 달라지며, 추가 매입이 발생하기 전까지는 매출원가의 변화가 없다.

SAP ERP에서는 표준가격이나 이동평균가격으로 재고가를 적용할 수 있다. 표준가격은 미리 정해진 금액으로 재고가를 산정하는 방식이고, 이동평균가격은 자재가 입고될 때마다 재고자산가의 새로운 평균을 산정하여 재고가를 산정하는 방식이다. 일반적으로 국내 기업들은 재고자산 평가방법으로 이동평균가격으로 재고가를 산출하는 방식을 선호한다. 표준가격을 이용하여 재고가를 산정하는 경우 회계보고서 작성을 위하여 연말에 총평균법 등을 사용하여 매출원가 및 재고금액을 산정할 필요가 있다.

- 표준가격(standard price) — 미리 정해진 금액으로 재고가를 산정하는 방식
- 이동평균가격(moving average price) — 자재가 입고될 때마다 재고자산가의 새로운 평균을 산정하여 재고가를 산정하는 방식

(2) 자재 생산출고

자재 생산출고는 창고의 자재가 외부로 이동하는 자재출고(goods issue)의 한 형태이다. 창고에 입고된 자재들은 대부분 생산을 위하여 출고된다. 이미 영업관리 모듈에서 살펴본 제품창고에서 고객에게 배송하기 위한 제품에 대한 출고도 SAP ERP에서는 출고(goods issue)라 부른다.

자재 생산출고는 생산에 투입하기 위한 자재를 출고하는 것을 말하는 것으로 제품 생산을 위하여 실제로 실물 자재의 출고가 일어난 후 SAP ERP에서는 [그림 5-23]과 같이 두 가지 방법으로 출고처리를 할 수 있다. 자재를 실질적으로 창고에서 불출한 시점에 실제 출고량을 생산출고로 처리하는 방법과 제품 생산이 완료된 후 생산된 제품수량에 따라 소용된 자재 사용실적을 백플러시(backflush) 방식으로 처리하는 방법이 있다.

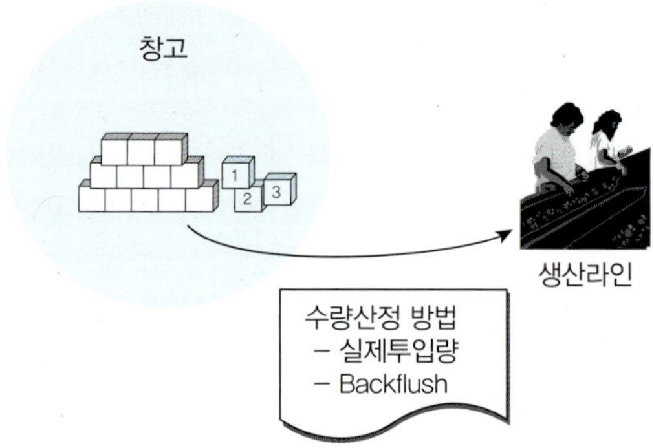

[그림 5-23] 자재 생산출고 방식

SAP ERP에서는 자재마스터나 작업장 또는 공정에 지정된 자재에 대해 백플러시로 처리여부를 설정함으로써 백플러시 처리가 가능하다. 백플러시를 사용할 경우 실재고와 시스템의 재고 수량이 차이가 있을 수 있으므로 주기적인 재고조사를 실시하여 실제 재고수량과 전산 재고수량과 일치시키는 작업이 수행되어야 한다.

(3) 자재이송

자재이송(goods transfer)은 하나의 창고에서 다른 창고로 자재를 이송하는 것을 의미한다. 일반적으로 자재는 창고 단위로 자재가 관리되므로 자재의 창고 위치가 변경시 관리를 위한 자재이동 절차가 필요하다. SAP ERP에서는 두 가지 형태의 자재이송이 있다. 하나의 공장 내에서 창고 간 이송하는 형태와 다른 공장의 창고로 자재를 이동하는 형태가 있다.

(4) 배치관리 및 일련번호관리

배치관리
동일한 자재의 특성, 예를 들어 원산지, 품질 등급, 생산일, 출고예정일 등이 다르고 이들을 구분하여 관리해야 할 필요가 있는 경우 사용하는 자재관리 방식

배치(batch)관리는 동일한 자재의 특성, 예를 들어 원산지, 품질 등급, 생산일, 출고예정일 등이 다르고 이들을 구분하여 관리해야 할 필요가 있는 경우 사용하는 방식으로 배치번호라 불리는 고유의 꼬리표와 함께 고유 특성에 대한 특성값을 달고 다니며, 유효기간 체크 기능과 배치 상태 관리 기능을 통해 해당 배치자재들의 사용가능여부 및 사용처에 대한 추적관리 등의 기능을 수행한다.

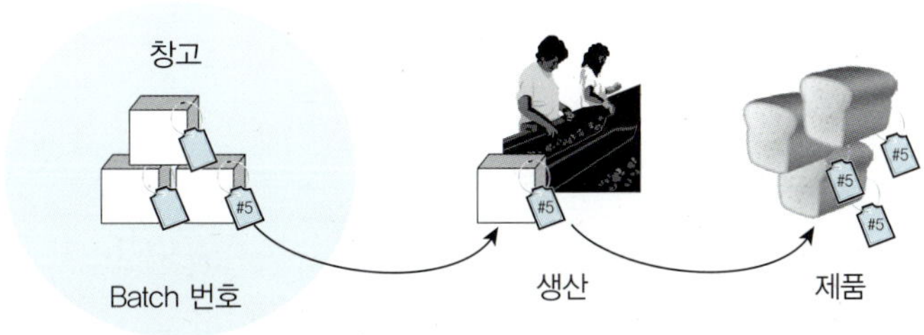

[그림 5-24] 자재 배치관리

SAP ERP는 [그림 5-24]와 같이 배치관리가 필요한 자재들은 이동시에 매 입고 로트(Lot)마다 고유하게 새로이 부여되는 배치번호와 구체적 사양을 지정할 수 있으며, 이를 통해 원료 사양별 입고 로트(Lot) 관리를 한다. 로트는 동일원료, 공정에서 생산되는 한 덩어리를 의미하는 용어로 동일 로트로 만들어진 제품들에 대한 사후 품질관리 등의 목적으로 사용된다. 예를 들어, 특정 제품이 원료상의 문제로 불량이 있을 경우 해당 로트로 만들어진 모든 제품들은 회수 폐기처분된다. 배치로 관리되는 자재는 자재마스터에 총유통기간 및 창고 내 잔여 유통기일 한계를 설정함으로써 배치 단위의 잔여 저장 수명 관리를 지원한다. 일련번호관리는 자재에 대한 재고관리를 수량이 아닌 개별적으로 자재를 관리하는 방식으로 고가의 자재의 경우 일반적으로 사용되는 재고관리 기법이다.

(5) 재고실사

재고실사는 현재의 재고 품목과 수량을 파악하고 재고상태를 확인하여 재고관리 활동의 유효성을 확인하기 위한 활동으로 재고에 대한 주기적 실사, 연속실사, 재고표본조사, 순환 실사 등의 재고실사를 통하여 시스템 내부의 장부재고와 실제재고의 차이를 분석 후 차이가 있을 경우 회계조정을 실시한다.

재고실사
현재의 재고 품목과 수량을 파악하고 재고상태를 확인하여 재고관리 활동의 유효성을 확인하기 위한 활동

SAP ERP에서의 재고 실사는 [그림 5-25]와 같이 재고실사 계획을 수립하고 재고실사 대상 자재 리스트를 포함하는 실사문서를 생성하고 필요에 따라 블록킹(blocking)이 필요한 자재는 블록처리한 후 실제 재고를 조사해서 실사 등록한다. 필요하다면 재고실사 차이분에 대해 분석하여 비용 또는 재고로 반영하여 장부자료와 실제 자료를 조정한다.

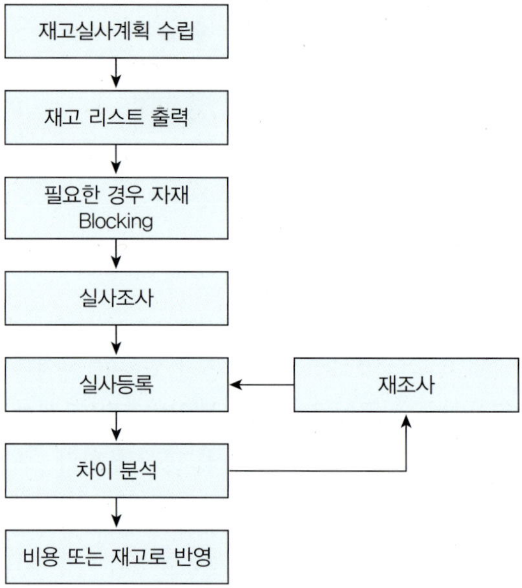

[그림 5-25] 재고실사 절차

6. 송장검증

송장검증
구매물품에 대한 정확한 대금지급을 위해 공급업체가 보내온 송장(또는 세금계산서)과 실제 구매 사항을 확인하는 활동

송장검증(invoice verification) 업무는 구매물품에 대한 정확한 대금지급을 위해 공급업체가 보내온 송장(또는 세금계산서)과 실제 구매 사항을 확인하는 활동을 말한다. 송장검증 업무의 개선은 업무재설계(BPR)의 대표적인 성공사례 중의 하나로 1990년대 후반 포드자동차는 오늘날의 ERP 시스템과 같은 통합된 데이터베이스를 이용한 외상매입업무(송장검증)에 대한 업무재설계를 통해 관련 직원을 500명에서 125명으로 감축시키는 극적인 절감효과를 거두었다.

SAP ERP에서의 송장검증은 [그림 5-26]과 같이 송장과 구매주문 및 실 입고 내역을 쉽게 비교하고 자동 회계전표가 발생하여 매입채무가 회계 상에 반영하는 기능을 제공한다. 송장검증시 단가, 납품수량, 납기 등이 구매주문과 차이가 발생한 경우 대금지불을 자동으로 보류하는 기능과 입고량 기준으로 자동으로 송장을 검증하는 기능을 제공한다.

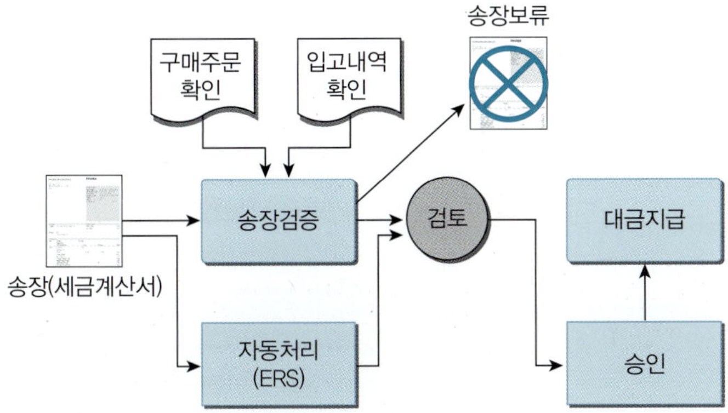

[그림 5-26] 송장검증

SAP ERP가 송장검증 업무에서 제공하는 주요 기능들을 요약하면 다음과 같다.

- 입고기준 송장검증
- 송장보류 기능
- 자동송장검증(ERS)

(1) 입고기준 송장검증

SAP ERP의 입고기준 송장검증(GR based IV)은 [그림 5-27]에서와 같이 공급업체가 발행한 송장(세금계산서)의 내역과 입고내역을 개별건별로 검증하여 대금지급 금액을 확정하여 처리한다. SAP ERP는 입고기준 송장검증 이외에 구매주문 확인을 통한 구매주문기준 송장검증(PO Based IV) 기능도 제공한다. 즉, 구매주문내역과 공급업체가 송장 확인만으로 송장검증을 처리할 수 있다. 그러나 이 방법은 일반적으로 사용되는 송장검증 방식은 아니다.

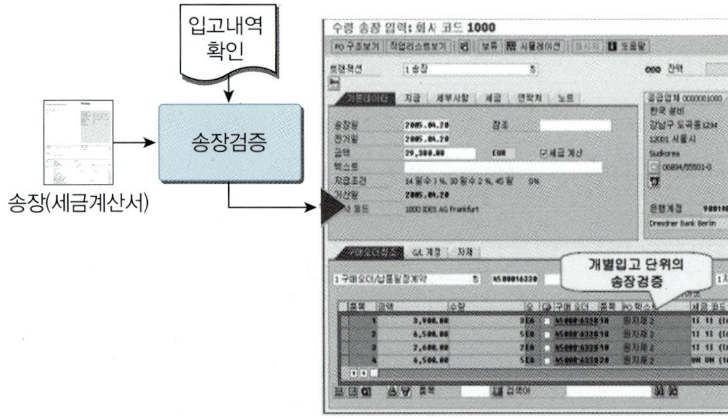

[그림 5-27] 입고기준 송장검증

송장검증이 완료되면 [그림 5-28]에서와 같이 외상매입금이 발생하고 자재입고 될 때 발생한 입고 가계정(GR clearing account)을 소멸하기 위한 자동 회계전표가 발생하여 매입채무(외상매입금)가 재무회계 상에 반영된다.

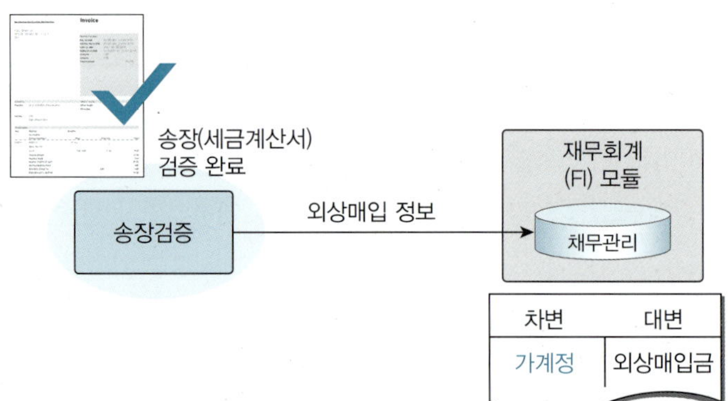

[그림 5-28] 송장검증 후 회계처리

(2) 송장보류 기능

송장보류 기능

단가, 납품수량, 납기 등이 구매주문과 차이가 발생한 경우 송장검증 방지를 통하여 대금지불을 자동으로 보류시키는 기능

SAP ERP가 제공하는 송장보류(Invoice Blocks) 기능은 단가, 납품수량, 납기 등이 구매주문과 차이가 발생한 경우 송장검증 방지를 통하여 대금지불을 자동으로 보류시킨다. 송장보류 기능은 실수로 인한 위험을 방지하는 역할을 하지만 구매업무를 효율적으로 처리하기 위해 미세한 차이에 대해서는 지불보류가 걸리지 않도록

각 기준별로 상, 하한 허용치(variance)를 절대금액 또는 퍼센트(%) 기준으로 설정하여 운영하는 것이 가능하다.

(3) 자동송장 검증

SAP ERP가 제공하는 자동송장 검증(evaluated receipt settlement, ERS) 기능은 구매자의 입고량 기준으로 자동으로 송장이 생성되어 대금 정산하는 방식으로 일반적으로 지속적인 거래를 통해 특별한 신뢰 관계가 형성된 업체들과 물품 구매에 대한 대금정산시 적용한다.

자동송장 검증
구매자의 입고량 기준으로 자동으로 송장이 생성되어 대금을 정산하는 방식

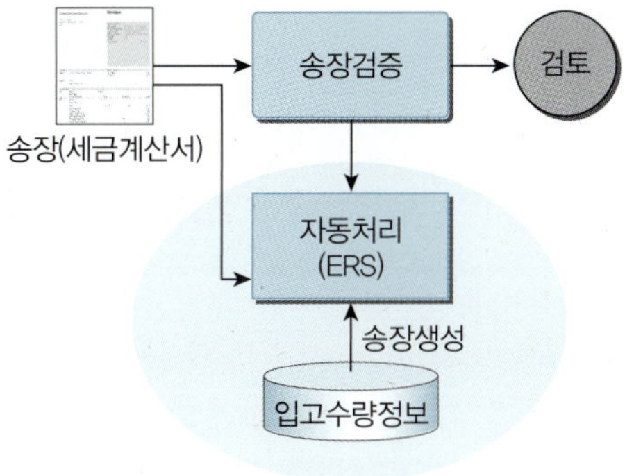

[그림 5-29] 송장검증 후 회계처리

[그림 5-29]에서와 같이 자동송장 검증(ERS)을 적용하는 물품은 별도의 송장검증 과정을 거치지 않고 입고량을 기준으로 자동으로 송장을 생성하여 매입금액을 확정하고 이 내용을 공급업체에 통보된다. 지급조건이나 세금 등에 대한 정보는 구매주문에 기초해서 생성되는 송장에 반영되며, 이러한 기능은 다량의 송장(세금계산서)을 입력하는 단순작업을 제거하여 업무의 효율성 제고에 기여한다.

7. 자재관리 모듈 조직구조

MM 모듈 조직구조는 기업의 구매 및 재고관리 부서 조직구조로 주요 구성요소들은 구매 조직구조, 내부 구매조직, 가치평가 영역 등이 있다.

(1) 구매조직

구매조직(purchasing organization)은 기업에서 구매를 담당하는 조직을 나타내는 것으로 [그림 5-30]에서와 같이 일반적으로 회사에는 하나 이상의 구매조직이 존재하고, 하나의 구매조직은 여러 공장의 구매를 진행할 수도 있으며 두 개의 구매조직이 하나의 공장의 구매업무처리도 가능하다.

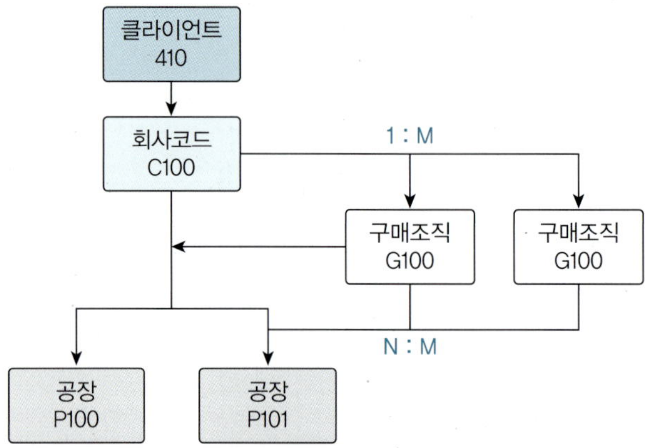

[그림 5-30] 구매조직

(2) 내부 구매조직

내부 구매조직(internal purchasing structure)은 구매조직을 계층적 관점에서 분류한 것으로 [그림 5-31]에서와 같이 구매조직에는 구매그룹과 구매담당자들로 구성되어 있다.

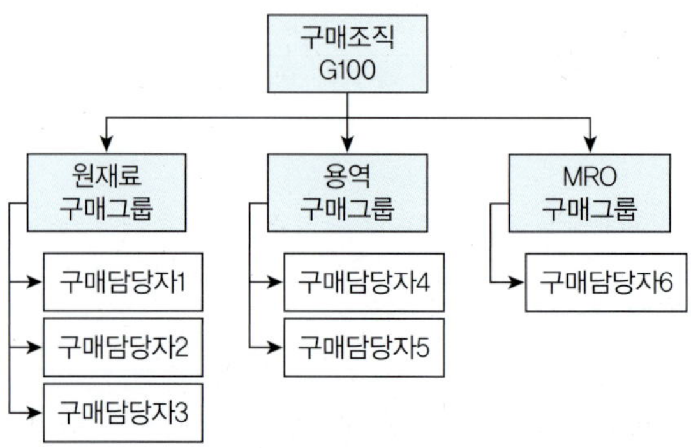

[그림 5-31] 내부 구매조직

- 구매그룹(purchasing groups) – 구매그룹은 구매조직 내의 내부 조직으로 일반적으로 구매품목에 따라 구성된다.
- 구매담당자(buyers) – 구매 업무를 담당하는 직원들

(3) 가치평가 영역

가치평가 영역(valuation area)은 재고자산에 대하여 평가가 이루어지는 영역으로 가차평가 영역은 사업장 단위인 회사 또는 공장 수준에서 설정이 가능하다. 사업장 단위는 별도로 사업자 등록이 되어 있는 장소로 일반적으로 세금납부를 수행하는 단위가 된다. 국내의 경우 공장 수준에서 사업자 등록이 이루어지고 있다.

가치평가 영역
재고자산에 대하여 평가가 이루어지는 영역

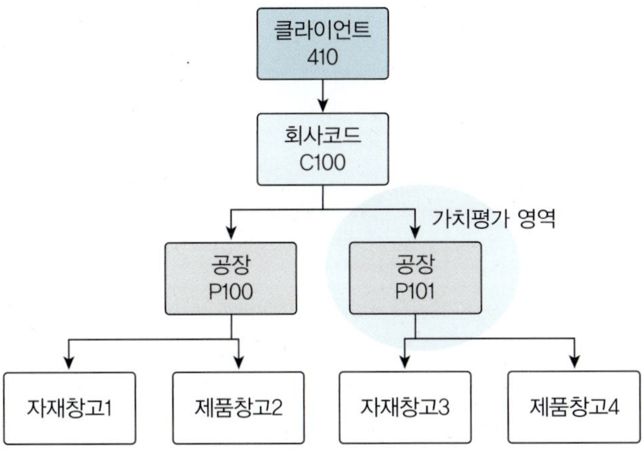

[그림 5-32] 가치평가 영역

8. 자재관리 모듈 마스터데이터

MM 모듈 마스터데이터는 구매요청, 주문처리, 송장검증 업무를 처리 시 기본적으로 필요한 자료들로 주요 MM 모듈 마스터데이터에는 자재마스터, 공급업체마스터, 소스리스트 그리고 구매정보레코드 등이 포함된다.

(1) 자재마스터

자재마스터(material master)는 자재, 생산하는 제품 및 상품들에 관한 광범위한 정보가 관리한다. 자재마스터의 각 데이터 항목은 각 업무 부서별로 나누어진 화면(view)별로 구분되어 관리되며, 모든 자재는 완제품, 원자재, 반제품 등으로 자재의 유형이 부여되고, 이 자재 유형별로 사용가능한 코드, 화면 등이 정의된다. 자재코드는 전 회사 수준에서 정의되고 시스템이 자동으로 부여하거나 수동으로 입력이 가능하다.

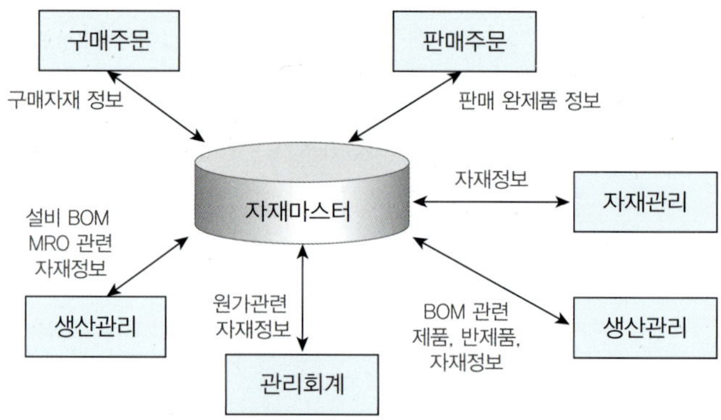

[그림 5-33] 자재마스터

자재마스터는 [그림 5-33]에서와 같이 SAP ERP 시스템 내에서 대부분의 모듈에서 사용되고, 필요한 경우 사용자의 부서 및 역할별로 권한이 부여되어 접근된다.

- 판매유통(SD) 모듈 — 판매주문, 출하/운송 처리
- 자재관리(MM) 모듈 — 구매주문, 자재관리
- 생산관리(PP) 모듈 — BOM 구성시 기준
- 설비관리(PM) 모듈 — 설비자재관리
- 관리회계(CO) 모듈 — 원가계산의 기준

(2) 공급업체마스터

공급업체마스터(vendor master)는 공급업체들에 대한 광범위한 정보를 관리한다.

원자재나 상품, 서비스 등의 공급업체의 기준정보로 재무회계 모듈의 채무관리의 마스터로도 관리된다. 공급업체정보는 전 조직에서 공통적으로 적용되는 일반 데이터와 회계조직 별로 구분되어 관리되는 회사코드데이터, 구매조직별로 구분되어 관리되는 구매데이터들로 이루어져 있다. 공급업체의 유형을 회계의 계정그룹으로 구분하며 계정그룹별로 코드가 부여되며, 관리 항목 등이 정의된다. [그림 5-34]와 같이 공급업체마스터는 견적요청, 구매주문, 송장검증, 대금지급 등에 대한 업무처리에서 활용된다. 구매주문을 위해서는 공급업체의 정보는 반드시 사전에 공급업체 마스터에 등록되어 있어야 한다.

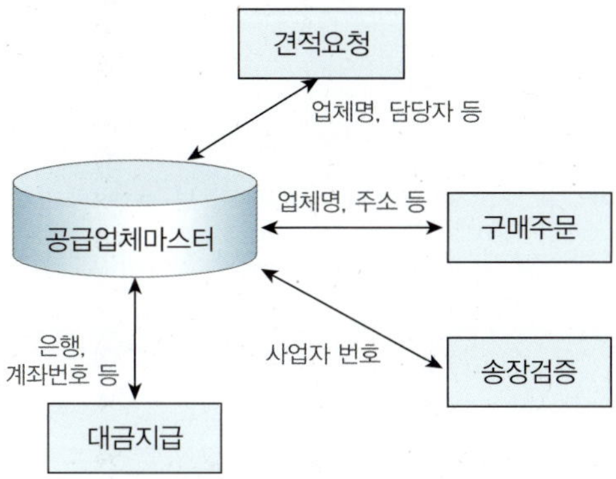

[그림 5-34] 공급업체마스터

(3) 소스리스트

소스리스트(source list)는 특정 공장의 특정 자재들에 대하여 자재를 조달할 수 있는 공급업체의 목록으로 [그림 5-35]와 같이 자재소요계획(MRP)의 정보를 가지고 자동으로 구매요청서 생성을 가능케 하는 마스터데이터이다. 소스리스트의 데이터는 공급업체로부터의 구매실적과 단가계약 등이 자동 혹은 수동으로 등록되며, 공급업체 중 특정 공급업체로부터의 공급을 제한하거나 혹은 일정기간 동안 독점적으로 허용하거나 하는 등의 통제작업을 수행하는 데 이용될 수 있다.

소스리스트
특정 공장의 특정 자재들에 대하여 자재를 조달할 수 있는 공급업체들의 목록

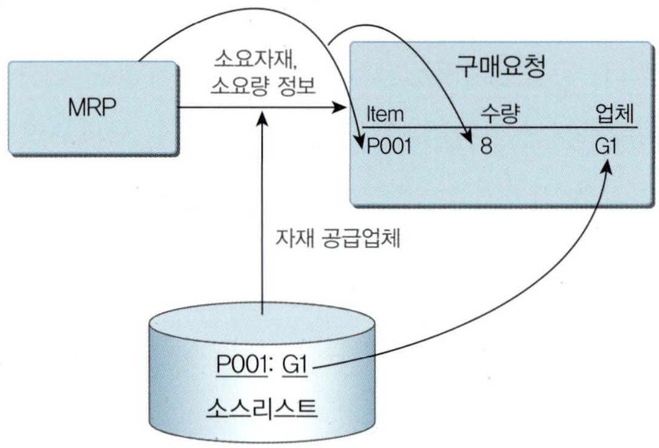

[그림 5-35] 소스리스트

(4) 구매정보레코드

구매정보레코드(purchasing info record)는 [그림 5-36]과 같이 특정 공급업체의 특정자재 공급과 관련한 가격을 포함한 구매조건 정보들을 관리한다. 구매정보레코드에는 해당 자재의 가격, 납기, 세금코드 등 구매조건과 더불어 구매프로세스를 제어하는 각종 설정값들이 저장되어 있어 주문서와 같은 생성되는 구매문서들의 초기 기본값들을 제공한다.

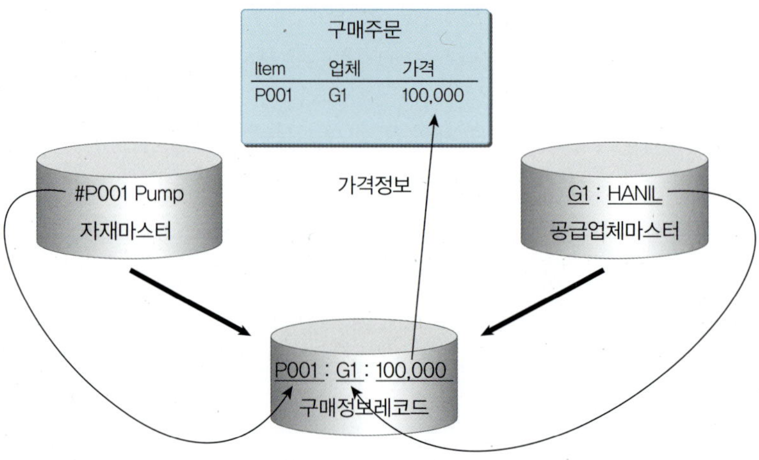

[그림 5-36] 구매정보레코드

주문입력 시 초기 기본값들에 대한 순위결정 규칙(sequence rule)은 일반적으로 다음과 같다. 순위결정 규칙은 고객-자재 정보 레코드에서의 순위결정규칙하고 유사하다.

1. 구매정보레코드
2. 공급업체마스터
3. 자재마스터

요약

SAP ERP의 자재관리(Materials Management, MM) 모듈은 기업의 구매와 자재관리 업무를 지원하는 모듈로서 자재소요량 산출, 구매요청 및 주문, 자재입고 및 출고 그리고 송장검증에 이르는 일련의 구매 및 자재관리 전 업무를 지원하며, 재무회계, 관리회계의 회계관리 기능들은 물론 영업관리, 생산관리, 설비관리 등의 물류관리 기능들과 실시간으로 연동하여 효율적인 구매 및 자재관리 업무를 지원한다.

자재소요량 산출방식은 판매 및 생산계획을 고려한 자재소요계획(MRP)과 과거의 사용실적자료를 이용한 소비기준계획(CBP) 방식으로 구분된다. 소비기준계획(CBP)은 재주문점 방식과 수요예측 기준계획 그리고 기간별 재주문방식으로 구분되고 재주문점 방식은 수작업 재주문점 방식과 자동 재주문점 방식으로 분류할 수 있다. SAP ERP는 이들 모두의 자재소요량 산출방식을 지원하여 자재관리 담당자들은 자재 특성에 따라 선택적으로 적용하여 사용할 수 있다.

SAP ERP는 구매관리를 위하여 구매요청, 견적요청서/견적서, 업체선정, 구매주문, 총괄 구매주문, 단가계약과 같은 기능들을 제공한다. 이를 통해 구매주문관리의 자동화로 업무의 효율성을 제고한다. SAP ERP는 자재관리를 위하여 자재입고, 출고, 자재이송과 같은 자재이동관리, 특성자재들의 배치관리 및 일련번호관리 기능, 재고실사 지원, 다양한 재고분석 및 현황 제공과 같은 주요 기능들을 제공한다.

SAP ERP에서의 송장검증은 송장과 구매주문 및 실제 입고 내역을 쉽게 비교하고 자동 회계전표가 발생하여 매입채무가 회계 상에 반영하는 기능을 제공한다. 송장검증 시 단가, 납품수량, 납기 등이 구매주문과 차이가 발생한 경우 대금지불을 자동으로 보류하는 기능과 입고량 기준으로 자동으로 송금검증을 수행하는 기능 등을 제공한다.

MM 모듈 조직구조는 기업의 구매 및 재고관리 부서 조직구조로 주요 구성요소들은 구매 조직구조. 내부 구매조직, 가치평가 영역 등이 있다. MM 모듈 마스터데이터는 구매요청, 주문처리, 송장검증 업무를 처리 시 기본적으로 필요한 자료들로 주요 MM 모듈 마스터데이터에는 자재마스터, 공급업체마스터, 소스리스트 그리고 구매정보레코드 등이 포함된다.

● 참고문헌

- 김영렬 · 박진서, 『ERP 전략 & 자재 관리 시스템 SAP R/3 MM 시스템 활용』, 도서출판 개신, 2009
- 김은 · 박진우 · 박준호 · 유세열 외, 『enterprise solutions(기업용 솔루션)』, 어람출판사, 2005.
- 더존경영지원센터, 『더존 icube 핵심 ERP 정보관리사 물류 생산 1급』, 더존비즈아카데미, 2012
- 이상범, 『현대생산운영관리』(제2판), 명경사, 2003
- 편인범, 『전략적 생산운영론』, 학문사, 2001
- 창림랑웅, 『자재와 경영의 기본–자재관리연구회』, 갑전출판사, 1994
- 함용석, 『무한세계 SAP ERP 여행』, 두남출판사, 2008
- 황재훈 · 황문섭 · 송진용 · 오세창 · 서경미, 『SAP R/3 이해』, 어람출판사, 1999
- Cetinkaya, S., & Lee, C. Y.(2000), *Stock replenishment and shipment scheduling for vendor–managed inventory systems*, Management Science, 46(2), 217–232.
- Chen C.C.(2014), Procurement Processes: EGN 5620 – Enterprise Systems Configuration, Florida International University Engineering Management
- Chen C.C.(2014), Materials Management (MM) Organizational Structure: EGN 5620 – Enterprise Systems Configuration, Florida International University Engineering Management
- Chen C.C.(2014), Material Management (MM) Master Data & Records: EGN 5620 – Enterprise Systems Configuration, Florida International University Engineering Management

- Chen C.C.(2014), Vendor Master Data & Records, and Purchasing Information Data: EGN 5620 – "Enterprise Systems Configuration", Florida International University Engineering Management
- Gulyassy, F., Hoppe, M., & Iermann, M., *Materials planning with SAP*, Galileo Press, 2010.
- Hammer, M. and Champy, J., *Reengineering the corporation: A manifesto for business revolution*, Harper Business, 1993.
- Hoek, W, Blanket Purchase Orders, http://www.sap123.com/a/41/ 2016
- Plossl, G. W., & Orlicky, J., *Orlicky's material requirements planning*, McGraw–Hill Professional. 1994
- SAP, "Consumption–Based Planning (MM–CBP) Release 4.6C", SAP AG, 2001
- SAP Korea, SAP 솔루션 상세 설명 자료: 자재관리(MM), SAP Korea, 2005
- Tutorials Point , SAP MM Tutorial – TutorialsPoint, http://www.tutorialspoint.com/sap_mm/sap_mm_tutorial.pdf, 2014

연·습·문·제

1. 자재관리(MM) 모듈의 구성에 대하여 설명하라.

2. 자재관리관리에서 선진업무절차들(best practices)에 대하여 설명하라.

3. 자재구매계획 목적과 자재요구량 산출 방식들에 대하여 설명하라.

4. 구매관리 업무 흐름 및 기능들에 대하여 설명하라.

5. 자재관리 업무의 주요 활동들에 대하여 설명하라.

6. 송장검증 업무에 대하여 설명하라.

7. MM 모듈 조직 구조에 대하여 설명하라.

8. MM 모듈의 주요 마스터데이터들에 대하여 설명하라.

● 실무적용

- 우리 회사의 자재소요계획 수립 절차에 대하여 알아보자.
- 자재관리 모듈의 구매주문 처리 기능을 참조하여 우리 회사의 구매주문 처리 절차를 검토해 보자.
- 우리 회사에 구매하는 품목들에 대하여 가상의 공급업자들에게 견적요청서를 만들어 보자.
- SAP ERP 시스템 사용을 위해 우리 회사의 조직구조를 MM 모듈의 조직 구성요소인 구매조직, 내부 구매조직, 가치평가 영역들을 우리 회사 관점에서 정의해 보자.
- MM 모듈의 자재마스터에 필요한 자료들을 우리 회사에서 구해 보자.

6

CHAPTER

재무회계(FI) 모듈

학습 목표

- 재무회계(FI) 모듈의 구성에 대하여 설명할 수 있다.
- 재무제표의 종류 및 기능들에 대하여 알 수 있다.
- 총계정원장의 기능들에 대하여 알 수 있다.
- 채권관리의 역할 및 채권의 종류들에 대하여 알 수 있다.
- 채무관리의 역할 및 채무의 종류들에 대하여 알 수 있다.
- 고정자산관리 절차에 대하여 알 수 있다.
- 재무회계(FI) 모듈의 조직구조에 대하여 알 수 있다.
- 재무회계(FI) 모듈의 주요 마스터데이터에 대하여 알 수 있다.

1. 재무회계 모듈 개요

SAP ERP의 재무회계(Financial Accounting: FI) 모듈은 기업의 경영활동을 기록 정리하여 기업 외부에 공표할 목적으로 작성되는 재무제표 등의 보고서를 신속하게 작성하며, 고객 및 공급업체와 거래로 발생한 모든 채권과 채무에 대하여 실시간 조회 및 분석 기능을 지원한다. 이를 위해 재무회계 모듈은 영업유통관리, 인적자원관리, 생산관리, 자재관리, 설비관리 및 프로젝트 시스템 모듈들과 실시간으로 연동한다. 특히, SAP ERP의 재무회계 모듈은 국제적으로 통용되고 있는 회계기준(IFRS)을 적용하고 있어 국내외 투자자들에게 유용한 정보를 제공할 수 있는 근간이 된다.

재무회계(FI) 모듈
기업의 재무회계 업무를 지원하는 모듈

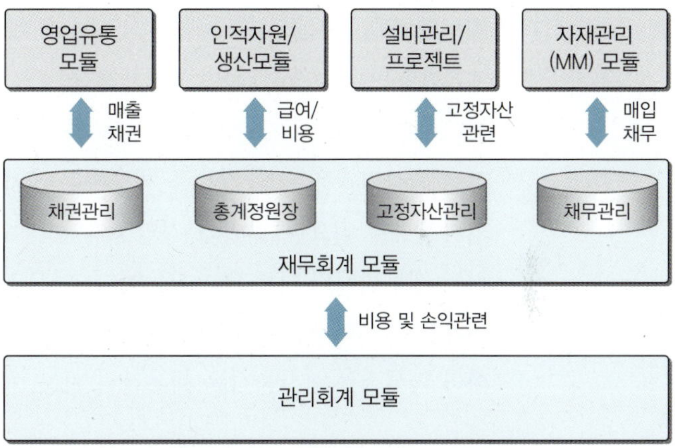

[그림 6-1] 재무회계 모듈의 기능 구성

재무회계 모듈이 지원하는 주요기능들은 [그림 6-1]에서와 같이 총계정원장 관리, 채권관리, 채무관리 그리고 고정자산 관리로 구성되어 있다.

- 총계정원장 관리 — 기업의 경영활동에서 발생한 모든 거래를 통합 관리하며, 재무제표 생성, 예산통계, 세무보고 등의 활동을 지원한다.
- 채권관리 — 기업이 영업활동 및 비영업활동과 관련하여 받을 모든 채권들에 대하여 세부적으로 분류하여 관리한다.
- 채무관리 — 기업이 영업활동 및 비영업활동과 관련하여 지불해야할 모든 채무들에 대하여 세부적으로 분류하여 관리한다.
- 고정자산 관리 — 토지나 건물, 기계장치처럼 상대적으로 장기간 보유하고 있는 고정자산들에 대하여 관리한다. 고정자산 관리는 SAP ERP에서 비유동자산의 유형자산을 관리하는 기능을 의미한다.

2. 재무회계 개요

재무회계
기업 외부의 이해관계자들에게 기업 활동에 대한 정보제공을 목적으로 하는 회계

재무회계(financial accounting)는 기업의 경영활동을 확인 기록하고 분류 정리하여 재무제표라는 보고서들을 기업 외부에 공표할 목적으로 작성하는 외부 보고용 회계이다. 재무회계는 기업의 외부 이해관계자들에게 관련기업에 대한 투자나 협력과 같은 의사결정을 위한 정보를 제공하는 것을 목적으로 함으로 외부 이해관계자들의 의사결정에 필요한 기업의 경영성과나 재무상태를 보여주는 재무제표를 작성하는 것이 재무회계의 기본적인 기능이다. 아울러 재무회계에서 작성된 재무제표는 모든 회계의 기본이 된다. 재무회계는 재무제표 작성 이외에 기업이익을 세법의 규정에 따라 과세소득을 산출하는 세무관리 기능, 즉 세무회계도 포함한다.

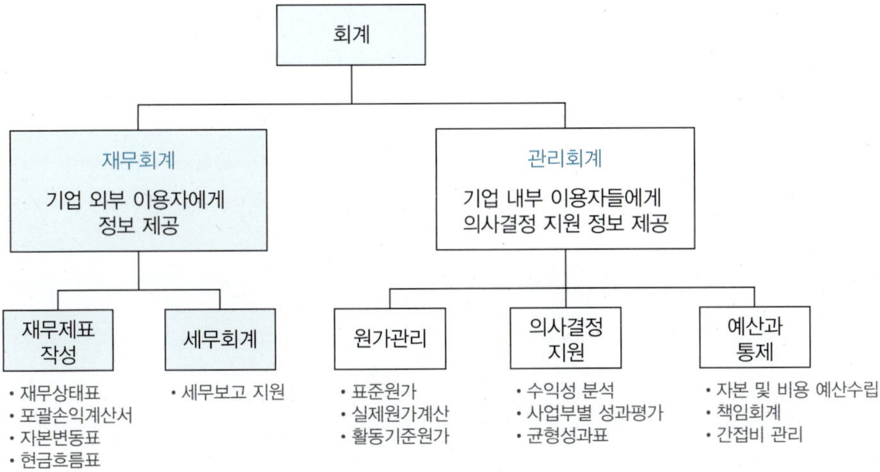

[그림 6-2] 회계의 분류

전통적인 회계부서는 외부 이해관계자나 내부의 관리자의 의사결정을 지원하기 위한 기업의 요약 보고서를 생성하기 위해 회계자료 수집, 기록, 처리 업무를 수행하여 왔다. 이로 인해 회계부서의 인적자원은 회계처리 기술을 보유한 회계담당자들이 회계처리를 수행한다. 그러나 오늘날 SAP ERP와 같은 ERP 시스템의 등장은 기업의 회계 기능을 영업유통, 인적자원, 생산관리, 자재관리, 설비관리 및 프로젝트관리 등의 기능들과 실시간으로 연동시켜 이를 통해 자동전표 기능을 제공하여 분개와 회계전표 생성과 같은 회계부서의 반복적이고 단순한 업무를 제거시키었다. 그로 인해 [그림 6-3]에서와 같이 오늘날 회계부서는 기업 활동통제 감시, 전략적 의사결정을 수행하는 기획부서로의 역할 변화를 가져오고 있다.

	전통적 회계부서		ERP 도입 회계부서
역　　할	회계처리 부서		회계통제 및 감시, 전략기획 부서
임　　무	회계자료 수집, 기록, 처리	➡	회계정보를 이용한 의사결정 참여
인적　자산	회계처리 기술		회계정보 활용 기술
회계처리 주체	회계담당자		ERP 시스템 자동전표

자료: 남천영(2005) 'FI/CO 모듈의 이해'에서 참조해서 재작성.

[그림 6-3] 회계부서의 역할의 변화

(1) 거래의 발생과 분개전표

거래
재무제표의 구성요소변화를 가져오는 경제적 사건으로 자산, 부채, 자본의 증감, 수익과 비용의 발생을 의미

재무회계는 기업의 경영활동을 기록, 분류, 정리하여 재무제표를 생성하는 활동이 주기능이다. 이를 위해 거래를 확인하고 거래에 대한 전표를 생성한 후, 이들을 총계정원장에 통합 기록하며, 결산을 통한 분류 · 정리로 재무제표를 작성한다. 거래는 재무제표의 구성요소변화를 가져오는 경제적 사건으로 자산, 부채, 자본의 증감, 수익과 비용의 발생을 의미한다. 이를 거래의 8요소라 한다.

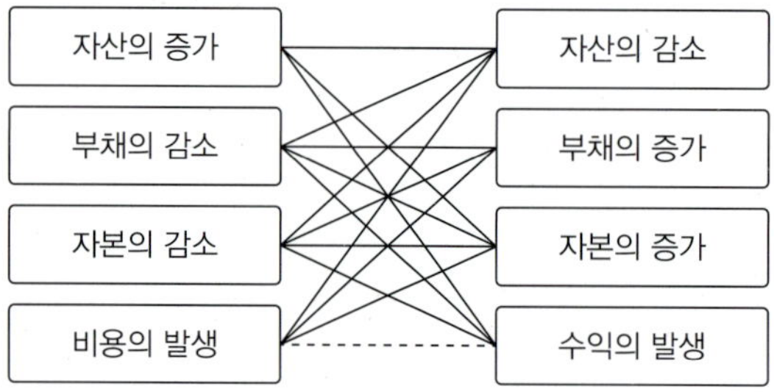

[그림 6-4] 거래의 8요소

[그림 6-5]는 기업이 영업 및 마케팅 활동을 통하여 고객으로부터 주문을 받고 자재구매 및 생산을 거쳐 완성된 제품을 고객에 배송하는 경영 활동 과정에서 발생하는 거래들을 순서대로 보여주고 있다.

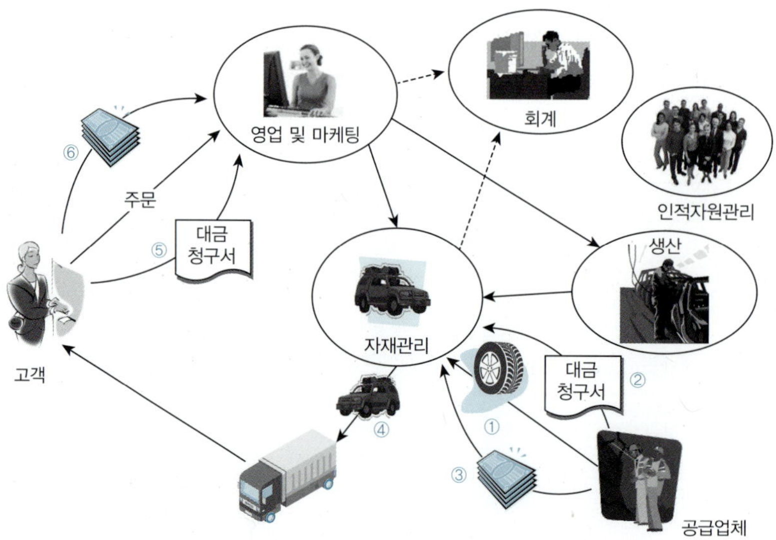

[그림 6-5] 기업에서 거래의 발생과 분개전표

거래는 고객 주문에 대한 제품 생산을 위하여 공급업체로부터 자재를 구매하는 것부터 시작된다.

① 공급업체로부터 자재가 입고되면 재고 **자산의 증가**로 거래가 발생한다.

② 재고를 납품한 공급업체가 대금청구서를 보내면 채무 **부채의 증가**로 거래가 발생한다.

③ 공급업체에 자재 대금에 대한 현금을 지급하면 현금 **자산의 감소**와 채무 **부채의 감소**로 거래가 발생한다.

④ 고객의 주문에 대하여 제품이 출고되면 제품 **자산의 감소**로 거래가 발생한다.

⑤ 판매 제품에 대하여 고객에게 대금청구서를 보내면 채권 **자산의 증가**로 거래가 발생한다.

⑥ 판매 제품에 대한 대금을 현금으로 받으면 현금 **자산의 증가**와 채권 **자산의 감소**로 거래가 발생한다.

거래는 일반적으로 두개의 거래가 동시에 발생한다. 이를 거래의 이중성이라 한다. 즉, 자산이 증가하는 거래가 발생하면 부채가 증가하는 거래가 발생하고, 자산이 감소하면 부채가 소멸되거나 다른 자산이 증가하는 거래가 동시에 발생한다. 이러한 거래를 회계로 기록한 것이 분개전표이다. 분개전표(이하 전표)는 거래를 차변(계정)과 대변(계정)으로 나누어 기록한 서식으로 상기의 거래의 이중성에 근거하여 작성된다. 차변은 전표의 왼쪽 항목으로 자산의 증가, 부채의 감소, 비용의 증가 등을 나타내고 대변은 전표의 오른쪽 항목으로 부채의 증가, 자산의 감소, 수익의 증가 등을 보여준다.

거래의 이중성
두개의 거래가 동시에 발생하는 현상

[그림 6-5]의 거래들을 전표로 변경 · 표시하면 다음과 같으며, 이렇게 전표로 만드는 과정을 분개라고 한다.

- 거래 ①의 자재가 입고에 의한 재고 자산의 증가와 거래 ②의 대금청구서에 따른 부채의 증가는 일반적으로 다음과 같은 하나의 전표로 분개 · 생성한다.

차변	대변
재고자산 200,000	외상매입금 200,000

- 거래 ③인 공급업체에 자재에 대한 현금 지급은 다음과 같은 전표로 분개 · 생성한다.

차변		대변	
외상매입금	200,000	현금	200,000

- 거래 ④인 고객에게 제품은 출고하면 다음과 같은 전표로 분개 · 생성한다.

차변		대변	
매출원가	500,000	재고자산	500,000

- 거래 ⑤인 판매 제품에 대한 대금청구서를 보내면 다음과 같은 전표로 분개 · 생성한다.

차변		대변	
외상매출금	520,000	매출	520,000

- 거래 ⑥인 판매 제품에 대한 대금(현금)을 받으면 다음과 같은 전표로 분개 · 생성한다.

차변		대변	
현금	520,000	외상매출금	520,000

그러나 SAP ERP에서는 거래 ①, 거래 ②의 경우 자재관리에서 미리 설명하였듯이 일반적인 회계처리와는 다른 방식으로 거래를 처리한다. [그림 6-6]과 같이 자재 입고 시점에 입고 가계정(GR clearing account)을 사용한 전표를 발생시키고 송장검증 시 그 가계정의 금액은 소멸하는 형태의 전표를 발생시켜 회계처리를 수행한다.

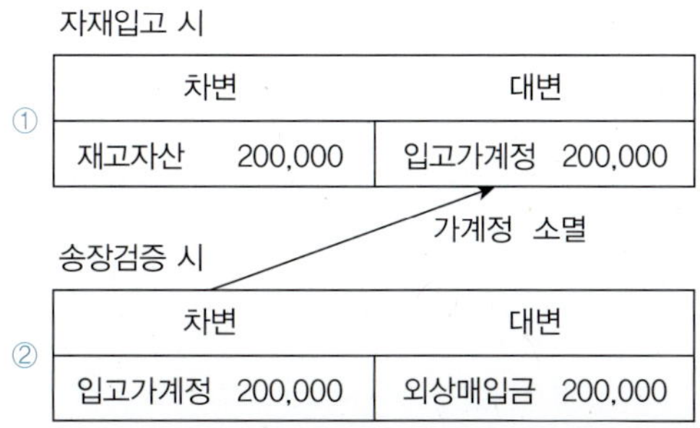

[그림 6-6] SAP의 거래의 발생과 분개전표

상기의 전표에서 사용된 항목들을 계정 또는 계정과목이라 하며 외상매입금은 채무로 부채이고 외상매출금은 채권으로 자산이다. 매출원가는 판매제품의 원가로 비용이고 매출은 판매한 수익을 의미한다. 따라서 매출 금액(520,000)에서 매출원가(500,000)를 제외한 금액이 영업활동의 이익(20,000)이 된다.

SAP ERP의 경우 상기의 거래들은 [그림 6-7]과 같이 자재관리 모듈과 영업관리 모듈에서 자동으로 분개전표로 생성되어 보조원장에 해당하는 재무회계 모듈의 채무관리와 채권관리로 전송된다. 전송된 전표들은 회계담당자들의 확인을 걸쳐 최종적으로 총계정원장으로 전표를 옮기는 행위인 전기(positing)를 한다. 자재입고와 제품출고와 같은 재고수불과 관련된 전표들은 별도의 확인 절차 없이 바로 총계정원장으로 전기된다. 이상과 같은 방법으로 모든 거래에 대한 전표들은 총계정원장에 통합 기록되어 재무제표 생성의 기초자료로 사용된다.

전기
총계정원장으로 전표를 옮기는 행위

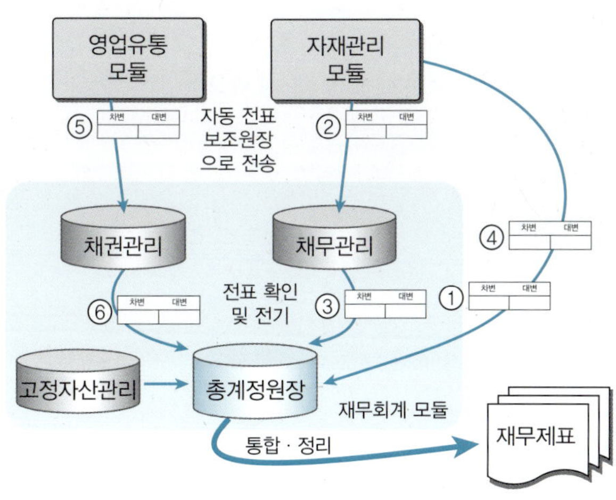

[그림 6-7] SAP에서의 전표의 집계

(2) 재무제표

재무제표

기업의 기본적인 재무정보를 일정한 기준에 따라가 요약한 보고서로서 재무상태표, 포괄손익계산서, 자본변동표와 현금흐름표 등이 포함됨

재무제표(financial statement)는 기업의 기본적인 재무정보를 일정한 기준에 따라 요약한 보고서로서 재무제표가 제공하는 주요내용은 기업의 재무상태, 일정기간의 경영성과, 자본구성의 증감내역과 현금흐름 내역 등이다. 따라서 재무상태표, 포괄손익계산서, 자본변동표와 현금흐름표와 주석을 기본 재무제표라 부른다.

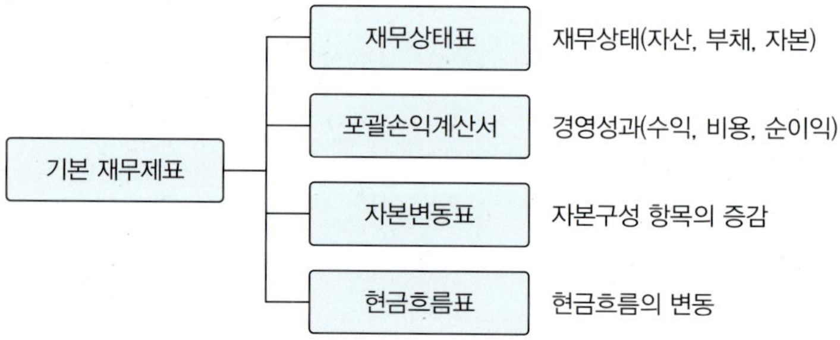

[그림 6-8] 기본 재무제표

재무상태표

재무상태표

기업의 일정 시점의 재무상태를 나타내는 정태적 보고서

재무상태표(statement of financial position)는 국내 기업회계처리 기준이 국제회계기준(IFRS)로 변경함에 따라 기존의 대차대조표(balance sheet)를 대신하는 사용되는 용어로 기업의 일정 시점의 재무상태를 나타내는 정태적 보고서이다. [그림 6-9]에서와 같이 재무상태표의 차변(외쪽)에 자산을, 대변(오른쪽)에 자본 및 부채를 기재한다. 여기서 자산은 기업자금의 구체적인 운용 형태를 나타내고 부채 및 자본은 자산이 발생한 원천을 나타낸다.

$$자산 = 부채 + 자본$$

재무상태표		
회사명: 신세계	20x6년 12월 31일 현재	(단위:천원)

자산	부채
Ⅰ 유동자산	Ⅰ 유동부채
당좌자산	매입채무
현금 및 현금성자산	단기차입금
유가증권	기타 유동부채
매출채권	Ⅱ 비유동부채
기타	사채
재고자산	장기차입금
Ⅱ 비유동자산	기타 고정부채
투자자산	부채총계
유형자산	
토지	자본
건물	Ⅰ 자본금
기계장치	Ⅱ 자본잉여금
기타	Ⅲ 자본조정
무형자산	Ⅳ 기타포괄손익누계액
	Ⅴ 미처분이익잉여금
자산총계	자본총계
	부채 및 자본총계

[그림 6-9] 재무상태표

자산(assets)은 기업이 경영활동을 위해 보유하고 있는 재산으로 1년 안에 현금으로 가능한 유동자산과 전환이 불가능한 비유동자산으로 분류되다. 유동자산은 당좌자산과 재고자산으로 분류되며, 비유동자산은 유형자산, 무형자산, 투자자산 등으로 구분된다.

- 당좌자산 — 즉각적인 현금화가 가능한 자산으로 현금, 예금, 유가증권, 외상매출금, 받을 어음, 미수금 등이 포함된다.
- 재고자산 — 판매과정을 통하여 현금화할 수 있는 자산으로 생산을 위한 자재나

판매를 위한 상품, 제품 등이 포함된다.

- 유형자산 — 재화 및 용역 제공의 목적으로 보유하고 있는 자산으로 토지, 건물, 기계장치, 차량운반구, 공기구, 비품, 건설중인 자산 등이 포함된다.
- 무형자산 — 물리적 실체가 없는 비유동자산으로 영업권, 산업재산권 등이 포함된다.
- 투자자산 — 타 기업을 지배나 통제할 목적으로 또는 유휴자금의 증식을 위하여 보유하는 자산으로 장기성예금, 투자주식, 투자부동산 등이 포함된다.

부채(liabilities)는 기업이 미래에 다른 경제주체에게 이전해 주어야 하는 자산이나 제공해 주어야할 용역으로 부채도 자산과 같이 보통 1년을 기준으로 유동부채와 비유동부채로 분류된다.

- 유동부채 — 외상매입금, 지급어음, 단기차입금, 미지급금, 선수금 등이 포함된다.
- 비유동부채 — 사채, 장기차입금, 퇴직금급여충당부채 등이 포함된다.

자본(capital)은 자산에서 부채를 빼고 남은 순자산으로 기업의 소유주나 주주들이 보유하고 청구할 수 있는 재산으로 자본금과 이익잉여금 등이 포함된다.

포괄손익계산서

손익계산서
기업의 일정기간 경영성과를 나타내는 동태적 보고서

손익계산서(Income Statement, Profit and Loss statement, P/L)는 기업의 일정기간 경영성과를 나타내는 동태적 보고서로 [그림 6-10]에서와 같이 회계기간에 속하는 모든 수익과 이에 대응하는 모든 비용을 차가함 법인세비용전 차감순손익을 표시하고, 최종적으로 법인세 등을 차감하여 당기순이익을 표시한다.

포괄손익계산서
국제회계기준(IFRS)의 손익계산서로 기존 당기순이익에서 인식하지 않는 기타포괄손익으로 포함하는 손익계산서

포괄손익계산서(Comprehensive Income Statement, CIS)는 국제회계기준(IFRS)의 손익계산서로 기존 당기순이익에서 인식하지 않은 수익과 비용인 해외사업장 외화환산 차이, 유무형자산 재평가이익 등의 기타포괄손익을 포함하는 손익계산서를 의미한다.

손익계산서		
회사명: 신세계	20x6년 1월 1일부터 20x6년 12월 31일까지	(단위:천원)
Ⅰ 매출액		500,200
Ⅱ 매출원가		350,000
Ⅲ 매출 총이익		150,200
Ⅳ 영업비용		70,300
관리직원 급여	61,000	
임차료	5,000	
광고선전비	4,300	
Ⅴ 영업이익		70,900
Ⅵ 금융수익		12,000
이자수입	12,000	
Ⅶ 금융비용		15,000
이자비용	15,000	
Ⅷ 법인세비용 차감 전 순이익		67,900
Ⅸ 법인세비용		20,500
Ⅹ 당기순이익		47,400

[그림 6-10] 손익계산서

[그림 6-10]의 손익계산서에서 매출액(revenues)은 기업의 경영활동을 통해 자산이 늘어나거나 부채가 줄어드는 금액을 의미하며, 매출원가(costs)는 제품이나 서비스를 만드는 데 소요된 금액을 의미한다. 비용(expenses)은 수익을 얻기 위한 활동에서 자산이 줄어들거나 부채가 늘어나는 금액으로 판매비와 관리비는 상품의 판매에 필요한 비용 및 일반관리에 소용되는 비용을 의미한다. 손익(profit/loss)은 손실 및 이익을 총칭하는 것으로 손익계산서에 표시되는 이익과 손실의 종류는 다음과 같다.

- 매출총이익 — 매출액에서 매출원가를 차감한 것으로, 순수하게 제조 활동에 소요된 비용을 차감했을 때의 이익을 의미한다.
- 영업이익 — 제조 활동 외, 특허료, 연구개발비, 운반비 등과 같이 기업의 영업활동에 필요한 비용을 매출총이익에서 차감했을 때의 이익을 의미한다.
- 법인세 비용 차감 전 순이익 — 모든 수익에 법인세 비용을 제외한 모든 이윤을 대응하여 구해진 순이익을 의미한다.

- 당기순이익 — 세전이익에서 법인세비용까지 차감했을 때의 이익을 말한다.

포괄손익계산서		
회사명: 신세계	20x6년 1월 1일부터 20x6년 12월 31일까지	(단위:천원)
I 당기순이익	47,400	
II 기타 포괄손익	1,200	
III 총포괄손익	48,600	

[그림 6-11] 포괄손익계산서

[그림 6-11]의 포괄손익계산서에서 기타 포괄손익은 미실현 손익으로 해외사업장 외화환산 차이, 유무형자산 재평가이익 등이 포함된다.

자본변동표

자본변동표
기업이 일정기간 동안 발생한 자본의 변화를 보여주는 동태적 보고서

자본변동표(statement of changes in equity)는 기업이 일정기간 동안 발생한 자본의 변화를 보여주는 동태적 보고서로서 자본금, 자본잉여금, 이익잉여금, 기타포괄손익누계액, 이익잉여금의 변동에 대한 사항들을 포함한다.

자본변동표

회사명: 신세계 20x6년 1월 1일부터 20x6년 12월 31일까지 (단위:천원)

	자본금	자본 잉여금	이익 잉여금	기타 포괄 손익 누계액	기타 자본 요소	총계
기초	700,000	0	0	0	0	700,000
자본변동						
유상증자	200,000	80,000				280,000
당기순이익			210,000			210,000
현금배당			(70,000)			(70,000)
매도가능금융자산평가이익				20,000		20,000
기말						
	900,000	800,000	140,000	20,000		1140,000

[그림 6-12] 자본변동표

현금흐름표

현금흐름표(statement of cash flow)는 기업의 일정기간의 현금흐름을 나타내는 보고서로 현금의 유입과 유출 내역을 보여주는 재무제표이다. 기업의 현금흐름을 영업활동, 투자활동, 재무활동으로 구분하여 작성되고, 흑자도산과 관련한 분석에 유용하며, 재무제표 중 최종적으로 작성된다.

현금흐름표
기업의 일정기간의 현금흐름을 나타내는 보고서

- 영업활동을 통한 현금흐름 — 기업 고유활동인 제품의 판매, 원재료와 상품의 구입에 따른 현금 유출입 상황을 나타낸다.
- 투자활동에 의한 현금흐름 — 유가증권 및 토지의 매입 및 매각, 예금 등에 따른 현금 유출입 상황을 나타낸다.
- 재무활동에 의한 현금흐름 — 단기차입금, 회사채 및 증자 등에 따른 현금 유출입 상황을 나타낸다.

재무제표의 연계성

재무제표들은 [그림 6-13]과 같이 서로 밀접하게 연결되어 있다. 포괄손익계산서의 당기순이익을 중심으로 기초와 기말 사이의 자산, 부채, 자본의 변동은 당기순이익을 포함한 이익잉여금처분계산서(자본변동표의 부속명세서)의 처분결과로 이루어진다.

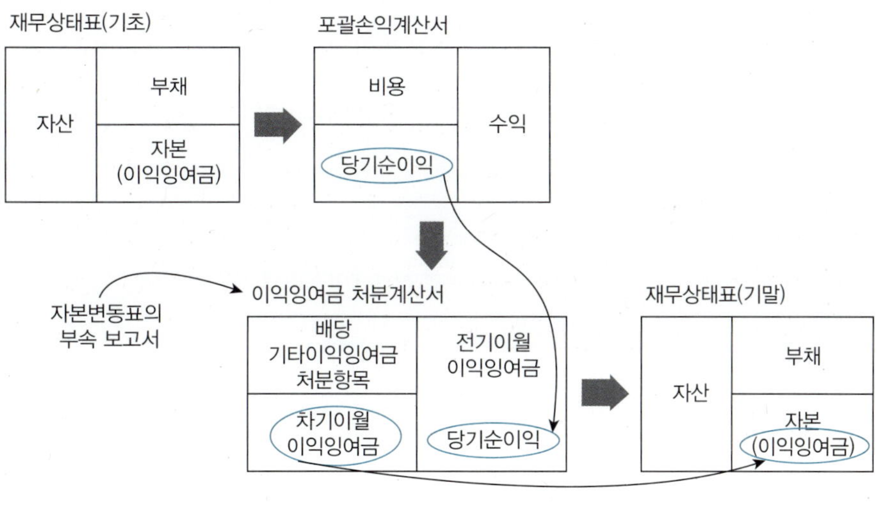

[그림 6-13] 재무제표의 연계성

3. 총계정원장 관리

총계정원장
기업회계 상 모든 계정의 수입과 지출 등을 수록한 장부

총계정원장(General ledger, GL)은 기업회계 상 모든 계정의 수입과 지출 등을 수록한 장부로서 SAP ERP에서의 총계정원장은 기업의 자산, 부채, 자본, 수익 및 비용에 속하는 계정과목의 모든 전표들을 기록하고 관리하는 기능을 수행한다. 이를 위해 보조원장에 해당하는 채권관리, 채무관리, 고정자산 관리와 자재 및 제품의 입고와 출고를 관리하는 자재관리 그리고 인적자원관리로부터의 인건비 등을 대부분 자동전표로 전송받아 통합하여 관리한다.

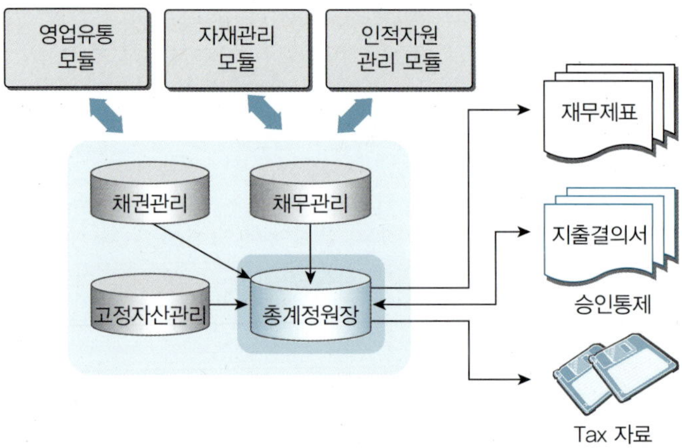

[그림 6-14] 총계정원장의 기능

총계정원장은 회사에서 발생한 모든 전표에 대한 통합관리를 통하여 [그림 6-14]에서와 같이 재무제표를 생성하고, 계정별 예산통제 기능 수행하며, 세무업무를 지원하는 기능을 수행한다.

- 재무제표 생성 기능 — 재무상태표, 포괄손익계산서, 현금흐름표 등
- 예산통제 기능 — 계정별, 부서별 예산통제
- 세무업무지원 — 부가세, 원천세 등

(1) 재무제표 생성

기업에서는 월말, 연말 결산을 통해 재무제표를 생성을 생성한다. 총계정원장은 기업에서 발생한 자산, 부채, 자본, 수익, 비용에 속하는 계정과목들에 대한 모든 전표들을 통합하여 관리하므로 [그림 6-15]에서와 같이 결산절차를 수행한 후 재무상태표, 포괄손익계산서와 같은 재무제표를 생성하는 기능을 제공한다.

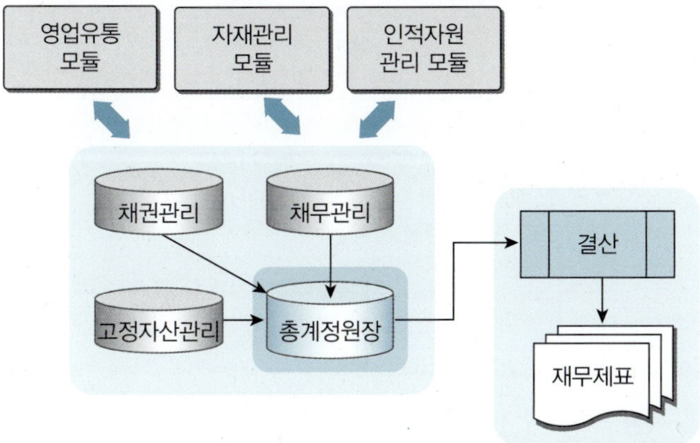

[그림 6-15] 재무제표의 생성

결산은 회계연도 말에 외부에 공포하기 위한 재무제표들을 생성하기 위한 계산절차로 기업 회계기준에 맞추어 결산예비절차, 결산본절차, 결산보고서 작성 순으로 체계적으로 진행되며, 모든 거래에 대하여 완전하게 회계처리를 한 후 시행된다. 이를 통해 회사 차원의 재무상태표와 포괄손익계산서와 같은 재무보고서를 생성한다.

결산
회계연도 말에 외부에 공포하기 위한 재무제표들을 생성하기 위한 계산절차

월말 결산은 관리결산으로 기업내부의 의사결정을 위한 정보를 얻기 위하여 시행된다. 일반적으로 월말 결산은 연말 결산보다는 간이 형태로 진행된다. 그러나 월말 결산은 기업의 회계부서에서 매우 중요한 업무로 기업이 ERP 도입으로 가장 큰 효과를 보는 업무 중의 하나이다. SAP ERP에서는 [그림 6-16]과 같이 재무회계 마감, 관리회계 마감 및 관리결산 절차를 통해 월말 관리결산을 지원한다. SAP ERP의 관리결산은 신속한 결산처리와 내부의 전략적 의사결정을 위한 유용하고 다양한 정보들을 제공한다. 관리회계 모듈에서 제공되는 대부분의 정보는 관리결산을 통하여 제공되고 있다.

관리결산
기업내부의 의사결정을 위한 정보를 얻기 위하여 일반적으로 월별로 이루어지는 간이 형태의 결산

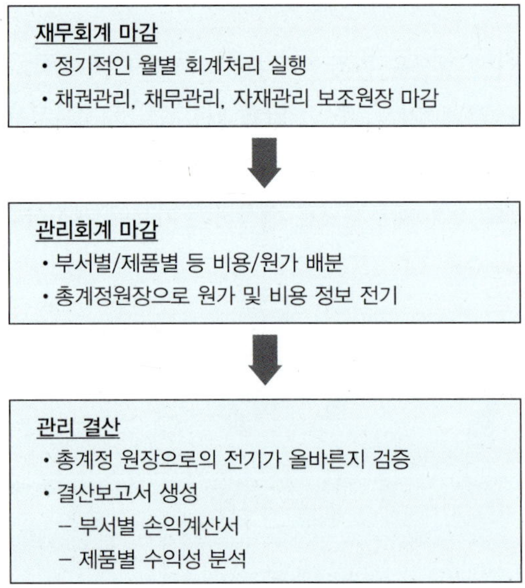

[그림 6-16] 월별 결산절차

(2) 예산통제 기능

예산
기업 활동에 소용되는 비용에 대한 구체적인 집행계획

예산이란 기업 활동에 소용되는 비용에 대한 구체적인 집행계획으로 기업의 예산은 기업의 목적을 달성하기 위해 경영활동을 관리 · 통제하는 데 사용된다. 일반적으로 기업의 예산은 집행해야 할 계정과목별로 관리되며 예산통제(budgetary control)는 계정과목별로 예산에 대한 적절한 집행 관리를 통하여 자원에 대한 효율적인 운용을 지원한다. SAP ERP에서는 [그림 6-17]에서와 같이 총계정원장 내 계정별 부서단위로 예산정보를 가지고 있어 현업부서에서 전표 입력 시 예산 자동체크 기능을 통하여 예산 잔액 초과 시 전표입력 화면에 경고하는 형태로 예산 통제기능을 수행한다.

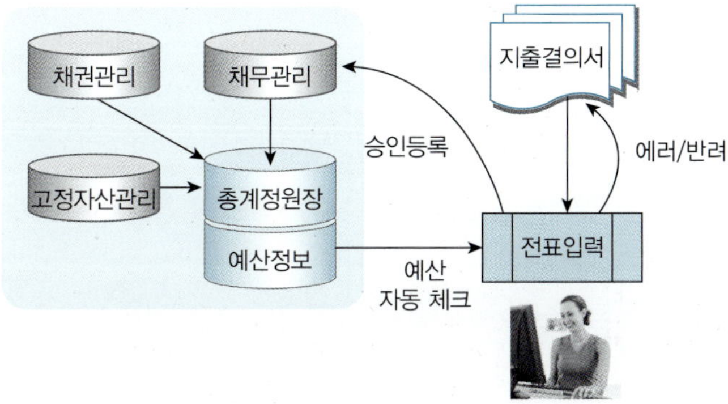

[그림 6-17] 예산통제 기능

SAP ERP에서는 전표입력 시 해당 부서의 계정 또는 계정그룹별 예산을 자동으로 체크하고 예산 초과시 다음과 같은 선택적인 기능들을 지원한다.

- 해당 부서장에게 경고메시지 전달
- 에러메시지와 함께 전표입력 불가
- 에러메시지와 함께 해당 부서장에게 전달

(3) 세무업무 지원

SAP ERP에서는 매분기마다 세무당국이 요구하는 규정 및 서식에 의거 부가세를 신고해야 하는 규정에 따라 [그림 6-18]과 같이 시스템에서 일괄로 자동 처리하는 기능들을 제공한다. 부가세는 영업유통 모듈의 판매주문과 자재관리 모듈의 구매주문 처리시 제품이나 자재뿐만 아니라 부가세 코드 및 부가세액을 동시에 입력하여 세금 신고자료를 보다 정확하고 효율적으로 준비하도록 지원한다. 이런 세무업무의 자동화는 회계부서의 비부가치적인 업무를 줄이는 효과도 제공한다.

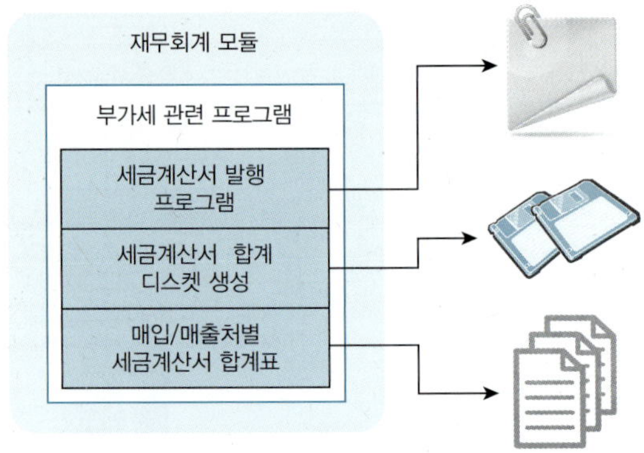

[그림 6-18] 세무업무 기능

세무업무와 관련하여 SAP ERP에서 제공하는 세부적인 주요 기능들은 다음과 같다.

- 세금계산서 발행 프로그램
- 국세청 표준 전산매체 파일(DME) 지원
- 매입/매출처별 세금계산서 합계표 산출
- 임직원 원천세 징수 기능

원천세
회사가 근로자의 세금을 징수해서 정부에 대신 납부하는 것

임직원 원천세 징수는 [그림 6-19]와 같이 인적자원관리 모듈의 급여관리와 연결하여 임직원의 원천세 금액을 산출하여 관리한다. 원천세는 회사가 근로자의 세금을 징수해서 정부에 대신 납부하는 것으로 원천세 금액은 세법에 따라서 징수하며 재무회계에 급여전표의 개별항목들을 소득세 예수금, 주민세 예수금 등으로 처리하여 관리된다.

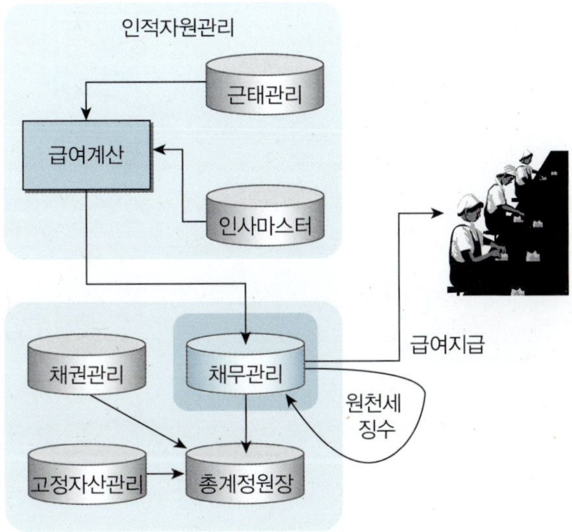

[그림 6-19] 원천세관리

4. 채권관리

채권관리(Account Receivable, AR)는 일반적으로 기업의 주된 영업활동과정에서 재화나 용역을 판매하는 것과 같은 수익 창출활동으로부터 발생한 받을 금액, 즉 채권을 관리하는 것을 의미하나, SAP ERP에서의 채권관리는 판매 행위와 관련하여 받을 금액 이외에 영업활동 이외에서 발생한 미수채권에 대하여도 관리한다. 판매 행위와 관련한 채권의 경우 영업유통 모듈과 연동하여 거래처별 매출채권 및 입금 사항을 보조원장으로 관리하고, 총계정원장에 전송하여 결산에 반영한다.

채권관리
기업의 주된 영업활동과정에서 재화나 용역을 판매하는 것과 같은 수익 창출활동으로부터 발생한 받을 금액을 관리하는 것

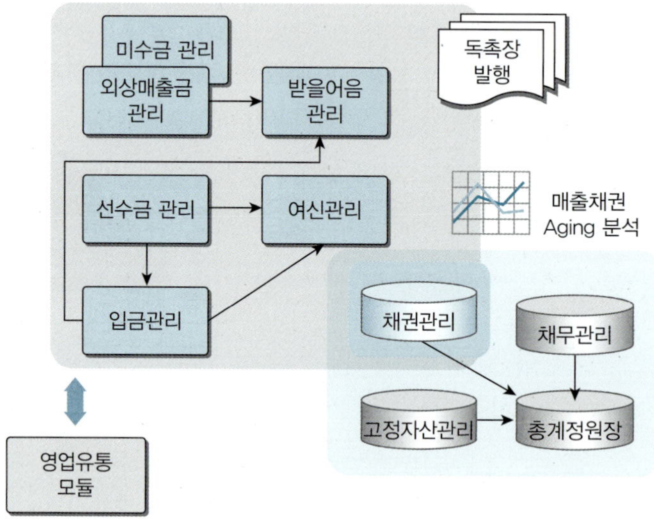

[그림 6-20] 채권관리 기능

SAP ERP의 채권관리에서 제공하는 세부적인 주요기능들은 [그림 6-20]에서와 같이 외상매출금 관리, 미수금 관리, 받을어음 관리, 선수금 관리, 입금관리, 여신관리 등이 포함된다.

- 외상매출금 관리 — 영업의 주목적인 일반적인 상거래에서 발생한 매출채권에 대하여 관리한다.
- 미수금 관리 — 기업의 일반적 상거래, 즉 당해 회사의 상거래 이외의 경상적 내지는 비정상적 영업활동에서 발생한 미수채권에 대하여 관리한다.
- 받을어음 관리 — 고객과의 영업거래에서 받아들인 어음에 대하여 관리한다.
- 선수금 관리 — 고객으로부터 주문 받은 상품 또는 제품을 인도하거나 공사를 완성하기 이전에 그 대가의 일부 또는 전부를 수취한 금액에 대하여 관리한다.
- 입금관리 — 거래처와의 물품 판매 혹은 용역 제공 이후에 일자별로 입금되는 현황을 기록하고 관리한다.
- 여신관리 — 고객의 여신관리정보를 바탕으로, 주문입력과 제품출고 시점에 자동으로 여신한도 점검을 수행하여 부실채권에 대한 위험을 관리한다. 여신관리 세부기능은 이미 3장의 영업유통관리 모듈의 고객신용체크 기능에서 설명되었다.

SAP ERP의 채권관리에서 지원하는 주요 특징들은 영업유통 모듈과 통합된 매입채권에 대한 자동 회계처리를 지원하고, 효율적인 채권회수 활동을 지원하기 위하여 외상매출금 및 미수금에 대하여 고객별 개별항목과 잔액관리를 지원하며, 매출채권을 회수하는 데 걸리는 시간을 나타내는 매출채권의 연령표(aging) 관리와 악성 채무자에 대한 독촉장을 발행하는 기능 등을 지원한다.

- 영업유통 모듈과 통합된 매입채권 회계 처리
- 외상매출금 및 미수금 고객별 개별항목 및 잔액 관리
- 매출채권의 연령표(aging) 관리
- 독촉장 발행 기능

5. 채무관리

채무관리(Account Payable, AP)는 상품을 매입한 후 아직 지불하지 않은 매입채무나 기업에서 발행한 어음이나 수표 등의 채무에 대한 관리를 하는 것으로 SAP ERP에서의 채무관리는 채권관리와 같이 구매와 같이 영업행위와 관련하여 지급할 금액 이외에 다양한 기업 활동에서 발생하는 모든 채무에 대하여도 관리한다. 구매행위와 관련한 채무의 경우 자재관리 모듈과 연동하여 거래처별 매입채무를 보조원장으로 관리되고, 종업원들의 인건비와 관련된 채무는 인적자원관리 모듈과 연동하여 관리되어, 최종적으로 총계정원장에 전송되어 결산에 반영된다.

채무관리
상품을 매입한 후 아직 지불하지 않은 매입채무나 기업에서 발행한 어음이나 수표 등의 채무에 대한 관리

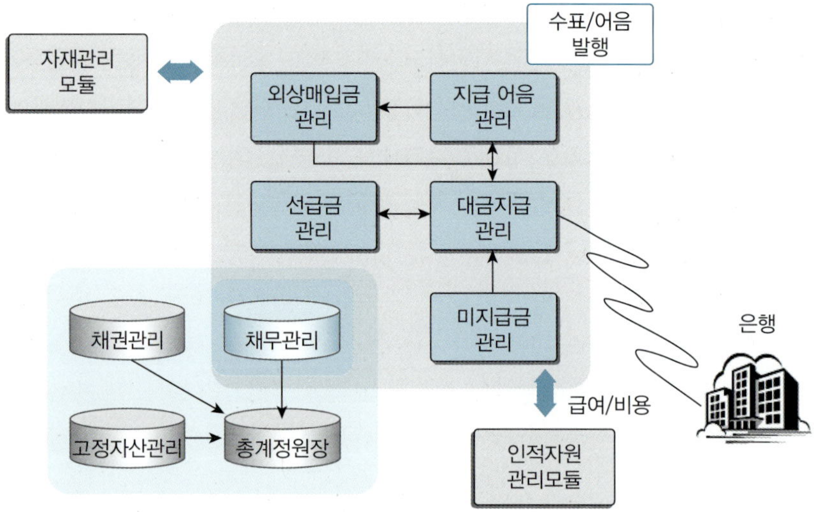

[그림 6-21] 채무관리 기능

SAP ERP의 채무관리에서 제공하는 세부적인 주요기능들은 [그림 6-21]에서와 같이 외상매입금 관리, 미지급금 관리, 지급어음 관리, 선급금 관리, 대금지급 관리 등이 포함된다.

- 외상매입금 관리 — 원재료 또는 제품들을 구입한 후 아직 그 대금을 치르지 않은 매입대금에 대하여 관리한다.
- 미지급금 관리 — 상품 · 제품 이외의 물품이나 용역의 매입 · 특별부과세, 종업원의 근로소득세, 법인세 등의 미지급액과 광고료, 판매수수료 등의 미지급액, 그밖에 일반적인 상거래 이외의 거래에서 발생한 일시적 채무들에 대하여 관리한다.
- 지급어음 관리 — 상품, 원재료 등의 매입채무와 다양한 미지급금을 결제하기 위하여 발행한 어음들에 대하여 관리한다.
- 선급금 관리 — 상품, 원재료 등의 매입 전에 대금의 일부를 미리 지급하거나, 공사를 착수, 완성하기 전에 계약금, 착수금 등으로 공사대금을 선지급하는 채권인 선급금에 대하여 관리한다.
- 대금지급 관리 — 공급자에게 구매 물품에 대한 대금지급 사실에 대하여 관리한다.

상기의 채무관리 기본기능들 이외에 SAP ERP에서 지원하는 주요특징들은 살펴보면, 자재모듈과 통합하여 매입채무에 대한 자동 회계처리를 지원하고, 외상매입금 및 미지급금에 대하여 고객별로 개별항목을 설정하여 체계적인 잔액관리를 지원하고, 정기적인 채무전표를 생성하는 기능들을 제공한다. 정기적인 채무전표 생성(periodic processing) 기능은 주별, 월별, 분기별 정기적으로 지급해야할 대금에 대하여 자동설정을 하여 채무전표를 정기적으로 생성하는 기능으로 반복적인 채무전표 작성 업무를 줄이고 약속된 기일에 대금을 미지급하는 실수들을 제거할 수 있다. SAP ERP의 채무관리는 또한 펌뱅킹(firm-banking)과 대금지급을 위한 어음 및 수표의 발행을 지원한다. 펌뱅킹은 기업과 금융기관이 컴퓨터 시스템을 통신회선으로 연결하여 온라인으로 은행 업무를 처리하는 방식으로 펌뱅킹을 통하여 종업원에 대한 미지급금이나 공급업체에 대한 외상매입금 지급을 수행한다.

정기적인 채무전표 생성기능
주별, 월별, 분기별 정기적으로 지급해야할 대금에 대하여 자동설정을 하여 채무전표를 정기적으로 생성하는 기능

- 자재모듈과 통합된 매입채무 회계처리
- 외상매입금 및 미지급금 고객별 개별항목 및 잔액 관리
- 정기적인 채무전표 생성 기능
- 펌뱅킹 연계 기능
- 어음 및 수표의 발행

6. 고정자산관리

고정자산(Fixed Assets, FA)은 기업이 보유하고 있는 자산 중 토지나 건물, 기계장치처럼 상대적으로 장기간 보유하고 있는 비유동 유형자산들로 SAP ERP에서의 고정자산관리는 자산의 취득에서 처분에 이르기까지 자산의 전 라이프사이클을 관리하고 고정자산에 대한 감가상각비 계산을 통해 결산을 지원한다. 부가적으로 SAP ERP는 리스자산에 대한 관리도 지원한다. 리스회사와 약정을 맺어서 리스자금으로 자산을 구입할 경우 운용리스는 장부상 등재하지 않고 계약기간 동안 정기전표를 자동으로 발생시키고 금융리스자산에 한하여 장부에 등재하여 회사의 자산과 같이 관리하며 장부상 감가상각을 실시한다.

고정자산
기업이 보유하고 있는 자산 중 토지나 건물, 기계장치처럼 상대적으로 장기간 보유하고 있는 비유동 유형자산

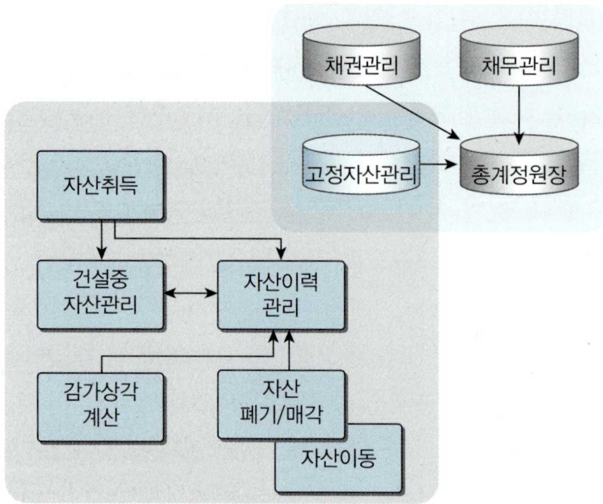

[그림 6-22] 고정자산관리 기능

SAP ERP의 고정자산관리에서 제공하는 주요기능들은 [그림 6-22]에서와 같이 자산취득에서 폐기에 이르는 자산이력관리, 감가상각계산 기능, 그리고 건설중 자산관리 등이 있다.

- 자산이력관리 — 자산취득, 자산수선, 자산이동, 자산매각, 자산폐기 등으로 구성된다.
- 감가상각계산 기능
- 건설중 자산관리

(1) 자산이력관리

자산이력관리는 [그림 6-23]과 같이 개별자산에 대한 취득, 수선, 이동, 매각, 폐기, 감가상각 등에 대한 정보를 기록하여 관리한다.

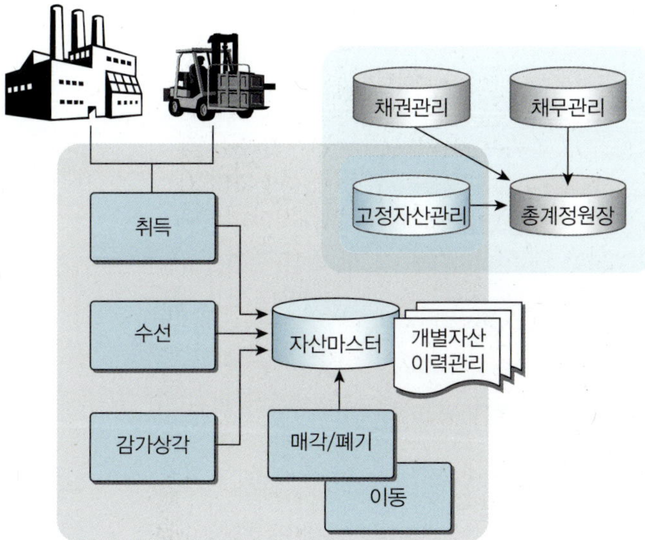

[그림 6-23] 자산이력관리

- 자산취득 — 자산취득일, 취득금액 및 사용부서 등에 대한 정보 관리
- 자산수선 — 자산수선과 관련한 수선일시 및 비용 등에 대한 정보 관리
- 자산매각 — 자산매각일 및 매각가 등의 자산 매각에 대한 정보 관리
- 자산폐기 — 자산폐기일 및 폐기비용 등의 자산 폐기에 대한 정보 관리
- 자산이동 — 자산 사용부서의 변경 이력에 대한 정보 관리
- 감가상각 — 자산의 감가상각 이력에 대한 정보 관리

(2) 감가상각 계산

감가상각(depreciation)은 건물, 기계, 설비 등과 같은 유형자산은 시간이 경과됨에 따라 경제적인 가치가 소실 · 감소하는데, 이러한 가치의 감소분을 관련 자산에 반영하는 절차를 의미한다. SAP ERP의 감가상가 계산은 내용연수가 지나감에 따라 그 가치가 감소하는 자산들에 대하여 [그림 6-24]에서와 같이 감가상각을 월별, 격월, 분기, 반기 또는 년별로 정의하여 정기적인 감가상각 계산을 실행하고, 그 결과를 총계정원장 및 관리회계로 자동화된 전표 처리를 한다. 이러한 정보들은 결산과정을 통하여 재무보고서 작성에 반영된다.

감가상각
건물, 기계, 설비 등과 같은 유형자산에 대하여 시간이 경과됨에 따라 감소된 경제적인 가치를 해당 자산에 반영하는 절차

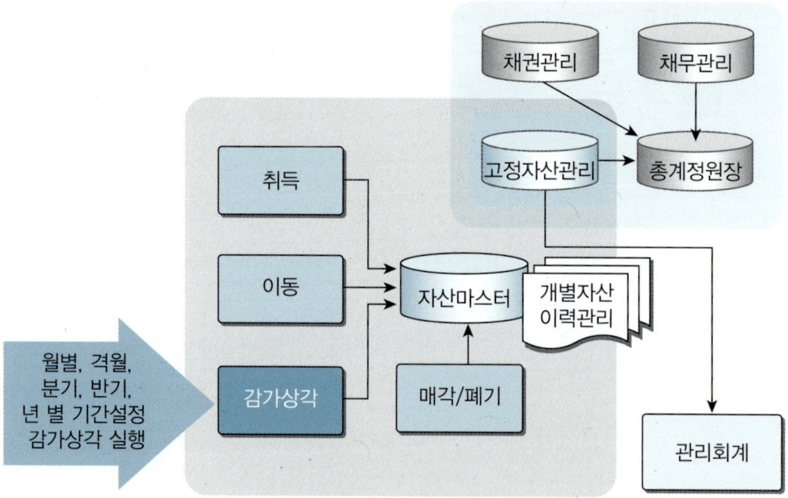

[그림 6-24] 감가상각계산

SAP ERP의 고정자산 관리에서 감가상각을 처리하는 절차는 다음과 같다.

1. 고정자산 마스터에 내용연수가 정의한다.
2. 감가상각기간 월별, 격월, 분기, 반기 또는 년별로 설정하여 실행한다.
3. 감가상각이 실행되면 총계정원장 및 관리회계로 전표를 자동 전기한다.

SAP ERP는 실제 감가상각뿐만 아니라 감가상각 시뮬레이션 기능을 제공한다. 고정자산에 대한 신규투자 취득, 자본적 지출, 매각, 폐기 등의 계획에 대하여 감가상각 시뮬레이션을 수행하여 원가계획 수립을 지원한다. 또한 정액법에서 정률법으로 또는 반대와 같은 감가상각 방법의 변경이나 내용연수의 변경 등의 조건을 반영한 감가상각 시뮬레이션을 실행하여 고정자산과 관련한 다양한 의사결정을 지원하는 역할을 수행한다.

- 정액법 — 고정자산에 대해 취득가액을 일정한 금액으로 감가상각비로 처리하는 방법으로 매년 취득가액을 내용연수로 나누어 정액 상각한다.
- 정률법 — 고정자산의 잔존가격에 일정률을 곱하여 감가상각비로 처리하는 방법으로 초기에 많이 상각된다.

(3) 건설 중 자산관리

건설중인 자산(construction in progress)은 미완성 유형자산의 건설을 위한 지출이나 기계설비의 매입을 위한 지출을 건설의 완성 또는 기계설비의 도착에 이르기까지 일시적으로 처리하는 회계계정으로 SAP ERP에서는 발생하는 비용들을 자산화하기 위해 투입비용들을 분류하고 집계하여 완성 후 고정자산으로 대체한다.

건설중인 자산
미완성 상태인 유형자산에 대하여 일시적으로 처리하는 회계계정

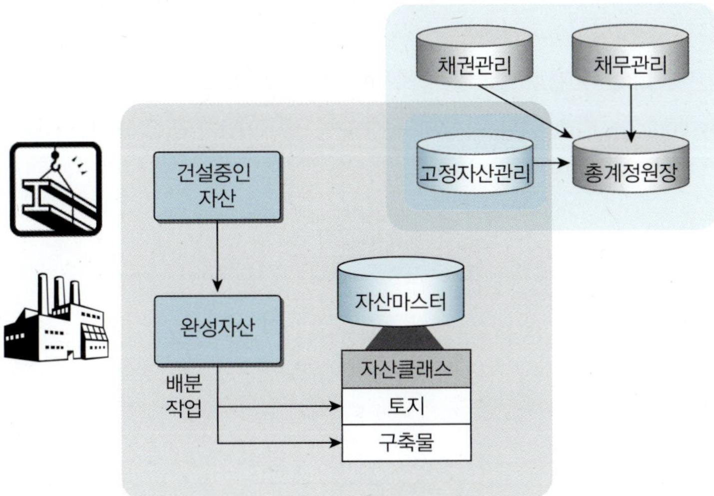

[그림 6-25] 건설중인 자산관리

SAP ERP에서는 [그림 6-25]에서와 같이 건설중인 자산이 완료되면 배분작업을 통하여 자산 클래스를 구성한 후 자산으로 등록하여 관리하고, 완성한 후에 건설중인 자산 대체비율 입력과 자동 정산기능을 이용하여 고정자산으로 배분하여 대체처리한다.

7. 재무회계 모듈 조직구조

FI 모듈의 조직구조는 기업의 회계부서와 관련한 조직구조로 주요 조직구성요소들은 계정과목표, 사업영역 그리고 여신관리영역 등이 있다.

(1) 계정과목표

계정과목표
한 회사에서 사용되는 계정과목들을 모아 놓은 목록

계정과목표(Chart of Accounts, COA)는 한 회사에서 사용되는 계정과목들(GL accounts)을 모아 놓은 목록으로 엄밀하게 구분하면 계정과목표(COA)는 조직구조는 아니다. 그러나 회사조직 구조와 계정과목표(COA)는 밀접한 관련이 있어 본 장에서 설명한다.

계정과목은 재무상태표나 포괄손익계산서에 들어가는 항목들에 대하여 세부적으로 구분한 관리항목으로 계정과목표(COA)는 이러한 계정과목들의 한 묶음(set)에 해당된다. 따라서 재무제표 작성의무가 있는 법적으로 독립된 법인인 회사코드(company code)는 최소 하나 이상의 계정과목표(COA)가 필요하다.

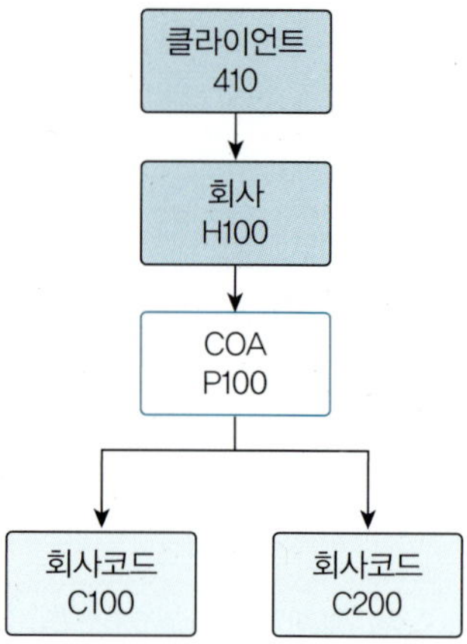

[그림 6-26] 계정과목표(COA)

연결재무제표
지배와 종속 관계에 있는 개별 회사들의 재무제표를 연결해 하나로 만든 재무제표

회사코드는 [그림 6-26]과 같이 한 회사의 연결재무제표 생성을 위하여 여러 회사코드가 동일한 계정과목표(COA)를 사용할 수 있다. 연결재무제표는 지배와 종속 관계에 있는 개별 회사들의 재무제표를 연결해 하나로 만든 재무제표로 이를 위해서는 개별회사들이 동일한 계정과목표(COA)를 사용하는 것이 전제가 되어야 한다. 따라서 SAP ERP에서는 회사(Company)를 연결재무제표를 만드는 단위로 정의하고 있다. 이러한 조직구조는 국제회계기준의 기본요소인 연결재무제표 생성을 지원하는 근간이 된다.

(2) 사업영역

사업영역(Business Area)은 재무상태표와 손익계산서를 생성할 수 있는 조직 내 단위로 조직 내에서 독자적인 사업체로 업무를 수행하는 영역을 나타낸다. 사업영역은 [그림 6-27]과 같이 일반적으로 공장수준에서 정의되고, 하나의 공장 또는 다수의 공장을 사업영역으로 설정할 수 있다. 사업영역은 재무상태표와 손익계산서를 생성하는 단위이기 때문에 회사가 여러 개의 사업영역을 포함할 경우 SAP ERP에서는 회사의 모든 자산, 부채 그리고 심지어 자본까지도 사업영역들로 분류하여 관리되어야 한다.

사업영역
재무상태표와 손익계산서를 생성 할 수 있는 조직 내 단위

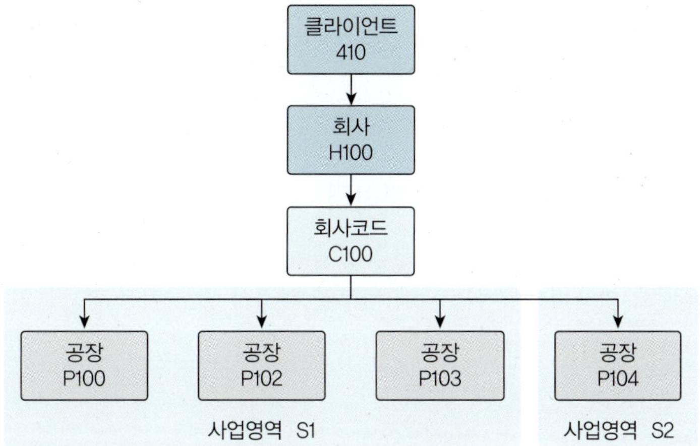

[그림 6-27] 영업지역

(3) 여신관리 영역

여신관리 영역(Credit Control Area)은 고객의 신용한도를 통제하기 위한 영역으로 일반적으로 [그림 6-28]과 같이 하나의 회사코드 수준에서 설정되나, 여러 회사코드를 하나의 여신관리 영역으로 설정하는 것도 가능하다. 동일한 여신관리 영역에서 고객의 신용한도는 동일하게 적용된다.

여신관리 영역
고객의 신용한도를 통제하기 위한 영역

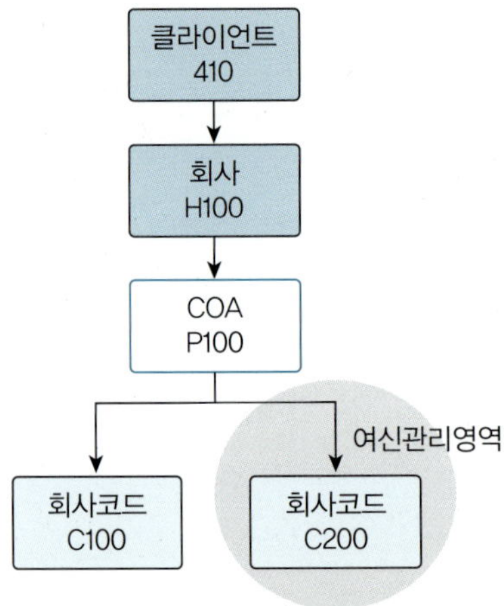

[그림 6-28] 여신관리 영역

8. 재무회계 모듈 마스터데이터

FI 모듈의 주요 마스터데이터는 회계 업무를 처리시 필수 기본 자료들인 계정과목 마스터가 있다.

(1) 계정과목

계정과목(GL accounts)은 계정과목표(COA)를 구성하는 계정과목들에 대한 데이터로 [그림 6-29]와 같이 전표를 생성할 때 참조되는 정보이다.

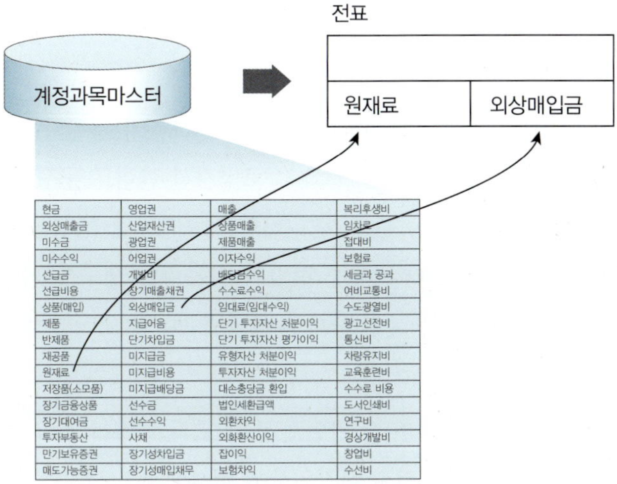

[그림 6-29] 계정과목 마스터

계정과목 마스터에는 재무상태표, 포괄손익계산서 그리고 조정계정들이 포함되어 있다.

- 재무상태표 계정 — 자산(assets), 부채(liabilities), 자본(equity) 계정들
- 포괄손익계산서 계정 — 매출(revenues), 비용(expenses) 계정들
- 조정계정 — 가계정(clearing account)들

조정계정(reconciliation accounts)은 거래가 일어날 때 정확한 계정이 정해지지 않았거나 또는 상대 거래가 아직 발생하기 않았을 때 임시로 사용하는 계정으로 입고 가계정(GR clearing account)이 대표적인 조정계정이다. 조정계정은 그 자체가 사용하는 기업에는 정보가 될 수 있다.

요약

SAP ERP의 재무회계(Financial Accounting: FI) 모듈이 지원하는 주요기능들은 총계정원장 관리, 채권관리, 채무관리 그리고 고정자산 관리로 구성되어 있다. 재무회계는 기업의 경영활동을 기록, 분류, 정리하여 재무제표를 생성하는 활동이 주기능으로 재무제표(financial statement)는 기업의 기본적인 재무정보를 일정한 기준에 따라가 요약한 보고서로서 재무상태표, 포괄손익계산서, 자본변동표와 현금흐름표 및 주석을 기본 재무제표라 부른다.

총계정원장(General ledger, GL)은 기업회계 상 모든 계정의 수입과 지출 등을 수록한 장부로서 SAP ERP에서의 총계정원장은 회사에서 발생한 모든 전표에 대한 통합관리를 통하여 재무제표를 생성하고, 계정별 예산통제 기능을 수행하며, 세무업무를 지원하는 기능들을 수행한다. 채권관리(Account Receivable, AR)는 기업의 주된 영업활동과정에서 재화나 용역을 판매하는 것과 같은 수익 창출활동으로부터 발생한 채권을 관리하는 것으로 SAP ERP의 채권관리에서 제공하는 세부적인 주요기능들은 외상매출금 관리, 미수금 관리, 선수금 관리, 입금관리, 여신관리 등이 포함된다. 채무관리(Account Payable, AP)는 상품을 매입한 후 아직 지불하지 않은 매입채무나 기업에서 발행한 어음이나 수표 등의 채무에 대한 관리를 하는 것으로 SAP ERP의 채무관리에서 제공하는 세부적인 주요기능들은 외상매입금 관리, 미지급금 관리, 지급어음 관리, 선급금 관리, 대금지급 관리 등이 포함된다. 고정자산(Fixed Assets, FA)은 기업이 보유하고 있는 자산 중 토지나 건물, 기계장치처럼 장기간 보유하고 있는 유형자산들로 SAP ERP에서의 고정자산 관리에서 제공하는 주요기능들은 자산취득에서 폐기에 이르는 자산이력관리, 감가상각계산 기능, 그리고 건설중 자산관리 등이 있다.

FI 모듈의 조직구조는 기업의 회계부서와 관련한 조직구조로 주요 조직구성요소들은 계정과목표, 사업영역 그리고 여신관리영역 등이 있으며, FI 모듈의 주요 마스터데이터는 계정과목이다.

● 참고문헌

- 고성삼, 『회계 · 세무 용어사전』, 법문출판사, 2006
- 국세청, 세무용어사전, https://txsi.hometax.go.kr/docs/customer/dictionary/wordList.jsp
- 김영렬, 『ERP 전략 회계정보시스템』, 한올 출판사, 2008
- 김은 · 박진우 · 박준호 · 유세열 외, 『enterprise solutions(기업용 솔루션)』, 어람출판사, 2005.
- 남천현, 『'FI/CO 모듈의 이해', Professor Academy of SAP Korea』, 2002
- 남천현, 『SAP R/3에 기반한 ERP 회계론』,신영사, 2006
- 남천현, 『SAP R/3 ERP 회계정보시스템』,신영사, 2009
- 송종훈, 『알기쉽게 정리한 SAP FI (Financial Accounting)』, 퍼플, 2013
- 정경수, 『K-IFRS 회계학원론』, 피앤씨미디어, 2014
- 조현상 · 이상림 · 김경조 · 이보형 · 김휘언 · 정돌성, 『경영의 이해』, 해동종합기획, 2005
- 최홍규 · 김현경, 『K-IFRS 현대원가회계』 2판, 피앤씨미디어, 2014
- 황재훈 · 황문섭 · 송진용 · 오세창 · 서경미, 『SAP R/3 이해』, 어람출판사, 1999.
- Brady, Joseph, Monk, Ellen F., Wagner, Bret J., *Concepts in Enterprise Resource Planning*, 2001, Course Technology.
- Monk, Ellen F., *Concepts In Enterprise Resource Planning 4/E* (Paperback), CourseTechnology, 2013
- SAP Korea, SAP 솔루션 상세 설명 자료: 재무회계(FI), SAP Korea, 2005
- Tutorials Point, SAP FICO Tutorial – TutorialsPoint, http://www.tutorialspoint.com/sap_sd/sap_fico_tutorial.pdf, 2016

연·습·문·제

1. 재무회계(FI) 모듈의 구성에 대하여 설명하라.

2. ERP 시스템 도입으로 인한 회계부서 역할의 변화에 대하여 설명하라.

3. 재무회계의 목적에 대하여 설명하라.

4. 재무제표에 대하여 설명하라.

5. 재무회계(FI) 모듈에서 지원하는 총계정원장의 기능들에 대하여 설명하라.

6. 재무회계(FI) 모듈에서 지원하는 채권관리의 역할 및 채권의 종류들에 대하여 설명하라.

7. 재무회계(FI) 모듈에서 지원하는 채무관리의 역할 및 채무의 종류들에 대하여 설명하라.

8. 재무회계(FI) 모듈에서 지원하는 고정자산 관리절차에 대하여 설명하라.

9. FI 모듈의 조직 구성요소들에 대하여 설명하라.

10. FI 모듈 주요 마스터데이터들을 나열하고 역할들에 대하여 설명하라.

● 실무적용

- 우리 회사의 전년도 재무제표를 검토해 보자.
- 우리 회사에서 사용되는 계정과목들에 대하여 알아보자.
- 우리 회사의 예산통제 기능에 대하여 알아보자.
- 우리 회사의 월말 결산절차에 대하여 알아보자.
- 우리 회사의 고정자산 관리절차에 대하여 알아보자.

7

CHAPTER

관리회계(CO) 모듈

학습 목표

- 관리회계(CO) 모듈의 구성에 대하여 설명할 수 있다.
- ERP의 등장으로 인한 관리회계 업무의 변화에 대하여 이해할 수 있다.
- 제조원가의 구성에 대하여 알 수 있다.
- 표준원가 의의 및 설정 방법에 대하여 알 수 있다.
- 간접비관리의 중요성과 관리기법들에 대하여 알 수 있다.
- 원가중심점회계(CCA)에 대하여 알 수 있다.
- 활동기준원가(ABC)에 대하여 알 수 있다.
- 손익/수익성분석의 의의에 대하여 알 수 있다.
- 관리회계(CO) 모듈의 조직구조에 대하여 이해한다.
- 관리회계(CO) 모듈의 주요 마스터데이터에 대하여 설명할 수 있다.

1. 관리회계 모듈 개요

2. 관리회계 개요

3. 제조원가관리

4. 간접비관리

5. 수익성분석

6. 관리회계 모듈 조직구조

7. 관리회계 모듈 마스터데이터

1. 관리회계 모듈 개요

SAP ERP의 **관리회계(Controlling) 모듈**은 기업의 목표달성을 위하여 경영관리활동과 관련한 내부보고서를 신속하게 작성하여, 전략적 계획과 운영적 의사결정에 필요한 정보를 적시에 제공한다. 이를 위해 다양한 원가계산 기능과 특성별 수익성분석 기능을 제공하며, 운영 계획 및 통제를 위한 기능들도 제공하여 효율적인 자원 운영관리를 지원한다.

관리회계(CO) 모듈
기업의 관리회계 업무를 지원하는 모듈

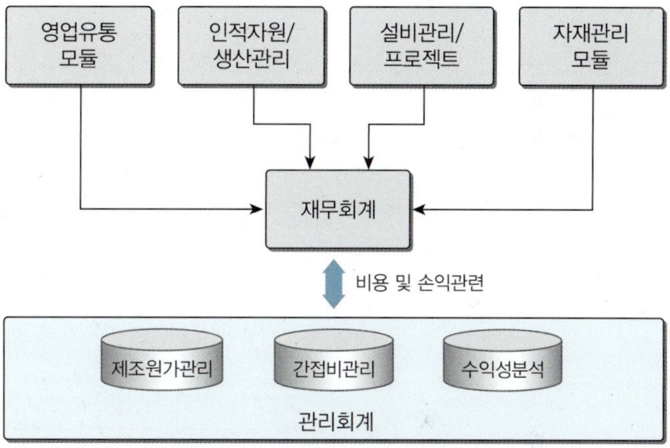

[그림 7-1] 관리회계 모듈의 기능 구성

관리회계 모듈이 지원하는 주요기능들은 [그림 7-1]에서와 같이 제조원가관리, 간접비관리 그리고 수익성분석 기능들로 구성되어 있다.

- 제조원가관리 — 표준원가, 실제원가 계산 등의 다양한 제조원가관리를 지원한다.
- 간접비관리 — 원가중심점회계, 내부주문, 활동기준원가 지원을 통하여 효과적인 간접비 관리를 지원한다.
- 수익성분석 — 사업부별 손익분석뿐만 아니라 다양한 특성별(고객별, 제품별, 공장별) 사전손익예측과 수익성분석으로 경영자 의사결

정에 필요한 정보를 적시에 제공한다.

일반적으로 관리회계는 management accounting 또는 managerial accounting을 의미한다. 그러나 이 책에서는 Controling(CO) 모듈을 관리회계모듈로 번역한다. SAP에 따르면 Controling은 managerial accounting(관리회계), internal account(내부회계) 및 cost account(원가회계)를 포함하는 개념으로 정의되고 있다.

2. 관리회계 개요

관리회계
내부 관리자들에서 경영계획 및 자원관리에 대한 의사결정 지원을 목적으로 하는 회계

관리회계(Controling)는 내부 관리자들에게서 경영계획 및 자원관리에 대한 의사결정 지원을 목적으로 하는 회계로 원가계산을 통한 제품원가 정보를 근간으로 경영자의 경영계획을 위한 의사결정 지원과 관리자들이 운영관리와 관련한 예산수립과 통제활동 등이 포함된다.

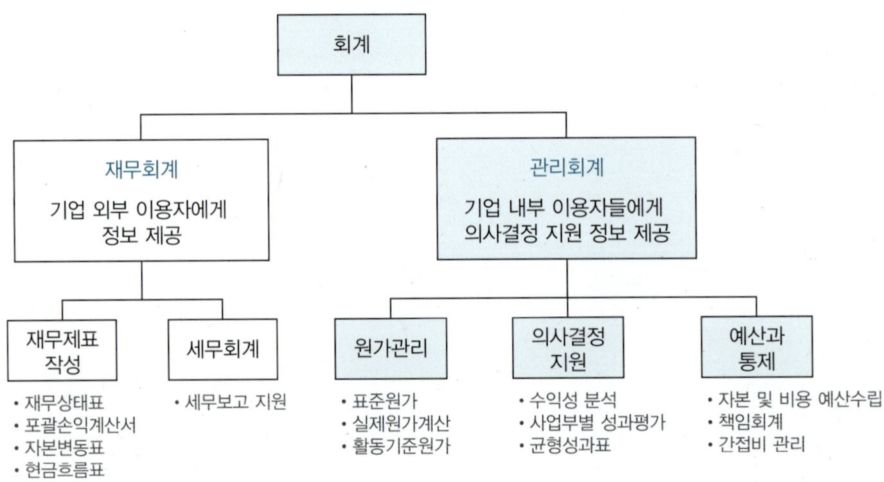

[그림 7-2] 관리회계 기능 구성

경영자를 위한 의사결정 지원은 제품별, 고객별, 지역별 등의 다양한 특성별 수익성분석을 통한 사업전략 수립과 사업부별 손익분석을 통한 인력운영 계획 등이 포함될 수 있으며, 관리자들을 위한 운영관리는 운영상의 경상적 · 반복적 업무집행에 도움이 되는 계획 책정과 통제를 위한 목적으로 자본 및 비용 예산수립, 간접비관리 등이 이들 분야의 주요 항목이 될 수 있다. 최근 ERP의 도입으로 [그림 7-3]과 같이 전통적인 관리회계 실무에서는 배제되어온 표준원가, 활동기준원가, 책임회계 및 균형성과표와 같은 관리회계에서 중요한 개념들이 실무에 적용 · 운영되고 있다.

	전통적 관리회계 업무		ERP 도입 후 관리회계 업무
제조원가관리	실제원가 계산		표준원가 및 실제원가 원가차이 분석
간접비관리	간접비 배부기준	➡	표준원가 및 실제원가 원가차이 분석
비용관리	부문별 관리		부서별 관리 (책임회계)
사업부 평가	손익평가		다양한 성과지표 균형성과 평가

[그림 7-3] 관리회계 변화

관리회계 업무 중 균형성과표와 예산 수립을 위한 기능들은 SAP SEM의 기업성과 모니터(Corporate Performance Monitor, CPM)와 경영계획(Business Planning & Simulation, BPS)에서 각기 지원하고 SAP ERP의 관리회계(Controling) 모듈은 제조원가관리, 간접비관리 및 수익성분석 기능 등을 통하여 상기의 업무들을 지원하고 있다.

(1) 제조원가

제조원가(product costing)는 제품의 제조를 위해 직접 · 간접으로 소요된 공장 원가로 재무회계와 관리회계의 기초자료가 된다. 제조원가는 손익계산서 작성시 매출원가를 산출하기 위한 정보로 제공되고 제품의 수익성분석의 근간이 된다. 제품의 수익성분석은 제품포트폴리오 전략과 직결된다. 제조원가는 [그림 7-4]에서와 같이

제조원가
제품의 제조를 위해 직 · 간접으로 소요된 공장 원가

재료비, 노무비 그리고 경비로 구성되어 있고, 다시 직접비와 간접비로 나누어진다.

- 직접비 — 상품 또는 서비스를 생산하는 데 직접적으로 들어간 원가
- 간접비 — 제품 전체를 제조하는 과정에 간접적으로 녹아들어간 원가로 설비 사용비용, 전기요금, 냉난방비, 보험료 등이 포함될 수 있다.
- 재료비 — 원재료의 생산이나 구입비용
- 노무비 — 생산 근로자들에게 지급된 비용

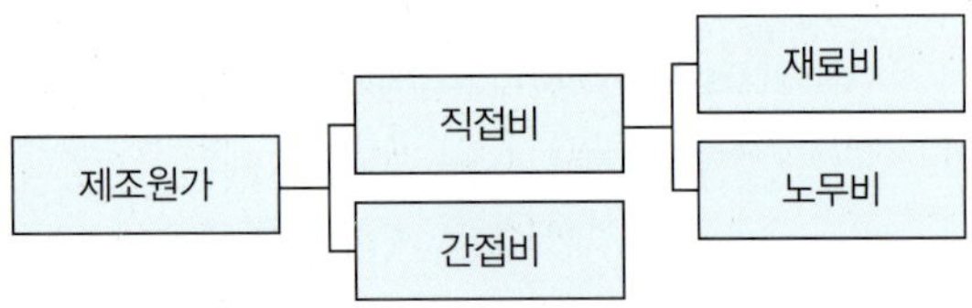

[그림 7-4] 제조원가의 구성

제조원가는 계산하는 시점과 방법의 차이에 따라 실제원가와 표준원가로 구분 가능하다. 실제원가는 생산이 종료되고 제품이 완성된 후에 그 제품제조에 소비된 비용을 제품별로 산출한 원가이며, 표준원가는 각 원가요소별, 재료비, 노무비, 간접비에 대한 표준적인 소비액을 설정하여 이를 기초로 산정하는 개별 제품의 원가이다.

- 실제원가 — 제품제조에 실제 소비된 비용을 제품별로 산출한 사후원가
- 표준원가 — 각 원가요소별로 표준적인 소비액을 설정하여 이를 기초로 제품의 원가를 산정한 사전원가

(2) 실제원가의 계산

실제원가(actual cost)는 연말 또는 월말 결산 시에 계산된다. 일반적으로 연말에 계산되는 실제원가는 재무제표를 작성하기 위한 기초자료로 사용되고 월말에 계산되는 실제원가는 표준원가와 차이분석을 통하여 제조원가와 관련한 문제점을 도출하는 데 사용된다. 실제원가는 제품 생산에 관하여 실제 발생한 원가를 기초로 하기 때문에 재료비, 노무비, 간접비를 요소별로 원가계산을 시행한다. 원가요소별 계산

은 다음과 같다.

- 재료비 — 제품생산에 들어간 자재가격 × 실제 소비량
- 노무비 — 제품생산에 소요된 실제작업시간 × 임금률
- 제조간접비 — 제품들 전체를 제조하는 과정에 간접적으로 들어간 총 비용을 제품별로 할당

상기의 원가요소 중 재료비와 노무비는 직접비용으로 원가계산이 단순 · 용이하나 제조간접비에 대한 원가산출은 다양한 제품을 생산할 경우 제품별로 할당하는 별도의 절차가 필요하다. 일반적으로 기업은 원가가 차이나는 다양한 제품들을 생산하기 때문에 이들에 대하여 어떻게 제조간접비를 배부하는지는 기업을 운영 · 관리하는 데 매우 중요한 문제이다.

(3) 전통적인 간접비 배부 방식

간접비 배부방식은 간접비를 제품의 제조원가에 할당하는 전통적인 방식이다. 전통적인 방식은 [그림 7-5]에서와 같이 기업에서 정한 간접비 배부기준에 따라 제품별로 간접비를 배부한다.

간접비 배부방식
기업에서 정한 간접비 배부기준에 따라 제품별로 간접비를 배부하는 방식

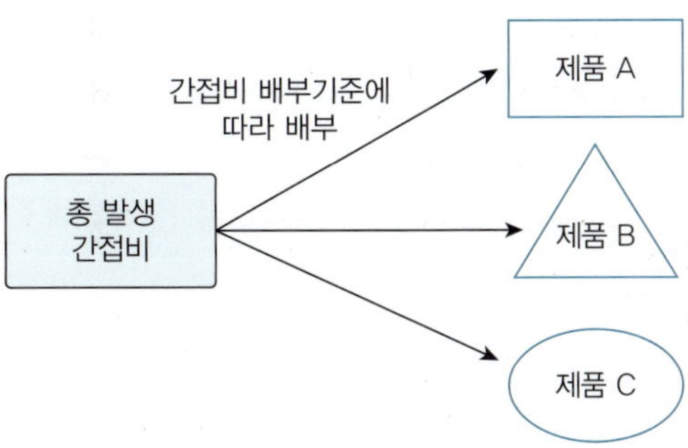

[그림 7-5] 전통적인 간접비 배부

기업에 사용되는 일반적인 간접비 배부기준들은 직접 노무비 기준, 직접 노동시간 기준, 기계시간 기준 등이 있다.

- 직접 노무비 기준 — 제품별로 생산에 소요된 노무비를 기준으로 배부율을 설정하여 제품별로 간접비 할당 금액을 산출한다.
- 직접 노동시간 기준 — 제품별로 생산에 소요된 노동시간을 기준으로 배부율을 제품별로 간접비 할당 금액을 산출한다.
- 기계시간 기준 — 제품별로 생산에 사용된 기계시간을 기준으로 배부율을 제품별로 간접비 할당 금액을 산출한다.

상기의 일반적인 간접비 배부기준 이외에 기업들은 다양한 간접비 배부기준을 사용한다. 비록 기업들이 나름대로 합리적인 배부기준을 설정하여 가능한 정확한 간접비 계산을 시도하지만 간접비 배부기준 방식은 배부율에 대한 임의의 비율을 사용하는 방법으로 정확한 원가계산을 수행하기에는 근본적인 문제점을 가지고 있다. 따라서 이를 극복하자는 간접비 산출방식이 활동기준원가 계산이다.

(4) 활동기준원가

활동기준원가

업무를 활동 단위로 세분해서 각 업무 활동 단위마다 소요된 간접비용을 정확하게 산출하여 부가하는 간접비 배부 방식

활동기준원가(activity based accounting, ABC)는 하버드 대학의 로빈 쿠퍼(Cooper)와 로버트 카플란(Kaplan)이란 두 교수가 80년대 후반에 제시한 개념으로 업무를 활동(activity) 단위로 세분해서 각 업무 활동 단위마다 소요된 간접비용을 정확하게 산출하는 방식으로 전통적인 간접비 배부 방식의 문제, 즉 간접비를 광범위한 임의의 비율을 사용하여 할당하여 부정확한 원가계산 및 제조원가의 왜곡 가능성이 있는 문제를 해결하기 위한 방안이다. 이를 위해 활동기준원가는 발생한 간접비용과 소요된 활동 간의 관계를 식별하여 객관적 근거에서 간접비를 할당한다.

(5) 표준원가

표준원가

원가요소별로 미리 표준적인 소비액을 설정하여 이를 기초로 해서 산정된 제품원가

표준원가(standard cost)는 원가요소별로 미리 표준적인 소비액을 설정하여 이를 기초로 해서 산정된 원가, 표준 소비액은 일정의 조업도를 전제로 하여 과학적 연구에 의한 물량표준과 가격표준에 의하여 산정된다.

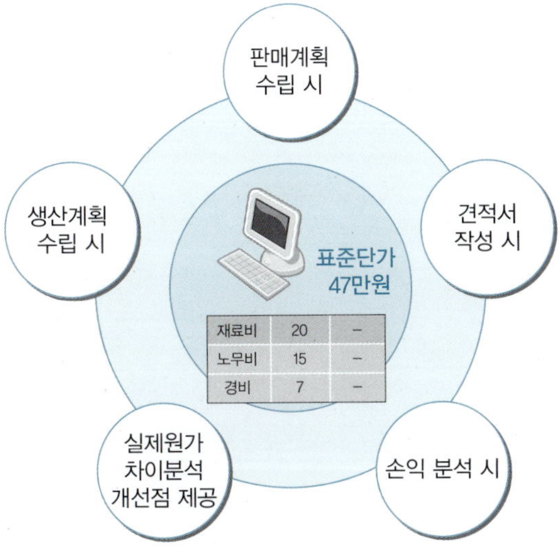

[그림 7-6] 제조원가의 구성

표준원가는 [그림 7-6]에서와 같이 판매계획 및 생산계획과 같은 경영계획 수립 시 단가의 기준이 되고 판매주문을 위한 견적단가의 기준이 되며, 사업 또는 주문의 예상손익 비교를 위한 기초자료로 이용된다. 또한 실제원가와 비교하여 차이를 분석함으로써 개선하여야 할 점을 제시할 때도 사용된다.

- 판매계획 수립 시 기준단가 — 표준단가에 예상 비용과 이익을 포함한 판매단가 정보를 제공한다.
- 생산계획 수립 시 기준단가 — 표준원가의 구성요소인 표준자재비, 표준노무비, 표준간접비들이 생산계획 수립을 위한 구매단가 및 자원들의 단가정보를 제공한다.
- 판매주문 시 견적단가의 기준 — 표준단가에 예상 비용과 이익을 포함한 견적단가를 제공한다.
- 사업 또는 주문의 예상손익 비교 시 판매예정단가
- 실제원가와 비교하여 차이를 분석 시 계획단가

[그림 7-7]에서와 같이 오늘날의 원가의 결정시점은 설계 단계 시 80-90%가 결정된다. 즉, 기업 경영에 있어서 표준원가를 기업의 원가 표준으로 사용하는 것이

실제원가를 이용하는 것보다 더 합리적 수 있다. 따라서 최근 다수의 기업들이 이러한 이유 때문에 관리적인 의사결정을 위한 정보를 획득하기 위한 수단으로 표준원가를 적극적으로 사용하고 있다.

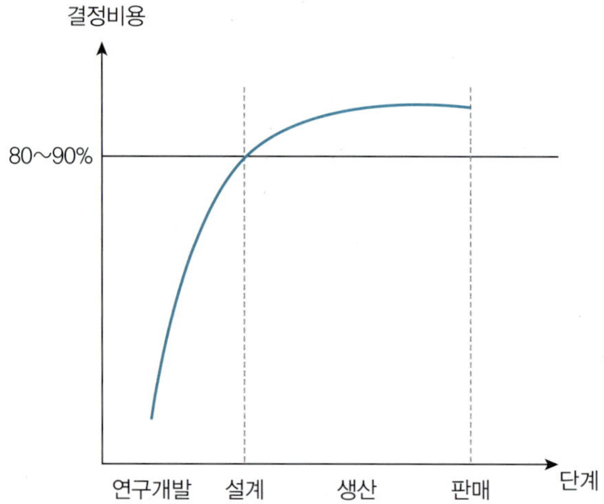

자료 : 박용태, 『공학도를 위한 기술과 경영』

[그림 7-7] 제조원가의 발생시점

3. 제조원가관리

제조원가관리
제품 생산에 소요되는 원가에 대한 세부적인 내역을 파악하여 경영활동 전반을 합리화하고, 원가절감을 도모하는 경영관리 활동

제조원가관리는 제품 생산에 소요되는 원가에 대한 세부적인 내역을 근거로 하여 경영활동 전반을 합리화하고, 원가절감을 도모하도록 하는 경영활동 관리로서 일정한 품질의 제품을 최소의 비용으로 생산하기 위해 제조활동에서 문제점을 파악하고 개선점을 찾는 데 도움을 준다. 제조원가는 전통적으로 외부이용자를 위한 재무제표인 손익계산서 작성과 내부이용자를 위해 경영계획을 수립 · 통제 및 특수한 의사결정과 경영자의 성과를 평가하는데 필요한 제품의 제조원가 정보를 제공하는 데 목적이 있다.

SAP ERP의 제조원가관리(product costing, PC)는 재무제표 작성을 지원하는 전통적인 제조원가계산인 실제원가 지원뿐 아니라 각 원가요소별로 미리 표준적인 소비액을 설정하여 이를 기초로 제조원가를 설정하는 표준원가 방식을 지원한다.

아울러 실제의 제조활동에 소요된 실제원가와 비교하여 양자의 차이를 분석함으로써 원가관리에서 개선하여야 할 점을 발견하는 데 기여한다.

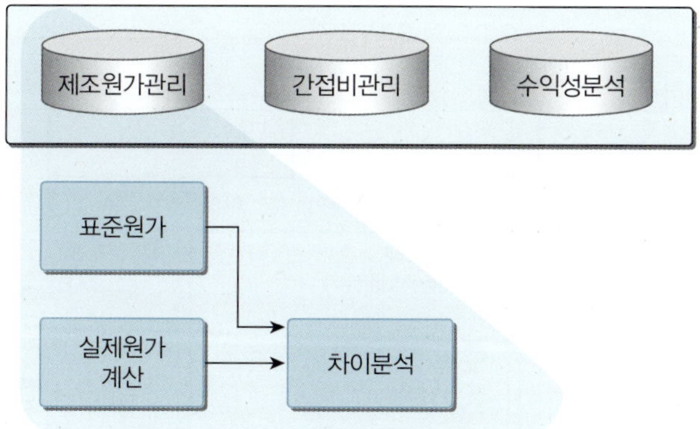

[그림 7-8] 제조원가관리의 기능 구성

SAP ERP의 제조원가관리는 [그림 7-8]에서와 같이 표준원가 설정, 실제원가 계산과 표준원가와 실제원가의 차이분석 기능을 수행한다.

- 표준원가관리 기능 — 자재구성표(Bill of Material, BOM), 공정 및 작업장 정보를 근거로 한 표준원가 설정
- 실제원가 계산 기능 — 기간별, 생산주문별, 판매주문별, 프로세스주문별 실제 제조원가 계산
- 표준원가와 실제원가 차이분석 기능

(1) 표준원가관리

SAP ERP에서의 표준원가는 [그림 7-9]에서와 같이 자재구성표(BOM), 자재마스터, 공정(Routing) 및 작업장 등의 정보를 근간으로 설정된다.

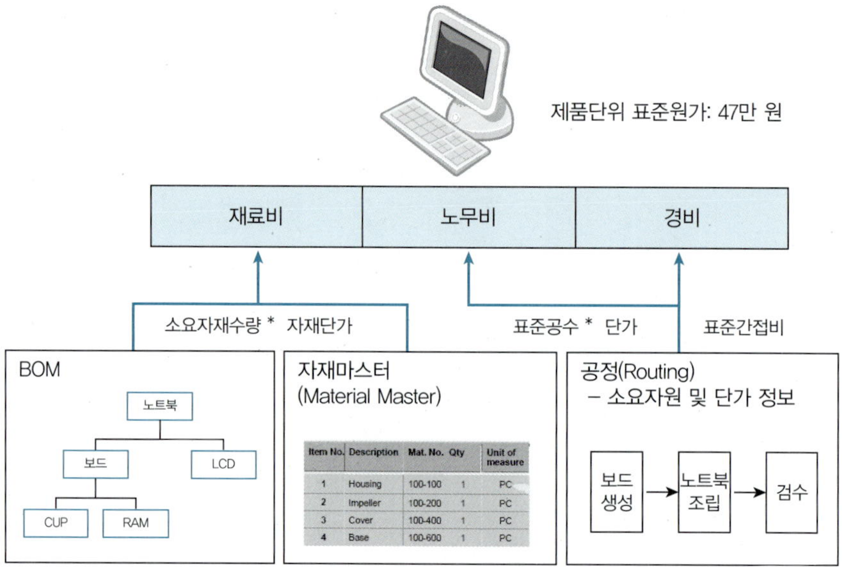

[그림 7-9] 원가요소별 제조원가 설정

SAP ERP에서의 표준원가 산정을 위한 재료비, 노무비 그리고 간접비의 원가요소별 계산은 다음과 같다.

- 재료비 — 자재구성표(BOM)에서 등록되어 있는 제품을 구성하는 자재수량과 자재 마스터에 정의되어 있는 단가를 곱하여 표준재료비를 계산한다.
- 노무비 — 공정(routing)에서 정의된 제품 생산을 위한 공정 내의 작업 표준시간과 연관 작업장에 정의된 활동단가를 곱하여 표준노무비를 계산한다.
- 간접비 — 간접비의 근간은 공정 및 작업장 내의 소요자원으로 이에 해당하는 비용을 계산하는 공식 등이 작업장(work center) 정보에 포함되어 있어 이를 이용하여 표준간접비를 계산한다.

SAP ERP에서는 [그림 7-10]에서와 같이 Cost Run 프로그램으로 통하여 상기와 같은 원가요소별 계산 및 제품의 표준원가가 산출되고 산출된 표준원가는 자재마스터(material master)의 표준원가 항목으로 등록되어 관리된다.

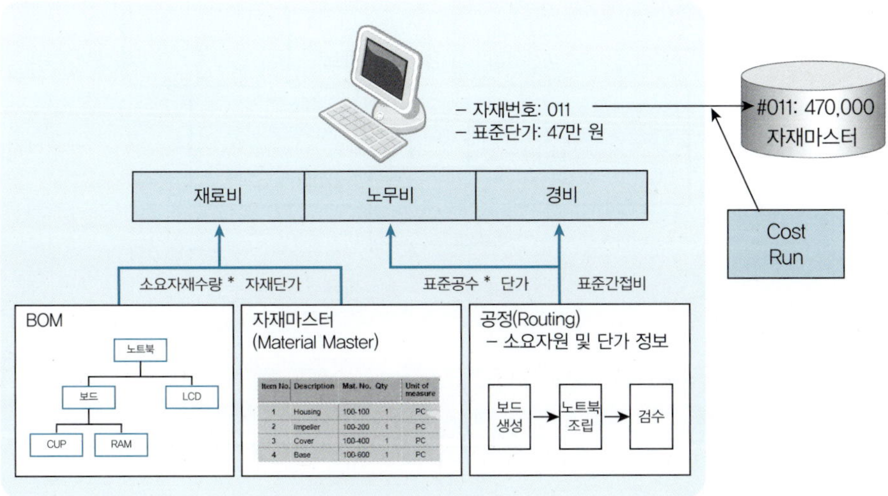

[그림 7-10] 제조원가 설정

(2) 실제원가

실제원가(actual cost)는 제조 작업이 종료하고 제품이 완성된 후에 그 제조 과정에서 발생한 비용을 산출한 원가로 실제 소비량과 가격에 의하여 계산된다. 실제원가는 기업 외부에 보고되는 재무제표인 손익계산서 작성에서 매출원가 산정에 이용되고 재무제표 부속명세서인 제조원가 명세서 작성의 기초자료로 사용된다. 또한 SAP ERP에서의 실제원가 계산은 [그림 7-11]과 같이 재무회계와 자재비, 노무비, 간접비의 원가요소별로 밀접하게 연계되어 통합 · 관리된다. 자재비와 노무비는 직접비로 실제 발생한 비용들이 원가로 바로 할당되고 간접비는 배부기준 또는 활동기준원가 방식에 근거하여 실제로 발생한 비용들이 원가에 배부되어 할당된다. 실제로 계산된 원가는 표준원가와 원가차이 분석 및 정산 과정을 거쳐 다시 제조원가로 재무회계에 반영한다. 이렇게 반영된 제조원가 정보는 총계정원장에서 손익계산서 생성시 매출원가의 기초자료로 활용된다.

실제원가
제조 작업이 종료하고 제품이 완성된 후에 그 제조 과정에서 발생한 비용을 산출한 원가

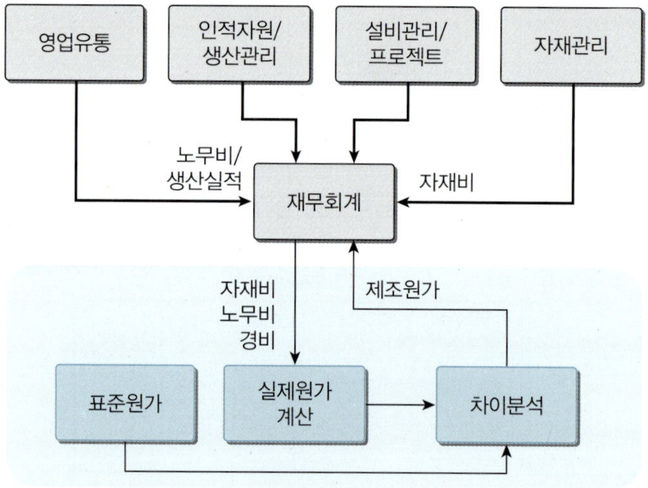

[그림 7-11] 실제원가

SAP ERP는 기업이 생산하는 제품의 생산 특성에 따라 기간별 원가, 생산주문별 원가, 판매주문별 원가 그리고 프로세스주문별 제조원가 등을 지원하고 각 특성에 맞는 기능들을 제공한다.

- 기간별 제조원가 — 기간별 제품 생산 제조원가 계산이 있으며 이는 일반적으로 반복생산과 같이 생산 환경이 안정되어 있으며 생산 로트(lot)별 원가의 차이가 거의 없는 제조환경에서 주로 사용된다.
- 생산주문별 제조원가 — 제품별 공정이 다양하고 공정별 제품 변경시 시동(setup) 비용이 많이 발생하는 경우 작업(job) 변경에 따른 발생 비용을 로트(lot)별로 취합 · 관리해야 될 필요가 있을 때 사용된다.
- 프로세스주문별 제조원가 — 단속(discrete) 방식의 생산과는 달리 프로세스(process) 방식으로 생산이 진행되는 경우에 사용된다.
- 판매주문별 제조원가 — 동일 제품에 대한 고객사양이 다양하고 사양에 맞게 제조를 하기 위해 기술적인 검토와 추가적인 비용이 발생할 수 있으며, 제품이 고객에게 전달되기까지 장시간이 소요될 경우에 사용된다.

(3) 표준원가/실제원가 차이분석

표준원가와 실제원가의 차이분석은 [그림 7-12]와 같이 표준원가와 실제원가를 비교하여 차이를 분석함으로써 문제점을 찾아내고 원가관리 활동 개선에 이용된다. 전술한 바와 같이 기업경영에서 표준원가를 기업의 원가 표준으로 사용하는 것이 실제원가를 이용하는 것보다 합리적이다. 따라서 표준원가보다 높은 수준의 실제원가가 발생되면 원가요소별 관점에서 원인을 규명하고 개선점을 찾는 절차가 설정되어 있어야 한다.

원가차이 분석이 완료되면 최종적으로 실제발생 자료들 관리하는 수익성분석, 재무회계, 원가중심점에 차이를 반영하는 정산을 실시한다.

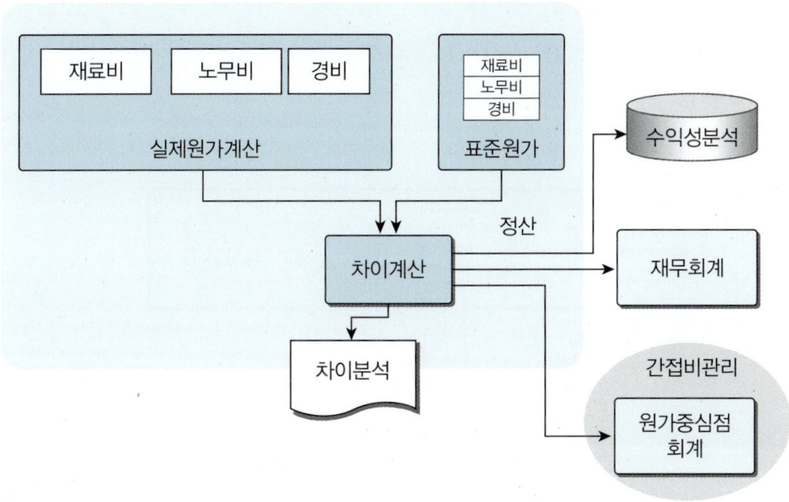

[그림 7-12] 표준원가/실제원가 차이분석

4. 간접비관리

간접비관리(Overhead Cost Management)는 제품 제조원가에서 비중의 높아지고 있는 간접비에 대하여 책임적이고 정확한 관리를 통하여 원가절감과 합리적인 경영을 위한 의사결정 지원을 목적으로 한다. 오늘날 공장의 자동화 설비의 증가로 제조

간접비관리
간접비에 대하여 책임적이고 정확한 관리를 통하여 원가절감과 합리적인 경영을 위한 의사결정 지원을 목적하는 경영관리 활동

원가의 구성요소의 변화를 살펴보면 [그림 7-13]과 같이 기존의 직접비 비중에서 간접비가 차지하는 비중이 증가되고 있다.

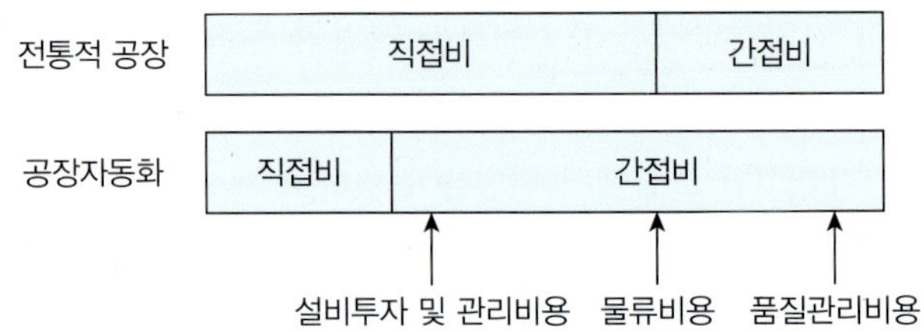

[그림 7-13] 간접비 비중의 변화

SAP ERP는 전략적인 간접비관리를 위하여 [그림 7-14]와 같이 원가중심점회계(CCA), 내부오더, 활동기준원가(ABC) 기능들을 제공하여 기업의 효과적인 간접비관리를 지원한다.

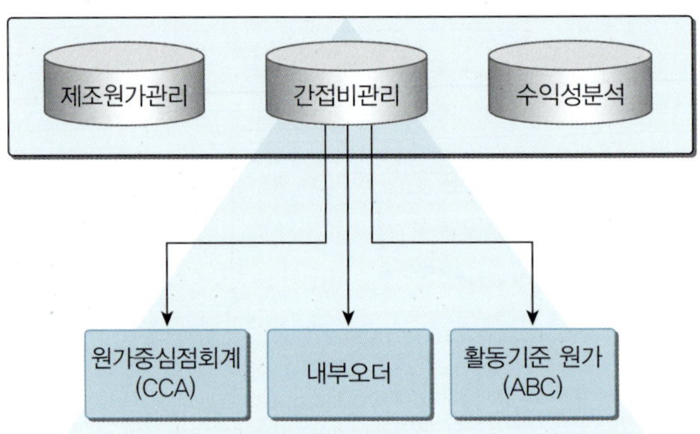

[그림 7-14] 간접비관리

- 원가중심점회계 방식 — 부서별 수준의 예산대비 실적관리
- 내부오더 기능 — 간접비 내부오더, 투자자산 내부오더, 발생비용 내부오더, 매출 내부오더 관리 지원
- 활동기준원가 지원 — 프로세스와 활동들을 정의하여 활동기준원가 지원

(1) 원가중심점회계

원가중심점회계(Cost center accounting, CCA)는 원가가 집적되는 최소단위조직인 원가중심점(cost center)을 전통적으로 원가중심점이 되는 부문(division)이 아닌 부문 아래의 팀이나 부서와 같은 하위조직들로 원가중심점을 설정하여 관리하는 것을 말한다. 하위조직에 원가중심점을 설정하는 이유는 통제 가능한 원가와 통제 불능원가를 구별하여 원가의 발생에 따른 책임을 명확하게 규명할 수 있기 때문이다. 즉, 책임회계(responsibility accounting) 제도의 시발점으로 원가중심점회계가 이용된다. 효과적인 간접비관리를 위해 원가중심점회계는 제조부문에 한정하지 않고 지원부문과 판매부문에서도 원가중심점을 설정하여 관리되는 것이 바람직하다.

원가중심점회계
원가중심점을 대상으로 세부적인 예산과 실적에 대한 관리를 수행하는 것

책임회계 제도
한 조직의 관리자의 권한에 근거하여 그 조직의 원가 및 비용을 관리하는 방식

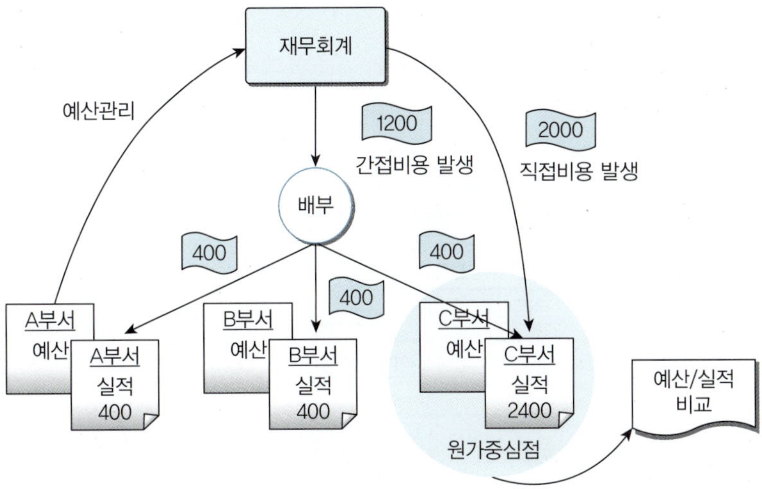

[그림 7-15] 원가중심점회계

SAP ERP에서 원가중심점회계(CCA)는 원가중심점별로 비용 예산을 설정하고, 각각에 대해 실제발생비용과 차이분석을 해서 간접비 낭비의 원인을 발견하는 것을 지원한다. [그림 7-15]와 같이 직접비용은 원가중심점별로 직접 등록되고 간접비로 처리하여야 하는 공통비 등의 금액은 활동기준원가 방식(ABC) 또는 인원, 활동 및 기계장치의 활용 정보 등에 근간한 배부기준을 이용하여 원가중심점(부서별)으로 배부한다. 이렇게 집계된 실적들은 예산과 차이 분석을 통해 과다 비용 발생을 억제하는 데 기본 정보가 된다.

(2) 내부오더

내부오더
설비 수선경비와 같은 투자경비나 기업의 이벤트성 경비들에 대한 관리를 목적으로 내부적으로 관리하는 주문번호

SAP ERP의 내부오더(Internal Order)는 설비 수선경비와 같은 투자경비나 체육대회경비, 박람회 참가경비 등과 같은 기업의 이벤트성 경비들에 대한 관리를 목적으로 내부적으로 관리하는 주문번호로 내부오더들에 대한 예산 계획과 집행 실적에 대한 관리를 통해 특수목적 사업들에 대한 비용들을 체계적으로 관리한다.

내부오더의 기능은 [그림 7-16]과 같이 사용자가 정의한 보고서 작성 기능을 제공하여 세부 집행 내역을 분석하여 효율적인 비용관리를 지원하고, 취득예정 고정자산 계획을 내부오더로 수집하여 감가상각비 상각 계획을 관리할 수 있다. 내부오더별로 집계된 비용은 정량적인 정산 기준을 이용하여 비용 성격에 따라 원가중심점 또는 자산으로 배부하여 정산을 수행한다.

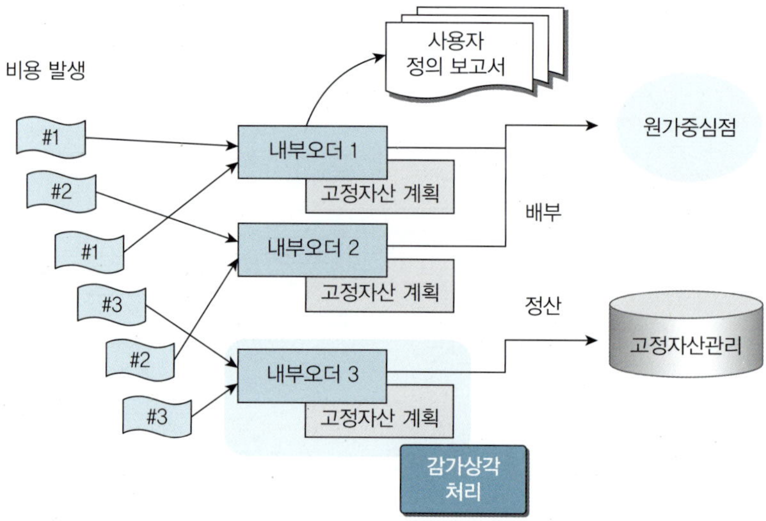

[그림 7-16] 내부오더 기능

내부오더는 간접비 내부오더, 투자자산 내부오더, 발생비용 내부오더(accrual-order), 매출 내부오더 등으로 관리 목적에 따라 다양한 유형으로 정의되어, 유형별 목적에 맞는 비용 관리에 유용하게 사용될 수 있다.

- 간접비 내부오더 — 내부에서 발생하는 간접비 관련 이벤트의 계획, 모니터링, 비용할당 및 분석에 사용된다.

- 투자자산 내부오더 — 투자 사업에 대한 계획, 집행 시 발생하는 비용에 대한 관리 시 사용되며, 사업을 계획하고 집계, 분석 및 정산하는 일련의 활동을 지원한다.
- 발생비용 내부오더 — 연간 또는 특정 시점에 발생하는 일회성 비용을 관리하기 위해 사용된다.
- 매출 내부오더 — 매출을 동반하는 사업 관리 시 사용되며, 사업별 손익분석에 사용된다.

(3) 활동기준원가

SAP ERP에서는 활동기준원가(activity based accounting, ABC)는 [그림 7-17]과 같이 기업의 업무들을 프로세스(process)와 그것을 구성하는 활동(activity)들을 정의하고 활동들과 원가중심점의 원가요소들을 연결하여 간접비를 관리한다. 활동들에 소요된 비용은 원가요소와 연결되어 해당 원가중심점에 귀속된다. c2와 같이 원가요소가 다수의 활동으로 발생한다면 활동들에 소요된 비용들로 배부하여 원가중심점에 할당한다. 이러한 방식은 원가가 어떠한 활동으로 발생하였는지에 대한 정보를 제공한다. 따라서 원가중심점 회계(CCA)에서는 원가의 발생에 대한 정보를 제공하고, 활동기준원가(ABC)는 원가가 왜 발생하였는지에 대한 정보를 제공한다.

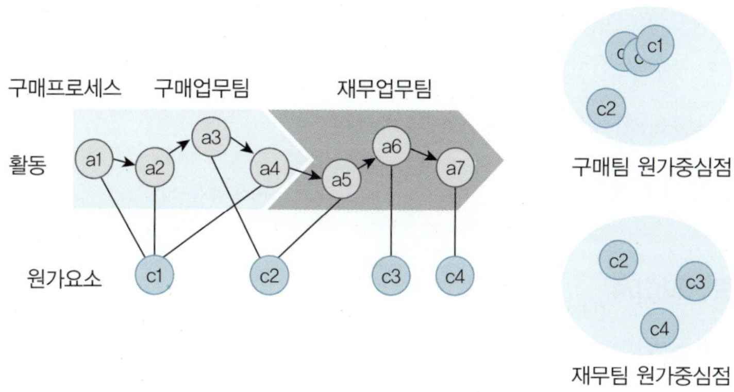

[그림 7-17] 활동기준원가

5. 수익성분석

수익성분석
일정한 기간에 있어서의 기업 활동의 성과를 측정하고 그 성과의 원인을 분석하고 검토하는 행위

수익성분석(Profit Analysis, PA)은 일정한 기간에 있어서의 기업활동의 성과, 즉 손익의 상태를 측정하고 그 성과의 원인을 분석, 검토하는 행위로 경영활동을 위한 합리적인 의사결정을 지원한다. SAP ERP는 다양한 특성별 사전손익예측과 수익성분석을 지원한다. 즉, 사업부별, 공장별 등 수익성을 분석하여 향후 자원배부와 제품 및 사업의 포트폴리오 전략을 위한 경영자 의사결정에 필요한 정보를 제공한다.

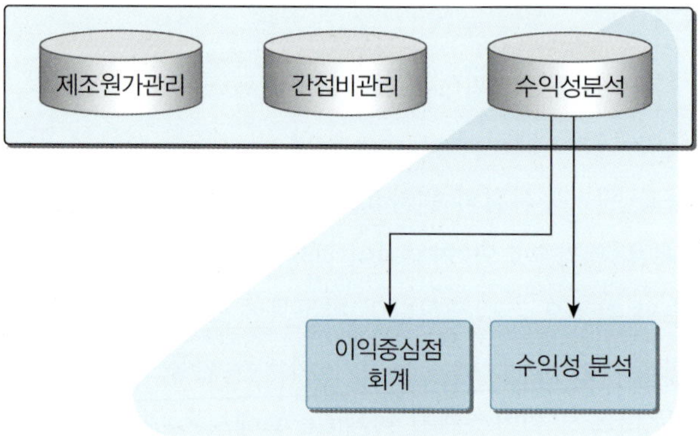

[그림 7-18] 수익성분석

SAP ERP의 수익성분석은 [그림 7-18]에서와 같이 이익중심점회계(PCA)와 특성별 수익성분석 기능을 수행한다.

- 이익중심점회계 — 사업부별 성과평가 지원
- 다양한 특성별(제품별, 공장별) 사전손익예측과 수익성분석

(1) 이익중심점회계

이익중심점회계
회사 내의 여러 사업부서들의 손익에 대한 분석으로 사업부별로 자산을 구분 · 관리하여 재무상태표, 손익계산서 등의 보고서를 제공

SAP ERP는 이익중심점회계(Profit Center Accounting, PCA)를 통해 사업부별 손익분석을 지원한다. 사업부별 손익분석은 회사 내의 여러 사업부서들의 회사에 대한 이익 창출 기여도를 분석하고, 자산을 구분 · 관리하여 재무상태표, 손익계산서 등 경영성과 파악을 통한 부서별 책임경영 실현을 목적으로 한다. SAP ERP의 이익중심점회계(PCA)에서는 사업부별로 정량적인 관리항목들이 설정되어 성과측

정 및 분석이 시행된다.

SAP ERP는 [그림 7-19]와 같이 고정자산 항목을 사업부별로 자산을 구분하고, 수익이나 비용에 관련된 상황이 발생할 때 사업부별로 귀속시켜 사업부별로 재무제표 생성이 가능하게 한다.

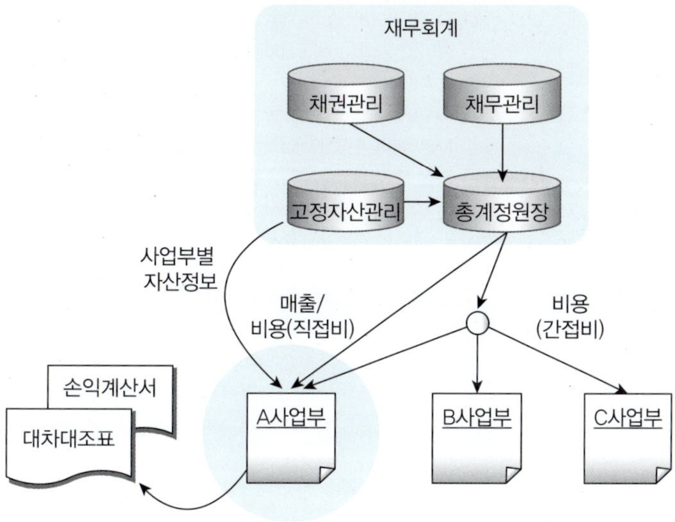

[그림 7-19] 사업부별 손익분석

SAP ERP에서는 거래 자료에 이익중심점(예, 사업부서)을 연결한 이익중심점 계정지정을 통해 사업부별 대차대조표, 손익계산서 작성을 지원한다. 계정지정이 되지 않았을 경우 이를 제어하기 위해 시스템이 오류 또는 경고 기능을 지원하고 특정한 이익중심점 지정이 불가능한 경우 공통 또는 상위 이익중심점으로 귀속 후 배부하는 기능도 지원한다.

또한 SAP ERP는 다양한 사업성과 분석을 위하여 재무제표에서 제공하는 정보 이외에 [그림 7-20]에서와 같은 추가적인 성과지표들을 산출할 수 있는 근간을 제공한다. 오늘날 장기적 관점에서 수익성에 기초한 성장이 가능한 경영활동을 위한 가치중심경영(Value Based Management, VBM)이 전략적 기업경영의 핵심으로 등장함에 따라 경제적 부가가치(EVA), 현금 흐름 투자 대비 수익(CFROI), 할인된 현금 흐름(DCF)과 같은 현금할인과 기회비용 개념들을 고려된 지표들을 사업부별 평

가치중심경영
장기적 관점에서 수익성에 기초한 성장을 위한 경영관리로 경제적 부가가치(EVA), 현금 흐름 투자 대비 수익, 할인된 현금 흐름과 같은 현금할인과 기회비용 개념들을 고려된 성과지표들을 사용하여 경영활동을 관리하는 것

가에 적용하는 것이 영업수익(OPPR), 세후 순 영업 수익(NOPAT) 등과 같은 고전적인 지표들을 시용하는 것보다 바람직하다. 상기의 지표들에 대하여는 12장 확장 ERP의 전략적 기업경영 영역에서 다시 설명된다.

고전적 성과 지표	
OPPR	영업 수익(Operating Profit)
OPEX	영업 경비(Operational Expenses)
CF	현금 흐름(Cash Flow)
ROI	투자 회수(Return on Investment)
ROCE	투입 자본 대비 수익(Return on Capital Employed)
ROA	영업 자산 대비 수익(Return on Operational Assets)
NOPAT	세후 순 영업 수익(Net Operating Profit)
RI	잉여 수입(Residual Income

최근 추세 성과 지표	
EVA	EVA 경제적 부가 가치(Economic Value Added)
CFROI	현금 흐름 투자 대비 수익(Cash Flow Return on Investment)
DCF	할인된 현금 흐름(Discounted Cash Flow)

[그림 7-20] 성과지표

(2) 수익성분석

SAP의 수익성분석 기능은 다양한 특성별, 제품별, 고객별, 공장별, 주문별 등의 사전 손익예측과 수익성분석을 지원한다. 수익성분석을 위한 기초자료들은 영업 유통, 생산, 재무회계, 인적자원관리, 프로젝트시스템 등의 관련 모듈에서 [그림 7-21]에서와 같이 특성정보가 포함된 전표가 입력되어 여러 특성별 다차원 수익성분석이 가능하게 한다.

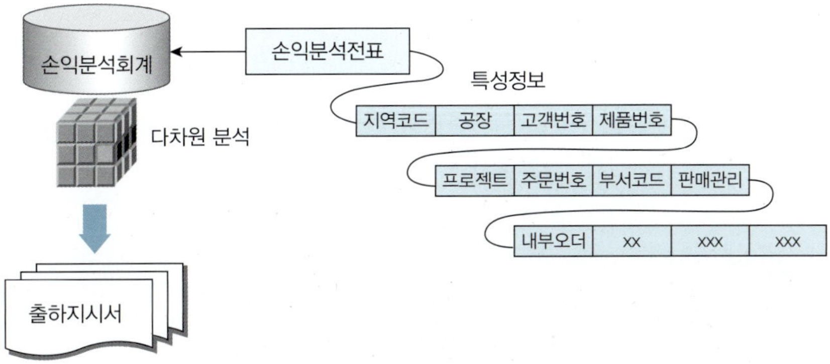

[그림 7-21] 수익성분석

다차원 분석기능은 사용자 중심의 보고기능인 보고서 작성기(Report Painter)를 이용하여 사용자가 원하는 분석 보고서를 만들 수 있으며 분석 자료들은 드릴다운(Drill-Down)하여 그 원천 자료까지 접근이 가능하다. 또한 분석보고서들은 엑셀 파일로 저장도 가능하다.

[그림 7-22]는 수익성분석에 이용되는 자료들의 개략적인 흐름을 보여주고 있다.

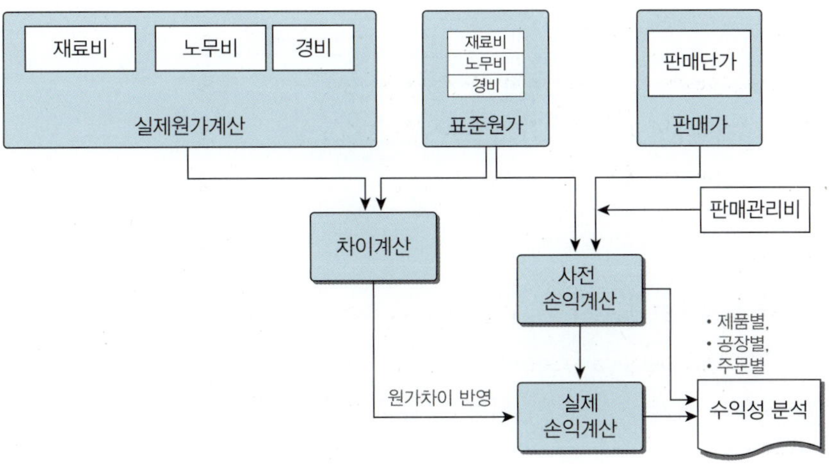

[그림 7-22] 수익성분석

6. 관리회계 모듈 조직구조

CO 모듈의 주요한 조직구조는 원가관리와 관련한 조직구조로 주요 구성요소들은 관리영역, 원가중심점그룹, 원가중심점 등이 있다.

(1) 관리영역

관리영역
관리회계의 조직 구성단위

관리영역(controlling area)은 관리회계의 조직 구성단위로 일반적으로 [그림 7-23]과 같이 회사코드에는 하나 이상의 관리영역이 존재하고, 관리영역은 일반적으로 회사코드 수준에서 결정된다.

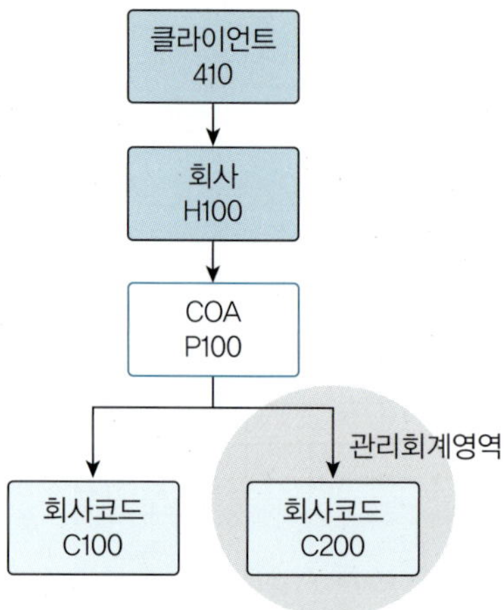

[그림 7-23] 관리영역

(2) 원가중심점그룹과 원가중심점

원가중심점그룹(cost center group)과 원가중심점(cost center)은 원가중심점회계(CCA) 구현을 위한 조직 구성단위로 [그림 7-24]와 같이 회사코드에는 다수의 원가중심점그룹이 설정되며 원가중심점그룹은 원가중심점들로 구성된다. 일반적으로 원가중심점은 부서단위로 설정되고 원가중심점그룹은 부문 수준에서 설정된다.

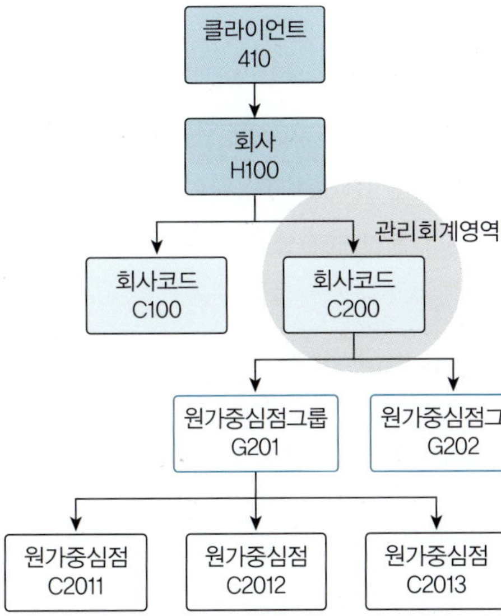

[그림 7-24] 원가중심점그룹과 원가중심점

7. 관리회계 모듈 마스터데이터

CO 모듈에서 관리되는 주요 마스터데이터는 원가요소이다.

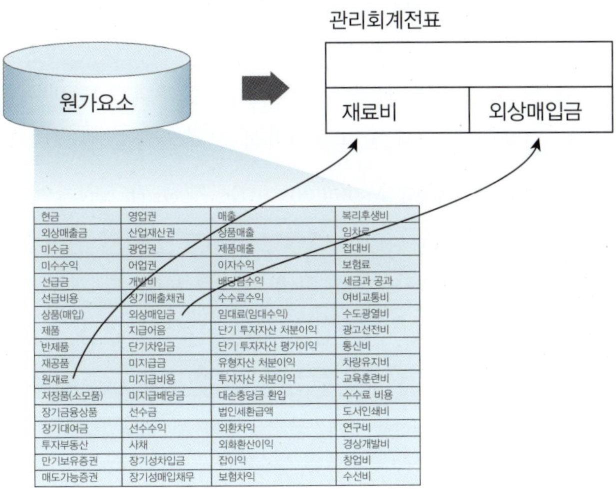

현금	영업권	매출	복리후생비
외상매출금	산업재산권	상품매출	임차료
미수금	광업권	제품매출	접대비
미수수익	어업권	이자수익	보험료
선급금	개발비	배당금수익	세금과 공과
선급비용	장기매출채권	수수료수익	여비교통비
상품(매입)	외상매입금	임대료(임대수익)	수도광열비
제품	지급어음	단기 투자자산 처분이익	광고선전비
반제품	단기차입금	단기 투자자산 평가이익	통신비
재공품	미지급금	유형자산 처분이익	차량유지비
원재료	미지급비용	투자자산 처분이익	교육훈련비
저장품(소모품)	미지급배당금	대손충당금 환입	수수료 비용
장기금융상품	선수금	법인세환급액	도서인쇄비
장기대여금	선수수익	외환차익	연구비
투자부동산	사채	외화환산이익	경상개발비
만기보유증권	장기성차입금	잡이익	창업비
매도가능증권	장기성매입채무	보험차익	수선비

[그림 7-25] 원가요소 마스터데이터

(1) 원가요소

원가요소(cost element)는 원가에 대하여 분류된 요소들을 관리하는 마스터로 원가요소들은 주 원가요소와 보조 원가요소로 구분된다. 주 원가요소(primary cost elements)는 총계정원장에서 관리되는 계정들이고 보조 원가요소(secondary cost elements)는 관리회계(CO) 모듈에서 내부용으로 관리하는 계정들로 구성된다.

요약

SAP ERP의 관리회계(Controlling) 모듈은 기업의 목표달성을 위하여 경영관리활동과 관련한 내부보고서를 신속하게 작성하여, 전략적 계획과 운영적 의사결정에 필요한 정보를 적시에 제공한다. 관리회계 모듈이 지원하는 주요기능들은 제조원가관리, 간접비관리 그리고 수익성분석 기능들로 구성되어 있다.

제조원가(product costing)는 제품의 제조를 위해 직접 · 간접으로 소요된 공장 원가로 재무회계와 관리회계 업무의 기초자료가 되며, 제조원가는 계산하는 시점과 방법의 차이에 따라 실제원가와 표준원가로 구분이 가능하다. SAP ERP의 제조원가관리(product costing, PC)는 재무제표 작성을 지원하는 전통적인 제조원가계산인 실제원가 방식을 지원할 뿐 아니라 각 원가요소별로 미리 표준적인 소비액을 설정하여 이를 기초로 제조원가를 설정하는 표준원가 방식도 지원한다. 아울러 실제의 제조활동에 소요된 실제원가와 비교하여 양자의 차이를 분석함으로써 원가관리에서 개선하여야 할 점을 발견하는 데 기여한다. 즉, SAP ERP의 제조원가관리는 표준원가 설정, 실제원가 계산과 표준원가와 실제원가의 차이분석 기능을 수행한다. 간접비관리(Overhead Cost Management)는 제품 제조원가에서 비중의 높아지고 있는 간접비에 대하여 책임적이고 정확한 관리를 통하여 원가절감과 합리적인 경영을 위한 의사결정 지원을 목적으로 한다. SAP ERP는 전략적인 간접비관리를 위하여 원가중심점회계(CCA), 내부오더, 활동기준원가(ABC) 기능들을 제공하여 기업의 효과적인 간접비관리를 지원한다. 수익성분석(Profit Analysis, PA)은 일정한 기간에 있어서의 기업 활동의 성과, 즉 손익의 상태를 측정하고 그 성과의 원인을 분석, 검토하는 행위로 경영관리를 위한 합리적인 의사결정을 지원한다. SAP ERP는 사업부별, 공장별 등에 대한 수익성을 분석하여 향후 자원배부와 제품 및 사업의 포트폴리오 전략을 위한 경영자 의사결정에 필요한 정보를 제공한다. 이를 위해 SAP ERP의 수익성분석은 이익중심점회계(PCA)와 특성별 수익성분석 기능을 수행한다.

CO 모듈의 주요한 조직구조는 원가관리와 관련한 조직구조로 주요 구성요소들은 관리영역, 원가중심점그룹, 원가중심점 등이 있으며, CO 모듈의 주요 마스터데이터는 원가요소이다.

● 참고 문헌

- 김은 · 박진우 · 박준호 · 유세열 외, 『enterprise solutions(기업용 솔루션)』, 어람출판사, 2005.
- 남천현, 『FI/CO 모듈의 이해』, Professor Academy of SAP Korea, 2002
- 남천현, 『SAP R/3에 기반한 ERP 회계론』, 신영사, 2006
- 남천현, 『SAP R/3 ERP 회계정보시스템』, 신영사, 2009.
- 루정 통청, 『ABC ABM에 의한 효과성 중시 경영』, 대영사, 2000
- 박용태, 『공학도를 위한 기술과 경영』, 생능출판사, 2005
- 정준수, 『원가 관리회계』, 경문사, 2004
- 최홍규 · 김현경, 『K-IFRS 현대원가회계』 2판, 피앤씨미디어, 2014
- 황재훈 · 황문섭 · 송진용 · 오세창 · 서경미, 『SAP R/3 이해』, 어람출판사, 1999.
- Brady, Joseph, Monk, Ellen F., Wagner, Bret J., *Concepts in Enterprise Resource Planning*, 2001, Course Technology.
- Monk, Ellen F., *Concepts In Enterprise Resource Planning 4/E* (Paperback), CourseTechnology, 2013.
- O'Mahony, A., & Doran, J. (2009). The Changing Role of Management Accountants; Evidence From the Implementation of ERP Systems in Large Organizations. International Journal of Business and Management, 3(8), 109.
- SAP Korea, SAP 솔루션 상세 설명 자료: 관리회계(CO), SAP Korea, 2005
- Tutorials Point, SAP FICO Tutorial – TutorialsPoint, http://www.tutorialspoint.com/sap_sd/sap_fico_tutorial.pdf, 2016

연·습·문·제

1. 관리회계(CO)모듈의 구성에 대하여 설명하라.

2. ERP 시스템 도입으로 인한 관리회계 업무의 변화에 대하여 설명하라.

3. 제조원가의 구성에 대하여 설명하라.

4. 표준원가의 의의 및 설정 방법에 대하여 설명하라.

5. 간접비관리의 중요성과 관리기법들에 대하여 설명하라.

6. SAP ERP의 원가중심점회계(CCA)에 대하여 설명하라.

7. SAP ERP의 활동기준원가(ABC)에 대하여 설명하라.

8. 손익/수익성분석의 의의에 대하여 설명하라.

9. CO 모듈의 조직 구성요소들에 대하여 설명하라.

10. CO 모듈 주요 마스터데이터들을 나열하고 역할들에 대하여 설명하라.

● 실무적용

- 우리 회사의 관리회계에서 제공되는 보고서들을 구해 보자.
- 우리 회사의 주요제품들에 대한 원가구조를 알아보자.
- 우리 회사 주요제품들의 표준원가를 설정해 보자.
- 우리 회사가 사용하는 간접비 배분방식에 대하여 알아보자.
- 우리 회사가 활동기준원가를 사용하는지 알아보자 만약 사용하지 않는다면 그 이유를 알아보자.
- 우리 회사의 원가중심점에 대하여 알아보자.
- 우리 회사가 수익성분석을 하는 특성들(예, 제품별, 공장별, 지역별)에 대하여 알아보자.

8

CHAPTER

인적자원관리(HR) 모듈

학습 목표

- 인적자원관리(HR) 모듈의 구성에 대하여 설명할 수 있다.
- e-HRM의 특징에 대하여 설명할 수 있다.
- 조직관리의 구성 및 역할에 대하여 설명할 수 있다.
- 인사관리의 세부 기능(채용관리, 인사행정, 경력개발, 교육훈련, 평가관리, 보상관리, 복리후생)들에 대하여 설명할 수 있다.
- 급여관리에 대하여 이해할 수 있다.
- e-HRM을 위한 셀프서비스 기능에 대하여 설명할 수 있다.
- 인적자원관리(HR) 모듈의 조직구조에 대하여 알 수 있다.
- 인적자원관리(HR) 모듈의 주요 마스터데이터에 대하여 알 수 있다.

1. 인적자원관리 모듈 개요

SAP ERP의 인적자원관리(Human Resources, HR) 모듈은 조직구조 및 조직 구성요소들에 대한 효과적 관리, 인재의 확보부터 배치, 육성, 유지에 이르는 조직의 인적자원들에 대한 전체과정에 대한 관리와 근로보상에 대한 급여처리 업무 등을 지원한다. 인적자원관리 모듈은 인적자원관리 업무의 효율성과 통합성을 높이기 위하여 연관된 영업유통, 자재관리, 생산관리, 설비관리 및 회계관리 모듈의 기능들과 실시간 연동은 물론 다양한 셀프서비스(self-service) 기능으로 실질적인 e-HRM 환경을 지원한다.

인적자원관리(HR) 모듈
기업의 조직구조에 대한 관리, 조직의 인적자원에 대한 관리 및 급여처리 업무 등을 지원하는 모듈

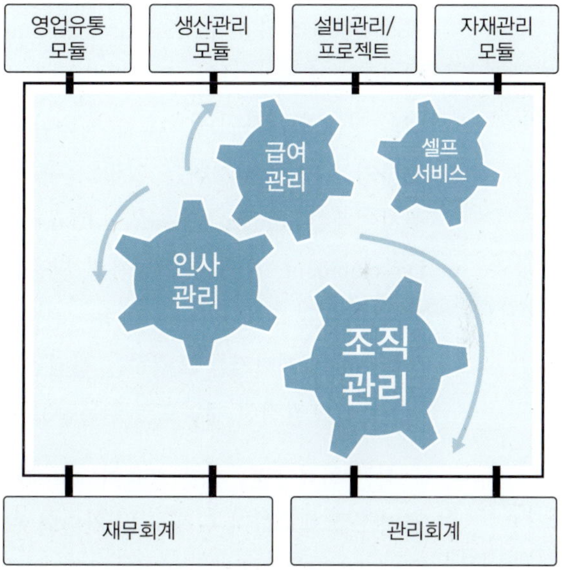

[그림 8-1] 인적자원관리 모듈의 기능 구성

인적자원 모듈이 지원하는 주요기능들은 [그림 8-1]에서와 같이 조직관리, 인사관리, 급여관리 그리고 셀프서비스 기능 등으로 구성되어 있다.

- 조직관리 — 조직단위, 직무, 직위와 같은 조직구조의 구성요소들을 정의하고, 정의된 조직 구성요소들을 활용하여 조직도를 구성하며, 구성된 조직 구조들을 근간으로 인력계획을 수립하는 기능들을 포함한다.
- 인사관리 — 새로운 인력의 채용관리, 각종 인사행정관리, 종업원들의 인재개발 및 교육훈련, 평가 등의 인사관리 전 업무를 지원하다.
- 급여관리 — 급여정보 취합 및 급여처리 업무를 지원한다.
- 셀프서비스 기능지원 — 사원, 관리자 및 인사담당자들을 위한 다양한 셀프서비스 기능을 제공한다.

2. 인적자원관리 개요

인적자원관리
조직의 목적을 달성하기 위하여 활용되는 인적자원에 대한 획득 및 개발, 유지에 관한 활동

인적자원관리(Human Resource Management, HRM)는 조직의 목적을 달성하기 위하여 활용되는 자원 중 인적자원에 대한 획득 및 개발, 유지에 관한 활동으로 기업의 장래 인적자원의 수요를 예측하여, 기업전략의 실현에 필요한 인적자원을 확보하기 위하여 실시하는 일련의 활동으로 정의된다. 오늘날 인적자원관리는 인적자원계획(Human Resource Planning, HRP), 인적자원개발(Human Resource Development, HRD), 인적자원 활용(Human Resource Utilization, HRU)의 3가지 측면으로 되어 있지만, 채용 · 선발 · 배치부터 인재개발, 교육훈련, 보상관리는 물론 조직설계까지를 포괄하는 광범위한 활동에 있어 종래의 인사관리의 틀을 넘어선, 보다 포괄적인 개념으로 주목받고 있다.

e-HRM
인터넷과 정보처리기술을 활용한 인적자원의 확보 및 유지, 활용으로 인적자원 관리 비용을 최소화하고 인적자원 활용의 극대화를 추구하는 것

최근 인적자원관리를 효율적 · 효과적으로 관리하고, 구성원들에게 보다 질 높은 서비스를 제공하기 위해서 IT기술의 활용과 웹 환경을 기반으로 한 e-인적자원관리(e-HRM)가 새로운 인적자원관리 전략으로 등장하고 있다. e-HRM은 인터넷, 정보처리기술 등을 활용한 인적자원의 확보 및 유지, 활용으로 인적자원 관리비용을 최소화하고 인적자원 활용의 극대화를 추구하는 것으로 e-HRM은 [그림 8-2]와 같이 관리형태, 작업환경, 필요기술, 주요 인사기능 및 인사 담당자의 역할 측면에서 전통적인 인적자원관리와는 다른 형태를 보여주고 있다. 인적자원관리 형태는

종업원 집단관리 형태에서 종업원 개개인의 개별 차원의 관리로 변화되고, 작업환경은 Paper 중심의 물리적 사업장에서 Paperless 작업환경과 가상 작업공간으로, 인적자원 담당자 역할은 단순 관리 및 지원에서 전문적인 자문과 조언자 역할로 변화를 가져왔다.

	전통적 인사관리	정보기술	e-HRM
1. 관리형태	인적자원의 집단 관리		개별 인적자원의 관리
2. 작업환경	Paper 중심의 작업환경 물리적 사업장 근무 시간의 제약		Paperless 작업환경 가상 작업 공간 등장 근무 시간 유연화 및 탄력화
3. 필요기술	사람 관리 기술		사람 관리 및 IT 관리 기술
4. 주요 인사 기능	인사정보관리 및 정보 전달		전략적 인사 관리
5. HR 담당자	관리/지원 역할		전문적인 자문 및 조언자 역할
6. 정보 수집 및 의사결정 자료	개인적 접촉에 의한 정보 비 계량적 자료		다양한 정보원천 및 컴퓨터 기반의 통계자료
7. IT 활용도	수동적 대응		주도적 개발 활용

자료: CEO를 위한 新경영학(2006)을 참조해서 재 작성.

[그림 8-2] e-HRM

(1) e-HRM의 특징

IT기술의 활용과 웹 환경에 기반으로 한 e-HRM은 기존의 인적자원관리 방식과 구분되는 특징은 다음과 같다.

- 웹을 기반으로 한 IT기술을 활용하여 시간과 장소의 제약을 극복하고 다양한 정보를 제공하는 환경을 구축하여 생산성 향상, 조직 활성화, 종업원 만족 등의 효과를 가지고 온다.
- 조직이 필요로 하는 조직의 인적자원과 인사관리 및 조직단위의 특성에 관한 데이터들을 IT기술을 활용하여 인적자원 이해관계자에게 제공하거나 혹은 인적자원 의사결정을 지원해 준다.

- 종업원을 관리대상이 아닌 내부 고객이자 서비스 대상자로 인식하고 종업원 개인의 요구를 파악하기 위하여 셀프서비스 기능을 사용함으로써 종업원 만족도를 향상시킬 수 있다.
- IT기술 기반의 쌍방향 커뮤니케이션을 통해 조직의 수직적 · 수평적 의사소통을 원활하게 하고, 인적자원의 역량을 강화하여 종래의 폐쇄적인 분위기에서 벗어난 디지털 환경에 적합한 열린 조직문화를 제공한다.
- 인적자원관리부서가 지시적 입장에서 현장관리자에 대한 지원, 자문 및 전략적 비즈니스 파트너로서의 변화된 역할을 수행한다.

(2) 조직구조의 기초

조직
기업 공통의 목표에 달성하기 위해 업무와 직능을 분류하고, 책임과 권한을 부여한 계층을 통하여 기업 활동을 조정하는 것

조직(organization)은 기업 공통의 목표에 달성하기 위해 업무와 직능을 분류하고, 책임과 권한을 부여한 계층을 통하여 기업 활동들을 합리적으로 조정하는 것으로 조직구조는 한 조직단위의 근본적인 활동과 과정을 나타내고 있다.

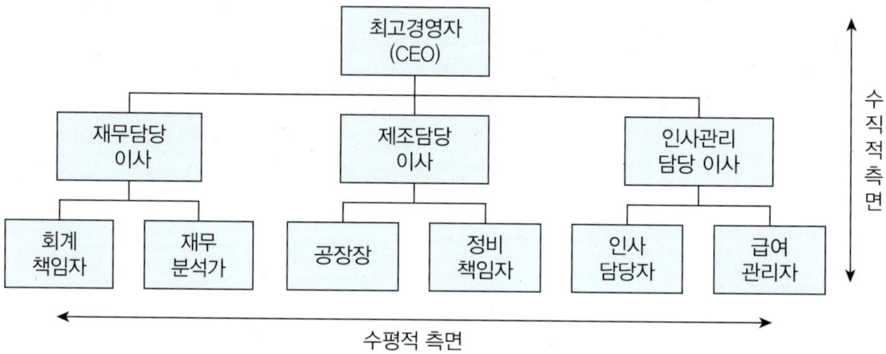

[그림 8-3] 조직구조

[그림 8-3]과 같은 조직에서 조직구조는 조직의 전체 목표를 달성하는 데 필요한 수직적, 수평적 정보가 원활하게 흐를 수 있도록 설계되어야 한다. 수직적 연결은 통제를 주목적, 수평적 연결은 조정과 협력을 목표를 두고 구성되어야하며, 조직은 상황에 따라 효율성을 목적으로 하는 수직적 구조의 전통적인 조직설계를 지향할 수도 있고, 학습을 지향하는 수평적 구조의 조직설계를 지향할 수도 있다. 각각의 조직구조의 특성은 〈표 8-1〉과 같다.

〈표 8-1〉 수직적 구조와 수평적 구조 특징

수직적 구조	수평적 구조
• 전문화된 과업 • 엄격한 계층과 많은 규칙 • 수직적 의사소통과 보고체계 • 소수의 팀 • 집권화된 의사결정	• 과업 공유, 권한위양 • 느슨한 계층, 소수의 규칙 • 수평적, 면대면 의사소통 • 많은 수의 팀과 태스크 포스 • 분권화된 의사결정

실질적으로 기업들의 조직구조는 [그림 8-4]와 같이 수직적/수평적 구조화 정도에 따라 기능별 조직구조, 수평적 연결을 가진 기능별 조직구조, 사업부제 조직구조, 매트리스 조직구조, 수평적 조직구조, 모듈형 조직구조로 구분되며, 이러한 조직구조의 선택은 기업의 목표를 달성하기 위해 전략, 환경, 기술, 규모 및 수명주기, 조직문화와 같은 상황요인들을 반영하여 이루어져야 한다.

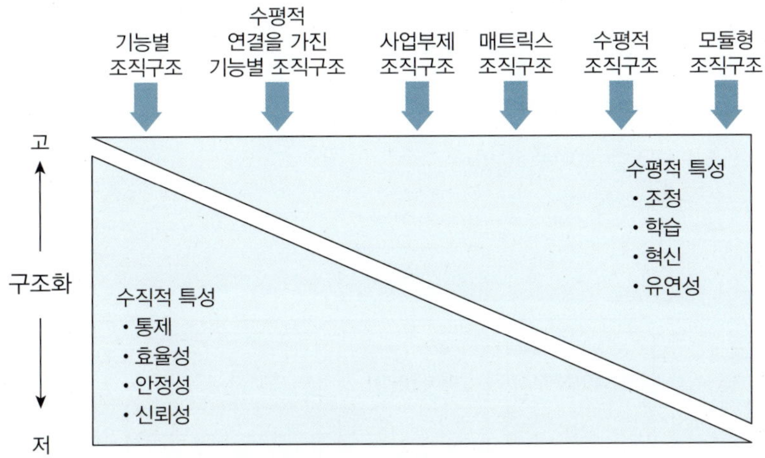

[그림 8-4] 구조화에 따른 조직구조

- 기능별 조직구조 — 인사, 재무, 마케팅, 생산 등과 같이 업무의 내용이 유사하고 관련성이 있는 것들을 결합하여 부서화한 조직구조
- 수평적 연결을 가진 기능별 조직구조 — 기능별 조직구조에 정보시스템, 부서 간 직접 접촉, 전임통합자, 프로젝트관리자 등을 활용하여 수평적인 구조를 가미한 조직구조

- 사업부제 조직구조 ― 사업부 단위로 부서를 편성하고 각 부서에 대하여 독자적인 생산 · 마케팅 · 재무 · 인사 등의 관리권한을 부여한 조직구조
- 지역별 조직구조 ― 지역을 사업부 단위로 조직화한 형태로 사업부제와 같이 생산 · 마케팅 · 재무 · 인사 등의 독자적인 관리권한을 부여한 조직구조
- 매트리스 조직구조 ― 소비자 중심의 시장상황과 급변하는 환경에 적응하기 위해서 제품별 조직과 기능별 조직을 결합하여 이중의 명령체계와 책임, 평가 및 보상체계를 갖춘 조직구조
- 수평적 조직구조 ― 고객의 욕구변화에 신속하고 유연한 대응하기 위하여 고객만족에 초점 맞춘 핵심프로세스를 중심으로 조직을 구조화한 조직구조
- 모듈형 조직구조 ― 공장이나 장비, 유통설비 시설 등에 대한 막대한 투자가 없이도 사업이 가능하도록 회계, 디자인, 생산, 마케팅, 유통활동을 외부에서 독립적으로 수행하는 개별 기업들이 네트워크를 통해 중앙에 있는 조직과 연결된 조직구조

[그림 8-5]는 수직의 기능별 조직과 수평의 제품별 프로젝트 그룹을 근간으로 한 매트리스 조직구조를 보여주고 있다.

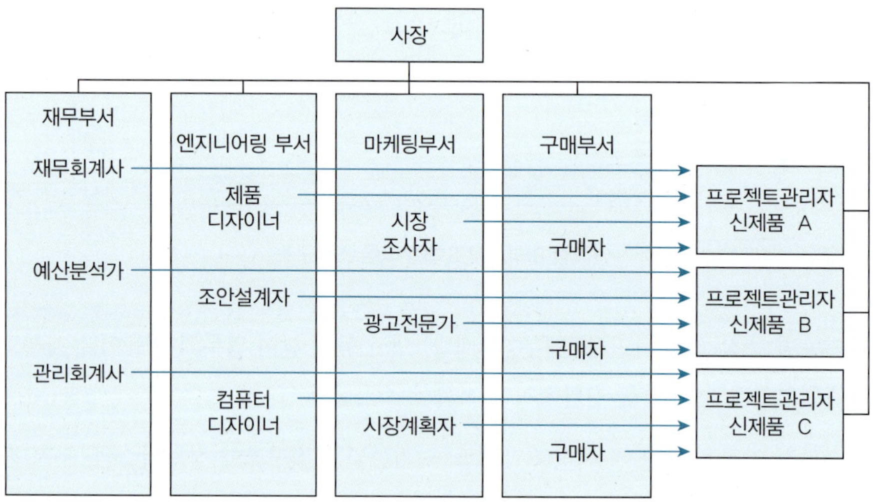

[그림 8-5] 매트리스 조직

3. 조직관리

조직관리(Organizational Management, OM)는 조직의 목표를 달성하기 위하여 기업 내에서 인적자원을 조직화하고, 계획하며, 통제하는 과정이다. SAP ERP에서 제공하는 조직관리는 조직 목표에 따라 설계된 조직구조를 관리하게 위해 조직단위(부서), 직무 및 포지션(position) 등의 조직 구성요소들에 대한 정의와 체계적인 인적자원관리를 위한 조직구조를 구성하는 것을 목적으로 한다.

조직관리
조직의 목표를 달성하기 위하여 기업 내에서 인적자원을 조직화, 계획 및 통제하는 과정

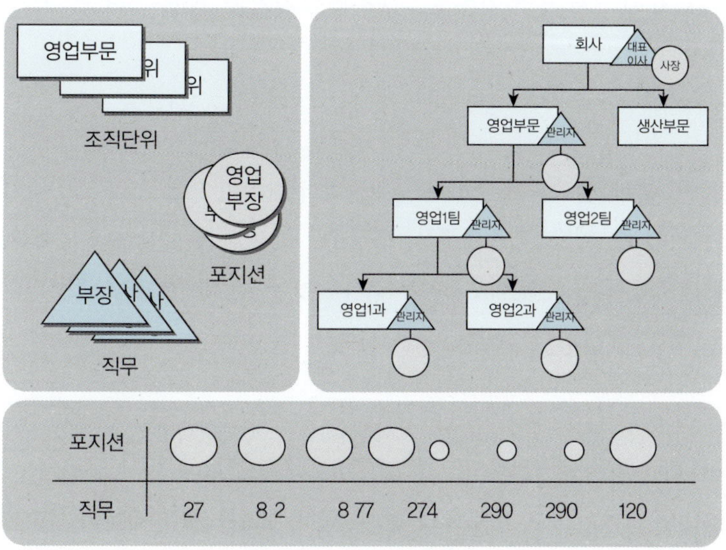

[그림 8-6] 조직관리의 주요기능

조직관리(OM)에서 지원하는 주요기능들은 [그림 8-6]에서와 같이 조직 구성요소 관리, 조직구조 구성과 인력계획 수립 기능 등으로 구성되어 있다.

- 조직구조 구성요소 관리 — 조직단위, 직무, 포지션, 원가중심점, 사원 등의 구성요소들에 대하여 정의 관리한다.
- 조직구조 구성 — 정의된 조직 구성요소들을 가지고 회사조직 구조와 일치하는 시스템 내의 계층 구조를 구성한다.
- 인력계획 — 직무, 포지션의 범위 등을 고려한 조직의 적정 인력을 계획한다.

(1) 조직구조 구성요소

조직구조 구성요소(object type)는 조직단위, 직무, 포지션, 원가중심점, 종업원 등과 같이 조직을 구성하는 제반 구성요소로 SAP ERP에서 관리하는 주요 조직구조 구성요소들에 대한 설명은 다음과 같다.

조직단위

조직단위(organizational unit)는 조직화 계획의 기본 단위로 일반적 형태인 지역별, 기능별 이외에 프로젝트 그룹별 형태도 지원된다. 일반적인 형태인 기능별 조직구조인 경우 회사 내에서 특정 기능을 수행하는 조직기관, 예를 들어 과, 부, 팀, 부문 등으로 구성된다.

직무

직무(job)는 특별한 업무를 수행하는 단위들의 일반적인 분류로 다수의 종업원은 동일 직무를 가질 수 있다. 과장, 부장, 팀장, 상무 등의 부서장이나 구매원(buyer), 비서와 같은 특수 업무들이 직무가 된다. 직무는 포지션을 만들기 위한 기초로 사용되다.

포지션

포지션(position)은 회사 내에서 개인(종업원)들에게 할당된 업무로 인사부장, 구매부장, 영업1부장 등이 포지션의 예가 될 수 있다. SAP ERP에서 포지션은 조직과 종업원 개인을 연결하는 자료로 인사관리에서 중요한 의미를 갖는다.

원가중심점

원가중심점(cost center)은 관리회계 모듈에서 정의된 구성요소로 조직구조와 포지션들이 원가중심점에 연계된다.

사원

사원(persons)은 기업의 임직원들로 조직구조 내에서 포지션을 가지며, 인사행정에서 관리된다.

SAP ERP에서는 직무 기반의 조직관리가 가능하도록 직무와 포지션을 [그림 8-7]과 같이 연계하여 관리하며, 직무내역, 과업, 직무 자격요건 등을 체계화하여 관리한다. 종업원 개인의 역량, 직무, 경험 등을 직무나 포지션의 기준역량 프로파일(profile)로 관리하여 직무적합성 분석, 경력계획, 후임자 계획, 경력개발계획 등에 활용한다. SAP의 기준역량 프로파일은 직무명세서(job description)와 같은 역할을 한다.

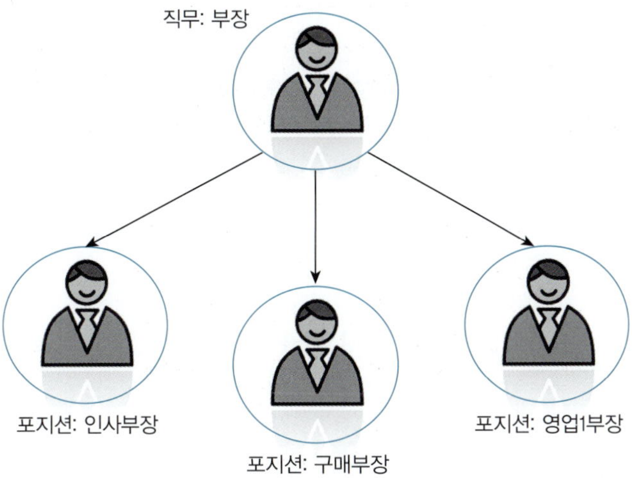

[그림 8-7] 직무와 포지션

(2) 조직구조 구성

SAP ERP의 조직구조에 대한 구성은 기능별, 사업부별 또는 지역별 같은 일반적인 기업의 조직구조 형태에 따라 [그림 8-8]과 같이 조직단위, 직무, 포지션, 사원 등의 조직 구성요소들 사이의 관계를 연결함으로써, 회사조직 구조와 일치하는 계층 구조로 구성한다.

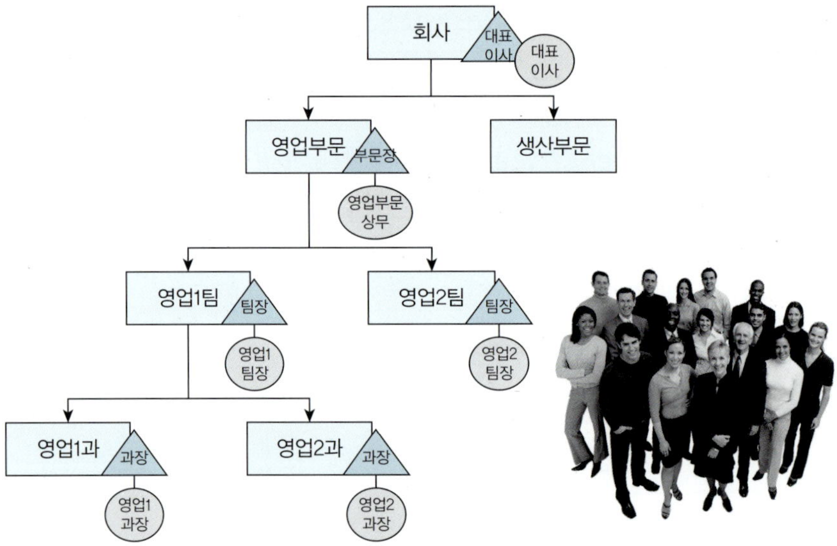

[그림 8-8] 조직구조 구성

SAP ERP의 조직구조에 대한 구성은 전통적인 조직구조인 지역별, 기능별 조직구조뿐 아니라 매트리스 조직을 포함한 기업에 맞는 최적의 조직구조 생성을 지원한다. 또한 [그림 8-9]와 같이 손쉬운 조직구조의 구성을 위하여 그래픽 모드의 조직도를 지원한다. 그래픽 모드의 조직도에서 조직단위, 포지션, 사원 등의 구성요소를 추가하거나 삭제, 이동이 가능하며, 조직도에서 변경한 내용은 자동으로 인사에 반영된다.

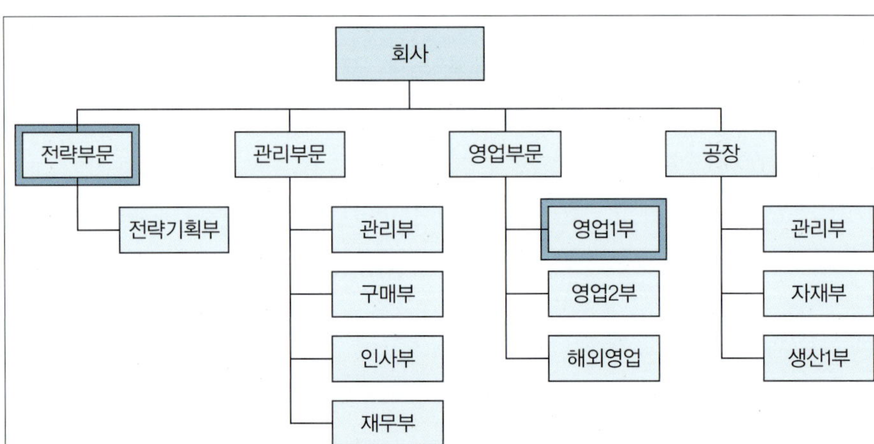

[그림 8-9] 그래픽 조직도 지원

(3) 인력계획

인력계획은 기업의 현재 및 장래의 각 시점에서 필요한 자격요건을 갖춘 인력의 수를 사전에 계획 · 결정하고 이에 대한 사내 외의 인력수급을 예측 · 계획하는 것을 의미한다. SAP ERP에서의 인력계획은 [그림 8-10]과 같이 조직의 중장기 사업계획과 비전, 필요한 직무, 포지션 현황 등을 고려한 조직의 적정한 계획인원을 산출하고 현재인원과 비교하여 소요인력을 판단한다.

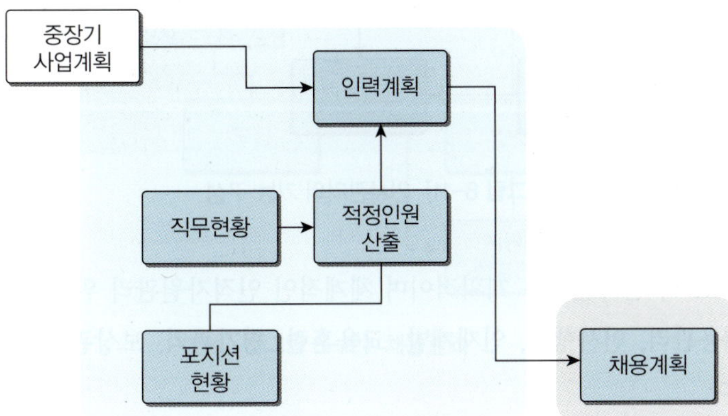

[그림 8-10] 인력계획

인력계획 내역은 시나리오별 인건비 계획 및 시뮬레이션을 수행하여 반영하고 확정된 인원계획에 대한 충원을 위해서는 신규 포지션을 만들어서 그에 대한 채용 및 이동 등을 통해 충원한다.

4. 인사관리

인사관리(personnel management)는 기업의 목표를 달성하기 위해서 필요로 하는 인력을 조달하고 유지, 개발하며 이를 활용하는 인적자원관리 업무로 인적자원의 확보, 개발, 활용, 평가, 보상, 유지와 관련한 활동을 수행한다. SAP ERP는 인사관리는 기업이 보유한 인적자원을 효율적으로 이용하기 위해 수행하는 일련의 계획적이며 체계적인 업무를 지원한다.

인사관리
기업의 목표를 달성하기 위해서 필요로 하는 인력을 조달하고 유지, 개발하여 이를 활용하는 인적자원관리 업무

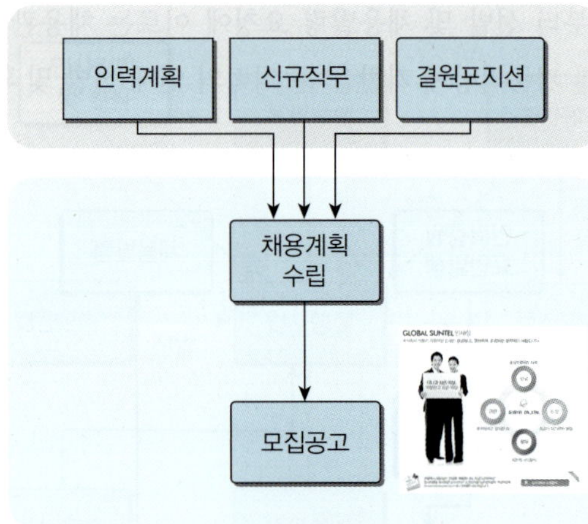

[그림 8-13] 채용계획 및 모집

SAP ERP에서는 조직의 중장기 사업계획과 비전, 필요한 직무, 포지션의 범위 등을 고려한 조직의 적정한 계획인원을 산출하고 현재원과 비교하여 채용소요 파악하고 채용관리에서 공석(결원포지션)의 상태를 모니터링하며, 채용계획을 수립하는데 도움을 준다. 또한 광고에 의한 모집, 직업소개소, 교육기관의 추천 등의 다양한 모집 방법 및 웹(Web)과 연동하여 지원자를 모집하는 등 모집채널을 다양화하여 효과적인 채용 관리가 이루어지도록 한다.

지원자 전형관리 및 선발

채용 적합성 분석
직무 및 포지션 요건에 근거한 채용자격조건과 지원자들의 자격사항에 대한 비교과정

SAP ERP에서의 지원자 전형관리는 [그림 8-14]와 같이 직무 및 포지션 요건에 근거한 채용자격조건과 지원자들의 자격사항에 대한 비교과정, 즉 **채용 적합성 분석**(profile match-up)을 통하여 합격자의 선발이 이루어진다. 적합성 분석을 위한 직무와 포지션에 대한 요건들은 직무 기준역량 프로파일(job profile)과 포지션 기준역량 프로파일(position profile) 등으로 관리되어 인사관리 전반에서 다양한 용도로 사용된다. 채용관리에서는 지원자들의 채용 적합성분석을 통해 예상 합격자의 상세한 직무적합성 분석 기능을 제공한다. 또한 채용관리에서는 적합 지원자 분석 기능을 통하여 다양한 자격요건을 선택적으로 부여하여 지원자들에 대한 시뮬레이션을 시행하여 최적의 지원자를 선발한다. 이러한 기능들을 통해 SAP ERP는 직무별 기준역량에 기반을 둔 인재 선발 및 확보를 지원한다.

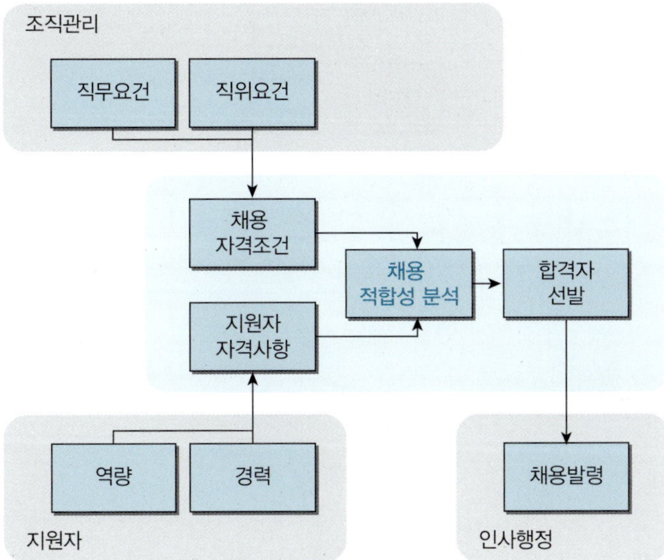

[그림 8-14] 전형관리 및 선발

채용 발령 요청

채용관리의 다양한 기능을 이용한 지원자 선발과정이 완료되면 채용발령 요청과 인사자료 등록을 위하여 최종 합격자 자료를 인사행정으로 전송하는 기능을 제공한다.

(2) 인사행정

인사행정(personnel administration)은 조직의 목표활동에 필요한 인적 자원들에 대한 제반 운영활동으로 SAP ERP의 인사행정 기능은 종업원의 인사정보를 일원화하여 체계적으로 관리하여, 기업의 신속하고 효율적인 인사운영을 지원한다.

인사행정
조직의 목표활동에 필요한 인적자원들에 대한 제반 운영활동

SAP ERP의 인사행정은 인적자원관리의 기본으로 인재개발, 교육훈련, 평가, 보상관리와 연계되어 종업원의 전 생애주기관리(employee life-cycle management)를 지원한다. 인사정보는 [그림 8-15]와 같이 최종적으로 입사 확정된 합격자의 개인정보를 채용관리로부터 전송받아 사전에 정의된 정보그룹에 따라 관리하며, 변경사항들은 사원들 자신이 본인들의 개인정보를 셀프서비스(ESS) 기능을 통하여 유지보수를 한다.

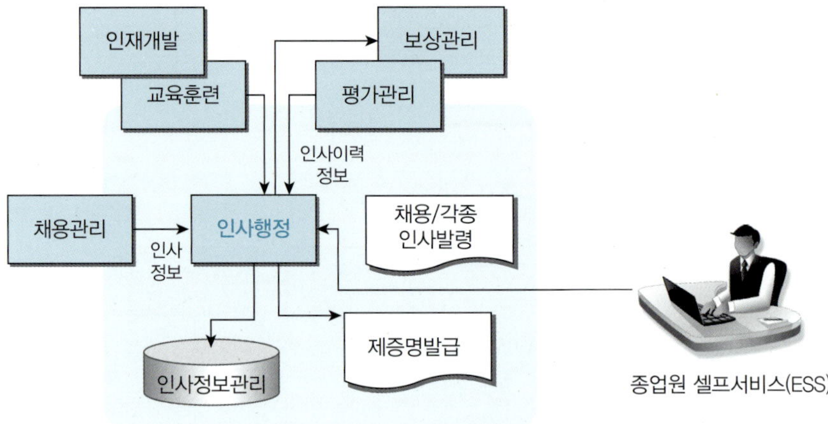

[그림 8-15] 인사행정

SAP ERP 인사행정에 제공하는 기본기능은 개인별 인사정보 관리, 인사 발령 관리 및 제증명 발급과 인사 분석 자료 제공 등이 포함되어 있다.

- 개인별 인사 정보관리
- 인사 발령 관리 및 제증명 발급
- 인사 분석 자료 제공

개인별 인사 정보관리

개인별 인사 정보관리는 인적사항, 경력사항, 교육 및 자격사항 등 다양한 인사정보를 체계적으로 관리한다. 다양한 인사정보를 관리할 수 있도록 관리하는 정보의 유형을 추가할 수 있고, 개인별 인사정보 화면에서 필드를 추가하는 기능도 제공한다. 또한 개인은 셀프서비스(ESS) 기능을 통하여 자기 정보를 갱신할 수 있다.

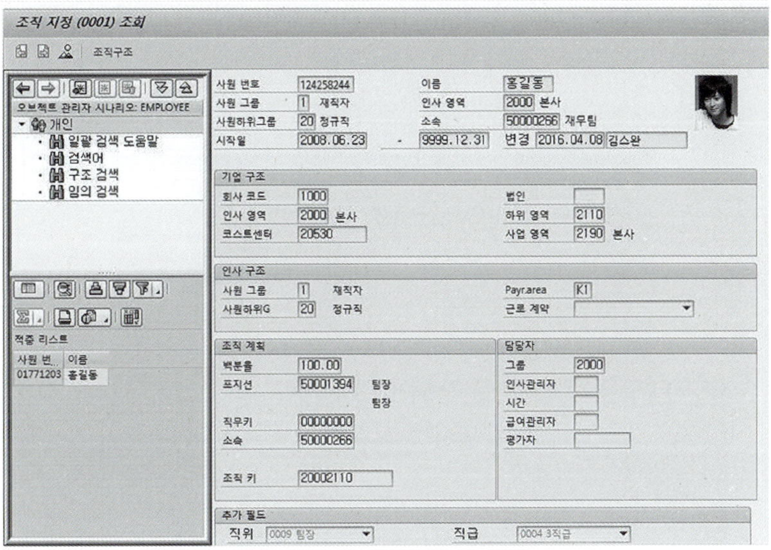

[그림 8-16] 개인별 인사 정보관리

인사발령관리 및 제증명 발급

인사발령관리 기능은 인사발령 채용, 승진 부서이동, 휴직, 전출, 퇴직, 발령 등 유형별 각종 인사 발령을 실시하고, 발령사항은 종업원의 인사정보에 자동 기록된다. 각종 발령에 대한 시점관리 기능으로 종업원들에 대한 체계적인 인사발령 관리가 가능하다. 제증명서 발행 기능은 재직증명서, 경력증명서, 소득세 원천징수 영수증, 근로소득 원천징수 영수증 및 각종 법적 서식을 제공하며, 출력 대상자를 다양한 선택조건으로 선정할 수 있는 기능을 제공한다. 권한관리와 연계되어 권한이 있는 사람만 직원들의 개인정보 검색과 출력이 가능하며, 직원들은 셀프서비스 통하여 제증명서 발급 신청 또는 본인이 직접 관련 서류를 출력할 수 있다.

인사 분석자료 제공

SAP ERP이 인사 분석자료 제공 기능은 표준 보고서와 조건검색 등을 통하여 다양한 인사 통계정보를 제공한다. 제공된 자료들은 엑셀로 전환이 가능하여 다양한 보고서 작성에 이용될 수 있다. 또한 비즈니스웨어하우스(BW)와 연계하면 직관적인 인력통계 정보나 정교한 인력현황분석, 그래픽 정보의 제공이 가능하다. 특히, [그림 8-17]과 같이 조건검색(ad-hoc query) 기능을 통하여 인사관리와 관련한 의사결정지원 정보 및 각종 통계자료를 획득할 수 있으며, 직급별, 부서별, 연령별, 근속연수별 등 복잡하고 다양한 인력통계자료를 조회할 수 있다. 비즈니스웨어하우스(BW)에 대하여는 12장에서 자세하게 설명된다.

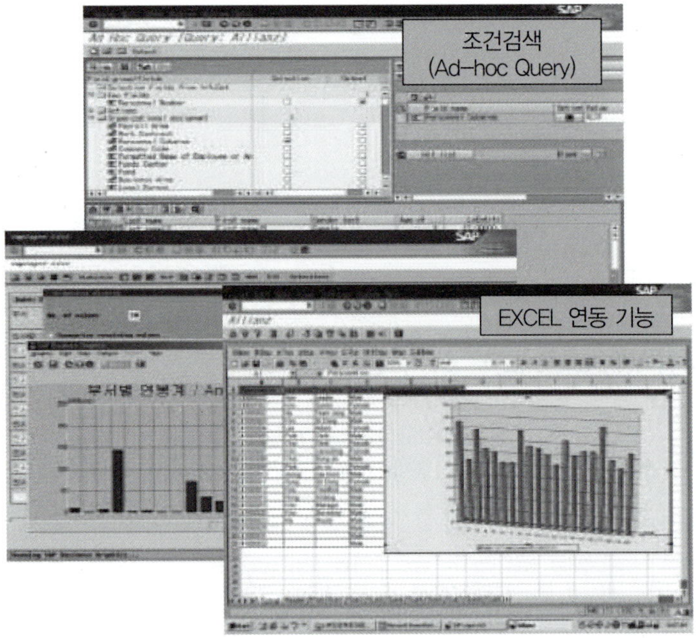

[그림 8-17] 인사 분석 자료

(3) 인재개발

인재개발
조직 내의 임직원의 역량을 극대화시키자는 것

인재개발(personnel development)은 조직 내의 임직원의 역량을 극대화시키자는 것으로 SAP ERP의 인재개발 기능은 기준역량 모형을 기반으로 한다. 직무 및 포지션별 기준역량과 종업원별 역량을 관리하여 결원 발생시 적시에 최적의 인재를 사내/외에서 확보하는 데 도움을 준다. SAP ERP는 [그림 8-18]과 같이 역량 갭 분석(profile match-up) 기능을 기반으로 경력개발 계획, 교육훈련, 역량 개발 등에 이르는 인재개발 과정을 효과적으로 지원한다.

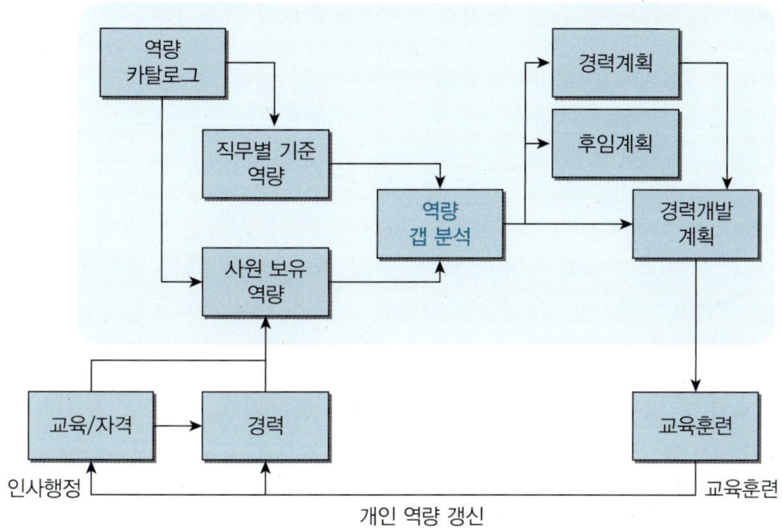

[그림 8-18] 인재개발 과정

SAP ERP는 효과적인 인재개발 과정을 지원하기 위하여 역량카탈로그 및 기준역량 관리, 역량 갭 분석, 경력계획 및 후임계획 지원, 개인 경력개발 계획과 교육훈련 연계 기능들을 제공한다.

- 역량카탈로그 관리 및 직무 기준역량 관리
- 역량 갭 분석 기능
- 경력계획 및 후임계획 지원
- 개인 경력개발 계획과 교육훈련 연계

역량카탈로그 및 직무 기준역량 관리

역량카탈로그는 조직의 전반적인 기술, 자격사항, 숙련도 등의 정보를 통합적으로 관리하는 것으로 직무(job) 및 포지션별로 직무 수행에 요구되는 기술, 능력, 경험과 같은 직무 수행 자격요건들을 프로파일(profile) 형태로 관리한다. SAP ERP에서 관리되는 프로파일은 직무에 대한 요건(requirements)을 관리하는 직무 기준역량 프로파일(job profile), 포지션 기준역량 프로파일(position profile)과 개인의 역량(qualification)을 관리하는 사용자 프로파일(user profile)이 있다.

역량카탈로그
조직의 전반적인 기술, 자격사항, 숙련도 등의 정보를 통합적으로 관리하는 것

- 기준역량 프로파일 — 직무 수행에 요구되는 기술, 능력, 경험에 대한 정보로 직

무(job) 기준역량 프로파일, 포지션 기준역량 프로파일이 있다.

- 사용자 프로파일 — 개인이 보유하고 있는 기술, 능력, 경험에 대한 정보를 관리한다.

역량 갭 분석 기능

역량 갭 분석
특정 직무수행에 대한 기준역량 프로파일과 직원, 후임자, 지원자 등 개인의 역량을 나타내는 사용자 프로파일을 비교하여 분석하는 기능

역량 갭 분석(profile match-up) 기능은 특정 직무수행에 대한 기준역량 프로파일과 직원, 후임자, 지원자 등 개인의 역량을 나타내는 사용자 프로파일을 비교하여 분석을 한다. [그림 8-19]와 같이 역량 갭 분석의 결과는 경력계획, 후임계획, 개인별 경력개발 및 교육훈련 계획 등 다양한 용도로 활용된다. 일반적으로 SAP ERP에서 역량 갭 분석에 사용되는 기준역량 프로파일은 포지션 기준역량 프로파일(position profile)이 사용된다. 이는 종업원이 포지션에 연결되어 있기 때문이다.

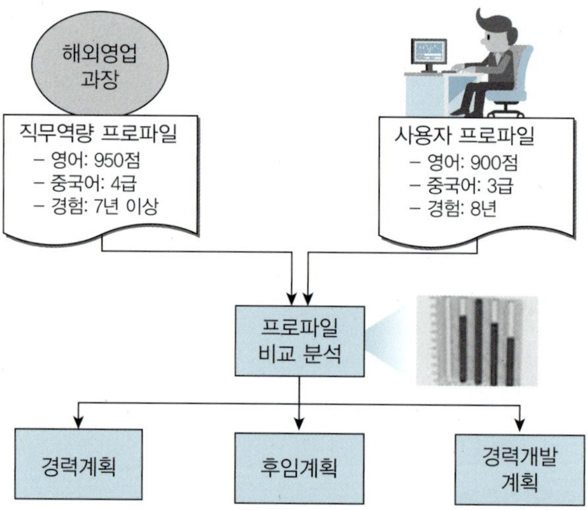

[그림 8-19] 역량 갭 분석

경력계획 및 후임계획

SAP ERP는 개인별 역량 프로파일 및 직무 기준역량 프로파일을 기반으로 각 개인에 적합한 직무/포지션을 적합성 순위별로 리스트업해 주는 기능을 제공하여 개인의 경력목표설정을 통한 경력계획을 지원한다. 또한 반대로 각 직무/포지션에 적합한 대상자를 적합성 순위별로 리스트업하여 특정 직무/포지션에 대한 후임자 계획도 지원한다.

개인 경력개발 계획과 교육훈련 연계

경력개발은 조직구성원이 장기적인 경력 목표를 설정하고 이를 달성하기 위한 경력 계획을 수립해 자신의 능력을 개발해 나가도록 관리하는 것으로 경력개발을 일반적으로 [그림 8-20]과 같이 경력목표설정, 경력개발계획 수립 및 관리 그리고 경력 개발계획 실행으로 구성된다.

경력개발
조직구성원이 장기적인 경력 목표를 설정하고 이를 달성하기 위한 경력계획을 수립해 자신의 능력을 개발해 나가도록 관리하는 것

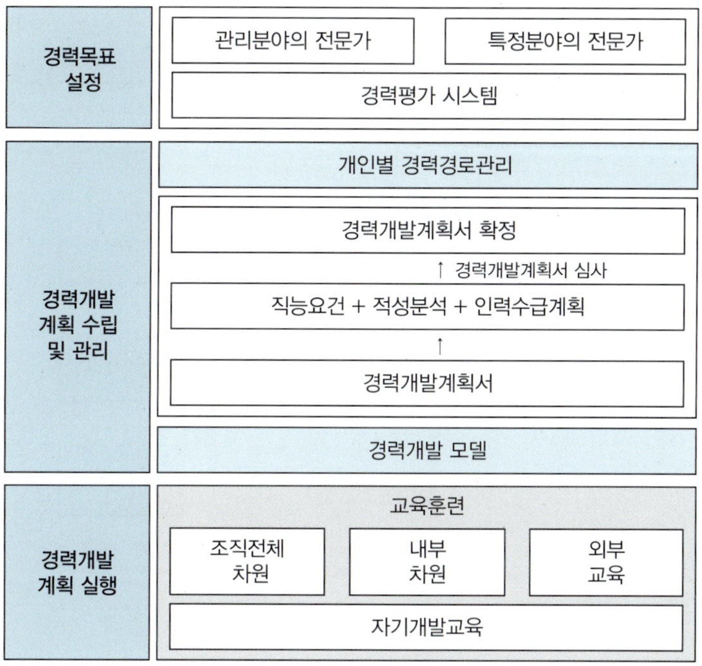

[그림 8-20] 경력개발 관리

SAP ERP는 회사의 경력경로 관리 및 경력경로에 따른 경력개발 모델 관리(general development plan, GDP) 기능을 제공한다. 조직단위, 직무, 포지션, 역량 프로파일, 교육훈련 과정 등의 정보를 활용하여 경력경로들이 포함된 다양한 경력 개발 모델을 구성하고, 개인은 목표로 하는 경력개발 모델을 선택하여 개인별 관리 화면에서 자신의 경력개발계획 및 실행 사항을 관리한다. 경력개발 실행과정에서 직원들은 개인별 경력개발 계획에 따라 필요한 교육과정을 연계하여 이수한다.

(4) 교육훈련

교육훈련은 조직의 목표를 보다 효율적으로 달성하기 위하여 조직구성원으로 하여금 직무수행에 필요한 지식과 기술을 연마하게 하는 활동으로 SAP ERP의 교육훈련(Training and Event Management)에서는 종업원들의 능력개발을 통하여 인재를 육성하고 조직의 기술로 축적하기 위한 체계적인 교육훈련 관리 활동을 지원한다.

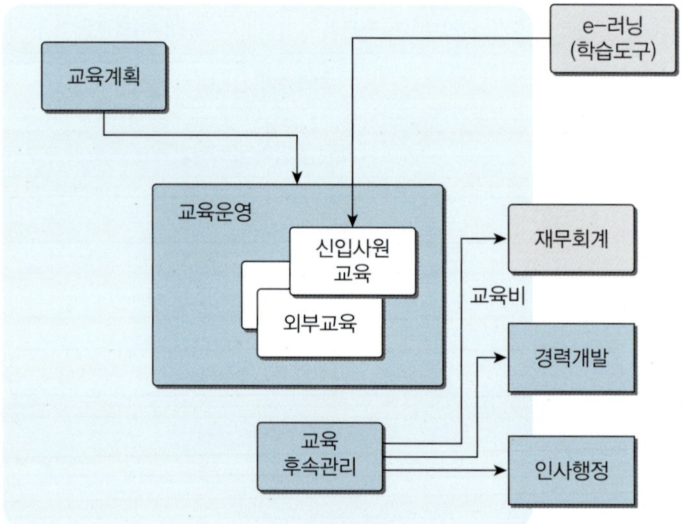

[그림 8-21] 교육훈련 관리

체계적인 교육훈련 관리를 지원하기 위하여 SAP ERP의 교육훈련 관리는 교육계획 수립 지원, 교육 운영관리, 교육 후속활동관리, 학습도구 제공 등의 기능들을 제공한다.

- 교육계획 수립
- 교육 운영관리
- 교육 후속활동 관리
- 학습도구 제공

교육계획

교육계획은 교육계획 도구를 이용해 등록현황 및 전년도 참여 실적을 토대로 계획 기간에 대한 교육수요 결정 및 교육일정 계획 수립을 지원한다. 강사와 강의실, 설비, 교육기자재 등의 자원에 대한 최적의 사용방안을 지원하고 교육과정별로 교육과정 설명, 선수과목, 목표, 내용, 교육일정, 장소, 정원, 비용 등 각 과정에 관한 정보를 담은 교육과정을 카탈로그로 관리한다.

교육운영 관리

교육운영관리는 직원들이 셀프서비스(ESS)로 교육훈련 체계 및 개설 교육과정을 조회하고, 개인/조직별로 등록 및 신청을 지원한다. 교육과정 사전예약, 등록신청, 변경, 취소 등의 기능을 지원하고 필요한 서신에 대하여 자동 발송을 지원한다. 교육과정 등록시 신청자의 성명은 물론 선수과목 이수여부를 포함한 다양한 교육운영을 위한 관련 개인정보를 취합한다. 또한 개인별 교육과정 참석 승인을 위해 워크플로우를 기반으로 한 자동 서신 발송 기능을 포함한다.

교육후속 관리

교육후속 관리는 다양한 평가모델을 설정하여 강사, 수강생, 교육과정 등에 대한 후속적인 평가 실시를 지원한다. 교육훈련 이수 후 향상된 역량 사항과 수준을 개인 역량프로파일에 자동으로 갱신하고 재무회계 모듈과 연계를 통해 교육관련 교육비 배부 및 자동 회계처리를 수행한다. 또한 영업유통 모듈과 연계하여 외부 교육생들에 대한 교육비를 청구하는 기능도 지원한다.

학습도구 제공

학습관리 시스템, 콘텐트 관리 시스템, 학습 콘텐트 저작도구 등의 SAP 학습 솔루션(learning solution)은 Blended Learning(온라인+오프라인 교육)을 지원하는 학습포탈 구현을 지원한다.

(5) 평가관리

평가관리는 개인에게 부여된 각종 목표에 대한 관리 및 평가를 수행하게 되며, 평가의 결과는 개인의 보상 및 조직의 성과와 연계된다. SAP ERP의 평가관리(objective setting and appraisals)는 역량평가와 같은 질적 평가는 물론 목표설정에서부터 최종평가에 이르는 목표관리의 전 과정을 지원한다.

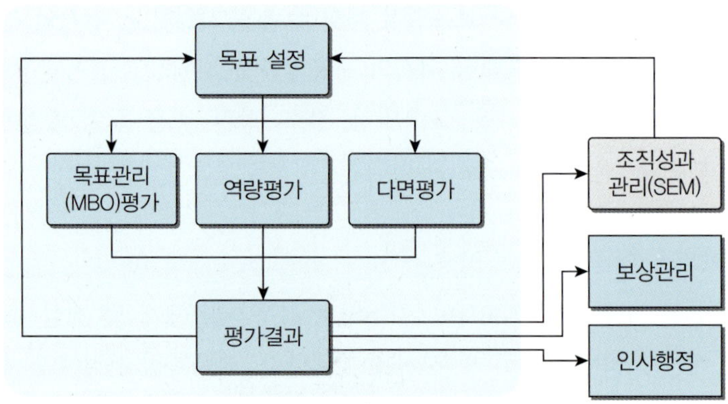

[그림 8-22] 평가관리 과정

SAP ERP의 평가관리 기능은 [그림 8-22]와 같이 평가에 대한 목표설정과 목표관리 평가, 역량평가, 다면평가 등의 다양한 평가 방법 기능을 제공하며, 이러한 평가에 대한 결과들은 보상이나 인사행정에 반영된다. SAP ERP는 개인의 평가관리와 조직의 성과관리(SEM)와 연계하여 조직의 전략적 경영을 지원할 수 있다.

- 목표설정
- 목표관리, 역량평가, 다면평가 등의 다양한 평가
- 조직성과 연계

목표설정

목표관리
조직의 목표를 달성하기 위해 구성원 각자가 자신의 목표를 스스로 설정하고 그 목표를 달성하기 위해 노력하는 과정

전통적인 성과평가를 위한 개인의 목표는 [그림 8-23]과 같이 조직의 목표가 설정되고 조직의 목표를 달성하기 위한 부서들의 목표가 설정되고 마지막으로 각 부서의 목표를 달성하기 위한 개인들의 목표가 설정된다. 반면에 목표관리(MBO)에서의 개인의 목표는 각자가 자신의 목표를 스스로 설정하고 상사와 협의 하에 확정한다. 확정된 개인들의 목표는 부서의 목표가 되고 부서들의 목표가 최종적으로 조직의 목표가 된다. 피터 드러커(Drucker)에 의하여 제시한 목표관리(management by objective, MBO) 개념은 조직의 목표를 달성하기 위해 구성원 각자가 자신의 목표를 스스로 설정하고 그 목표달성을 위해 노력하는 과정으로 상사와 부하 간의 원활한 의사소통과 수행한 업적에 대한 피드백을 업무의 효율성을 높이며 능력개발을

촉진하는 것으로 알려져 있다.

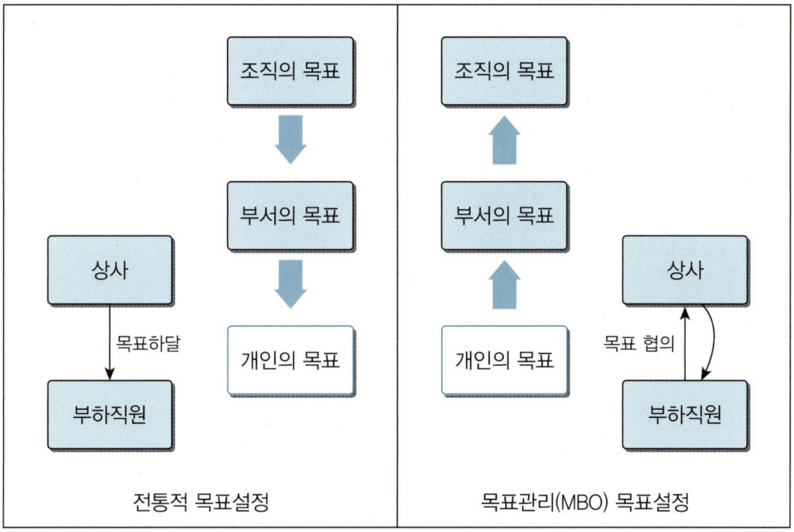

[그림 8-23] 목표설정 방식

SAP ERP의 평가관리는 목표설정, 중간점검 및 피드백, 자기평가, 부분평가, 최종평가에 이르는 전반적인 목표관리(MBO) 프로세스를 지원한다.

목표관리, 역량평가, 다면평가 등의 다양한 평가 방법

SAP ERP는 목표관리(MBO)에서 설정된 목표에 대한 평가뿐 아니라 조직구성원의 역량을 측정하기 위해 평가 대상자의 행동 특성을 나타내는 핵심 역량을 중심으로 한 역량평가, 다수 평가자가 여러 기법을 활용해서 평가하는 360도 다면평가 등의 평가 기법들도 제공한다.

조직성과 및 개인성과 연계

개인들의 평가결과의 합은 조직 목표에 대한 성과이다. 따라서 SAP 평가관리는 [그림 8-24]에서와 같이 조직의 성과관리 도구인 전략기업경영(SEM)의 균형성과지표(BSC)와 통합되어 조직의 주요성과지표들(Key Performance Indicator; KPI)을 달성하기 위해 연계되어 관리된다. 균형성과지표(BSC)는 12장의 SAP ERP 확장에서 자세하게 설명된다.

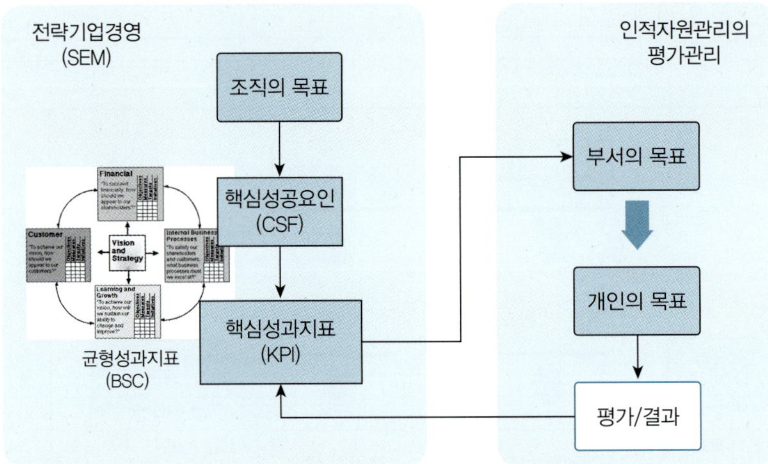

[그림 8-24] 조직성과와 개인 평가관리의 연계

(6) 보상관리

보상(Compensation)은 종업원들의 성과에 대한 금전적 보상으로 보상관리는 조직 구성원의 효율적 활동을 위한 동기부여를 목적으로 하고 있다. 따라서 보상관리는 금전적 보상에 따른 기업의 비용과 동기부여를 위한 종업원들의 욕구와 절충하는 선에서 이루어져야 한다. 이로 인해 보상계획은 단순히 종업원 개인들의 성과 평가 결과뿐만 아니라 기업 내 · 외부 환경을 고려한 다양한 요인들을 고려하여 수립되어야 한다.

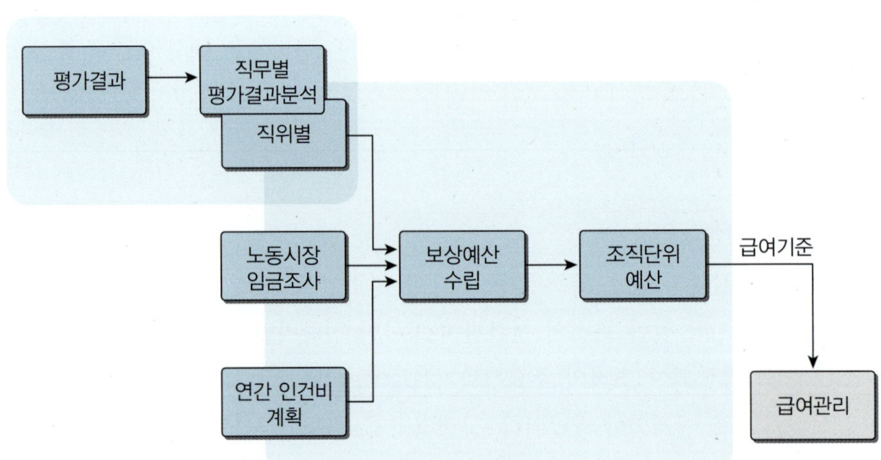

[그림 8-25] 보상관리

SAP ERP의 보상관리는 [그림 8-25]와 같이 직무, 직위에 대한 개인의 평가결과뿐 아니라 노동시장의 임금조사 결과와 기업의 인건비 계획을 고려하여 보상예산을 수립하며, 조직단위 예산을 기준으로 보상 가이드라인 및 적격성에 따라 급여체계, 연봉 등을 조정하는 기능을 수행한다.

5. 급여관리

급여는 기업이 근로자에게 기업에 대한 노동의 공헌도에 따라 지급하는 대가로 급여관리(payroll)는 [그림 8-26]과 같이 기업의 보상기준과 직원의 직무 및 근태와 같은 기초자료를 근거로 급여지급액을 산정하고, 세법 또는 각종 규정에 의하여 일정한 공제액을 원천징수하고 그 잔액에 대하여 지급하는 과정이 근간이 된다.

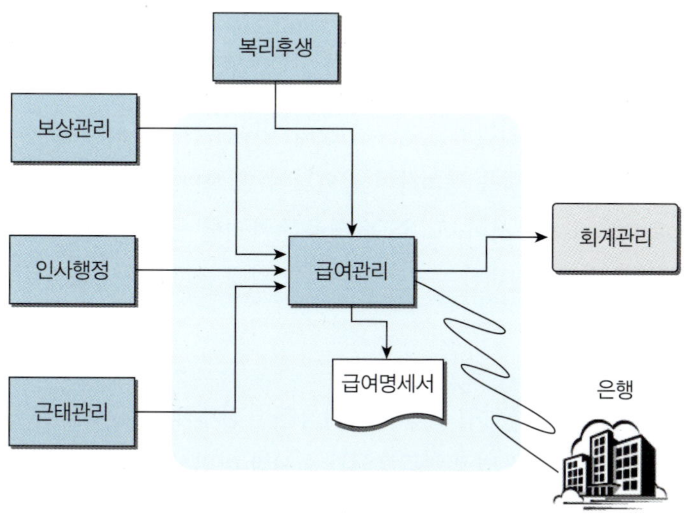

[그림 8-26] 급여관리

SAP ERP는 급여관리를 위하여 급여정보관리, 급여처리 등의 기능들을 제공한다.

- 급여정보관리
- 급여처리

(1) 급여정보관리

급여처리를 위해서는 입금의 기준이 설정되고 인사자료, 근태자료, 복리후생 자료, 각종 수당 및 공제 자료를 취합하여 급여처리가 이루어진다. 따라서 급여처리를 위해서는 다음과 같은 급여정보들이 관리되어야 한다.

임금 기준정보

임금 가이드라인 및 적격성에 따라 급여체계와 같은 임금의 기준을 설정하는 정보들은 보상관리에서 제공되어 급여처리시 참조된다.

인사자료

급여처리와 관련한 인사자료는 기본급을 산정하기 위한 직급, 직책과 같은 정보와 수당과 관련한 가족사항, 근무지, 자격사항 등이 포함된다. 인사자료는 SAP의 인사행정에 등록되어 급여처리시 참조된다.

근태자료

근태자료는 직원들의 출퇴근 관리 내용을 매일 기록한 자료로 시간보고서(time sheet)를 이용하여 관리된다. 시간관리는 각 사업장의 지역적 위치, 노동조합, 종업원의 특성에 따라 다양한 근무유형을 정의하여 관리될 수 있으며, 계획된 근로시간에 따라 근무기록을 관리하고 셀프서비스(ESS)를 활용한 개인별 근태관리를 지원한다. 근태자료는 초과 근무시간과 관련한 수당을 산출하기 위해 급여처리시 참조된다.

복리후생관련 정보

복리후생은 종업원 또는 종업원 가족의 소비생활을 신체적, 정신적으로 또는 경제적으로 직접 원조하는 복지로 법정 복리후생과 회사별 비법정 복리후생으로 구분된다.

- 법정: 건강보험, 국민연금, 산재보험, 고용보험 등
- 비법정
  - 생활지원: 주택, 급식, 출퇴근, 탁아시설 등
  - 경제지원: 공제제도, 급식, 출퇴근, 탁아시설 등
  - 특별수당: 건강진단 지원, 양호실, 사내보건소 등
  - 여가활동 등: 각종 여가관련, 동호회지원 등

상기와 같은 복리후생관련 정보들은 급여처리시 수당 또는 공제금액 처리를 위해 참조된다.

(2) 급여처리

급여처리는 [그림 8-27]과 같이 상기의 급여 기준정보, 인사자료, 근태자료, 복리후생 자료, 각종 수당 자료를 취합하여 총급여 계산을 수행하고, 총급여에서 세금 및 공제액을 제외한 순급여액을 산출한다. 산출된 순급여자료는 자동이체 파일을 통해 은행 및 관련기관에 그리고 급여명세서는 셀프서비스(ESS)를 통하여 직원들에게 자동 전송된다. 아울러 세금 원천징수 내용을 포함한 급여결과들이 재무회계로 전송된다.

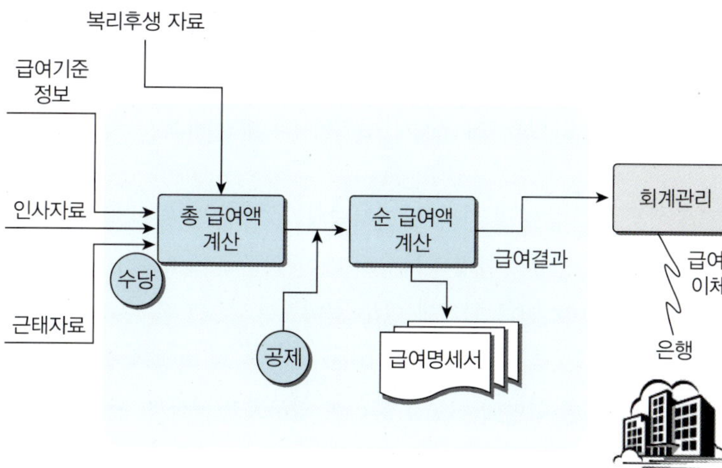

[그림 8-27] 급여처리

6. 셀프서비스 기능

인적자원관리에서 셀프서비스(self service) 기능은 인사부서를 거쳐야 하는 일반 관리업무를 [그림 8-28]과 같이 종업원들 개개인이 직접 인적자원관리 시스템에 접근하여 처리하게 하는 개념으로 인터넷과 웹(Web) 기술을 이용한 e-HRM에서 기본

인적자원관리 셀프서비스
인사부서를 거쳐야 하는 일반 관리업무를 종업원들 개개인이 직접 인적자원관리 시스템에 접근하여 처리하게 하는 개념

적인 기능 중의 하나이다. 기존에는 인사관리에 관한 업무의 경우 항상 인적자원관리 부서의 담당자를 통해서 이뤄져 인적자원관리 부서에 과중한 업무 부담으로 작용했으나 셀프서비스는 시간과 비용을 절약하고 인적자원관리부서의 기능을 전문적인 자문과 같은 가치 창출적인 업무에 집중할 수 있도록 도와준다.

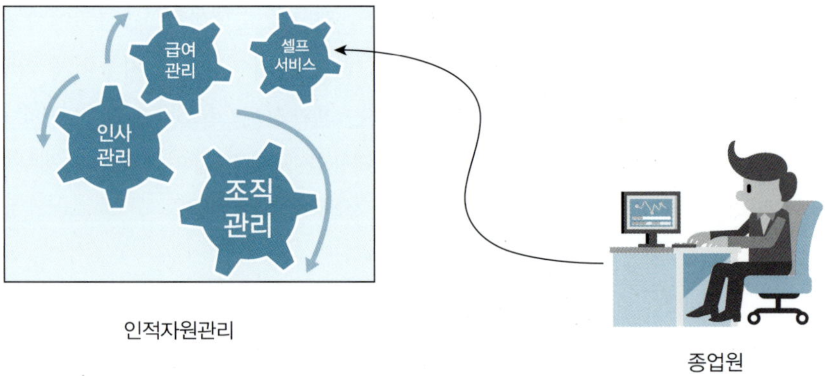

[그림 8-28] 인적자원관리에서의 셀프서비스

SAP ERP에서는 경영자 및 관리자, 인사담당자, 사원 및 지원자로 구분되는 사용자 역할별로 셀프서비스 사용 환경을 제공하고 이를 통해 간소화된 인사 업무 프로세스를 지원하여, 언제 어디서나 최적의 인사 서비스를 주고받을 수 있는 e-HRM 구현을 지원한다. 구체적으로 SAP의 셀프서비스 기능은 웹 환경의 전천후 인사서비스 환경을 제공하고 개인별/역할별 기능을 통하여 업무효율(생산성) 및 직무만족도를 제고하며, 임직원을 자율적 지식근로자로 육성할 수 있는 기반을 구축한다.

SAP ERP에서 제공하는 사원과 관리자의 주요 셀프서비스 기능들은 다음과 같다.

- 종업원 셀프서비스(Employee Self-Service, ESS)
  - 인사정보: 자신의 인사정보 조회 및 주소, 부양가족, 연락처 등의 변경 정보 갱신
  - 근태관리: 시간 관리 근무시간 기록표(time sheet)에 입력을 통하여 근태 사항 등록
  - 급여정보: 월별 급여액, 세금, 상여 및 기간별 급여내역 조회
  - 교육관리: 개설/예정 교육과정 조회, 교육 신청, 교육 이력 조회
  - 복리후생관리: 선택형 복리후생 항목 선정, 복리후생 사용내역 등록, 복리후생 사용내역 조회

– 각종 인사서비스: 제증명 신청

- 관리자 셀프서비스(Manager Self-Service, MSS)
  – 부서원 정보 관리: 부서원들의 인사 정보조회 및 갱신
  – 부서 인사관리: 결원 포지션 조회 및 채용 신청, 인력계획 및 인건비 시뮬레이션, 부서원 경력 개발 계획 지원 및 교육훈련 등록, 부서원 성과관리
  – 의사결정 지원정보 등

7. 인적자원관리 모듈 조직구조

HR 모듈 조직구조는 기업의 인사 조직구조에 대한 사항으로, 그 구성 요소들을 보면 인사영역과 종업원 그룹 등이 있다.

(1) 인사영역

인사영역(personnel area)은 인사행정을 관할하는 영역으로 일반적으로 부문 단위로 설정한다. [그림 8-29]와 같이 인사영역은 인사부서 수준에 해당하는 인사서브영역(personnel sub-area)들을 구성한다.

인사영역
인사행정을 관할하는 영역

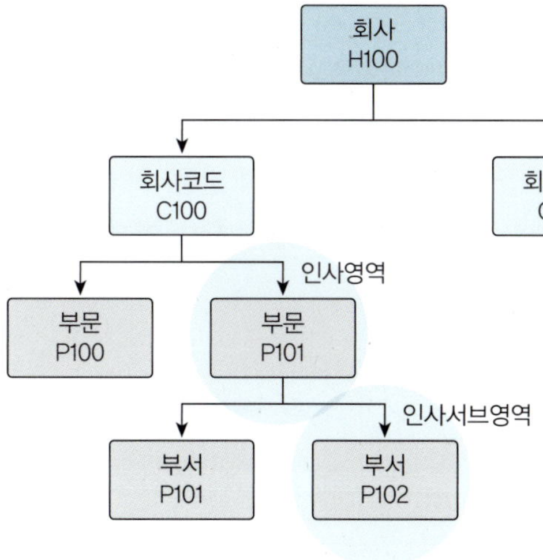

[그림 8-29] 인사영역

(2) 종업원 그룹

SAP ERP는 인사행정 목적에 따라 종업원들을 계층적 단계로 분류 · 관리한다. [그림 8-30]과 같이 종업원 그룹(employee group)은 종업원들의 최상위 분류체계로 종업원들의 포지션 정의시 사용된다. 종업원 그룹은 다시 종업원 서브그룹(employee subgroup)으로 분류된다.

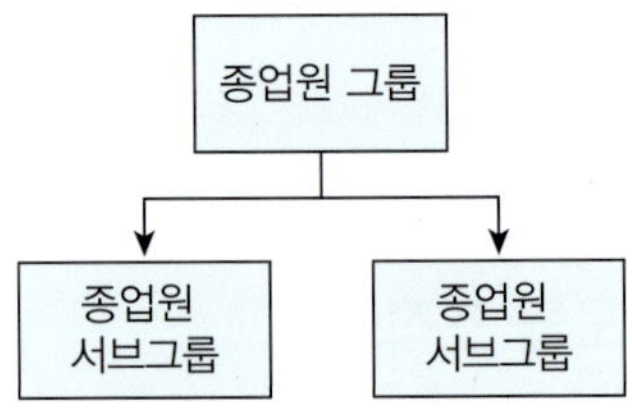

[그림 8-30] 종업원 그룹

8. 인적자원관리 모듈 마스터데이터

HR 모듈 주요 마스터데이터는 인사 마스터, 직무 마스터, 포지션 마스터와 포지션 프로파일 마스터 등이 있다.

(1) 종업원 마스터

종업원 마스터(personnel master)는 직원들에 관한 광범위한 정보를 관리한다. 종업원 마스터는 사번, 성명, 국적, 생년월일, 결혼유무와 같은 인사정보(personnel), 주소, 근무조직, 근무시간, 급여, 은행, 연차정보와 같은 다양한 정보를 관리하며, [그림 8-31]과 같이 인재개발, 교육훈련, 평가관리 등의 인사관리와 급여관리의 기초자료로 사용된다.

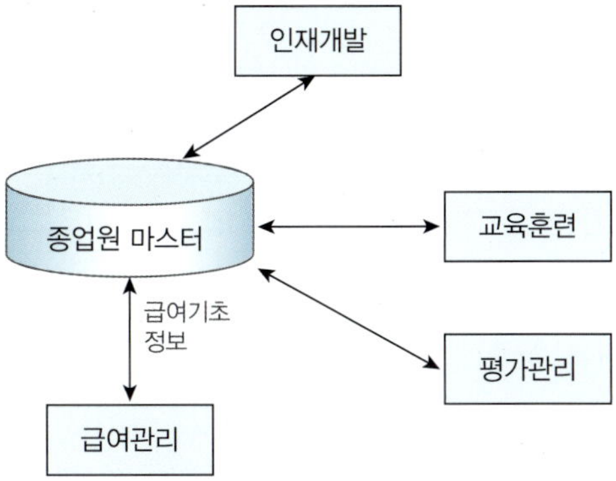

[그림 8-31] 종업원 마스터

(2) 직무와 포지션

직무(job)와 포지션마스터(position)는 조직구조의 구성요소로서 기업에서 정의한 직무와 포지션 관한 정보를 관리한다. 특히 포지션은 [그림 8-32]와 같이 조직과 종업원 개인을 연결하는 자료로 인사관리에서 중요한 의미를 갖는다.

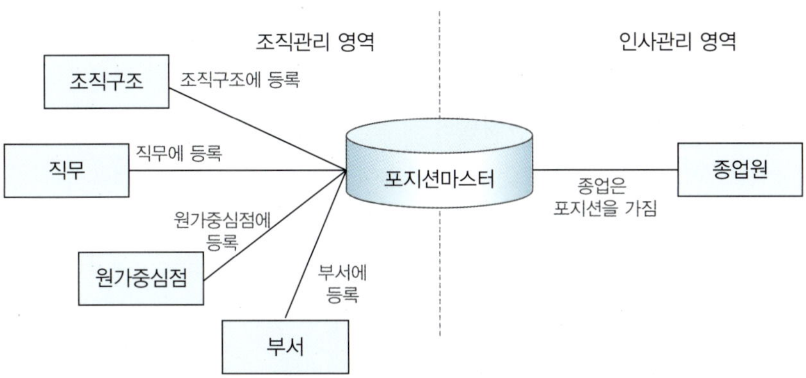

[그림 8-32] 포지션마스터

요약

SAP ERP의 인적자원관리(Human Resources, HR) 모듈은 조직구조 및 조직구성요소들에 대한 효과적 관리, 인재의 확보부터 배치, 육성, 유지에 이르는 인적자원들에 대한 전체 라이프사이클 관리 및 급여처리 업무 등을 지원한다. SAP ERP의 인적자원관리 모듈이 지원하는 주요기능들은 조직관리, 인사관리, 급여관리 그리고 셀프서비스 기능 등으로 구성되어 있다. 최근 인적자원관리는 구성원들에게 보다 질 높은 서비스를 제공하기 위해서 IT기술의 활용과 웹 환경에 기반으로 한 e-인적자원관리(e-HRM)가 새로운 인적자원관리 전략으로 등장하고 있다.

조직관리(Organizational Management, OM)는 조직의 목표를 달성하기 위하여 기업 내에서 인적자원을 조직화하고, 계획하고, 통제하는 과정으로 조직관리(OM)에서 지원하는 주요기능들은 조직 구성요소 관리, 조직구조 구성 및 인력계획 수립 기능 등으로 구성되어 있다. 인사관리(personnel management)는 기업의 목표를 달성하기 위해서 필요로 하는 인력을 조달하고 유지 · 개발하며 이를 활용하는 업무로 SAP ERP의 인사관리는 계획적이며 체계적인 인적자원관리를 위해 채용관리, 인사행정, 인재개발, 교육훈련, 평가관리, 보상관리 등의 기능들을 포함한다. 급여는 기업이 근로자에게 기업에 대한 노동의 공헌도에 따라 지급하는 대가로 급여관리(Payroll)는 기업의 보상기준과 직원의 직무 및 근태와 같은 기초자료를 근거로 급여지급액을 산정하고, 세법 또는 각종 규정에 의하여 일정한 공제액을 원천징수하고 그 잔액에 대하여 지급하는 과정이 근간이 된다. SAP ERP는 급여관리를 위하여 급여정보관리, 급여처리 등의 기능들을 제공한다. 인적자원관리에서 셀프서비스(self service) 기능은 인사부서를 거쳐야 하는 일반 관리업무를 종업원들 개개인이 직접 인적자원관리 시스템에 접근하여 처리하게 하는 개념으로 인터넷과 웹(Web) 기술을 이용한 e-HRM에서 기본적인 기능 중의 하나이다. SAP ERP에서 제공하는 사원과 관리자의 주요 셀프서비스 기능들은 종업원 셀프서비스(Employee Self-Service, ESS)와 관리자 셀프서비스(Manager Self-Service, MSS)로 구성되어 있다.

HR 모듈 조직구조는 기업의 인사 조직구조에 대한 사항으로, 그 구성 요소들을 보면 인사영역과 종업원 그룹 등이 있다. HR 모듈 주요 마스터데이터는 인사 마스터, 직무 마스터, 포지션 마스터 등이 있다.

● 참고문헌

- 김광점 · 박노윤, 『조직이론과 설계』 8판, 한경사, 2005
- 김성국 · 임효창, 『e-HRM의 발전과정과 성공요인』, 경영논총, 2(28), pp. 17-39. 2004
- 김은 · 박진우 · 박준호 · 유세열 외, 『enterprise solutions(기업용 솔루션)』, 어람출판사, 2005.
- 박경규, 『신인사관리』 2판, 홍문사, 2004
- 박순길.한경석(2006), “효과적 e-HRM 시스템 구축을 위한 주요성공요인 분석에 관한 실증 연구”, Entrue Journal of Information Technology, 5(2), 107-122
- 서병민 · 조준서(2006), “전략적 HRM 을 위한 SAP ERP HR 모듈의 구현 사례:(주) 대교의 사례”, 한국경영정보학회 학술대회, 1-20.
- 장병집 · 이광로 · 정기만, 『경영학개론』, 신영사, 2008
- 정영홍, 『Advanced Payroll SAP HR』, 프리렉, 2010
- 함영환, 『CEO를 위한 新경영학』, seri.org Best Practice, 2006
- Drucker, P. F.(1954), *The Practice of Management: A Study of the Most Important Function in America Society*. Harper & Brothers.
- Monk, Ellen F., *Concepts In Enterprise Resource Planning 4/E* (Paperback), CourseTechnology, 2013
- SAP Korea, SAP 솔루션 상세 설명 자료: 인적자원관리(HR), SAP Korea, 2005
- Tutorials Point, SAP HR Tutorial - TutorialsPoint, http://www.tutorialspoint.com/sap_hr/sap_hr_tutorial.pdf, 2016
- Tutorials Point, SAP Payroll Tutorial - TutorialsPoint, http://www.tutorialspoint.com/sap_payroll/sap_payroll_tutorial.pdf, 2016

연·습·문·제

1. 인적자원관리(HR) 모듈의 구성에 대하여 설명하라.

2. e－HRM의 특징에 대하여 설명하라.

3. SAP ERP에서 제공하는 조직관리의 구성 및 역할에 대하여 설명하라.

4. SAP ERP에서 제공하는 인사관리의 세부 기능들인 채용관리, 인사행정, 경력개발, 교육훈련, 평가관리, 보상관리, 복리후생 등에 대하여 설명하라.

5. SAP ERP에서 제공하는 급여처리 절차에 대하여 설명하라.

6. e－HRM을 위한 셀프서비스 기능에 대하여 설명하라.

7. HR 모듈의 조직 구성요소들에 대하여 설명하라.

8. HR 모듈 주요 마스터데이터들을 나열하고 역할들에 대하여 설명하라.

● 실무적용

- 우리 회사의 조직도를 구해보고 이를 SAP ERP 시스템 사용을 위한 조직구조로 변경해 보자.
- 우리 회사의 채용절차와 SAP ERP에 제공하는 채용절차와 비교해 보자.
- 우리 회사의 경력개발 절차와 교육관리시스템에 대하여 알아보자.
- 우리 회사에서 시행하는 평가관리와 SAP ERP에 제공하는 평가방식과 비교해 보자.
- HR 모듈의 마스터데이터에 필요한 자료들을 우리 회사에서 구해 보자.

9

CHAPTER

설비관리(PM) 모듈

학습 목표

- 설비관리(PM) 모듈의 구성에 대하여 알 수 있다.
- 설비보전관리 전략들에 대하여 설명할 수 있다.
- 설비보전관리 방식들에 대하여 알 수 있다.
- 설비기술정보의 관리요소들에 대하여 알 수 있다.
- 예방정비 유형에 대하여 설명할 수 있다.
- 정비작업관리 절차에 대하여 설명할 수 있다.
- 설비이력분석의 역할에 대하여 알 수 있다.
- 설비관리(PM) 모듈 조직구조에 대하여 이해할 수 있다.
- 설비관리(PM) 모듈 주요 마스터데이터에 대하여 알 수 있다.

1. 설비관리 모듈 개요

SAP ERP의 **설비관리(Plant Maintenance, PM)** 모듈은 생산계획의 달성, 품질향상, 원가절감, 납기준수, 재해예방, 환경개선 등을 이루기 위하여 설비를 지속적으로 유지 · 관리하는 업무를 지원하는 모듈로서 설비에 대한 보존관리를 위하여 대상 설비들에 대한 설비기술정보관리, 예방정비, 정비작업관리 및 설비이력 분석을 위한 기능들을 제공하고 있으며, 이러한 기능들은 타 모듈인 자재관리, 생산관리, 회계모듈 및 CAD/CAM 등의 기능들과 유기적으로 통합 · 연계되어 활용된다.

설비관리(PM) 모듈
설비를 지속적으로 유지 · 관리하는 업무를 지원하는 모듈

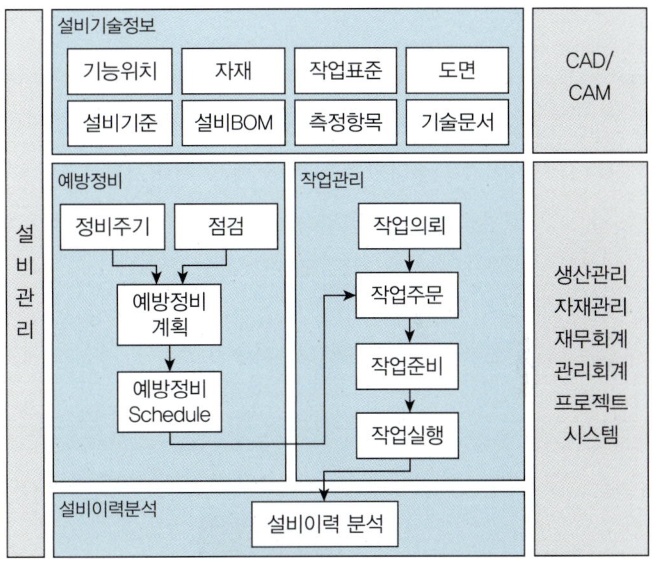

[그림 9-1] 설비관리 모듈의 기능 구성

SAP ERP의 설비관리 모듈이 지원하는 주요기능들은 [그림 9-1]에서와 같이 설비기술정보관리, 예방정비, 정비작업관리 그리고 설비이력 분석으로 구성되어 있다.

- 설비기술정보관리 — 설비대상을 기능위치, 설비, 자재로 나누어 체

계적으로 관리하며, 각 설비 대상들에 대하여 자재, 도면, 표준작업 절차, 기술문서 등의 정보를 총괄 관리한다.

- 예방정비 — 설비의 운행시간 및 실적, 상태 등 다양한 기준에 따른 예방정비 계획 및 일정계획 수립을 지원하는 기능을 수행한다.
- 정비작업관리 — 예방정비나 고장 정비작업에 대하여 작업주문서를 생성하고 작업 준비 및 작업 실행을 지원하는 기능을 수행한다.
- 설비이력분석 — 설비들에 대한 유연하고 다양한 정비실적 분석을 위한 기능들을 제공한다.

2. 설비보존관리 개요

설비보존관리
시설과 장비를 바람직한 운용 상태로 유지시켜나가려는 모든 노력

설비관리 또는 설비보존관리는 시설과 장비를 바람직한 운용 상태로 유지시켜 나가려는 모든 노력으로 설비의 상태가 좋지 못함에 따른 생산시간 및 비용 손실의 최소화, 설비관리 노력에 따른 정비시간 및 비용 손실의 최소화, 설비관리 요원 및 장비의 효율적인 활용으로 투자 자본을 지키고 투자효과 증대를 위해 자산의 수명을 연장시키는 것을 목표로 하고 있다.

[그림 9-2] 설비관리 개요

오늘날 많은 기업들이 인건비의 상승으로 공장을 [그림 9-3]과 같이 자동화하고 있기 때문에 설비보존관리의 중요성은 가중되고 있다.

[그림 9-3] 공장자동화

(1) 설비관리 전략

설비관리는 품질, 서비스, 원가, 신용 등 모든 경쟁력의 차원에 지대한 영향을 미치기 때문에 안정적인 생산운영은 물론 기업의 경쟁력 확보에도 중요한 역할을 한다. 특히, 발전 · 송배전시설, 석유화학 플랜트, 제철공장 등은 대규모 설비를 근간으로 하고 있어, 이러한 기업들에서의 설비의 고장은 공공의 안전과 사업의 성공에 치명적인 요인이 된다. 이러한 설비관리의 중요성 때문에 오늘날 선진 발전회사, 제철업체, 석유화학회사와 같은 주요 장치산업 기업들은 다음과 같은 설비관리 전략들을 추구하고 있다.

- 신뢰성 중심 설비관리(Reliability Centered Maintenance, RCM) — 설비보전 방식의 하나로 설비의 각 부품 단위별로 고장해석 및 성향분석을 통해 부품의 교체시기를 사전에 판명하고, 교체함으로써 설비 보전비용의 최소화(reducing cost)와 설비 가용성(asset availability)의 극대화를 추구하는 설비보전 기법이다. 다수의 고장 가운데서 무엇이 설비의 고장에 중대하게 영향을 미치는지를 평가 · 분석하여 이에 대한 가장 적합한 예방보전 방법을 실행함으로써 신뢰성 중심의 설비보존관리를 수행할 수 있다.
- 위험기반검사(Risk Based Inspection, RBI) — 위험기반검사는 사고 발생 가능성과 사고결과의 크기에 의해 평가되는 위험도, 예를 들면 압력 용기 및 장치 설비

의 파손 확률과 피해 정도 등을 파악하여, 예방점검체계의 운영과 시설 또는 장비의 점검 우선순위를 결정하는 것으로 노후장비들과 관련된 위험요소들에 대한 체계적인 검토과정을 통해 효과적인 설비보전관리가 가능하도록 한다.

적시생산시스템
적시에 적량의 필요한 부품을 생산에 공급하도록 하는 생산방식

- 종합적 설비관리(Total Productive Maintenance, TPM) — 종합적 설비관리는 설비운영자(operator)들이 기계 및 공정(설비)의 주인의식을 갖도록 하고, 정비부서는 설비에 대한 기술적인 전문 진단이나 분해검사의 실행 및 감사 등을 담당하면서 운영자 중심 보전의 후원자 역할을 수행한다는 개념으로 토요타 자동차의 부품업체인 일본전장에서 토요타 사의 적시생산시스템(JIT)에 부합할 만한 품질 및 누수 없는 자재공급을 위하여 최초 시작하여 오늘날 다수의 선진기업들이 이를 설비보존 현장에서 이용하고 있다. **적시생산시스템**(Just In Time, JIT)은 적시에 적량의 필요한 부품을 생산에 공급하도록 하는 생산방식으로 이를 위해서는 부품조달 업체들은 품질과 시간 측면에서 완벽한 공급체계가 사전에 정립되어 있어야 하며, 이를 위해서는 철저한 설비보존관리가 이루어져 있어야 한다.

(2) 생산보존 개념

생산보존
설비보존관리가 설비의 전체 생애를 고려할 때 생산성을 높이는 활동이라는 개념

생산보존(productive maintenance)은 효과적인 설비관리가 설비의 전체 생애를 고려할 때 생산성을 높이는 활동이라는 개념으로, 구체적으로 생산보전 설비의 설계부터 시작해서 제작, 운용, 폐기에 이르는 설비의 전체 생애 과정에서 설비 자체의 수선비용이나 보전 등 일체의 유지비용을 설비의 열화에 의한 직접손실과 생산 누수로 인한 기회비용을 포함한 총손실비용보다 낮춤으로써 기업의 생산성을 높일 수 있다는 개념이다. 생산보존 개념은 기존의 설비관리가 비용을 소비하는 활동이란 시각에서 생산하는 활동으로 설비관리에 대한 시각을 변화시키는 계기가 되었으며, 상기에서 언급된 일본전장의 종합적 설비관리(TPM)로부터 발전되어, 오늘날 신뢰성 중심 설비관리, 위험기반검사와 더불어 설비관리 전략의 하나의 접근 방식으로서 이용되고 있다.

(3) 설비보존 방식

설비보존 방식(maintenance method)은 설비를 유지 · 보전하는 방식으로 시기와 정도에 따라 사후보전, 예방보존, 개량보전, 일상점검, 정기보전, 예측보전, 보전예방 등이 있다. 각 설비보존 방식들에 대한 설명은 다음과 같다.

- 사후보전(breakdown maintenance, BM) — 설비의 기능 저하 또는 기능 정지된 후, 즉 고장이 난 후에 보수를 하는 설비보존관리 방식, 예방보전(사전 처리)보다도 사후에 보전하는 편이 경제적인 설비들에 대해서 일반적으로 사용하는 방식이다.
- 예방보전(preventive maintenance, PM) — 설비가 고장이나 성능이 저하되기 전에, 사전에 정비하는 설비보존관리 방식으로 안정적인 성능 발휘가 요구되는 설비들에 대해서 일반적으로 사용하는 방식이다
- 일상보전(routine maintenance, RM) — 일상 운전에 지장이 없게 점검하는 설비보존관리 방식으로 청소나 급유와 같은 일상보존 활동으로 종합적 설비관리(TPM)에서는 설비 운영자들이 수행한다.
- 정기보전(periodic maintenance, PM) — 매일, 매주와 같은 시간기준으로 점검 · 수리 · 교체 등의 작업을 하는 설비보존관리 방식으로 열화나 마모 방지에 효과적이다. 시간기준 보존(time-based maintenance, TBM) 방식을 통하여 정기보존을 실현한다.
- 예측정비(predictive maintenance, PDM) — 설비의 운전량이나 진동분석기, 광학측정기 등의 계측장비를 사용한 설비의 상태점검을 통하여 사전에 정비하는 설비보존관리 방식으로 분해가 쉽지 않은 설비 보전에 효과적이다. 설비 운전량 기준 보존(performance-based maintenance, PBM) 방식과 상태기준 보존(condition based preventive maintenance, CBM)과 같은 예지점검 방식들이 예측정비에 포함된다.
- 개량보전(corrective maintenance, CM) — 설비의 고장시 단순하게 수리하는 보존방식이 아니라 보다 향상된 부품 개발 및 교체를 통하여 설비를 보존 · 관리하는 방식으로 설비의 기능 향상과 수명 연장에 바람직하다.
- 보전예방(maintenance prevention, MP) — 설비를 설계하는 단계에서 신뢰성, 경제성, 보전성 등을 고려하여 보전이 불필요한 설비를 개발 · 운영하는 활동으로 보전예방은 근원적으로 고장이 나지 않는 설비를 설계하는 것을 목적으로 한다.

상기의 설비보존 방식들은 [그림 9-4]와 같이 계획보존 방식과 사후보존 방식으로 구분된다. 계획보존은 예방정비와 개량보전 등이 포함된다. 예방정비는 시

FMEA
부품의 고장이 설비 전체에 미치는 영향을 예측하는 분석방법

간기준의 보전활동을 근간으로 하는 정기보전과 운전량이나 설비의 상태 조건에 따른 보전활동인 예측정비로 구분된다. 개량보존과 보존예방은 설비이력 정보와 FMEA를 근간으로 문제에 대한 확인과 개선을 위한 노력을 통하여 이루어진다. **FMEA**(Failure Mode and Effect Analysis)는 고장형태 영향분석으로 부품의 고장이 설비 전체에 미치는 영향을 예측하는 분석방법으로, 부품 등의 설비 구성요소가 고장을 일으킨 경우에 설비 전체가 받는 영향을 규명해 나가는 것이다. FMEA는 예상되는 고장 빈도, 고장의 영향도, 피해도 등에 관하여 평가기준을 설정해두고, 개개의 구성요소에 대하여 고장 평가를 하고 이것을 종합하여 치명도를 구한다. 치명도가 높을수록 중점적인 관리가 필요한 부분이 된다. 정기보존의 일반적인 응용방식인 시간기준 보존(TBM)과 예지보존 방식인 상태기준 보존(CBM)에 대해서는 예방정비 부분에서 다시 설명된다.

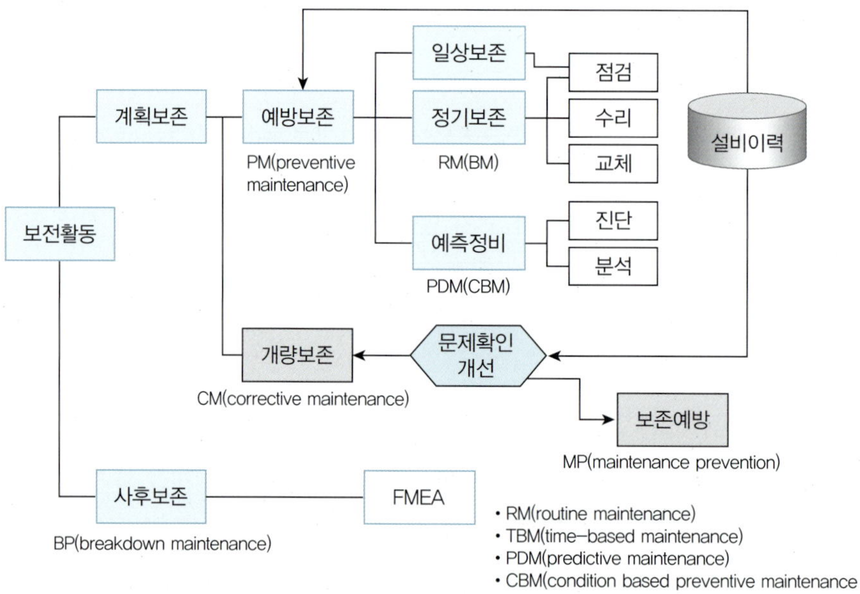

[그림 9–4] 설비보존관리

SAP ERP은 상기의 개선활동인 개량보존과 보존예방을 제외한 대부분의 보전활동을 지원한다. 사후보존은 정비작업관리 통하여 수행되고, 정기보존은 예방정비의 시간기준 정비(TBM) 계획에서 예측정비는 예방정비의 시간기준 정비 설비 운전량기준 정비(PBM)과 상태기준 정비(CBM) 계획을 통하여 지원한다.

3. 설비기술정보관리

SAP ERP에서의 설비기술정보관리는 보존을 위한 설비와 관련된 포괄적인 정보로서 기능위치, 설비, 자재로 나누어 체계적으로 관리되며, 각 설비의 정비시 필요한 자재, 자원, 도면, 표준작업 절차, 기술문서 등의 정보가 총괄적으로 관리된다. 설비에는 필요에 따라 설비상태를 측정하기 위한 측정지점과 측정카운터를 부착하여 설비의 상태를 기록하여 예지정비 작업의 수행이 가능하도록 지원하며, 설비에 대한 자재구성표(BOM) 관리를 통하여 해당 설비의 유지보수에 필요한 예비 자재 관리도 지원한다.

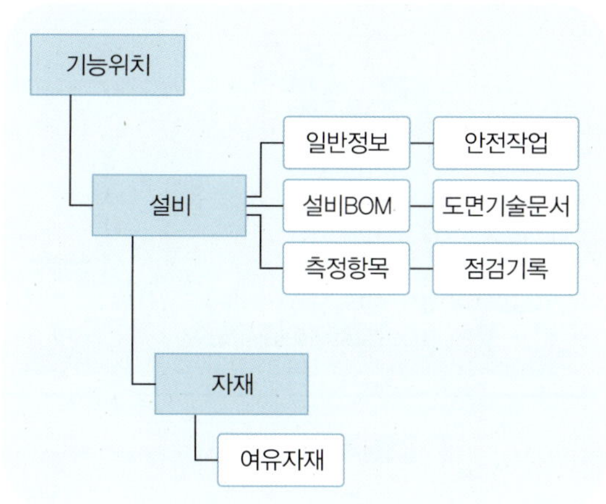

[그림 9–5] 설비 기술정보 구조

설비기술(technical objects)에서 관리되는 정보들은 [그림 9–5]에서와 같이 설비가 설치되어 있는 기능위치, 설비의 일반 및 정비지원 관련 정보 그리고 부품 및 자재 정보 등으로 구성되어 있다.

- 기능위치 정보 — 설비가 설치되어 유지되는 영역에 대한 정보
- 설비 정보 — 일반정보, 설비자재구성표(BOM), 표준작업절차, 도면/기술문서, 안전작업 사항에 대한 정보관리
- 자재 정보 — 여유자재 정보

(1) 기능위치 정보

기능위치
설비가 설치되어 유지되는 영역을 나타내는 기술적 구조의 위치

SAP ERP의 기능위치(functional location)는 설비가 설치되어 유지되는 영역을 나타내는 기술적 구조의 위치로 특정 기능을 발휘하는 단위로 구분된다. [그림 9-6]과 같이 하나의 기능위치에는 설비가 존재하고 그 설비는 경우에 따라 교체가 가능하다. 따라서 SAP ERP의 설비관리 모듈에서는 설비뿐만 아니라 기능위치에 정보도 관리하는 기능을 제공한다.

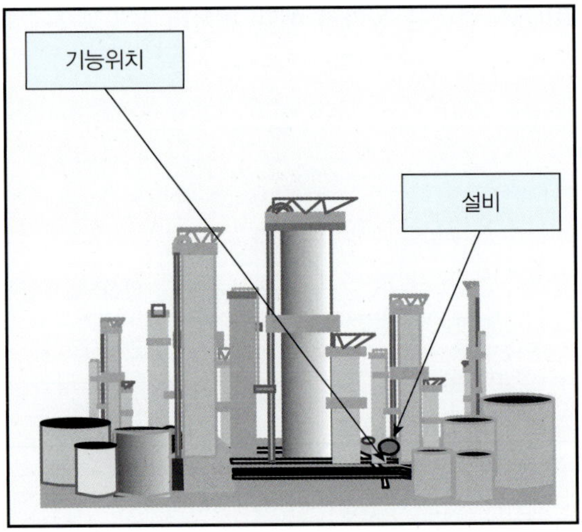

[그림 9-6] 기능위치

기능위치 및 설비 체계

SAP ERP에서 관리되는 기능위치에 대한 정보는 설비관리를 위하여 기능별, 프로세스별, 위치별로 구분하여 [그림 9-7]과 같이 계층구조를 이루고, 계층 구조상의 특정 수준별로 정비이력, 정비비용 분석이 가능하다.

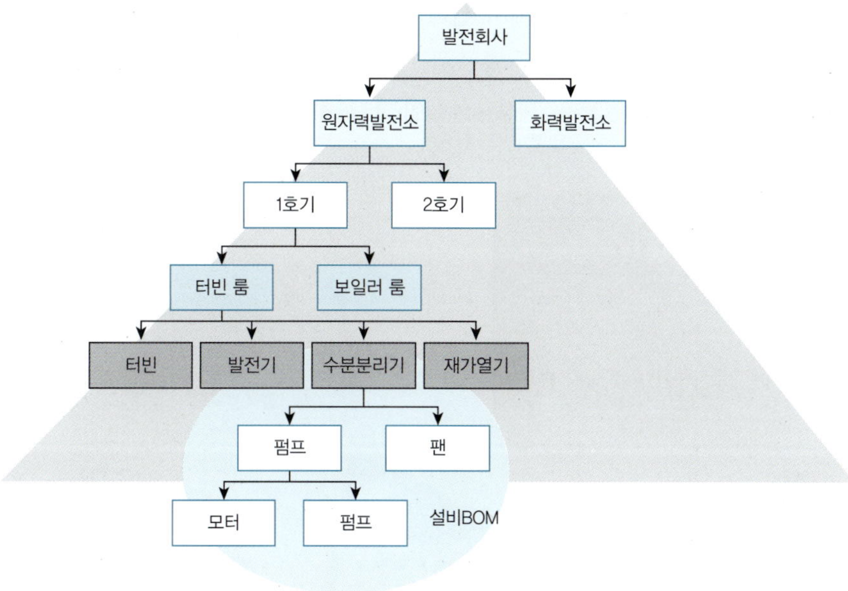

[그림 9-7] 설비 체계

(2) 설비 정보

SAP ERP에서 설비(equipment)는 개별적이고 실체적인 물체로 독립적으로 유지 · 보수되는 단위이다. 설비는 [그림 9-8]과 같이 기능위치에 속하여 유지보수 및 정비이력의 대상이고 정비시 발생한 비용들의 부가 대상이기도 하다.

설비
개별적이고 실체적인 물체로 독립적으로 유지보수되는 단위

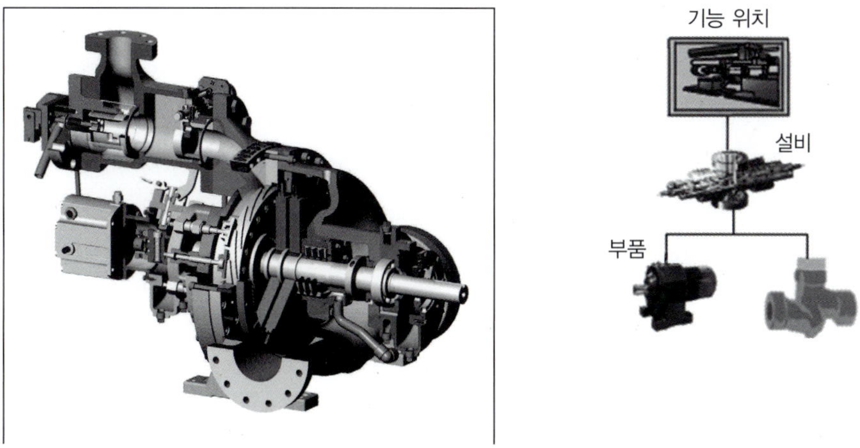

[그림 9-8] 설비

SAP ERP의 설비관리 모듈에서 관리 가능한 대상 설비들의 종류는 생산설비, 운송수단(관로, 차량, 중장비, 선박, 항공 등), 측정설비, 실험장비, 공기구류, 건물 등의 기업의 보유하고 있는 모든 고정자산들이 포함될 수 있다.

[그림 9-9] 설비관리 대상

1) 설비마스터

설비마스터
설비의 기준정보로 설비 관리업무의 중심이 되는 실제 대상

SAP ERP에서 설비의 기본정보는 설비마스터로 관리된다. 설비마스터는 설비관리 업무의 중심이 되는 실제 대상로서 설비의 기준정보로 활용된다. 설비마스터는 설비이력, 정비비용 등 각종정보의 중심으로 작업의뢰서(notification)와 작업주문서를 발행하는 기준이 된다. 또한 설비마스터는 재무회계의 고정자산과 연결되어 해당 장비 및 설비의 잔존가치 등이 실시간 파악되고, 이동시 자동으로 해당 부서의 고정자산에 반영된다. 또한 해당 장비에 대한 자본적 지출성의 수리비용이 발생되었을 경우 고정자산의 장부가액을 자동으로 증가시켜 준다. 아울러 설비마스터는 [그림 9-10]과 같이 설비BOM, 표준작업 절차, 도면/기술문서, 측정지점, 안전작업 등의 다른 마스터정보의 기준으로 활용된다.

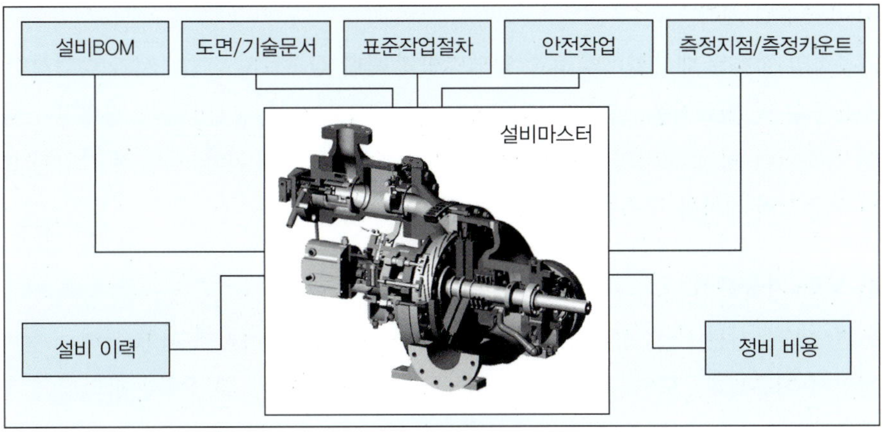

[그림 9-10] 설비마스터

2) 설비BOM

설비BOM은 [그림 9-11]과 같이 설비의 구성, 부품 및 관련 자재목록 등으로 구성되어 있다. 설비BOM의 자재정보는 자재관리(MM) 모듈과 연계되어 여유 자재(spare part)에 대한 정보를 제공하며, 자재소요량계획(MRP)의 입력 자료로 활용되어 설비에 대한 정비 자재관리 업무를 지원한다.

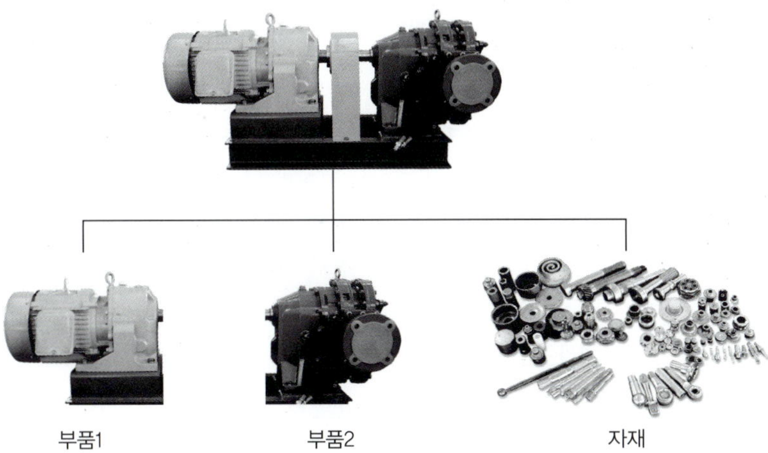

[그림 9-11] 설비BOM

3) 표준작업 절차

표준작업 절차는 대상설비의 표준 작업방법에 관한 정보로서 작업순서와 작업시간, 소요공수 및 필요직종, 소요자재와 필요공구 그리고 세부 점검항목과 정비전략 등이 등록되어 있어 설비의 예방정비나 정비작업관리시 이용된다. 아울러 작업에 대한 표준작업 절차를 구축하여 작업의 표준화를 지원한다.

4) 도면/기술문서

도면/기술문서는 대상 설비와 관련한 도면과 관련 기술문서들에 대한 관리로 정비작업시 이용된다. 도면/기술문서와 설비는 하나의 통합된 환경에서 관리되어 설비마스터에서 바로 도면/기술문서 정보에 대한 조회가 가능하며, 설비에 대한 설계변경시에도 설계변경관리를 통하여 변경 내용이 관리된다. 도면의 경우는 [그림 9-12]와 같이 도면 제작용 도구인 CAD(computer aided design) 시스템과의 인터페이스(interface)를 통하여 CAD 시스템 상에서 SAP의 설비마스터 정보를 조회하거나 작업의뢰서를 바로 작성할 수 있다.

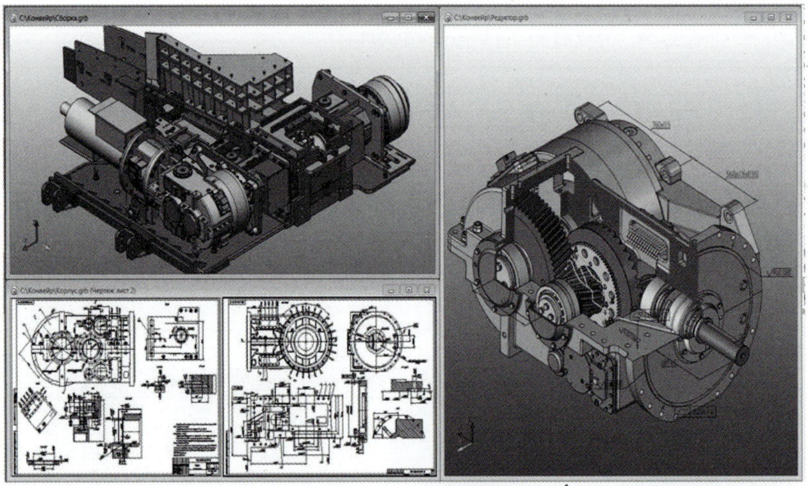

[그림 9-12] 도면/기술문서 관리

5) 안전작업

안전작업은 정비작업시 고려되어야만 하는 각종 안전작업 사항에 대한 정보로서 방사선 안전, 자연재해안전, 방사선폐기물, 종사자안전, 방사선 안전대책 등과 같은 안전작업 정보들을 포함할 수 있다.

6) 측정항목/측정카운터

측정항목/측정카운터는 대상설비의 예방점검을 위한 측정항목과 측정기록에 관한 정보관리로서 설비별로 측정항목들이 설정되고 측정값들이 입력되면 이를 기록·관리하여 설비들의 측정값에 대한 경향분석 등에 이용된다. 특히 측정항목은 분산제어시스템(DCS)이나 공정처리제어반(PCS), SCADA 등과 같은 공정 감시 제어 시스템들과 연계되어 측정값들이 자동으로 기록될 수 있으며 이를 바탕으로 설비의 상태에 따른 예지정비를 수행한다.

분산제어시스템(Distributed Control System, DCS)은 발전소, 화학공장 등 플랜트에 대한 자동제어를 위해 고안된 공정처리 제어시스템으로 컨트롤러를 각 현장에 분산 배치하여 시스템 전체의 부하와 위험을 통제하기 위한 분산된 구조의 감시제어시스템이다. 감시제어 데이터 수집시스템이라고도 하는 SCADA(Supervisory Control and Data Acquisition)는 시스템의 감시 및 제어기능을 수행한다. SCADA 시스템은 통신 경로상의 아날로그 또는 디지털 신호를 사용하여 원격장치의 상태정보 데이터를 원격소 장치(remote terminal unit)로 수집, 수신·기록·표시하여 중앙 제어 시스템이 원격 장치를 감시 제어하는 시스템을 말하며 발전·송배전시설, 석유화학 플랜트, 제철공정 시설, 공장 자동화 시설 등 여러 종류의 원격지 시설 장치를 중앙 집중식으로 감시 제어하는 시스템이다.

분산제어시스템
발전소, 화학공장 등 플랜트에 대한 자동제어를 위해 고안된 분산된 구조의 공정처리 제어시스템

출처: Yokogawa Europe – Control and Instrumentation Systems

[그림 9-13] 중앙공정처리 제어반

(3) 자재 정보

설비에 대한 자재 정보는 설비BOM을 통하여 관리되며, 자재관리 모듈과 연계되어 실시간으로 여유 자재(spare part)에 대한 정보를 확인할 수 있다. 또한 자재관리 모듈과 완전하게 통합되어 있어 정비계획시 실시간으로 자재의 재고현황 및 자재이동, 예약 상황 등을 조회할 수 있다.

4. 예방정비

예방정비
설비의 노화 및 열화를 사전에 방지하기 위해 계획적인 정기 점검 및 수리 활동

예방정비(Preventive Maintenance, PM)는 설비의 노화 및 열화를 사전에 방지하기 위해 윤활, 청소, 조정, 점검, 교체 등의 일상적 정비 활동과 함께 계획적으로 정기점검, 정기 수리, 정기 교체하는 정비 활동을 말한다. SAP ERP에서 예방정비는 [그림 9-14]와 같이 각 설비별 또는 설비의 그룹에 대하여 시간 또는 운전량을 기준으로 한 주기적 계획이나 설비의 측정값을 기준으로 한 설비상태에 따른 예방정비 계획(planning)들이 수립되면, 상세한 예방정비 일정계획(schedule)이 생성되고, 일정계획에 따라 작업주문이 자동 생성되어 작업관리를 통하여 예방 정비작업이 수행된다.

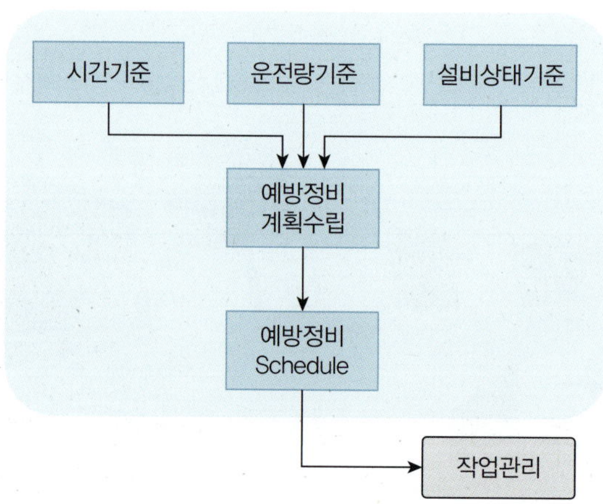

[그림 9-14] 예방점검

따라서 SAP ERP 예방정비의 주요기능은 다양한 기준에 따른 예방정비 계획수립, 자동 예방정비 일정계획 수립 및 예방정비 작업주문 생성과 시뮬레이션 기능 그리고 해당 작업 담당자 자동 통지와 같은 다양한 부가 기능들을 포함하고 있다.

- 예방정비 계획수립 — 시간기준, 설비 운전량 기준, 예지점검 계획을 지원한다.
- 예방정비 일정계획과 작업주문 생성 기능
- 다양한 부가기능

(1) 예방정비 계획수립

SAP ERP에서 예방정비계획 수립은 시간 또는 운전량을 기준으로 한 주기적 계획이나 설비의 측정값을 기준으로 한 설비상태에 따른 계획을 단일 주기로 수립하는 것 이외에 한 설비에 대해 여러 주기를 결합한 계획 수립도 가능하다.

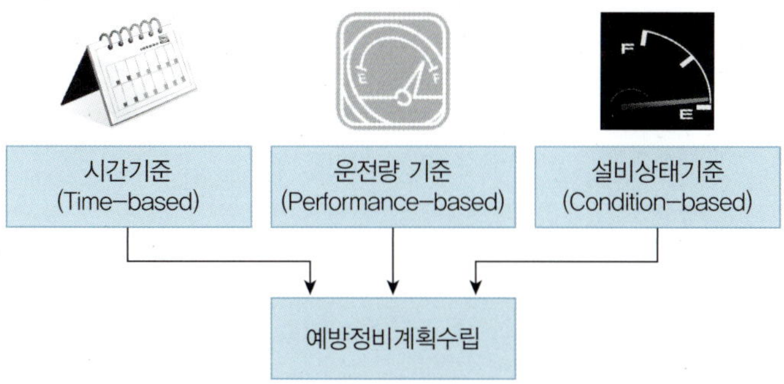

[그림 9–15] 예방점검 기준

SAP ERP에서 지원하는 예방점검 기준 계획들은 [그림 9–15]와 같이 시간기준 계획, 설비운전량기준 계획, 설비상태에 따른 예지점검 계획 등이 있다.

- 시간기준 정비 계획
- 설비운전량기준 정비 계획
- 상태기준(예지점검) 계획

시간기준 정비 계획

시간기준 정비(time–based maintenance, TBM) 계획은 예방정비를 시간을 기준

> **시간기준 정비 계획**
> 시간을 기준으로 한 주기적 계획으로 과거의 고장실적, 정비실적을 참고로 해서 일정한 주기에 의거하여 예방정비 활동을 계획 · 실시하는 방식

으로 한 주기적 계획으로 과거의 고장실적, 정비실적을 참고로 해서 [그림 9-16]과 같이 일, 주, 월과 같은 일정한 주기에 의거하여 점검검사, 보수, 교체, 주유 등과 같은 예방정비 활동을 계획 · 실시하는 방식이다. SAP ERP에서는 달력의 기준일을 점검일자들로 계획하는 달력 기준방식(time, based on calendar), 어떤 주기(cycle)의 시작일을 기준으로 주기별로 점검일자들을 계획하는 특정일 기준방식(time, key-date-based) 그리고 공장의 실근무일수를 근간으로 점검일자들을 계획하는 공장달력 기준방식(time, using factory calendar) 등이 있다.

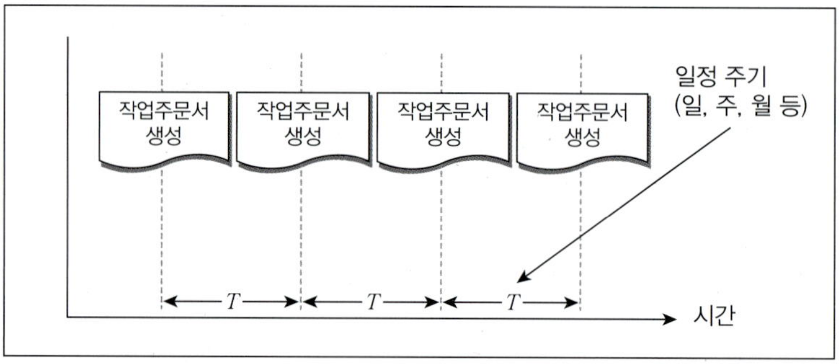

[그림 9-16] 시간기준 계획

설비운전량기준 정비 계획

설비 운전량 기준 정비
설비의 운전량을 기준으로 한 주기적 계획으로 과거의 정비실적을 참고로 해서 일정한 운전량에 도달했을 때 예방정비 활동을 계획 · 실시하는 방식

설비운전량기준 정비(performance-based maintenance, PBM) 계획은 설비의 운전량을 기준으로 한 주기적 계획으로 과거의 정비실적을 참고로 해서 일정한 운전량에 도달했을 때 점검검사, 보수, 교체, 주유를 계획 · 실시하는 방식이다. 설비운전량기준은 [그림 9-17]과 같이 운전 거리나 운전 시간들이 일정 기준에 도달했을 때 예방정비를 위한 작업주문서가 발행된다.

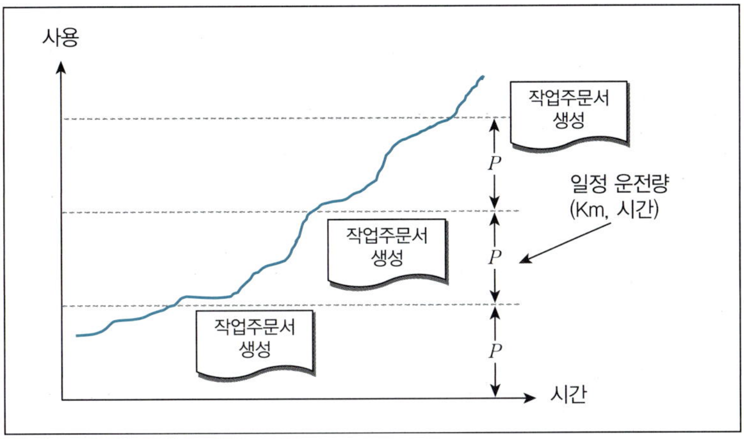

[그림 9-17] 설비운전량기준 계획

예지점검 계획

예지점검 또는 상태기준 정비(condition based preventive maintenance, CBM) 계획은 설비의 특성들에 대한 측정값을 기준으로 한 설비상태에 따른 예방정비 계획을 수립하는 방식으로 [그림 9-18]과 같이 경고지점과 조치지점을 설정해 놓고 온도, 압력, 진동과 같은 특성들의 측정값이 조치지점에 초과했을 때 예방정비를 위한 작업주문서가 발행된다.

상태기준 정비 계획
설비의 특성들에 대한 측정값을 근간으로 한 설비상태에 따라 예방정비 계획을 수립하는 방식

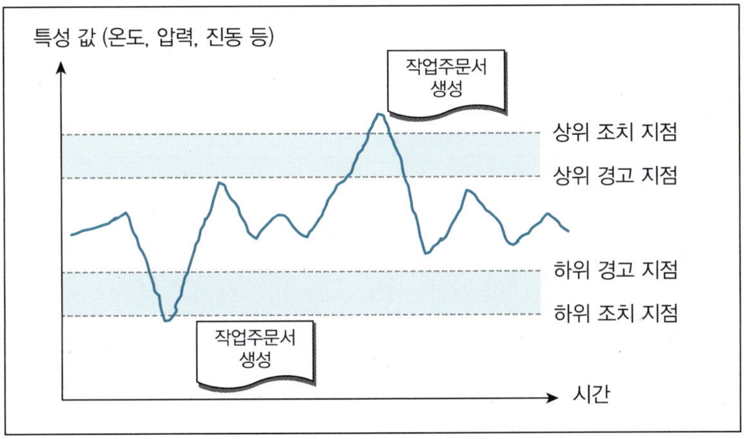

[그림 9-18] 예지점검 계획

SAP ERP에서는 설비의 상태에 따른 정비, 설비의 현상정보를 [그림 9-19]와 같이 분산제어시스템(DCS)을 통해 설비의 현상정보를 자동 수집하여 설정 기준치에 부합하지 않을 경우 자동으로 이상신호를 발생시킨 설비를 대상으로 정비 작업주문서가 발행하는 기능도 제공한다.

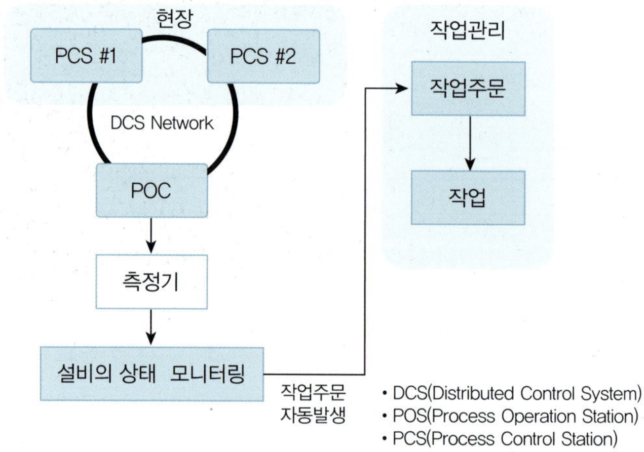

[그림 9-19] 실시간 예지점검

SAP ERP에서는 상기의 기준 계획들에 대하여 [그림 9-20]과 같이 복수의 계획 주기에 의한 정비계획 수립도 지원한다.

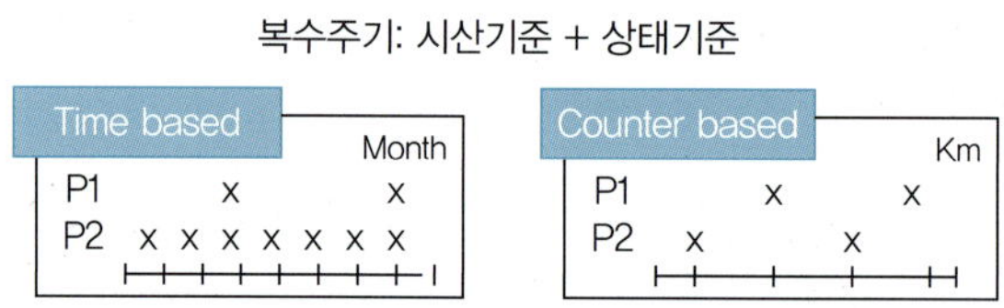

[그림 9-20] 복수주기

예방계획을 위한 설비에 대한 시간, 설비의 운전량, 설비의 상태(온도, 진동 등) 등의 기준이 설정되면 점검/정비주기, 대상설비, 담당조직 및 일정계획(Schedule) 파라미터에 대한 설정을 통하여 예방정비 계획을 수립한다.

(2) 예방정비 일정계획 및 작업주문 생성

예방정비 일정계획은 예방정비 계획이 수립되면, 수립된 예방정비 계획에 대한 일정계획(schedule)이 실행되어 설정한 계획 기간 동안의 세부적인 정비 일정계획이 자동으로 생성된다. 각 설비들에 대한 예방정비 일자가 계획되어지고 마감일 모니터링(deadline monitoring) 작업을 주기적으로 실행하면 해당기간 내에 있는 예방점검 계획들은 실제 작업주문들로 생성된다.

(3) 다양한 부가기능

SAP ERP는 예방정비 계획에 대해 사전에 계획비용을 시뮬레이션(simulation)하여 예산에 반영할 수 있고, 생성된 일정계획에 대해 파라미터(parameter) 설정을 통하여 계획실행 전에 작업주문, 외주주문, 작업의뢰의 형태로 작업주문이 생성되어 해당 담당자에게 자동으로 통지하는 기능도 설정이 가능하다. 또한 작업장별로 할당된 정비 작업주문을 조회하여 해당 작업장내의 개별 작업자에게 작업을 할당하며, 작업장 및 작업자별로 할당된 작업의 과부하 혹은 여유 여부를 조회하여 전체작업에 대한 평준화 작업도 수행할 수 있다. 또한 작업일정은 시간, 일, 주, 월 등 다양한 일정계획들에 대하여 조회도 가능하다.

- 계획비용을 시뮬레이션(simulation)하여 예산에 반영하는 기능
- 생성된 예방정비 작업주문을 해당 담당자에게 자동으로 통지하는 기능
- 작업장 또는 작업자의 작업 과부하 혹은 여유여부를 조회하여 평준화 작업 지원

5. 정비작업관리

정비작업관리(maintenance processing)는 생산현장의 설비에 대한 작업요청, 예방점검 등 대해 작업계획을 세워 작업을 진행하고 그 결과를 해당 설비의 설비이력으로 관리하는 업무로서 SAP ERP에서는 [그림 9-21]과 같이 정비작업은 예방정비의 의한 작업과 정비 담당자 점검에 의해 발생하는 직접입력 그리고 생산 현장에서 요청하는 작업의뢰에 의해 생성되며, 정비 작업주문이 발행되면 정비에 대한 일정, 작업자, 소요자재를 계획하고, 승인절차와 안전작업 승인을 거친 후 작업을 실시한다. 작업이 완료된 후 작업내용, 소요자재, 작업자별 작업시간 등의 세부적인 정비 내용들이 등록되어 설비별로 이력조회가 가능하게 지원한다.

정비작업관리
생산현장의 설비에 대한 정비작업계획을 세워 작업을 진행하고 그 결과를 해당 설비의 설비이력으로 관리하는 업무

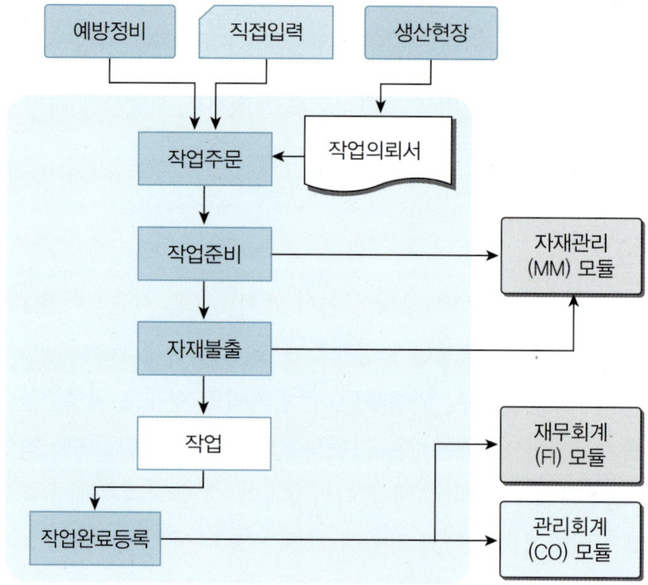

[그림 9-21] 정비 작업관리

SAP ERP에서는 생산현장의 작업의뢰서 등록, 작업일정, 자재, 인력, 공기구 수급 계획을 포함하는 작업주문서 생성, 표준작업 절차, 자재, 인력, 공기구의 가용성 점검 및 소요예산 분석을 통한 작업준비 지원, 자재관리(MM) 모듈과 연계된 정비자재 불출처리, 모바일을 이용한 현장 정비작업 지원과 작업완료 등록 및 정산작업 등을 지원한다.

- 작업의뢰서
- 작업주문서
- 작업준비 및 소요예산 분석
- 정비자재 불출
- 현장 정비작업 지원
- 작업완료등록

(1) 작업의뢰서

통지
현업부서에서 작업을 요청되는 설비, 시설, 건물 등에 대한 작업요청서

작업의뢰서 또는 **통지**(notification)는 현업부서에서 작업을 요청되는 설비, 시설, 건물 등에 대한 작업요청서로 SAP ERP에서는 작업요청 사항을 시스템을 통해서 요

청하고, 요청된 사항에 대해 설비 정비부서에서 작업계획을 세워 작업을 진행하고 그 결과를 해당 설비, 시설, 건물의 이력정보(수리이력, 정비이력, 고장이력)에 등록하여 관리한다.

일반적으로 SAP ERP의 작업의뢰서에 해당하는 통지(notification)는 다음과 같은 업무 상황에서 사용될 수 있다.

- 설비, 장비, 기기 또는 건축물의 정비 작업이 필요한 경우 정비 담당조직에 정비 작업을 요청시
- 설비 증설 또는 교체 등 투자성 예산 집행시 필요한 정비작업성 업무처리 요청시
- 원인분석, 사고보고 요청 등 다양한 의사소통을 위한 도구
- 각종 신청서로 응용

작업의뢰서로 요청된 작업들은 긴급도에 따라 작업이 진행되며, 작업요청에 대한 처리 상태는 현업부서에서 모니터링된다. 또한 작업이 완료되면 해당 요청부서로 작업완료 상황이 통보된다.

(2) 작업주문서

작업주문서(work order)는 설비 정비작업을 위하여 작업조직에 작업을 지시하기 위한 문서로 정비작업의 시작이다. [그림 9-22]와 같이 예방정비의 점검일정 계획이나 작업의뢰서를 통한 생산현장의 작업요청 또는 설비 고장에 따른 작업자의 직접적인 입력으로 작업주문서가 생성된다.

작업주문서
설비 정비작업을 위하여 작업조직에 작업을 지시하기 위한 문서

작업주문서는 정비작업을 위한 작업계획, 일정수립, 작업지시, 작업완료, 비용정산을 효과적으로 관리할 수 있으며, 작업의뢰서와 함께 중요한 설비이력 자료로 운영된다. 자재불출, 소모성 자재구매, 외주공사구매, 단가도급 등 작업에 수반되는 제비용이 집계되는 단위로서 정비업무의 원가계산을 위한 비용 집계단위로 사용된다. 여러 작업으로 인한 공동의 협업이 필요한 경우 대표 작업을 주 작업주문서로 하여 부 작업주문서들을 생성할 수 있다.

- 정비작업 시 요구되는 다양한 정보들의 중심
- 설비이력의 근간 정보
- 정비작업 제비용의 집계단위

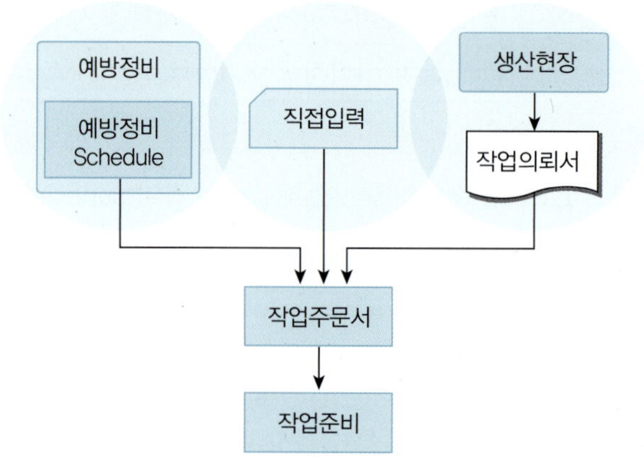

[그림 9-22] 정비작업주문

작업주문서에서 정비작업들은 고장 카탈로그로 분류되어 관리된다. 고장 카탈로그는 [그림 9-23]과 같이 고장유형, 고장원인, 고장부위별 고장유형들을 작업환경에 맞게 정의한 형태로 설비의 이력관리 및 분석시 사용된다. 작업완료 후 고장내용은 카탈로그에 분류 · 관리되어 설비고장시 고장의 원인을 분석하기 위한 기준으로 활용된다.

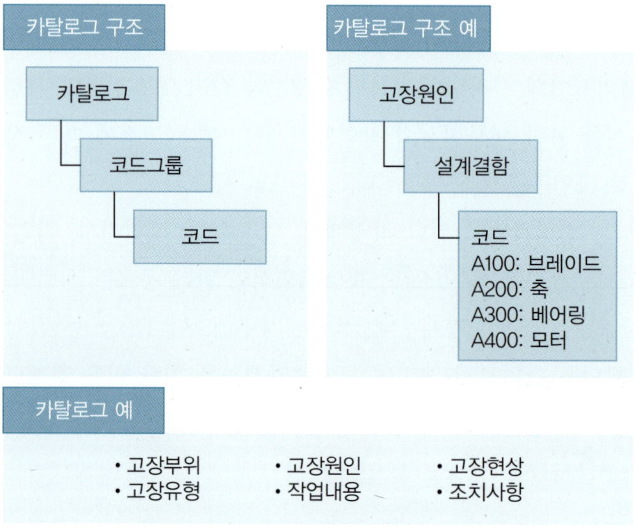

[그림 9-23] 고장 카탈로그

(3) 작업준비 및 소요예산 분석

작업주문서가 생성되며 [그림 9-24]와 같이 내부 또는 외부의 필요인력, 세부 작업 일정, 소요자재 및 필요 공기구들이 할당되어 각각에 대한 가용성 점검이 수행되고, 작업주문에 따라 소용되는 예상비용을 산출할 수도 있어 작업 진행에 따른 실제비용과의 비교분석이 가능하다.

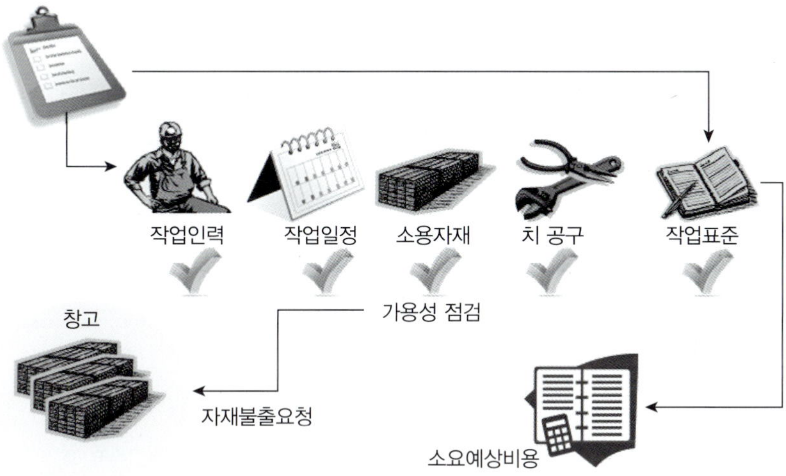

[그림 9-24] 작업준비 및 소요예산 분석

(4) 정비자재 불출

정비작업을 위한 자재불출 과정은 [그림 9-25]와 같이 정비작업에 필요한 자재(MRO)가 재고 자재인 경우 가용성 점검이 이루어진 후 자재관리 모듈과 연계된 자재예약을 통하여 자재가 출고되고, 재고가 없는 경우 정비 자재소요량계획(MPR) 또는 직접적인 구매요청을 통해 자재입고 후 자재를 불출하여 사용한다.

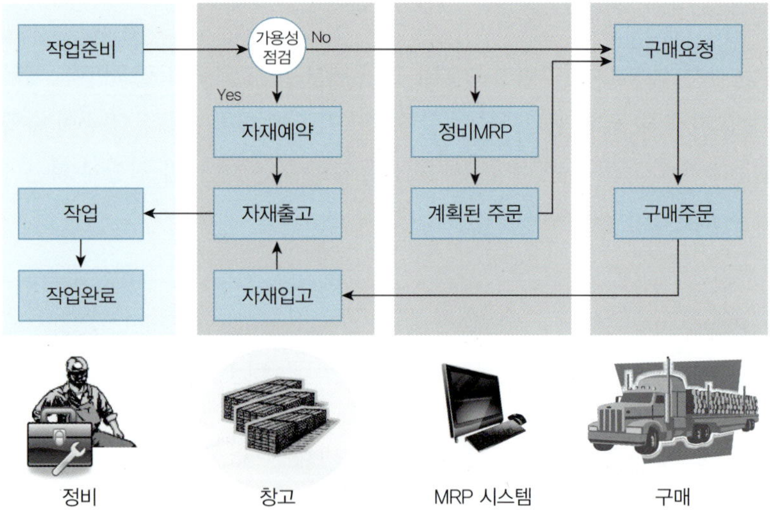

[그림 9-25] 정비 자재불출 과정

(5) 현장 정비작업 수행

정비작업은 설비 보전 작업자가 현장에서 작업을 하는 것으로 SAP ERP는 작업의 효율성을 높여주기 위해 정비 관련 정보를 조회하거나 작업 확정 정보 등록시에 [그림 9-26]과 같이 모바일 기기를 활용할 수 있도록 지원한다.

[그림 9-26] 현장 정비작업 수행

SAP ERP에서 모바일 기기를 사용하여 현장에서 수행 가능한 정비작업 관련한 업무들은 다음과 같다.

- 고장 증세(원인)의 검색
- 정비해결 방안 검색

- 작업절차 검색
- 가용 재고정보 확인
- 자재/장비 사용 신청
- 작업완료 등록

(6) 작업완료등록

SAP ERP에서는 작업이 완료된 작업주문은 [그림 9-27]과 같이 설비이력을 관리하기 위하여 카탈로그 정보, 작업의뢰 완료정보, 작업주문 완료정보 등을 등록한다. 작업 주문에 대한 보고가 완료되면 정산을 통하여 원가중심점, 투자코드(내부주문), 고정자산 등으로 발생한 비용을 원가로 귀속시킨다.

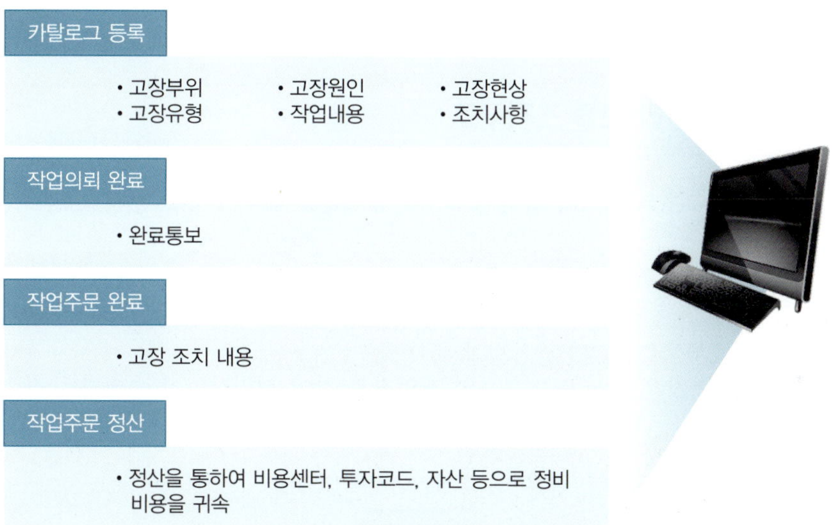

[그림 9-27] 작업완료 등록 절차

6. 설비이력분석

SAP ERP는 다양한 이력분석을 통하여 설비 정비를 위한 유용한 정보를 제공한다. 다양한 조건 검색 기능을 제공하고 사용자가 원하는 조회화면을 구성할 수 있으며, 정렬(sort), 필터(filter) 기능을 제공한다. 작업진행에 대한 현황을 출력하고 결과내용들을 엑셀(Excel)로 제공하며, 수치 데이터의 경우 2D, 3D 그래프 분석이 가능한 기능도 제공한다. 각 설비들에 대한 이력 분석시 내용에는 조직별로 계획대비 실적, 고장률, 정비율과 같은 지표관리, 각종 기타사항들이 포함되어 있다. 다음은 SAP ERP에서 제공하는 주요 분석 기능들이다.

- 설비 형태별 분석
- 제작자별 분석
- 위치별 분석
- 관리 책임자별 분석
- 고장 부위, 형태, 원인별 분석
- 설비보전관리 비용분석

7. 설비관리 모듈 조직구조

PM 모듈 조직구조는 기업의 설비 정비부서 조직구조로 주요 조직 구성요소는 작업장이다.

(1) 작업장

PM모듈의 작업장은 생산(PP) 모듈의 작업장과 같이 설비작업이 수행되는 장소로 공장에는 다수개의 작업장이 존재할 수 있다.

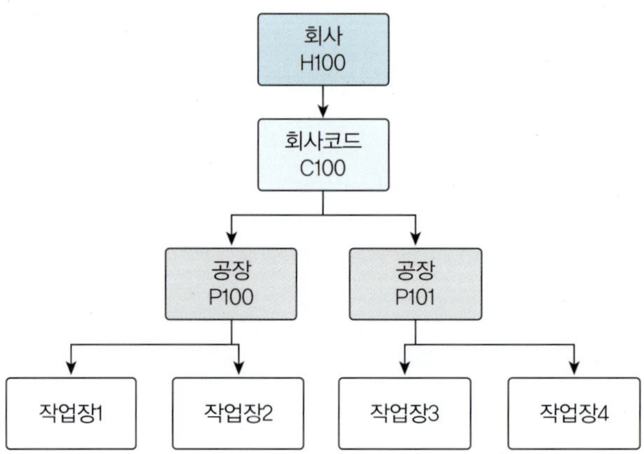

[그림 9-28] 설비관리 조직

8. 설비관리 모듈 마스터데이터

PM 모듈 마스터데이터는 예방점검, 작업주문처리 업무를 처리시 기본적으로 필요한 자료들로 주요 MM 모듈 마스터데이터에는 설비마스터가 포함되다.

(1) 설비마스터

설비마스터는 설비별 이력, 비용 등 각종정보의 중심이며, 작업의뢰서 및 작업주문을 발행하는 기준이 된다. 설비마스터의 정보는 [그림 9-29]와 같이 설비마스터 생성시 기본적으로 입력되는 정보들로 설비번호, 일반정보, 참조정보, 제조사 정보들이 포함된다.

설비번호		
설비내역		상태
유효기간		
일반정보	- 설비유형	
	- 권한그룹	- 크기/치수
	- 재고번호	
참조정보	- 취득가액	- 취득일
제조자정보	- 제조사	- 제조국가
	- 모델번호	- 제작연도/월
	- 제조사부품번호	
	- 제조일련번호	

[그림 9-29] PM 모듈 마스터데이터

요약

SAP ERP의 설비관리(Plant Maintenance, PM) 모듈은 생산계획의 달성, 품질향상, 원가절감, 납기준수, 재해예방, 환경개선 등을 이루기 위하여 설비를 지속적으로 유지하고 관리하는 업무를 지원하는 모듈로서 설비기술정보관리, 예방정비, 정비작업관리 그리고 설비이력 분석으로 구성되어 있다.

오늘날 설비관리의 중요성 때문에 선진 발전회사, 제철업체, 석유화학회사와 같은 주요 장치산업 기업들은 신뢰성 중심 설비관리(RCM), 위험기반검사(RBI), 종합적 설비관리(TPM)와 같은 설비관리 전략들을 추구하고 있다. 설비보존 방식은 시기와 정도에 따라 사후보전, 예방보존, 개량보전, 일상점검, 정기보전, 예측보전, 보전예방 등이 있다.

SAP ERP에서의 설비기술정보관리는 보존을 위한 설비와 관련된 포괄적인 정보로서 기능위치, 설비, 자재로 나누어 체계적으로 관리되며, 각 설비의 정비시 필요한 자재, 자원, 도면, 표준작업 절차, 기술문서 등의 정보가 총괄 관리된다. 예방정비(PM)는 설비의 노화 및 열화를 사전에 방지하기 위해 윤활, 청소, 조정, 점검, 교체 등의 일상적 정비 활동과 함께 계획적으로 정기 점검, 정기 수리, 정기 교체 등을 수행하는 활동으로 SAP ERP의 예방정비의 주요기능은 예방정비 계획수립, 자동 예방정비 일정계획 수립 및 예방정비 작업주문 생성, 시뮬레이션 기능, 해당 작업 담당자 자동 통지와 같은 다양한 부가 기능들을 제공한다. 정비작업관리는 생산현장의 설비에 대한 작업요청, 예방점검 등에 대해 작업계획을 세워 작업을 진행하고 그 결과를 이력관리로 등록하는 업무로서 SAP ERP에서는 생산현장의 작업의뢰서 등록, 작업주문서 생성, 표준작업 절차, 자재, 인력, 공기구의 가용성 점검 및 소요예산 분석을 통한 작업준비 지원, 자재관리(MM) 모듈과 연계된 정비 자재 불출 처리, 모바일을 이용한 현장 정비작업 지원과 작업완료 등록 및 정산작업 등을 지원한다. 또한 SAP ERP는 설비 형태별 분석, 제작자별 분석, 위치별 분석, 관리 책임자별 분석, 고장 부위, 형태, 원인별 분석 등의 다양한 설비이력 분석을 위한 정보들을 제공 한다.

PM 모듈의 조직구조는 기업의 설비 정비부서의 조직구조로 주요 조직 구성요소는 작업장이다. PM 모듈 마스터데이터는 예방점검, 작업주문처리 업무를 처리시 기본적으로 필요한 자료들로 주요 PM 모듈 마스터데이터에는 설비마스터가 포함되어 있다.

● 참고문헌

- 구성태 · 김창은, "설비관리 혁신을 위한 계획 보전 방법론에 관한 연구", 한국경영공학회지 18(3), pp.199-218, 2013
- 마상견 · 이희선, "유지보수 효율성 향상을 위한 점검주기 개선에 관한 연구", 2014 년도 한국철도학회 추계학술대회 논문집, 2014
- 이상범, 『현대생산운영관리』(제2판), 명경사, 2003
- 윤덕균, 『초우량 기업들의 경영혁신 200년』, 민영사, 2008
- 윤영석, 『서비스 식스시그마 101』, 네모북스, 2003
- Chang, T., *Computers Spur Maintenance-Management Concepts*, Oil and Gas Journal, 1998
- cmmsPRO, Types of Maintenance, http://www.cmmspro.com/types-of-maintenance.asp, 2016
- IBM Software Group, 기업 설비 자산관리의 올바른 접근방법, 2007
- LG CNS, PM모듈소개, 교육자료, 2005
- LG CNS, PM모듈 기준정보관리, 교육자료, 2005
- LG CNS, PM모듈 일반보존 프로세스, 교육자료, 2005
- LG CNS, PM모듈 예반보존 프로세스, 교육자료, 2005
- Gopinath, Plant Maintenance in SAP A functional perspective, WISDOM Infotech
- SAP-ERP, Introduction to SAP PM, http://www.sap-erp.com/general/introduction-to-sap-pm.html, 2016
- SAP Korea, "SAP 솔루션 상세 설명 자료: 설비관리(P.M)", SAP Korea, 2005
- Thierry Massias, "SAP R/3 PM Plant Maintenance", PwC
- Wakjira, W., & Ajit Pal Singh, M.(2012), *Total productive maintenance: A case study in manufacturing industry*, Global Journal of researches in engineering, 12(1-G).
- Woodhouse, J.(2001), *Combining the best bits of RCM, RBI, TPM, TQM, Six-Sigma and other 'solutions'*. J. Woodhouse.-The Woodhouse Partnership Ltd. 2003

연·습·문·제

1. 설비관리(PM) 모듈의 구성에 대하여 설명하라.

2. 설비관리에서 선진업체들이 추구하는 설비보존전략들에 대하여 설명하라.

3. 설비보존방식들에 대하여 설명하라.

4. 설비관리(PM) 모듈에서 제공하는 설비기술정보의 관리요소들에 대하여 설명하라.

5. 설비관리(PM) 모듈에서 제공하는 예방정비 유형에 대하여 설명하라.

6. 설비관리(PM) 모듈에서 제공하는 정비작업관리 절차에 대하여 설명하라.

7. 설비이력분석의 역할에 대하여 설명하라.

8. PM 모듈 조직구조에 대하여 설명하라.

9. PM 모듈 주요 마스터데이터들을 나열하고 역할들에 대하여 설명하라.

● 실무적용

- 우리 회사의 설비보존관리 전략에 대하여 알아보자.
- 우리 회사에서 보존관리를 위한 대상 설비들의 리스트를 구해 보자.
- 우리 회사의 예방점검 절차에 대하여 알아보자.
- 우리 회사의 정비작업관리 절차에 대하여 알아보자.
- 우리 회사에서 설비보존을 위하여 분석하는 자료들에 대하여 알아보자.
- PM 모듈의 설비마스터에 필요한 자료들을 우리 회사에서 구해 보자.

10

CHAPTER

프로젝트 시스템(PS) 모듈

학습 목표

- 프로젝트 시스템(PS) 모듈의 구성에 대하여 알 수 있다.
- 프로젝트의 정의 및 프로젝트 종류에 대하여 알 수 있다.
- 프로젝트 시스템 관리 구조에 대하여 알 수 있다.
- 프로젝트 일정계획 수립방식에 대하여 이해할 수 있다.
- 프로젝트 자원관리에 대하여 이해할 수 있다.
- 프로젝트 진척관리에 대하여 이해할 수 있다.
- 프로젝트 수익관리에 대하여 이해할 수 있다.

1. 프로젝트 시스템 모듈 개요

SAP ERP의 프로젝트 시스템(Project System, PS) 모듈은 건설, 조선, 플랜트 등의 설계생산 수주 프로젝트뿐만 아니라 신제품 개발과 같은 연구개발(R&D) 프로젝트, 마케팅 캠페인 등과 같이 일회성 주제를 근간으로 하는 기업의 모든 프로젝트성 업무에 사용될 수 있다. SAP ERP의 프로젝트 시스템(PS) 모듈은 프로젝트 관리의 효율성과 통합성을 높이기 위하여 영업유통, 자재관리, 생산관리, 설비관리 및 회계 모듈의 기능들과 실시간으로 연동한다.

프로젝트 시스템(PS) 모듈
기업의 프로젝트성 업무를 지원하는 모듈

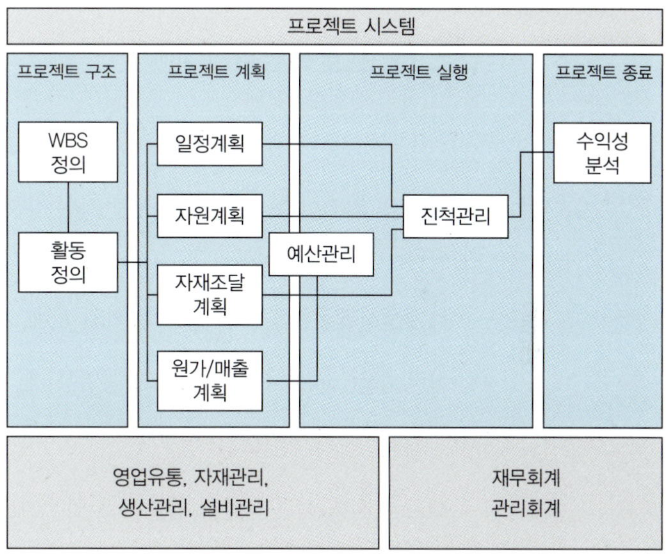

[그림 10-1] 프로젝트 모듈의 기능 구성

프로젝트 시스템(PS) 모듈은 제한된 시간과 자원으로 고객이 만족할 만한 제품 품질이나 결과를 산출해야하는 프로젝트 관리에서 [그림 10-1]에서와 같이 프로젝트 전 과정을 지원한다. 프로젝트 시스템(PS) 모듈은 일반회사의 자본예산(capital budgeting) 프로젝트나 설계생산제품(ETO)의 프로젝트관리에 모두 적용가능하며, 프로젝트관리의 주요기능인 일정관리, 원가관리, 자원관리, 진척관리 기능 등을 SAP ERP의 타 모듈과 통합되어 운영 · 지원된다. 프로젝트 시스템(PS) 모듈이 지원하는 주요기능들은 다음과 같다.

- 프로젝트 구조정의 — 작업분류체계를 정의하고 활동정의와 활동들에 대한 네트워크의 구성으로 프로젝트 구조를 정의한다.
- 프로젝트 계획 — 프로젝트의 일정계획, 자원계획, 자재조달관리, 원가 및 매출계획 등을 수립을 지원한다.
- 프로젝트 실행 — 프로젝트 예산관리, 프로젝트 진척관리를 지원한다.
- 프로젝트 종료 — 프로젝트를 완료하고 수익성분석 시행을 지원한다.

2. 프로젝트관리 개요

프로젝트
특정의 목표를 효과적으로 달성하기 위한 사업 내지는 과정에 대한 계획

프로젝트는 어느 특정의 목표를 효과적으로 달성하기 위한 사업 내지는 과정에 대한 계획을 의미한다. 기업에서 일반적인 수행되는 프로젝트 관리의 업무들은 다음과 같다.

- 설계생산제품(ETO)의 생산 관리업무(예, 선박, 항공, 건설공사 등)
- 자본예산(capital budgeting) 집행업무(예, 설비증설, 신사옥 건설)
- 신제품 연구개발(R&D) 업무
- 새로운 서비스나 사업을 창출하는 업무(예, 마케팅 캠페인)
- 정보시스템 구축업무

프로젝트는 일반적으로 일회성이고 고유적인 업무이다. 또한 프로젝트는 대규모고 복잡한 작업이기 때문에 프로젝트는 그 결과의 불확실한 특성을 가지고 있다. 따라서 이러한 프로젝트의 고유한 특성들 때문에 프로젝트는 부서 간의 협력을 통해 프로젝트팀을 편성하여, 프로젝트를 과업 관점에서 계층적으로 구분하여 체계적으

로 수행하는 것이 일반적이다.

(1) 프로젝트 관리

프로젝트 관리(Project Management, PM)는 이해 관계자의 요구와 기대를 충족하기 위해 활동을 계획하는 지식, 기술, 도구 및 기법의 응용으로 국제 프로젝트관리 공인자격증인 기관인 PMI(Project Management Institute)가 제시한 프로젝트 가이드북인 PMBOK(Project Management Body Of Knowledge)에 따르면 프로젝트 관리는 "특정한 목적을 가지고 수행되는 프로젝트가 계획된 시간과 예산 내에서 최적의 자원을 활용하여 고객이 만족할 만한 품질을 확보할 수 있도록 하는 데 필요한 기술 및 관리 활동"으로 정의되어 있다.

프로젝트 관리
이해 관계자의 요구와 기대를 충족하기 위해 프로젝트 활동을 계획하는 지식, 기술, 도구 및 기법의 응용

PMBOK의 프로젝트 관리는 5개의 프로젝트관리 프로세스 그룹과 10개의 프로젝트 관리 지식 영역으로 구성되어 있다. 5개의 프로젝트 관리 프로세스 그룹은 [그림 10-2]에서와 같이, 착수, 기획, 실행, 통제 그리고 종료 단계로 구성되어 있다.

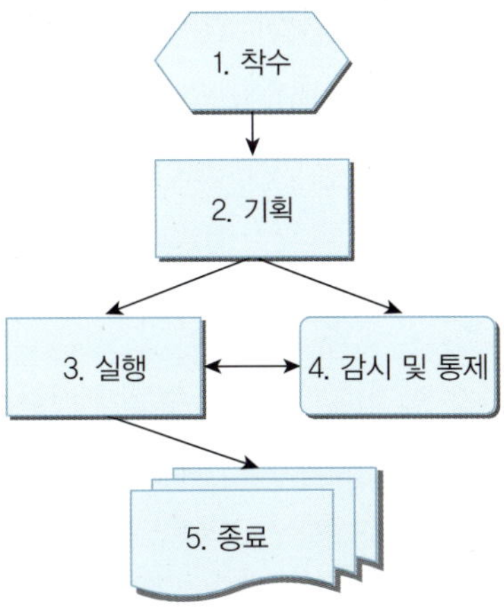

[그림 10-2] 프로젝트 관리 프로세스 그룹

1. 착수(initiation) 프로세스: 프로젝트가 착수되는 것을 공식적으로 승인하는 프로세스로 프로젝트의 시작을 공식화 한다.
2. 기획(planning) 프로세스: 프로젝트 목표를 정의하고, 최선의 방안을 선정하는 프로세스로 프로젝트 진행 과정에서 초기에 계획한 내용이 수정될 수 있다.

3. 실행(execution) 프로세스: 계획한 내용을 수행하기 위해 인력과 자원을 활용하는 프로세스로 실질적으로 프로젝트가 진행된다.

4. 통제(monitoring-controlling) 프로세스: 프로제트 진행상황을 감시 및 측정하여 프로젝트 목표 달성을 보증하기 위한 프로세스로 계획과 차이가 있으면 시정조치를 취한다.

5. 종료(closing) 프로세스: 프로젝트 완료를 공식화하고 규정된 절차에 따라 종료시키기 위한 프로세스를 말한다.

PMBOK에서 제시하는 프로젝트 관리 지식 영역은 10가지로서 프로젝트 통합관리, 프로젝트 범위관리, 프로젝트 시간/일정관리, 프로젝트 원가관리, 프로젝트 품질관리, 프로젝트 인적자원관리, 프로젝트 의사소통관리, 프로젝트 위험관리, 프로젝트 조달관리, 이해당사자 관리 등이 있다. 10개의 관리 영역들은 착수, 기획, 실행, 통제, 종료의 5개의 프로세스 그룹과 상호 연관성을 가진다.

- 통합(integration) 관리 — 프로젝트관리 영역별로 기획, 실행, 통제를 조정한다.
- 범위(scope) 관리 — 프로젝트에 필요한 업무범위를 정의하고 업무범위 변경을 통제한다.
- 시간/일정(time/schedule) 관리 — 프로젝트의 일정계획을 수립하고 진척과정을 모니터링과 통제를 한다.
- 원가(cost) 관리 — 예산을 확정하고 투입자원들에 대한 모니터링 및 통제를 수행한다.
- 품질(quality) 관리 — 프로젝트에 주어진 품질 요구사항을 정의하고 품질보증 및 품질통제 활동을 수행한다.
- 인적자원(human resource) 관리 — 프로젝트 팀원을 대상으로 책임과 역할을 정의한 뒤 목표를 달성할 수 있도록 팀원들을 관리한다.
- 의사소통(communication) 관리 — 이해관계자의 관심사항을 분석하여 원하는 정보를 제공하고 의사소통의 적정성을 관리한다.
- 위험(risk) 관리 — 프로젝트의 위험 요소들을 체계적으로 식별, 분석, 대응, 통제한다.

- 조달(procurement) 관리 — 조직 외부에서 제품이나 서비스를 조달 관리한다.
- 이해관계자(stakeholder) 관리 — 이해관계자를 식별하여 유형별 관리 전략을 수행하고 프로젝트 참여를 관리한다.

(2) 프로젝트 관리도구

프로젝트 관리를 위해 다양한 도구 및 방법론들이 제시되어 왔다. 간트차트, 네트워크 차트, PERT, CPM 등은 프로젝트 관리를 위한 대표적인 도구 및 기법들이다.

간트 차트

간트 차트(Gantt Chart)는 [그림 10-3]과 같이 프로젝트의 주요활동을 파악한 후 각 활동의 일정을 그것이 시작되는 시작점과 끝나는 시점을 막대 모양으로 연결하는 일정관리 도구이다. 간트 차트는 사용하기 쉽고 이해하고 쉬운 특징을 가지고 있다. 그러나 프로젝트 관리에 적용할 경우 작업 관리 범위가 제한적이고, 불확실하거나 가변적인 상황에 대한 신축적인 대응이 어려우며, 자원 배분의 효율성을 고려하지 못하는 단점을 가지고 있다.

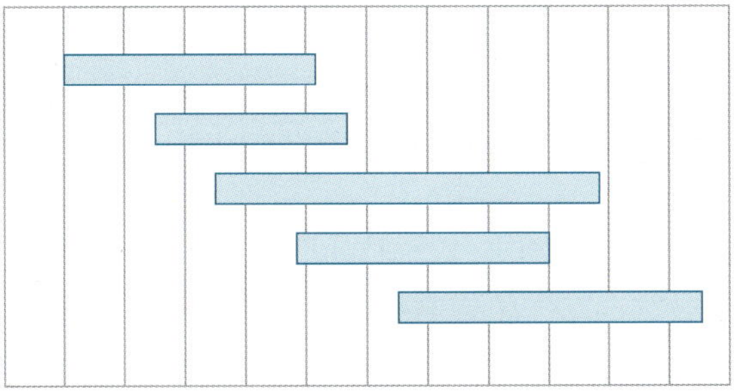

[그림 10-3] 간트 차트

네트워크 차트

네트워크 차트(Network Chart)는 [그림 10-4]와 같이 프로젝트의 주요활동들에 대한 일정관리, 활동들 간의 선후관계와 소요시간 등의 정보를 마디와 가지로 구성된 다이어그램으로 간트차트에 비해 종합적이면서 분석적이고 프로젝트의 전체적 구조를 잘 보여주며, 작업들 간의 입체적 연관성을 표현하고 프로젝트의 일정관리를 위한 다양한 추가 정보 획득이 가능하다.

네트워크 차트
프로젝트내의 활동들 간의 선후관계와 소요시간 등의 정보를 마디와 가지로 구성된 다이어그램

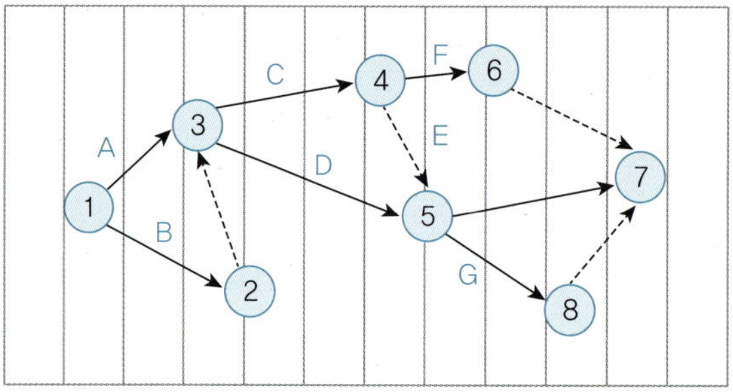

[그림 10-4] 네트워크 차트

상기와 같은 네트워크 차트를 기반으로 개발된 프로젝트 관리 기법들이 PERT와 CPM이다.

PERT/CPM

PERT(Program Evaluation & Review Technique)는 프로젝트일정 계획 수립 기법으로 네트워크 차트의 일종으로 1958년 미국 국방성의 잠수함 미사일 프로젝트를 수행하던 부즈 알렌 해밀턴(Booz Allen Hamilton, Inc.)사가 개발한 프로젝트 기간을 계산하는 방법으로 사전 정보가 많지 않아 정확한 추정이 힘든 프로젝트의 기간을 계산하기 위해 활동당 3개의 추정치를 사용하기 때문에 3점 추정(three point estimation)이라고도 한다. 3점 추정은 활동의 3점 최단 추정치, 정상 추정치, 최장 추정치를 의미한다.

CPM(Critical Path Method)은 미국 듀폰사에서 공장의 연차보전 시간을 줄이기 위하여 제임스 켈리(Kelley)와 모건 워커(Walker)를 중심으로 한 연구 집단이 1957년 개발한 프로젝트 일정계획 수립 기법으로 프로젝트 완료시간의 추정치로 확정적 모형을 사용한 것으로 불확실성을 배제하고 확정적인 값을 가정한다. CPM의 목적은 프로젝트 기간뿐만 아니라 비용을 통제하는 것으로 일정 단축과 이들 비용이 전체 최적화를 달성할 수 있는 일정계획을 수립하는 것이다. 즉, PERT와 CPM의 주요 차이점은 다음과 같다.

- 개별 활동들의 시간추정에 있어 PERT는 확률적(3점 추정)이고 CPM는 확정적이다.
- PERT는 정확한 일정계획에 초점을 맞추고 CPM는 일정과 비용을 고려한 일

정계획의 최적화에 초점을 맞추고 있다.

오늘날 상기와 같은 PERT와 CPM의 차이점을 반영하여 프로젝트 관리 도구들은 PERT/CPM의 기능을 통합 · 제공하고 있다.

(3) 프로젝트 관리절차

PERT/CPM를 이용한 프로젝트 계획수립은 작업의 정의, PERT/CPM 네트워크 구성, 활동들의 시간 추정치 결정, 여유 활동 및 주경로 파악, 총시간 및 확률계산 및 시간 및 비용 단축을 위한 검토과정을 거친다.

- 프로젝트 구조의 정의
- 네트워크 구성
- 활동들의 시간 추정치 결정
- 여유 활동 및 주경로 파악
- 총시간 및 확률계산
- 시간 및 비용 단축 검토 과정

프로젝트 구조의 정의

프로젝트 구조의 정의는 프로젝트를 작업들(tasks)로 분류하는 것으로 이러한 분류 작업의 결과물이 [그림 10-5]와 같은 작업분류체계(work breakdown structure, WBS)이다. 작업분류체계(WBS)는 프로젝트에서 수행되는 작업들을 계층으로 그룹화한 것으로 프로젝트의 전체 범위를 조직화하고 정의한 것이다.

작업분류체계
프로젝트에서 수행되는 작업들을 계층으로 그룹화한 것으로 프로젝트의 전체 범위를 조직화하고 정의한 것

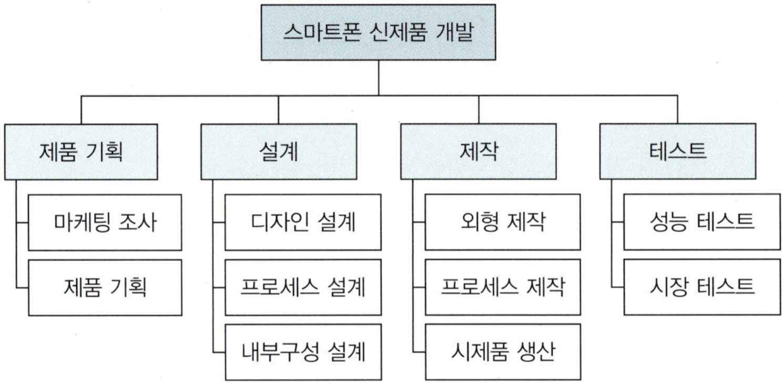

[그림 10-5] 작업분류체계(WBS)

활동
작업분류체계를 구성하는 최하위 작업들로 일반적으로 작업 현장에서 이루어지는 작업 활동

작업분류체계의 작업들은 그 작업을 수행하는 활동들(activates)로 구성된다. **활동**은 작업분류체계(WBS)가 확정이 되고 각각의 WBS 작업들을 구성하는 최하위 작업 활동으로 일반적으로 작업 현장에서 이루어지는 작업 활동을 의미한다. 프로젝트 정의시 작업분류체계의 작업들은 일반적으로 〈표 10-1〉과 같이 하나의 활동

〈표 10-1〉 작업분류체계와 활동

작업분류체계의 작업	활동코드	활동
제품기획		
마케팅 조사	A	마케팅 조사
제품 기획	B	제품 기획
설계		
디자인 설계	C	디자인 설계
프로세스 설계	D	프로세스 설계
내부구성 설계	E	내부구성 설계
제작		
외형 제작	F	외형 제작
프로세서 제작	G	프로세서 제작
시제품 생산	H	시제품 생산
테스트		
성능 테스트	I	성능 테스트
시장 테스트	J	시장 테스트

들로 구성되나 다수의 활동들을 포함할 수 있다. 따라서 프로젝트 작업 정의에서 작업과 활동은 다르게 정의된다.

네트워크 구성

프로젝트 작업의 정의에서 활동들이 정의되면 활동 간의 선후 관계를 분석하여 [그림 10-6]과 같은 네트워크 차트를 구성한다.

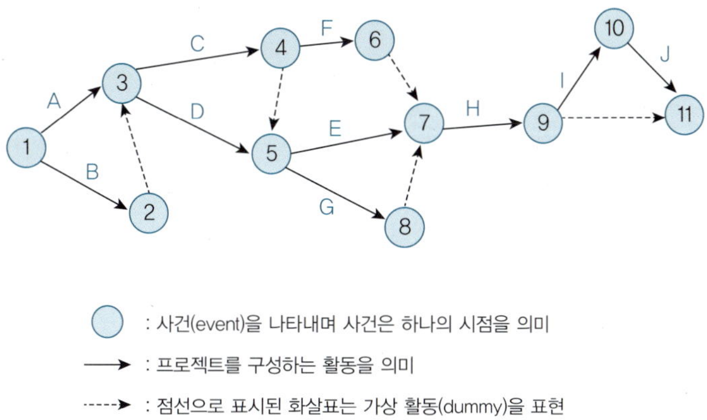

[그림 10-6] 네트워크 구성

활동들의 시간 추정치 결정

개별 활동들의 시간추정에 있어 PERT는 확률적이고 CPM는 확정적이다. PERT의 경우 활동의 시간을 최단 추정치, 정상 추정치, 최장 추정치를 3가지로 산출하고 각 활동의 평균 기대 소요시간을 다음과 같이 추정한다.

$$\text{각 활동당 평균 기대 소요시간} : t_e = \frac{a+4m+b}{6}$$

(a : 최단 추정치, m : 정상 추정치, b : 최장 추정치)

여유활동시간 및 주경로 파악

개별 활동들에 대한 기대 소요시간들이 확정되면 전진경로(forward) 계산과 후진경로(backward) 계산을 수행하여 여유활동 시간과 주경로를 파악한다. 전진경로 계산은 네트워크 앞에서 뒤로 가며 계산하는 과정으로 ES, EF를 산출한다. 후진경로 계산은 네트워크 뒤에서 앞으로 가며 계산하는 과정으로 LS, LF를 산출한다. 전진경로계산, 후진경로계산 방법은 이 책의 참고문헌의 경영과학 교재들을 참조하기 바란다.

- ES(earliest start time) — 활동을 가능한 가장 빨리 시작할 수 있는 시간
- EF(earliest finish time) — 활동을 가능한 가장 빨리 끝낼 수 있는 시간
- LS(latest start time) — 활동을 가능한 가장 늦게 시작할 수 있는 시간
- LF (latest finish time) — 활동을 가능한 가장 늦게 끝낼 수 있는 시간

LS-ES, LF-EF에 의한 계산을 통하여 여유활동 시간을 계산한다. 여유활동 시간은 활동을 가장 늦추어서 시작하는 시간과 가장 빨리 시작하는 시간 사이의 여유시간을 의미하며, 여유시간이 없는 활동들을 연결한 경로가 주경로이다. 주경로(Critical Path)는 네트워크상에 존재하는 여러 경로 중에서 가장 소요시간이 긴 경로의 의미도 갖는다.

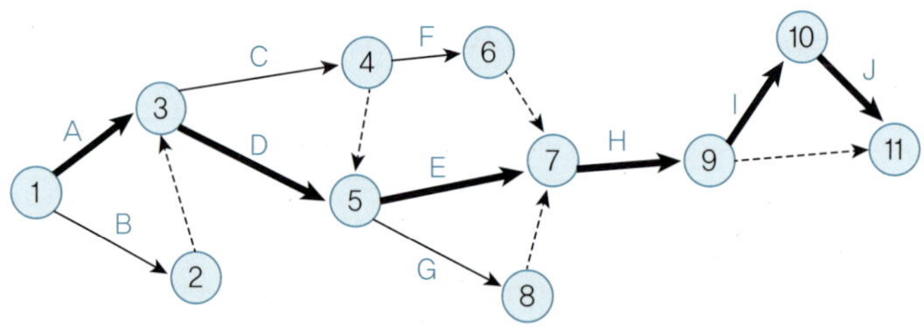

[그림 10-7] 주경로

여유활동시간 및 주경로 파악은 PERT 프로그램에서 자동으로 산출된다.

총시간 및 확률 계산

주경로가 확정되면 계획된 일정에 대하여 분석하고 평가를 한다. 프로젝트의 기간과 예정일을 산출하고 프로젝트가 예정일에 완료될 확률을 계산하는 작업을 수행한다.

총프로젝트 기간은 주경로에 존재하는 각 활동들의 기대 소요시간의 합으로 다름과 같다.

- 프로젝트 예상기간 : $t_{cp}=\sum t_e$

프로젝트가 특정 예정일에 완료될 확률은 표준정규분포값으로 다음과 같이 산출된다.

- 프로젝트가 예정일(D)에 완료될 확률의 표준정규분포값 : $z=\dfrac{D-t_{cp}}{\sqrt{\sigma_{cp}^{2}}}$

  - D: 예정일
  - $z=\dfrac{D-t_{cp}}{\sqrt{\sigma_{cp}^{2}}}$: 총분산(주경로에 존재하는 각 활동들의 분산의 합)

    $\sigma^2=\left(\dfrac{b-a}{6}\right)^2$: a(최단 추정치), b(정상 추정치)
  - t_{cp} : 총기간(주경로의 각 활동들의 기대 소요시간의 합)

시간 및 비용절감 검토

총프로젝트 예상 기간과 특정 예정일까지 완료될 확률들을 계산 · 분석하여 프로젝트 일정 및 비용점감을 검토한다. 합리적인 프로젝트의 일정계획 수립을 위하여 시간 단축 활동에 대한 선정 기준이 명확해야 하며, 다양한 시간 단축 방법, 인력의 재배치, 시간외 근무, 외부의 인력이나 자원 활용 등을 통하여 프로젝트를 관리하는 것이 바람직하다.

3. 프로젝트 구조정의

프로젝트는 대규모의 작업으로 효과적으로 프로젝트를 관리하기 위해서는 프로젝트의 업무를 체계적으로 분석하는 것이 필요하다. SAP ERP의 프로젝트 구조(project structure)는 [그림 10-8]과 같이 프로젝트의 작업들(tasks)의 계층적인 모형인 작업분류체계(WBS)와 활동(activity)들의 프로세스 형태인 네트워크 구성이 근간이 된다. 작업분류체계(WBS)의 작업과 활동들은 특별한 임무(event)를 위하여 이정표(milestones)로 정의될 수 있다.

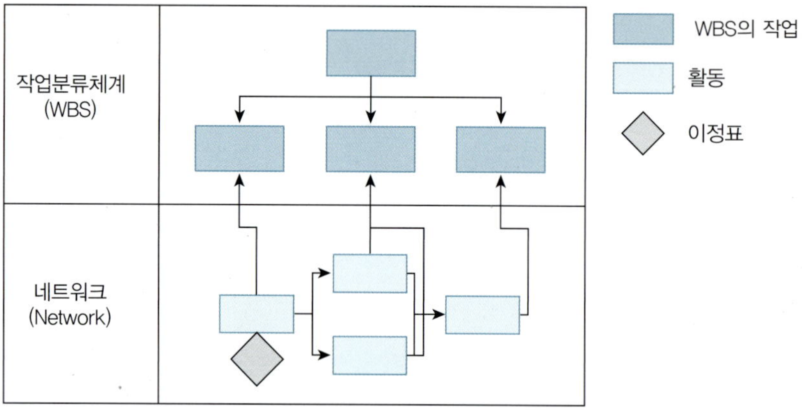

[그림 10-8] 프로젝트 구조정의

- 작업분류체계(WBS) — 프로젝트의 작업분류체계로 업무범위를 순차적으로 필요한 작업들로 나누어 구성되며, 작업들이 계층적 구조화되어 있다.
- 네트워크 — WBS의 작업들을 구성하는 활동들을 연계한 체인으로 프로젝트를 프로세스 흐름으로 모형화한 형태이다.
- 이정표 — 이정표로 설정된 작업분류체계(WBS)의 작업들이나 활동들은 주요 관리일자로 관리된다.

작업분류체계(WBS)를 구성하는 작업들과 네트워크를 구성하는 활동들은 프로젝트의 일정관리, 자원관리, 원가 및 매출관리, 예산관리, 자재조달관리 및 결산 등을 위하여 각기 다음과 같은 정보들을 관리한다.

- 작업분류체계(WBS) 작업들의 관리정보
  - 날짜: 기본날짜, 계획된 날짜, 실제수행일자
  - 원가 및 매출: 계획된 원가 및 매출, 실제 원가 및 매출
  - 대금지급 및 청구: 계획된 대금지급 및 청구일정, 실제 대금지급 및 청구
  - 예산: 예산, 예산집행
  - 구매: 구매요청, 구매주문
  - 결산: 간접비, 결과 분석

- 네트워크 활동(activity)들의 관리정보
  - 일정: 계획된 일정, 실제수행일자
  - 원가: 사용비용
  - 송장 청구일정: 이장표로 정의됨
  - 자재: 활동에 소요되는 자재
  - 인력: 인적자원

4. 프로젝트 계획

SAP ERP에서는 프로젝트의 구조가 확정되면 작업분류체계(WBS)의 작업과 활동을 근간으로 일정, 자원, 자재조달 및 원가와 수익에 관한 프로젝트 계획들이 수립된다.

(1) 프로젝트 일정계획

프로젝트 일정계획(scheduling)은 프로젝트의 프로세스를 이루는 작업들을 파악하고 예측된 자원 및 자재들을 각 작업에 분배하며, 작업의 순서와 일정을 정하는 것으로 프로젝트 일정계획 수립을 위해 다음과 같은 것이 고려되어야 한다.

> **프로젝트 일정계획**
> 프로젝트의 프로세스를 이루는 작업들을 파악하고 예측된 자원 및 자재들을 각 작업에 분배하며, 작업의 순서와 일정을 정하는 것

- 프로젝트의 지연을 방지하고 프로젝트가 계획대로 진행되도록 일정을 계획한다.
- 계획된 일정은 프로젝트의 진행을 관리하는 데 기초자료가 된다.
- 계획된 일정과 프로젝트의 진행도를 비교하여 차질이 있을 경우 여러 조치를 통해 조정할 수 있다.

SAP ERP에서는 작업분류체계(WBS)의 작업들을 근간으로 일정을 수립하거나 네트워크의 활동들을 근간으로 일정을 수립할 수 있다.

- 작업분류체계(WBS) 일정계획 — 수작업에 의하여 일정을 수립한다.
- 네트워크 일정계획 — PERT/CPM 기법을 이용하여 세부일정을 수립한다.

SAP ERP에서 네트워크 일정계획에서 활동들의 스케줄링은 그들 선후 연관관계에 따라 전진/후진 경로계산 방식으로 이루어지며, 제약을 고려하여 그들의 ES, EF, LS, LF 날짜를 계산하고, 정의된 여유시간(floats)은 네트워크상에서 주요 활동들을 분석하여 최적화하고, PERT 뷰를 통한 주경로의 확인을 지원한다.

네트워크 일정계획을 위한 활동 간 선후 연관관계는 다음 4가지로 정의된다.

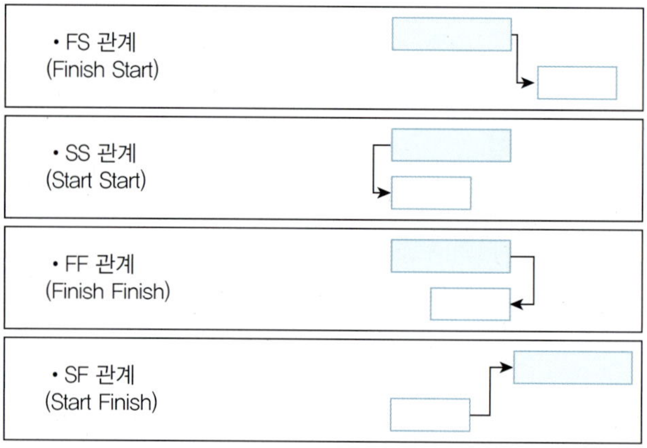

[그림 10-9] 활동 간의 선후관계 형태

- FS(Finish Start) 관계 — 처음 활동이 모두 완료되어야 다음 활동이 시작될 수 있으면 두 활동은 완료 후 시작(FS) 관계
- SS(Start Start) 관계 — 처음 활동이 시작되어야 다음 활동이 시작될 수 있으면 두 활동은 동시 시작(SS) 관계
- FF(Finish Finish) 관계 — 처음 활동의 완료 날짜에 따라 다음 활동의 완료 날짜가 결정되면 두 활동은 동시 완료(FF) 관계
- SF(Start Finish) 관계 — 처음 활동의 시작 날짜에 따라 다음 활동의 완료 날짜가 결정되면 두 활동은 시작 후 완료(SF) 관계

활동들의 시간 추정치가 확정되고 활동들 간의 선후관계들이 등록되면 일정계획 실행을 통하여 PERT 뷰를 생성하고 세부적인 프로젝트 일정계획을 자동으로 산출할 수 있다.

(2) 자원계획

자원계획(resource planning)은 일정계획과 연계된 활동들을 수행하는 필요한 자원들에 대한 계획으로 SAP ERP에서는 자원계획과 관련하여 네트워크 내의 활동들을 다음과 같은 세 가지로 구분하고 있다.

자원계획
일정계획과 연계된 활동들을 수행하는 필요한 자원들에 대한 계획

- 내부진행 활동(internal-processed activities) — 기업 내부의 기계나 사람들에 의해 수행되는 활동
- 외부진행 활동(external-processed activities) — 다른 기업에 의하여 수행되는 용역으로 구매부서에 의해 수행됨
- 서비스 활동(service activities) — 외부의 구매로 수행되는 용역

내부진행 활동은 기업 내부의 인적자원 정보와 연계되어 [그림 10-10]과 같이 작업장 상의 활동들에 의한 작업으로 정의되어, 부하분석 및 능력계획이 가능하다. 일정계획을 수행하면 활동에 정의된 작업을 수행할 작업장 정보와 표준작업(activity type) 정보에 의해 소요부하가 산정되고, 이를 통해 작업 부하 분석, 프로젝트 팀원들의 수준별 능력에 따라 부하의 분배 및 평가가 이루어질 수 있다. 즉, 가용 능력(capacity)에 대한 산정 및 부하(Load) 분석을 통해 효과적인으로 인력을 할당하는 자원계획이 수립된다.

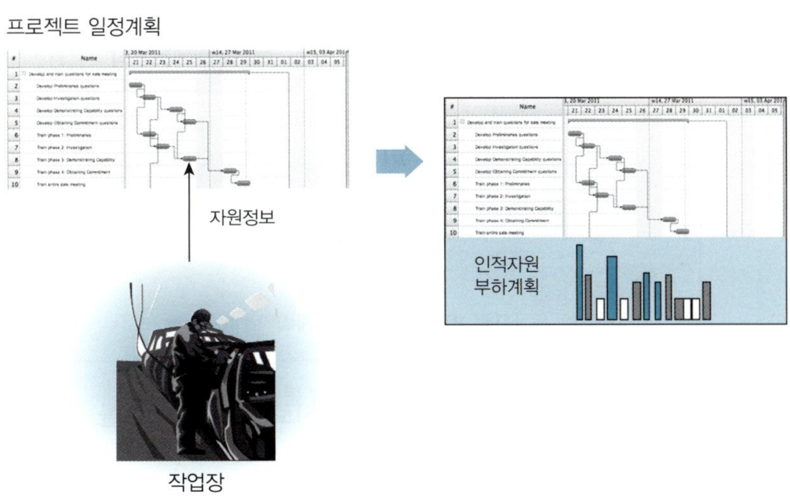

[그림 10-10] 인적자원 및 장비계획

진행매출

프로젝트 또는 공사의 진행 정도에 따라 매출을 인식하는 방식

기성고

공사의 진척도에 따른 공정을 산출해 시공된 만큼의 소요자금을 청구하는 것

료이다. 건설공사, 선박건조, 플랜트 구축과 같은 설계생산(ETO) 제품에 대한 매출 방식은 일반 상품이나 제품의 판매와 매출인식 방법과 대금청구 방식이 상이하다. 일반 상품이나 제품은 물품이 인도된 날이 매출 기준이 되고 이후 대금청구가 이루어진다. 그러나 수주생산 제품들은 고객에게 제품을 인도하는 시간이 오래 걸리기 때문에 프로젝트(생산제조)의 진행 정도에 따라 매출을 인식하는 진행매출 방식을 따르고 있다. 즉, 공사의 진척도에 따른 공정을 산출해 현재까지 시공된 부분만큼의 소요자금을 청구하는 기성고 청구방식을 하고 있다. SAP ERP에서의 프로젝트 매출계획은 상기의 진행매출 계획과 관련이 있으며, SAP ERP에서의 매출계획은 원가에 대한 계획과 마찬가지로 작업분류체계(WBS)에 의해 매출계획을 수행할 수 있을 뿐만 아니라 이정표를 이용한 진척도를 기반으로 매출계획 및 대금청구가 가능하다. 다음은 SAP ERP에서 제공하는 매출 방식들이다.

- 구조화된 매출계획 — 다양한 수준의 작업분류체계(WBS) 계층구조 내에서 비용과 마찬가지로 매출도 수작업으로 계획될 수 있다.
- 프로젝트/영업주문 기성 청구 계획 — 프로젝트 상에서나 영업모듈의 판매 주문 상에서 청구 계획은 퍼센트 형식이나 혹은 전체 가치로서 이익 계획을 제공한다.
- 이정표 청구 계획 — 프로젝트의 진척률에 따라 이정표(활동)를 이용하여 기성을 청구하는 기능을 제공한다.
- 소요자원기준 판매가격 산정/청구 — 프로젝트 판매가격 설정할 때 프로젝트 원가를 기준으로 산정함. 프로젝트 실행 중, 실제 투입된 비용을 기준으로 실비 정산 계약(Cost + Fee) 형태의 청구가 가능하다. 실비 정산 계약은 구매자가 시공업자에게 공사의 시공을 위임하고, 시공에 실제로 필요한 비용(공사 실비)과 미리 정해진 방법에 의한 수수료(보수)를 시공 업자에게 지불하는 계약 방식을 말한다.

(5) 프로젝트 예산관리

프로젝트 예산(budget)관리는 성공적인 프로젝트 관리를 위하여 비용을 통제하기 위한 목적으로 사용된다. 일반적으로 수주생산 프로젝트가 아닌 기업 내부의 프로젝트를 수행할 때 예산관리 기능이 사용된다. SAP ERP의 예산 수립은 프로젝트 [그림 10-13]과 같이 원가계획을 기준으로 예산을 확정하고, 확정된 프로젝트 예산

은 프로젝트 진행과정에서 모니터링되어 통제 및 관리된다.

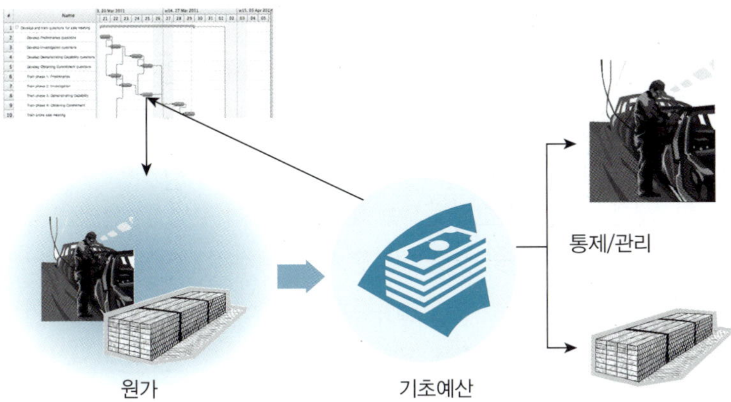

[그림 10-13] 프로젝트 예산관리

SAP ERP의 프로젝트 예산관리는 작업분류체계(WBS)가 기준단위가 되어 수립 및 통제된다. 프로젝트 원가계획은 투자 프로그램 및 프로젝트의 기초예산을 설정하기 위한 기반이 되며, 예산승인이 이루어지고 나면, 이는 프로젝트 실행 단계 동안 지출 대비 예산 가용성을 통제할 수 있게 된다. 부가적으로, 기초예산은 작업분류체계(WBS) 하위단위로 배부해줌으로써 보다 작은 예산의 모듈로 나눌 수 있으며, 이는 보다 더 정확히 통제를 가능케 한다. 모든 예산은 1년 단위 혹은 프로젝트 전체기간에 대해 계획될 수 있으며, 프로젝트 실행 중 예산 변경이 가능하며, 일단 예산이 승인되고 나면, 예산변경은 추적이 가능하다.

5. 프로젝트 실행

프로젝트 실행(execution)은 계획한 내용을 수행하기 위해 활용하는 인력과 자원을 할당하고 관리하는 과정으로 실적관리, 진척관리 등이 있다.

(1) 실적관리

SAP ERP는 계획 실행과 관련한 실적자료를 다양한 모듈로부터 받아 마감

(confirmation)하여 관리한다. 인력에 대한 투입 실적은 프로젝트 수행 인력들이 [그림 10-14]와 같이 인적자원관리 모듈의 셀프서비스 기능에서 제공하는 시간보고서(time sheet) 작성을 통하여 인력 투입공수 및 비용이 산정되고 이러한 투입 실적은 프로젝트 관리 모듈로 전환되며, 해당 작업분류체계(WBS)의 작업에 집계되어 자동으로 마감 처리된다. 자재의 투입실적은 자재 및 생산모듈을 통하여 이루어진다. 자재투입은 프로젝트일정 계획에 따라 자재(MM)모듈에서 소요자재에 대한 구매처리가 수행되며, 생산은 생산관리(PP) 모듈에서 생산계획 수립 및 실행을 통하여 이루어진다. 따라서 구매된 자재와 생산 비용은 각각 자재(MM)모듈과 생산관리(PP) 모듈을 통해 인력투입 실적과 같이 작업분류체계(WBS)의 작업에 집계되어 자동으로 마감처리된다. 이러한 과정을 통해 집계된 실적은 다양한 분석 및 원가동인 추적을 가능하게 한다.

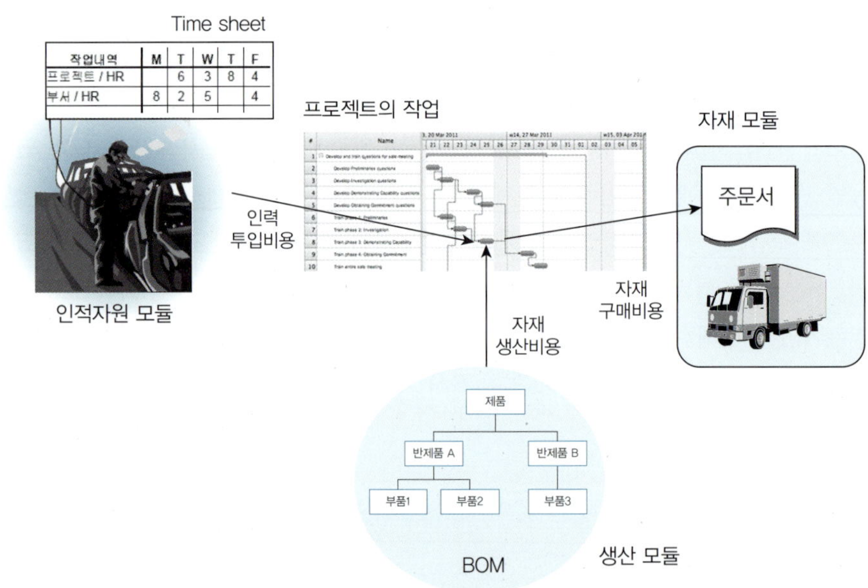

[그림 10-14] 프로젝트 실적관리

(2) 진척관리

획득 가치분석
프로젝트가 계획대로 진행되고 있는가를 파악하기 위한 성과측정 기법으로 비용과 시간을 화폐 단위로 통합해 정량화시키는 기법

진척관리는 프로젝트 일정에 따라 진척 상황을 관리하는 것으로 SAP ERP는 프로젝트의 진척관리를 위하여 획득 가치분석을 포함한 다양한 도구를 지원한다. **획득 가치분석**(Earned Value Analysis, EVA)은 프로젝트가 계획대로 진행되고 있는가

를 파악하기 위한 성과측정 기법의 하나로, 비용과 시간을 모두 화폐 단위로 통합해 정량화시키는 기법이다. EVA는 프로젝트가 현재 비용적 · 시간적 측면에서 어느 정도 지연되고 있는가, 또 앞으로 어떤 비용 및 일정상의 문제가 있을 것인가를 정량적으로 파악할 수 있게 해 준다. EVA를 사용해 프로젝트 진척관리를 수행하는 것을 획득가치관리(earned value management, EVM)라고 한다. SAP ERP는 비용과 일자 진척관리, 비용과 일자를 두 축으로 한 획득 가치분석(EVA) 기능을 제공한다. 또한 SAP ERP는 이정표별로 진척률을 지정해두고 이를 활용할 수 있을 뿐만 아니라, 추세에 대한 분석 기능도 지원하고 있다. 아울러 비용 집행에 대한 그래픽 분석 기능을 지원하며, 구매 및 생산에 대한 진행 상황에 대해서도 추적 모니터링할 수 있다.

- 진척률 분석 지원
- 이정표 추세분석 지원
- 프로젝트 완성비용 예측 지원
- 진척상황 추적 기능

6. 프로젝트 종료

프로젝트가 종료(project closing)되면 프로젝트 결과에 대한 다양한 분석이 요구된다. 프로젝트 수익성 분석은 사업용 프로젝트에서 가장 중요한 일로 SAP는 다음과 같은 프로젝트 수익성 분석기능을 제공한다.

(1) 프로젝트 수익성 분석

SAP ERP는 [그림 10-15]와 같이 다양한 요소별, 제품, 고객, 주문, 조직 등의 수익성 분석이 가능하며, 이에 대한 다차원 분석을 지원한다. 프로젝트 결과가 실시간으로 집계되며, 이는 관리회계 모듈의 수익성 분석 기능과 직접 연계되어 활용된다.

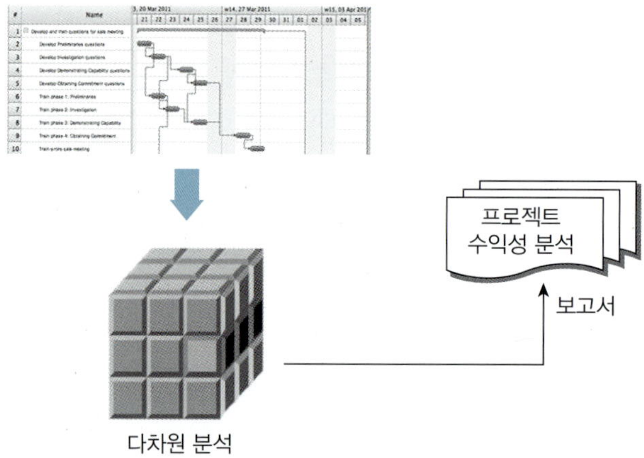

[그림 10-15] 프로젝트 수익성 분석

요약

SAP ERP의 프로젝트 시스템(Project System, PS) 모듈은 건설, 조선, 플랜트 등의 설계생산 수주 프로젝트뿐만 아니라 신제품 개발과 같은 연구개발(R&D) 프로젝트, 마케팅 캠페인 등과 같이 일회성 주제를 근간으로 하는 모든 프로젝트 업무에 적용된다. SAP ERP의 프로젝트 시스템(PS) 모듈이 지원하는 주요기능들은 프로젝트 구조정의, 프로젝트 계획, 프로젝트 실행, 프로젝트 종료 등으로 구분되어 제공한다.

PMBOK의 프로젝트 관리는 5개의 프로젝트관리 프로세스 그룹과 10개의 프로젝트 관리 지식 영역으로 구성되어 있다. 5개의 프로젝트 관리 프로세스 그룹은 착수, 기획, 실행, 통제 그리고 종료 단계로 구성되어 있으며, 프로젝트 관리 지식 영역은 프로젝트 통합관리, 프로젝트 범위관리, 프로젝트 시간/일정관리, 프로젝트 원가관리, 프로젝트 품질관리, 프로젝트 인적자원관리, 프로젝트 의사소통관리, 프로젝트 위험관리, 프로젝트 조달관리, 이해당사자 관리 등이 있다. 전통적으로 프로젝트 관리를 위해 다양한 도구 및 방법론들이 제시되어 왔으며, 간트차트, 네트워크 차트, PERT, CPM 등은 대표적인 도구 및 기법들이다.

SAP ERP의 프로젝트 구조(project structure)는 프로젝트의 작업들(tasks)의 계

층적인 모형인 작업분류체계(WBS)와 활동(activity)들의 프로세스 형태인 네트워크 구성이 근간이 된다. SAP ERP에서의 프로젝트 계획(planning)은 프로젝트 구조가 확정되면 작업분류체계(WBS)의 작업들과 활동들을 근간으로 일정, 자원, 자재 조달 및 원가와 수익에 관한 계획들이 수립된다. 프로젝트 실행(execution)은 계획한 내용을 수행하기 위해 활용하는 인력과 자원을 할당하고 관리하는 과정으로 실적관리, 진척관리 등이 있다. 프로젝트가 종료(project closing)되면 프로젝트 결과에 대한 다양한 분석이 요구된다. 프로젝트 수익성 분석은 사업용 프로젝트에서 가장 중요한 일로 SAP ERP는 프로젝트 수익성 분석기능을 제공한다.

● 참고문헌

- 곽노균 · 최태성, 『경영과학』, 다산출판사, 1998
- 박용태, 『공학도를 위한 기술과 경영』, 생능출판사, 2005
- 김은홍 · 최병구, 『경영정보학 개론』, 다산출판사, 2012.
- 윤덕균, 『초우량 기업들의 경영혁신 200년』, 민영사, 2008
- Chen C.C.(2014), Project Management using SAP Project System (PS) ESI 6455 Advanced Engineering Project Management, Florida International University Engineering Management
- Franz, M.(2010), *Project management with SAP project system*, J. Schweitzer, & L. Korslund (Eds.). Galileo Press.
- Margaret Nelson, *The project manager*, The University of Bolton
- Nabavi A. & Rouhani, S., SAP Project System, http://www.sid.ir/en/VEWSSID/s_pdf/137E20090101.pdf, 2009
- Newton, P., *Managing the Project Schedule*. 2015
- PMI , *A Guide to the Project Management Body of Knowledge*, 5th Ed., 2012
- SAP Korea, "SAP 솔루션 상세 설명 자료: 프로젝트 시스템(PS)", SAP Korea, 2005
- Vanhoucke, M., *Project management with dynamic scheduling*, Spirnger Berling Heidelberg. 2012

연·습·문·제

1. 프로젝트 시스템(PS) 모듈의 구성에 대하여 설명하라.

2. 프로젝트의 정의 및 프로젝트 종류에 대하여 설명하라.

3. 프로젝트 관리를 위한 도구 및 방법론들에 대하여 설명하라.

4. 프로젝트 시스템(PS) 모듈이 제공하는 프로젝트 관리 구조에 대하여 설명하라.

5. 프로젝트 시스템(PS) 모듈이 제공하는 일정계획 수립방식에 대하여 설명하라.

6. 프로젝트 시스템(PS) 모듈이 제공하는 자원관리에 대하여 설명하라.

7. 프로젝트 시스템(PS) 모듈이 제공하는 자재조달계획에 대하여 설명하라.

8. 프로젝트 시스템(PS) 모듈이 제공하는 프로젝트 원가 및 매출계획에 대하여 설명하라.

9. 프로젝트 시스템(PS) 모듈이 제공하는 진척관리에 대하여 설명하라.

10. 프로젝트 시스템(PS) 모듈이 제공하는 수익성 분석에 대하여 설명하라.

● 실무적용

- 우리 회사에 현재 진행 중인 프로젝트들을 찾아보자.
- 우리 회사에 프로젝트 관리 절차에 대하여 검토해 보자.
- 우리 회사에서 수행되는 프로젝트 사업의 프로젝트 원가 및 매출계획 방식에 대하여 알아보자.
- 가상의 프로젝트를 정의하고 계획해 보자.

11

CHAPTER

ABAP 프로그래밍

학습 목표

- ABAP이 무엇인지 설명할 수 있다.
- 프로그램과 데이터베이스의 관계를 이해할 수 있다.
- SQL과 주요 문장들에 대하여 설명할 수 있다.
- ABAP Workbench의 구성들의 역할에 대하여 설명할 수 있다.

1. ABAP 개요

2. 프로그램 개발 기초

3. ABAP 워크벤치

1. ABAP 개요

ABAP(Advanced Business Application Programming)는 SAP ERP에서 프로그램 수정 및 신규 개발을 위해 1980년도에 개발된 4세대 고급 프로그래밍 언어(4GL)이다. JAVA와 더불어 [그림 11-1]에서와 같이 애플리케이션 서버(application Server)에서 실행되는 SAP ERP 프로그램 수정 및 신규 개발에 사용된다. ABAP 프로그램은 코볼(COBOL)[1] 언어 형식으로 구현되어 이해하기 쉽고 컴파일러가 아닌 인터프리터 방식으로 운영되는 스크립트(script)언어이다.

ABAP
SAP ERP에서 프로그램 수정 및 신규 개발을 위해 개발된 4세대 고급 프로그래밍 언어

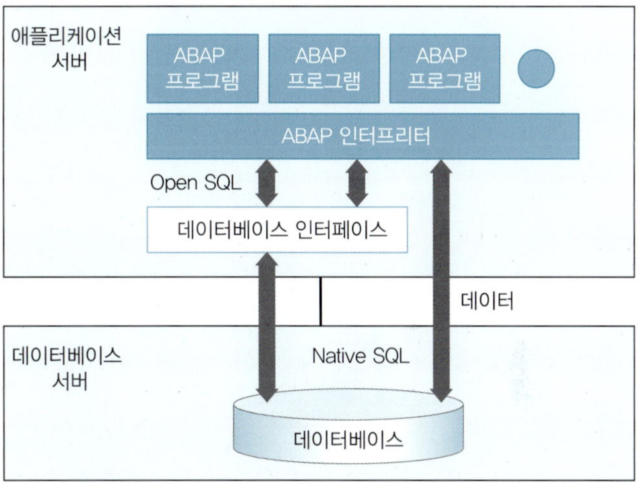

[그림 11-1] ABAP 프로그램

SAP ERP는 효과적인 ABAP 프로그램 개발을 위하여 ABAP 워크벤치(ABAP Workbench)를 통하여 다음과 같은 유용하고 다양한 도구들을 제공한다.

---

1) 기업용 애플리케이션을 개발하기 위해 1960년대에 개발된 프로그램 언어로 다량의 정보를 효율적으로 처리하기 위해 입출력 기능에 중점을 두어 설계되었고 영어와 유사한 구문 사용하여 프로그램 작성이 용이한 것으로 평가 받음.

- ABAP Editor
- ABAP Dictionary
- Screen Painter
- Menu Painter
- Function Builder

2. 프로그램 개발 기초

프로그램(program) 또는 소프트웨어(software)는 컴퓨터를 실행시키기 위해 차례대로 작성된 명령어들의 모음으로 컴퓨터에서 특정 업무를 수행하기 위해 프로그래밍 언어(programming language)에 의하여 설계되어 코팅(coding)과정을 걸쳐 개발된다.

전형적인 프로그램 개발은 [그림 11-2]와 같이 특정 프로그래밍 언어(예, C, JAVA, COBOL 등) 구문으로 텍스트 문서작성기(text editor)를 이용하여 프로그램 소스를 작성한 후 변환 과정을 걸쳐 컴퓨터에서 실행되는 프로그램으로 만들어진다.

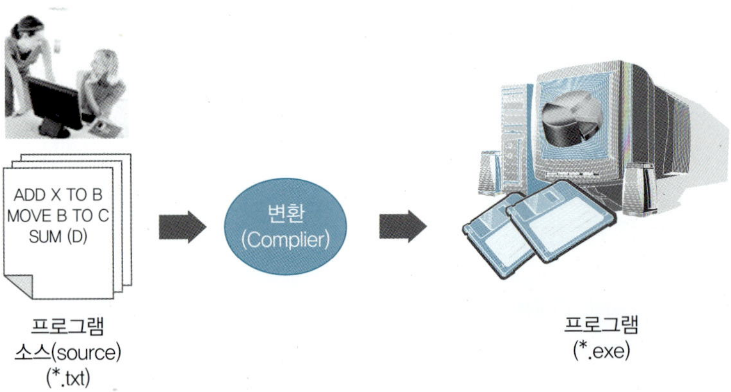

[그림 11-2] 프로그램 개발 절차

(1) 컴파일러와 인터프리터

프로그래밍 언어로 작성된 프로그램 소스는 두 가지 방법의 변환 방식, 즉 컴파일러 방식과 인터프리터 방식에 의해 변환되어 컴퓨터에서 실행될 수 있다. **컴파일러**(compilers)는 특정 프로그램 언어로 작성된 소스 코드(혹은 원시 코드)를 처리하여 기계어 또는 컴퓨터가 사용할 수 있는 코드인 실행 프로그램(예, .exe 파일)으로 변경시켜주는 시스템 프로그램이다. 전형적인 프로그램 개발 방식으로 대부분의 고급 프로그래밍 언어(예, COBOL, C#, Pascal, JAVA)들이 컴파일러 방식을 사용한다. **인터프리터**(interpreter)는 프로그래밍 언어의 소스 코드를 실행 프로그램으로 생성하여 사용하는 것이 아니라 소스 코드의 문장단위로 번역하여 실행하는 방식으로 일반적인 스크립트 언어들(Javascript, PHP, Perl)이 인터프리터 방식으로 프로그램을 처리한다. 이 장의 주제인 ABAP 프로그래밍 언어는 인터프리터 방식으로 운영되는 스크립트 형식의 언어이다.

컴파일러
특정 프로그램 언어로 작성된 소스 코드를 실행 프로그램으로 변경시켜주는 프로그램

인터프리터
프로그래밍 언어의 소스 코드를 실행 프로그램으로 생성하여 사용하는 것이 아니라 소스 코드의 문장단위로 번역하여 실행하는 방식

(2) 프로그램과 데이터베이스

오늘날 응용 프로그램들은 대부분 [그림 11-3]과 같이 자료를 관리하는 데이터베이스 관리시스템과 연계되어 개발 · 운영되고 있다. **데이터베이스 관리시스템**(Database management systems, DBMS)은 여러 사용자 또는 여러 응용프로그램이 데이터베이스를 손쉽게 사용할 수 있도록 지원하는 소프트웨어로 데이터의 공유, 데이터의 중복 통제, 프로그램과 데이터의 독립, 데이터 접근 통제, 데이터 복구 등의 장점을 가지고 있다.

데이터베이스 관리시스템
여러 사용자 또는 여러 응용 프로그램이 데이터베이스를 손쉽게 사용할 수 있도록 지원하는 소프트웨어

- 데이터의 공유
- 데이터의 중복 통제
- 프로그램과 데이터의 독립
- 데이터 접근 통제, 데이터 복구

따라서 프로그램들은 컴퓨터를 통하여 입력된 자료를 DBMS를 통하여 데이터베이스에 저장 · 관리하고, DBMS를 통하여 데이터를 조회하고 조회된 자료를 가공 · 처리하여 컴퓨터에 출력한다. SAP ERP 시스템도 프로그램 실행을 위해 자사의 DBMS 또는 오라클, DB2와 같은 타사의 DBMS를 이용한다.

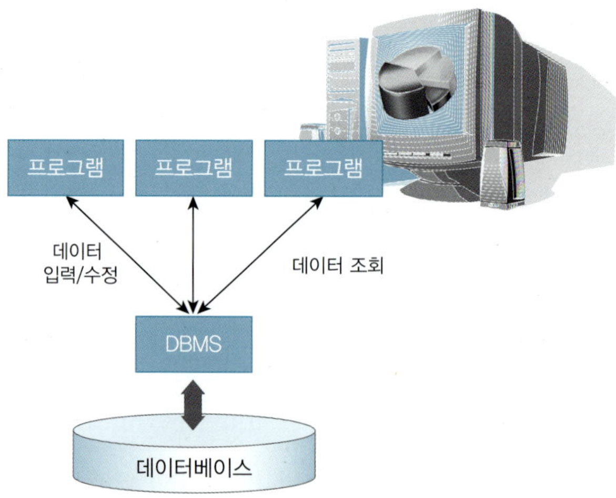

[그림 11-3] 프로그램과 데이터베이스

(3) 데이터베이스의 구조

DBMS을 이용하여 데이터를 관리할 때 다음과 같이 체계적으로 구조화된 데이터베이스(database)로 관리된다. 데이터베이스의 가장 작은 정보단위는 필드(field)로 테이블의 기본적인 구성요소가 된다. 테이블(table)은 [그림 11-4]와 같이 학생, 성적, 가족과 같은 특정 주제나 독립체(entity)에 대한 정보들을 포함하는 것으로 다수의 테이블의 집합이 데이터베이스이다. 한편 레코드(record)는 테이블 내의 특정 데이터를 의미한다.

- 필드
- 테이블
- 데이터베이스
- 레코드

[그림 11-4] 데이터베이스의 구조

(4) SQL

프로그램이나 사용자가 DBMS을 이용하여 데이터를 사용하기 위해서는 데이터베이스 언어를 사용해야 한다. SQL(Structured Query Language)은 데이터베이스에서의 정보획득과 갱신을 위한 구조화된 데이터베이스 표준 언어로서 크게 두 가지 종류, 데이터베이스 정의어(DDL)와 데이터베이스 조작어(DML)로 나눈다.

SQL
데이터베이스 생성 및 데이터베이스에서의 정보획득과 갱신을 위한 구조화된 데이터베이스 표준 언어

DDL(Data Definition Language)은 데이터베이스의 구조를 생성, 변경 또는 삭제할 때 사용되는 문장들로 주요 DDL 문장과 용도는 다음과 같다.

- CREATE — 데이터베이스나 테이블을 생성할 때 사용
- ALTER — 존재하는 테이블 내의 구조를 변경할 때 사용(신규 필드 추가, 삭제 등)
- DROP — 데이터베이스나 테이블을 삭제할 때 사용
- RENAME — 존재하는 테이블이나 필드 명칭이나 속성을 변경할 때 사용

CREATE 문장을 사용하여 특정 데이터베이스 내에 특정 테이블을 생성하는 명령은 [그림 11-5]와 같다. 생성하려는 테이블의 명칭인 students와 테이블을 구성하는 필드들인 s_no, name, address에 대한 명칭과 숫자형(INT), 문자형(VARCHAR)과 같은 자료의 속성을 기입하고 실행하면 [그림 11-5] 하단에 보이

는 것과 같은 students이란 테이블 구조가 논리적으로 데이터베이스 내에 생성되다. 특정 필드를 키로 설정할 경우 하단에 PRIMARY KEY(s_no)와 같은 키를 설정하는 명령을 포함한다. NOT NULL은 데이터가 입력될 때 항상 값이 들어와야 되어야함을 의미한다.

```
CREATE TABLE students (
    s_no        INT             NOT NULL,
    name        VARCHAR (10),
    address     VARCHAR (50) ,
PRIMARY KEY (s_no));
```

students Table

s_no	name	address

[그림 11-5] 테이블 생성

DML(Data Manipulation Language)은 이미 생성된 데이터베이스에 있는 데이터를 조작할 때 사용하는 문장들로서 주요 DDL 문장은 다음과 같다.

- INSERT — 새로운 데이터를 입력할 때 사용
- UPDATE — 기존 데이터를 수정할 때 사용
- DELETE — 기존 데이터를 삭제할 때 사용
- SELECT — 검색조건에 맞는 데이터를 조회할 때 사용

INSERT 문장을 사용하여 특정 테이블 내에 새로운 데이터를 입력하는 명령의 기본적인 예는 [그림 11-6]과 같다. 입력되는 테이블의 명칭(students)과 필드들(s_no, name, address)을 기입하고 VALUE라는 명령 뒤에 값들은 순서대로 기입하고 실행하면 [그림 11-6] 하단에 보이는 것과 같은 테이블에 새로운 레코드가 생성된다.

```
INSERT INTO students (s_no, name, address)
        VALUES (9834720, '최경호', '광주광역시 서구');
```

students Table

s_no	name	address
9834720	최경호	광주광역시 서구

[그림 11-6] 데이터 입력

UPDATE 문장을 사용하여 특정 테이블(students) 내에 특정 데이터를 수정하는 명령은 기본적인 예는 [그림 11-7]과 같다. 수정하려는 테이블의 명칭(students)과 필드들(name, address)을 기입하고 새로운 값들은 기입하고 실행하면 [그림 11-7] 하단에 보이는 것과 같이 관련레코드가 변경되다. 여기에서 WHERE 문장은 조건을 나타내는 것으로 s_no가 9834720인 레코드만 변경하라는 조건을 나타낸다.

```
UPDATE students
SET name = '최경호' and address = '광주 남구'
WHERE s_no = 9834720;
```

명령 실행 전

s_no	name	address
9834720	최경호	광주광역시 서구
9834721	강민호	서울시 강남구
9834722	이경민	전남 목포시
9834723	김현범	경기도 용인시

명령 실행 후

s_no	name	address
9834720	최경호	광주 남구
9834721	강민호	서울시 강남구
9834722	이경민	전남 목포시
9834723	김현범	경기도 용인시

[그림 11-7] 데이터 수정

DELETE 문장을 사용하여 특정 테이블(students) 내에 데이터를 삭제하는 명령은 [그림 11-8]과 같다. 삭제하려는 데이터가 포함된 테이블의 명칭(students) 기입하고 실행하면 [그림 11-8] 하단에 보이는 것과 특정 레코드가 삭제되다. WHERE 문장은 UPDATE 문장에서와 같이 조건을 나타낸다.

```
DELETE FROM students
WHERE s_no = 9834720;
```

명령 실행 전

s_no	name	address
9834720	최경호	광주 남구
9834721	강민호	서울시 강남구
9834722	이경민	전남 목포시
9834723	김현범	경기도 용인시

명령 실행 후

s_no	name	address
9834721	강민호	서울시 강남구
9834722	이경민	전남 목포시
9834723	김현범	경기도 용인시

[그림 11-8] 데이터 삭제

마지막으로 SELECT 문장을 사용하여 특정 테이블(students) 내에 데이터들을 조회하는(프로그램으로 가져오는) 명령은 [그림 11-9]와 같다. 조회하려는 테이블의 명칭(students)과 필드들을 기입하고 WHERE 조건을 포함하고 실행하면 [그림 11-9] 하단에 보이는 것과 같이 테이블에서 조건에 맞는 레코드들이 조회된다. ORDER 명령은 조회되는 데이터들의 순서를 명시하는 것으로 BY이하에서 정의된 필드의 순서대로 데이터들이 조회된다.

```
SELECT * FROM students
  WHERE s_no > 9834721
    ORDER BY name
```

s_no	name	address
9834723	김현범	경기도 용인시
9834722	이경민	전남 목포시

[그림 11-9] 데이터 조회

뷰(view)
하나 이상의 테이블에서 원하는 필드들을 선택하여 하나의 뷰로 정의하여 가상의 테이블(table) 같이 사용하는 것

SQL에서는 조회를 위한 좀 더 유연한 환경을 제공하기 위해 뷰기능을 제공한다. 뷰(view)는 SQL에서 하나 이상의 테이블에서 원하는 필드들을 선택하여 그들을 하나의 뷰로 정의하여 마치 가상의 테이블(table) 같이 사용하는 것이다. 뷰는 여

러 테이블과 기존의 뷰의 데이터를 연결하여 조합할 수 있다. 즉, 뷰를 사용하면 [그림 11-10]과 같이 여러 테이블이나 뷰들의 필드들을 조합하여 하나의 테이블(View A)인 것처럼 볼 수 있다. 뷰는 기본 테이블과 같이 구성되어있지만, 다른 테이블에 있는 데이터를 보여줄 뿐이며, 실제 테이블과 달리 데이터 자체를 포함하고 있는 것은 아니다. 뷰 역시 DDL의 CREATE View 문장으로 생성한다.

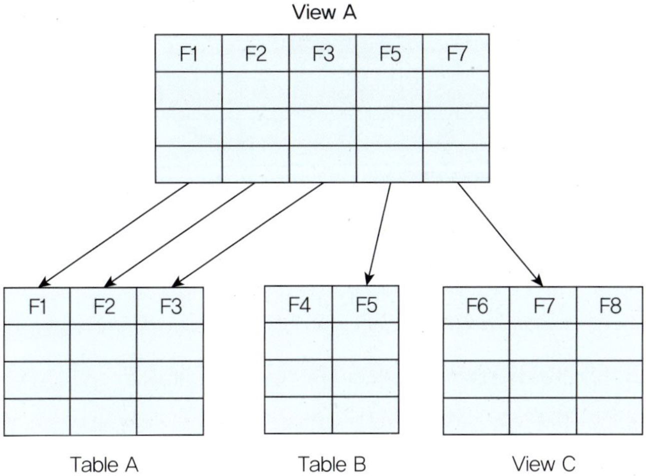

[그림 11-10] 뷰(View)

3. ABAP 워크벤치

ABAP 워크벤치(ABAP Workbench)는 ABAP 프로그램 개발 도구들의 모임으로 ABAP 프로그램 소스 작성을 위한 편집기, 프로그램과 연관된 데이터베이스 구조를 생성, 수정, 변경하는 데 이용되는 도구, 사용자가 사용하는 대화 상자 화면이나 메뉴를 생성하는 유용한 도구들 및 프로그램 내의 함수들을 제작하는 데 사용되는 도구 등을 제공한다.

ABAP 워크벤치
ABAP 프로그램 개발을 지원하는 도구들의 모임

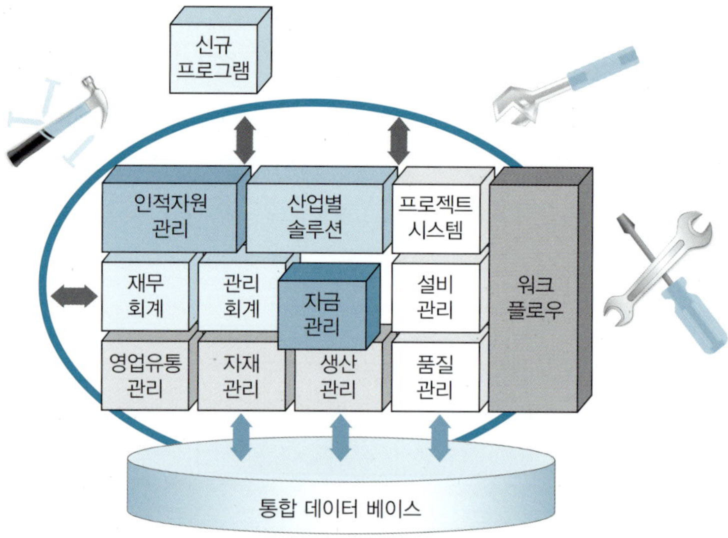

[그림 11-11] ABAP 워크벤치

ABAP 워크벤치(ABAP Workbench)에 제공되는 개발 도구들은 다음과 같다.

- ABAP Editor — 프로그램 소스를 편집하는 도구로 프로그램을 생성하거나 수정할 때 사용된다.
- Object Navigator — ABAP 프로그램 개발 도구들 한 곳에서 접근하여 사용할 수 있게 하는 도구로서 개발시 상시 사용된다.
- ABAP Dictionary — 데이터베이스 구조 등을 정의하고 수정 또는 삭제시 사용된다.
- Screen Painter — 사용자가 사용하는 대화 상자 화면 생성시 사용된다.
- Menu Painter — 프로그램의 메뉴 구성시 사용된다.
- Function Builder — 프로그램 소스 내의 함수(function) 들을 생성, 수정 또는 삭제할 때 사용되다.

(1) ABAP Editor

ABAP Editor는 ABAP 프로그램 소스를 편집하는 도구로서 프로그램을 생성하거나 수정할 때 사용된다. [그림 11-12]에서와 같이 개발자는 ABAP Editor를 이용하여 워드프로세스를 사용하듯이 프로그램을 작성한다.

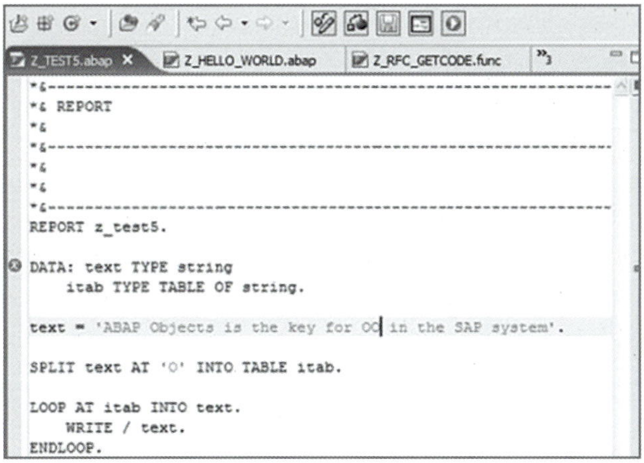

[그림 11-12] ABAP Editor

신규 ABAP 프로그램은 ABAP Editor에서 신규 프로그램 생성으로부터 시작된다. SAP ERP에서 생성된 프로그램들은 프로그램 타입(program type)들에 의해 구분되어 관리된다. 주요 프로그램 타입은 다음과 같다.

- Include program — 실행 프로그램에서 참조할 수 있는 프로그램
- Executable program — 보고서와 같은 실행 프로그램
- Module pool — 화면(screen) 처리를 포함하는 실행 프로그램(Screen Flow Logic 포함)
- Function Group — 함수 모듈(Function module)로 함수(Function)를 포함하는 오브젝트(Object)
- Subroutine Pool — 폼(Form)을 포함하는 오브젝트(Object)로 함수(Function)와 유사하게 PERFORM[2] 문에 의해 호출됨

(2) Object Navigator

Object Navigator는 생성된 오브젝트(Object)를 통합관리해 주는 도구로서

2) 실행의 위치를 변동시키는 제어문.

ABAP Editor나 ABAP Dictionary 같은 ABAP 프로그램 개발 도구들을 한 곳에서 접근하여 사용할 수 있게 도와준다.

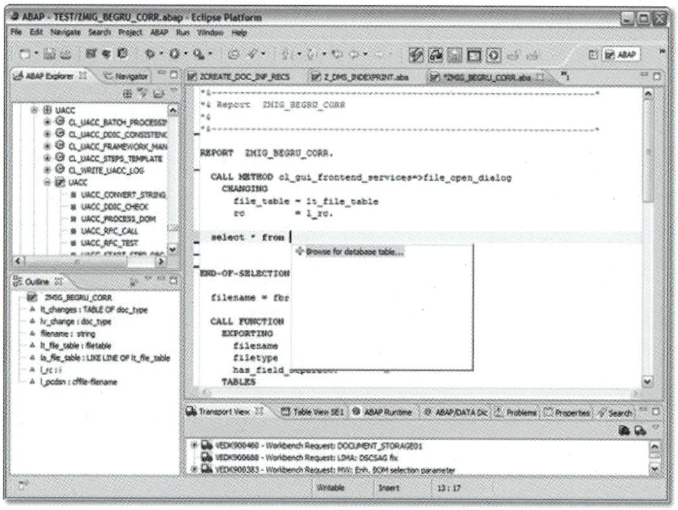

[그림 11-13] Object Navigator

(3) ABAP Dictionary

응용 프로그래밍에서 데이터베이스의 접근은 필수적이다. [그림 11-14]에서와 같이 일반적인 프로그램들에서는 데이터베이스에 있는 자료를 조회하여 화면 또는 보고서를 통하여 보여준다.

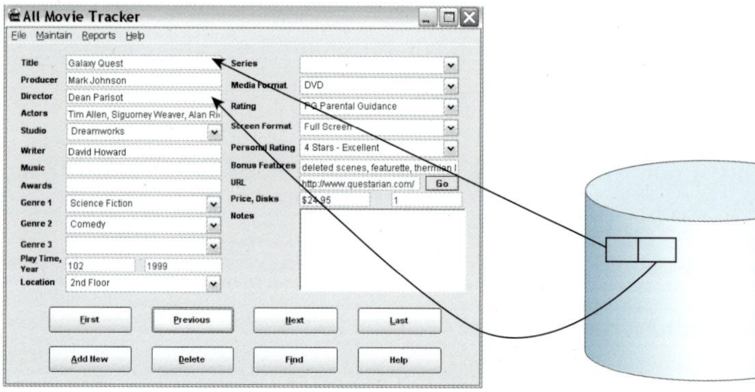

[그림 11-14] 프로그램과 데이터베이스

상기와 같은 경우 기존의 테이블만 가지고 프로그램이 가능하나 신규 기능을 추가하는 프로그래밍일 경우 테이블의 생성하거나 필드 등을 변경할 필요성이 있다. ABAP Dictionary는 데이터베이스 내의 테이블, 자료형 등을 정의하고 조회, 수정 또는 삭제할 수 있는 도구로서, 상기와 같은 데이터베이스 구조 변경 상황에서 직각적으로 처리할 수 있는 효과적이 도구이다.

ABAP Dictionary는 데이터베이스의 구조에 대한 정보 이외에 자료 속성들에 대한 정의자료와 특정 프로그램에서 사용되는 객체들에 정보자료들을 포함한 3가지 영역의 데이터를 다룬다.

- Type Definition — 데이터 오브젝트(Data object)의 속성으로 Data Element, Table Type, Structure 등이 있으며, 이러한 속성들에 대한 정보를 포함한다. ABAP 프로그램에서 사용되기 위해서는 속성들이 ABAP Dictionary에 사전에 정의되어야 한다.
- Database Objects — Table, View, Index의 생성 및 변경과 같은 데이터베이스의 구조와 관련한 정보들을 포함한다.
- Tools — 도움말과 같은 특정 프로그램에서 사용되는 Object에 대한 정의들을 포함한다.

(4) Function Builder

Function Builder는 프로그램 내에서 사용되는 함수(Function)들을 생성하거나 수정, 삭제할 때 이용되는 도구이다.

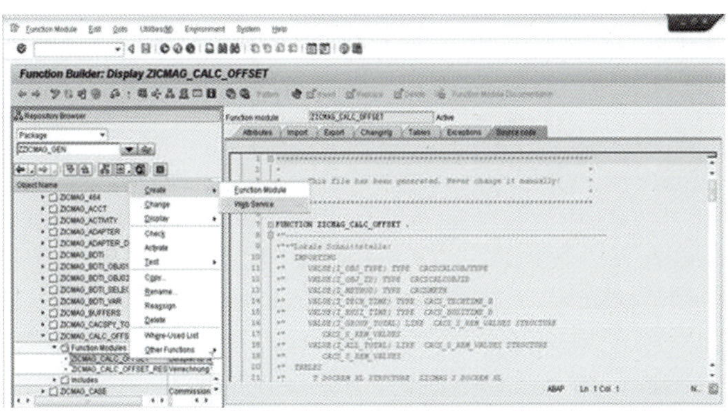

[그림 11-15] Function Builder

함수
하나의 기능을 수행하는 명령어들의 모임으로 하나의 함수를 여러 프로그램에서 공동으로 사용이 가능

함수(Function)는 하나의 기능을 수행하는 명령어들의 모임으로 하나의 프로그램에는 다수의 함수들이 포함되어 있으며, 하나의 함수를 여러 프로그램에서 공동으로 사용이 가능하다. [그림 11-16]과 같이 프로그램은 콜(call)하여 함수를 사용되기 때문에 함수(Function)를 이용하면 프로그램이 단순해지고 문장 수를 줄일 수 있는 있는 이점이 있다.

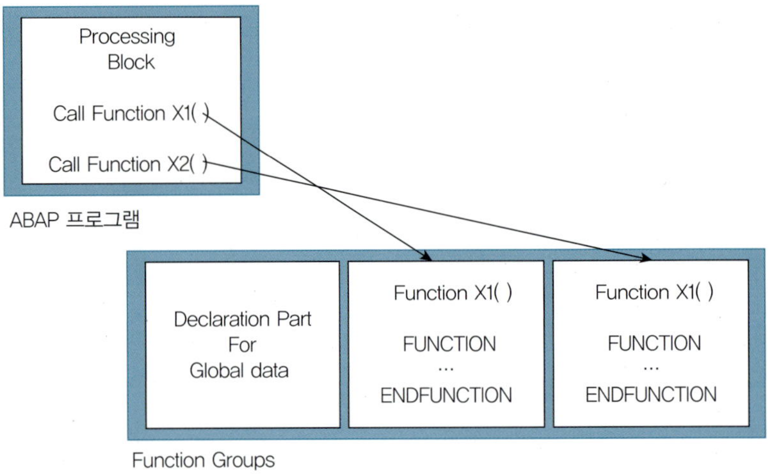

[그림 11-16] 프로그램과 함수 콜

(5) Menu Painter와 Screen Painter

Menu Painter는 프로그램의 사용과 관련한 메뉴를 만들 때 사용되는 도구이고 Screen Painter는 개발된 프로그램의 화면을 만들거나 화면 구성요소들의 속성을 부여하는 도구이다. Menu Painter와 Screen Painter는 [그림 11-17], [그림 11-18]에서와 같이 사용자가 현재 화면에서 보고 있는 내용과 동일한 출력 결과를 얻을 수 있다는 개념인 위지윅(WYSIWYG; what you see is what you get) 형태로 제공된다.

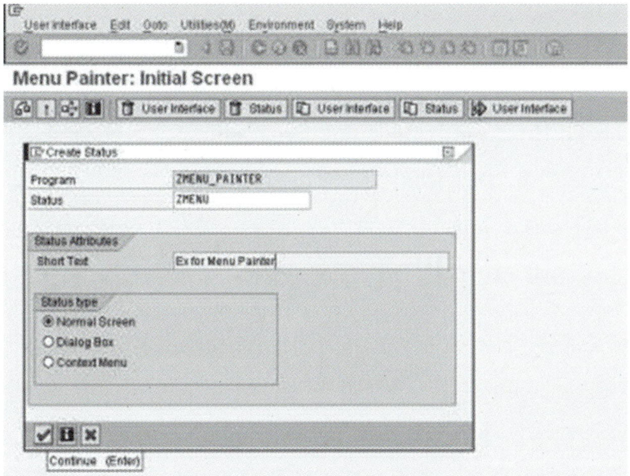

[그림 11-17] Menu Painter

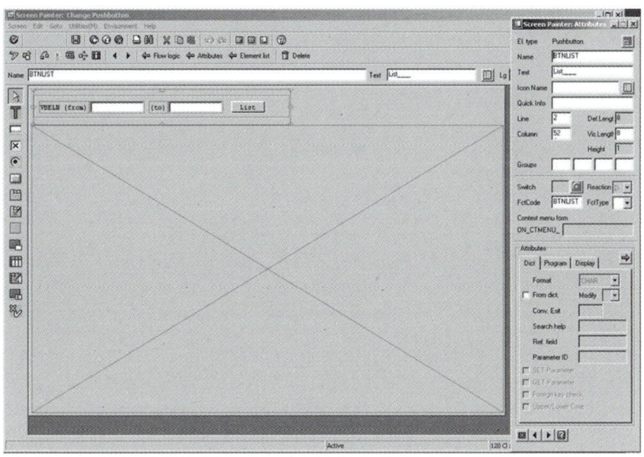

[그림 11-18] Screen Painter

(6) ABAP Debugger

ABAP Debugger는 작성중인 ABAP 프로그램의 오류를 찾는 데 도와주는 기능으로 ABAP Debugger를 하면 프로그램 문장 단위로 명령어 실행이 어떻게 이루어지는지 보여준다. 이러한 과정을 디버깅이라 하고 디버깅 과정에서 예상되지 않을 상황이 발생할 때 개발자는 오류 부분으로 인식하고 프로그램 소스를 확인하여 오류를 수정한다.

요약

ABAP(Advanced Business Application Programming)는 SAP ERP에서 프로그램 수정 및 신규 개발을 위해 1980년도에 개발된 4세대 고급 프로그래밍 언어(4GL)이다. SAP ERP에서는 ABAP 프로그램 개발을 위하여 ABAP 워크벤치(ABAP Workbench)를 통하여 다양한 도구들을 제공한다.

전형적인 프로그램 개발은 특정 프로그래밍 언어(C, JAVA, COBOL 등)로 텍스트 문서작성기(Text editor)를 이용하여 프로그램 소스를 작성한 후 변환 과정을 걸쳐 컴퓨터에서 실행되는 프로그램으로 만들어진다. 오늘날 응용 프로그램들은 대부분 데이터베이스 관리시스템과 연계되어 개발 · 운영되고 있다. 데이터베이스 관리시스템(DBMS)은 여러 사용자 또는 여러 응용프로그램이 데이터베이스를 손쉽게 사용할 수 있도록 지원하는 소프트웨어로 데이터의 공유, 데이터의 중복 통제, 프로그램과 데이터의 독립, 데이터 접근 통제, 데이터 복구 등의 장점을 가지고 있다. 프로그램이 DBMS을 이용하여 데이터를 사용하기 위해서는 SQL이란 데이터베이스 언어를 사용해야 한다.

ABAP 워크벤치는 ABAP 프로그램 개발 도구들의 모임으로 ABAP 프로그램 소스 작성을 위한 편집기(ABAP Editor), 프로그램과 연관된 데이터베이스 구조를 생성, 수정, 변경하는 데 이용되는 도구(ABAP Dictionary), 사용자가 사용하는 대화 상자 화면이나 메뉴를 생성하는 유용한 도구들(Screen Painter와 Menu Painter) 및 프로그램 내의 함수들을 제작하는 데 사용되는 도구(Function Builder) 등을 제공한다.

ABAP Editor는 ABAP 프로그램 소스를 편집하는 도구로서 프로그램을 생성하거나 수정할 때 사용된다. 개발자는 ABAP Editor를 이용하여 워드프로세스를 사용하듯이 프로그램을 작성한다. Object Navigator는 생성된 오브젝트를 통합관리해 주는 도구로서 ABAP 프로그램 개발 도구들을 한 곳에서 접근하여 사용할 수 있게 도와준다. ABAP Dictionary는 데이터베이스 내의 테이블, 자료형 등을 정의하고 조회, 수정, 삭제할 수 있는 도구로서 데이터베이스에 있는 자료를 조회하여 화면 또는 보고서를 통하여 보여준다. Function Builder는 프로그램 내에서 사용되는 함수(Function)를 생성할 때 이용되는 도구이다. Menu Painter는 프로그램의 사용과 관련한 메뉴를 만들 때 사용되는 도구이고 Screen Painter는 개발된 프로그램의 화면을 만들거나 화면 구성요소들의 속성을 부여하는 도구이다. ABAP Debugger는 작성중인 ABAP 프로그램의 오류를 찾는 데 도와주는 기능으로 ABAP Debugger를 하면 프로그램 문장 단위로 수행이 어떻게 이루어지는지 보여준다.

● 참고문헌

- CJ 시스템즈 SAP ERP 연구회, 『ABAP/4 programming guide 실전프로그래밍』, 성안당, 2005
- 삼성 SDS ABAP 실무 연구회, 『현장입문을 위한 ABAP/4 실무 가이드』, 성안당, 2008
- 주호재, 『ABAP 실무양식 개발을 위한 ABAP/4 스마트폼 프로그래밍』, 성안당, 2008
- Moxon, P.(2012), *Beginners guide to SAP ABAP*. published by: sapprouk Limited Copyright.
- Tutorials Point, SAP ABAP Tutorial – TutorialsPoint, http://www.tutorialspoint.com/sap_abap/sap_abap_tutorial.pdf, 2016
- Yoon C., *Concepts in Computer & Management*, 한경사, 2009.

연·습·문·제

1. ABAP이 무엇인지 설명하라.

2. 프로그램과 데이터베이스의 관계에 대하여 설명하라.

3. SQL과 주요 문장들에 대하여 설명하라.

4. ABAP Workbench의 구성들의 역할에 대하여 설명하라.

● 실무적용

- 현재 우리 회사 정보시스템에 제공하지 않은 보고서들에 대한 양식을 작성해 보자.
- 현재 우리 회사 정보시스템에 제공하지 않은 필요기능들을 도출해 보자.
- 현재 업무에 필요한 새로운 시스템 개발 프로젝트를 기안해 보라.
- ABAP을 이용한 프로그램 작성 절차를 구상해 보자.

12

CHAPTER

SAP ERP 확장

학습 목표

- 기업 정보시스템의 진화 과정에 대하여 설명할 수 있다.
- e-business 지원시스템에 대하여 알 수 있다.
- 전략적 기업경영을 위한 개념들에 대하여 알 수 있다.
- 비즈니스 인텔리전스와 BW에 대하여 알 수 있다.
- 고객관계관리 시스템 구성에 대하여 이해한다.
- 공급사슬관리 시스템에 대하여 이해한다.
- 기업애플리케이션통합에 대하여 이해한다.

1. 기업 정보시스템의 진화

기업의 비즈니스 형태는 업무프로세스 재설계(BPR)로 통하여 [그림 12-1]과 같이 기업 내부 업무통합 단계와 공급사슬사의 기업 간의 업무 통합 단계를 거쳐 커뮤니티 상의 모든 기업들과 통합하는 단계로 변화하는 것으로 알려져 있다.

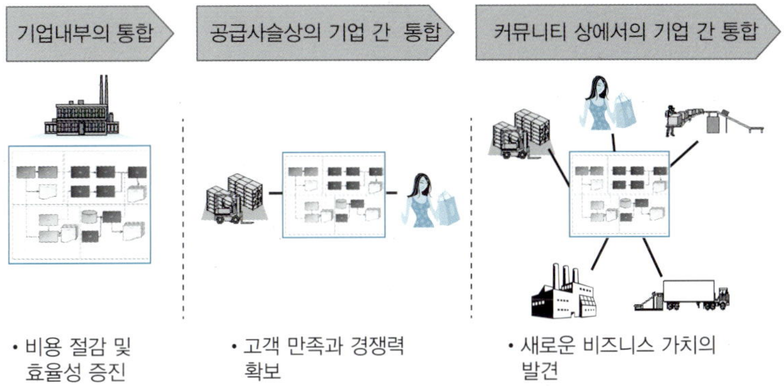

[그림 12-1] 기업 정보시스템의 진화

- 기업 내부의 업무통합 단계 — 내부 프로세스 통합을 통하여 비용 절감 및 효율성 증진한다.
- 공급사슬상의 기업 간의 업무 통합 단계 — 공급사슬상의 기업 간의 통합으로 고객 만족과 경쟁력 확보를 제공한다.
- 커뮤니티 상의 모든 기업들과 연계하는 단계 — 커뮤니티 상의 모든 기업 간의 협력으로 새로운 비즈니스 가치를 발견한다.

상기와 같은 비즈니스 형태들을 지원하기 위해 기업의 정보시스템은 [그림 12-2]와 같이 기업 내부 업무통합을 위한 ERP, 공급사슬상의 기업 간의 업무 통합을 위한 확장 ERP 그리고 커뮤니티 상의 모든 기업들과 연계를 위한 e-business 시스템들로 진화하고 있다.

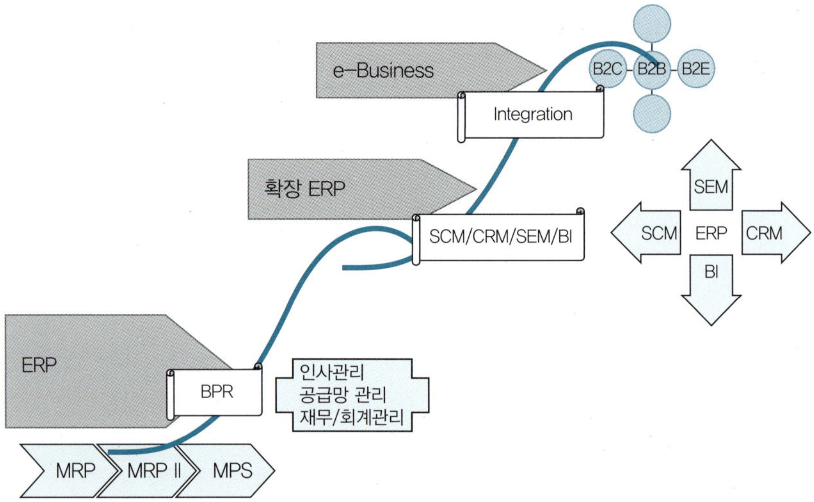

[그림 12-2] 기업 정보시스템의 진화

2. e-business

e-business
인터넷과 최신 정보기술들을 기업경영에 도입하여 기존 기업의 경영활동영역을 가상공간으로 이전시킨 것

e-business는 인터넷과 최신 정보기술들을 기업경영에 도입하여 기존 기업의 경영활동영역을 가상공간으로 이전시킨 것을 의미한다. 이를 통해 기업은 가치사슬을 재구축하여 경영의 효율화를 도모할 수 있고, 고객관계를 강화하여 고객의 가치를 증대시킬 수 있으며, 새로운 비즈니스 모델을 발굴·창출하여 신규 수익원들을 확보할 수 있다. 최근의 기업 정보시스템들은 [그림 12-2]와 같이 ERP, 확장 ERP를 근간으로 다양한 비즈니스 가치를 추구할 수 있는 안전하고, 유연하며, 통합된 비즈니스 방식인 e-business로 진화하고 있다.

기업의 e-business를 지원하기 위해 환경은 [그림 12-3]에서와 같이 전사적 자원관리(ERP) 시스템을 근간으로 전략적 기업경영(SEM), 비즈니스 인텔리전스(BI), 고객관계관리(CRM), 공급사슬관리(SCM) 등을 위한 확장 ERP와 이들과 다양한 기존의 시스템들을 통합하기 위한 기업애플리케이션통합(EAI) 솔루션이 기반이 된다.

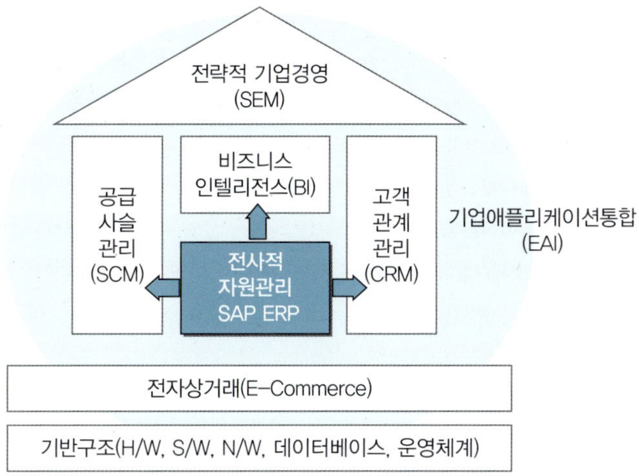

[그림 12-3] e-business 지원 시스템

SAP는 기업의 e-business 수행을 위하여 다음과 같은 확장 ERP 솔루션들을 제공하고 있다.

- SAP SEM — 전략적 기업경영 지원
- SAP BW — 비즈니스 인텔리전스 지원
- SAP CRM — 고객관계관리 지원
- SAP APO, SAP SRM — 공급사슬관리 지원

확장 ERP솔루션과 기존의 다양한 시스템을 통합하기 위하여 SAP는 다음과 같은 기업애플리케이션통합(EAI) 솔루션도 함께 제공하고 있다.

- SAP NetWeaber — 기업애플리케이션통합(EAI)을 지원

3. 전략적 기업경영

전략적 기업경영이란 용어는 실무에서는 물론 학계에서도 다소 복잡하고 혼란스럽게 사용되고 있다. 이 책에서는 기존의 문헌들을 근간으로 전략적 기업경영(strategic enterprise management, SEM)을 "가치중심의 기업 목표 설정과 이를 지원하기 위한 기업 전반에 대한 균형적인 성과평가 체계를 통하여 기업의 활동들을 효과적으로 관리해 나아가는 경영관리 기법"으로 정의한다.

(1) 가치중심경영

가치중심경영
장기적 관점에서 수익성에 기초한 성장이 가능하도록 경영활동을 기획, 실행, 통제하여 기업의 현금흐름을 최적화 해나가는 동태적 경영사고

시장부가가치
기회비용의 관점에서 기업이 투자자의 금액을 얼마나 효과적으로 활용하여 부가가치를 높이고 있는가를 나타내는 지표

경제적 부가가치
영업이익 가운데 세금과 자본비용을 뺀 금액으로 실제로 얼마나 많은 이익을 내었는가를 나타내는 지표

가치중심경영(Value Based Management, VBM)은 장기적 관점에서 수익성에 기초한 성장이 가능하도록 경영활동을 기획하고 실행하고 통제하여 기업의 현금흐름을 최적화해나가는 동태적 경영사고로 정의된다. 즉, 경영의 목표를 매출액 증대나 단순히 적정한 이익 확보에만 두는 것이 아니라 중장기적 가치에 초점을 두고 기업을 경영하는 것이다. 가치중심경영을 위해서는 기업이 창출한 가치가 정확히 평가되고, 이를 통해 투자자들의 합리적인 의사결정과 이러한 투자 의사결정에 따른 적정수준의 이익이 보장되어야 한다. 따라서 기업이 창출한 가치에 대하여 정확하게 평가될 수 있는 시장부가가치(Market Value Added, MVA)나 경제적 부가가치(Economic Value Added, EVA) 개념들이 가치중심경영(VBM)을 수행하는 데 중요한 지표들로 사용된다. 시장부가가치(MVA)는 기회비용의 관점에서 기업이 투자자의 금액을 얼마나 효과적으로 활용하여 부가가치를 높이고 있는가를 나타내는 것이고 경제적 부가가치(EVA)는 기업이 벌어들인 영업이익 가운데 세금과 자본비용을 뺀 금액, 즉 투하자본에 대한 처리로 실제로 얼마나 많은 이익을 내었는가를 나타낸다. 시장부가가치(MVA)나 경제적 부가가치(EVA)는 매출액이나 당기순이익과 같은 전통적인 지표들에 사용할 경우 부족할 수 있는 의사결정 정보들을 보완한다. 즉, 일정기간 동안의 투하자본과 비용대비 정확한 현재가치의 수익 창출 금액을 보여줌으로써 경영자는 물론 투자자들의 올바른 의사결정을 도와준다.

- 시장부가가치(MVA)
- 경제적 부가가치(EVA)

EVA = 세후 순영업이익−자본비용(타인자본+자기자본)

(2) 균형적인 성과지표

경영활동의 효과적인 관리와 기업 전반에 대한 균형적인 성과평가를 위해 하버드 비즈니스 스쿨의 로버트 카플란(Kaplan) 교수와 경영 컨설턴트인 데이비드 노턴(Norton)이 공동으로 개발한 균형성과지표 개념이 일반적으로 사용된다. 이들의 개념에 근거하여 오늘날 균형성과지표(Balanced Scorecard, BSC)는 [그림 12-4]와 같이 조직의 비전과 전략을 달성하기 위해 재무, 고객, 내부프로세스, 학습 및 성장의 네 가지 균형적인 관점에서 각 관점들에 대한 핵심성과지표로 구체화하고, 이를 바탕으로 조직 전체의 역량을 목표달성에 집중할 수 있도록 하기 위한 전략경영도구로 사용되고 있다.

균형성과지표
조직의 비전과 전략을 달성하기 위해 재무, 고객, 내부프로세스, 학습 및 성장의 네 가지 균형적인 관점에서 조직의 역량을 집중할 수 있도록 하기 위한 전략경영도구

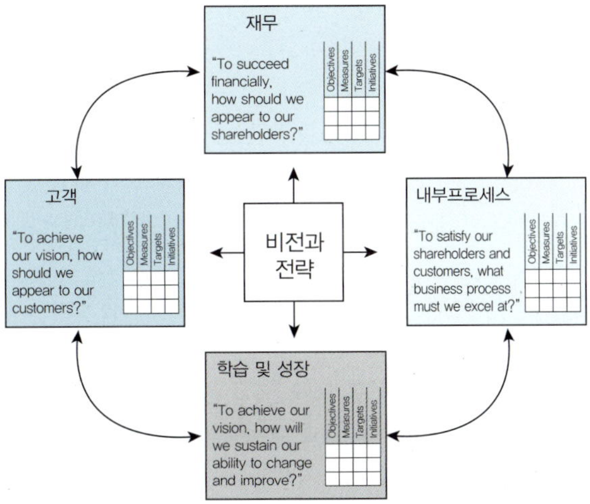

[그림 12-4] 균형성과지표

균형성과지표에서 제시되는 재무, 고객, 내부프로세스, 학습 및 성장의 네 가지 관점들에 대한 핵심성과 측정 방향은 다음과 같다.

- 재무 관점 — 재무성과의 측정지표들은 기업 경영이 기업의 손익개선에 기여하고 있는지를 나타내야한다.
- 고객 관점 — 고객들의 주요 관심사항을 반영한 측정지표를 사용하여야 한다. 고객 관심사항은 시간, 품질, 성능/서비스, 비용 등의 범주로 구분된다.
- 내부 프로세스 관점 — 내부 프로세스 측정지표는 고객 만족에 가장 큰 영향을

미치는 업무 프로세스에서 나와야 한다. 핵심역량 측면에서는 경쟁사보다 뛰어나야 하는 주요 기술과 업무 프로세스를 확인하고 그것에 대한 측정을 구체화한다.

- 학습, 혁신, 성장 관점 — 기업의 비전을 달성하기 위해 조직이 어떠한 학습을 하고 무엇을 개선해야 하는지 측정한다.

균형적인 성과지표 실행은 네 가지 영역에 핵심성공요인들과 핵심성과지표들을 설정하고 관리하다. 핵심성공요인(Critical Success Factors, CSF)은 기업의 비전과 전략을 달성하기 위한 중요하게 고려되어야 할 요인들을 의미하며, 핵심성과지표(Key Performance Index, KPI)는 핵심성공요인들에 대한 실행성과를 측정할 수 있는 척도를 말한다.

(3) 경영활동관리

기업의 효율적인 경영활동을 위한 기법으로 활동회계원가(ABC)를 근간으로 한 활동기준관리(Activity based management, ABM)가 주로 제시된다.

(4) SAP SEM

SAP SEM
가치중심 전략계획 수립과 경영성과의 상시적 모니터링 체제를 구축함으로써 기업의 가치경영을 지원하는 시스템

SAP SEM은 가치중심 전략계획 수립과 경영성과의 상시적 모니터링 체제를 구축함으로써 기업이 가치경영을 실현할 수 있도록 지원한다. SAP SEM은 [그림 12-5]와 같이 정보수집, 경영계획 및 시뮬레이션, 연결/결합 재무제표, 기업성과 평가, 이해관계자 관리의 5가지 구성요소들이 유기적으로 결합되어 기업의 전략적인 경영관리를 지원한다.

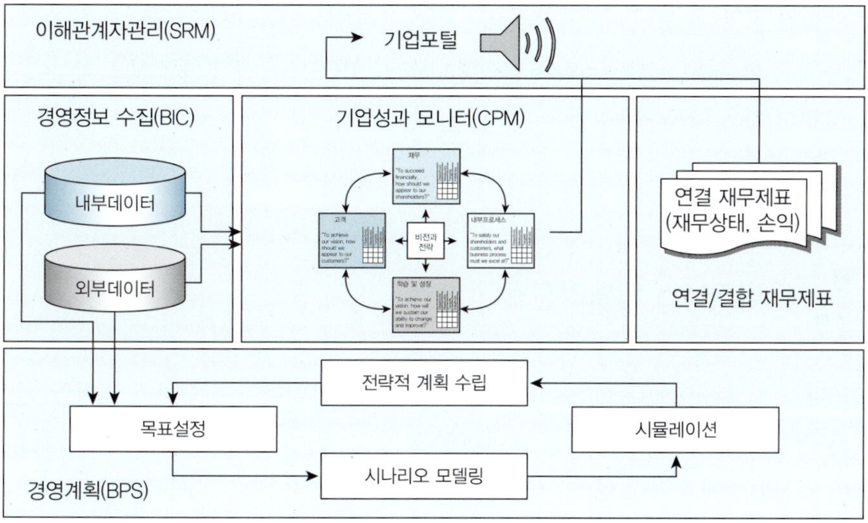

[그림 12-5] SAP SEM

SAP SEM의 상기 5가지 구성요소들이 기업의 전략적 경영을 지원하기 위한 기능들은 다음과 같다.

- 경영정보 수집(Business Information Collection, BIC) — 전략적 기업경영을 달성하기 위한 경영정보 수집 및 관리의 인프라를 구축하여, 기업 내부의 경영정보뿐 아니라, 기업외부의 다양한 경영정보를 수집하고 관리하는 기능을 지원한다.
- 경영계획(Business Planning & Simulation, BPS) — 기업의 전략 시나리오별로 계획을 수립하고, 시뮬레이션을 통해 기업가치를 추정하고, 이에 따라 전략적인 대안 선정 및 자원배분 계획을 수립하는 전체적인 과정의 전략적 계획 수립을 지원한다.
- 기업성과 모니터(Corporate Performance Monitor, CPM) — 균형성과표(BSC)를 이용하여 기업이 중점 관리해야 하는 재무적 비재무적인 모든 핵심성과측정지표(KPI)의 현황을 한눈에 파악할 수 있도록 지원한다.
- 이해관계자관리(Stakeholder Relationship Management, SRM) — 기업의 장기적인 성패를 좌우하는 요소 중 하나 다양한 이해관계자들과 협력관계를 지원한다. 이를 위해 기업 포털을 통해 이해관계자들이 필요로 하는 다양한 경영정보를 적시에 전달하고, 이해관계자의 의견을 피드백 받아 기업 경영에 반영할 수 있도

록 지원한다.

- 연결/결합 재무제표(Business Consolidation, BCS) — 연결 재무제표 작성에 필요한 기능을 제공한다.

4. 비즈니스 인텔리전스

비즈니스 인텔리전스
기업들이 신속하고 정확한 비즈니스 의사결정을 위해 사용하는 데이터의 접근, 수집, 보관, 분석 등을 위한 애플리케이션들의 총체

비즈니스 인텔리전스(business intelligence, BI)는 기업들이 신속하고 정확한 비즈니스 의사결정을 위해 사용하는 데이터의 접근, 수집, 보관, 분석 등을 위한 애플리케이션들의 총체로 비즈니스 인텔리전스(BI)는 기업 전반의 정보를 통합해 비즈니스 의사결정에 필요한 정보를 분석할 수 있게 도와주기 때문에 오늘날 기업의 경쟁우위 확보를 위한 주요한 도구가 된다.

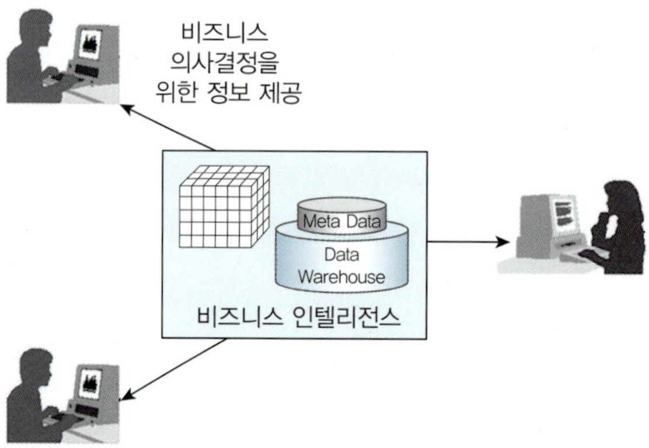

[그림 12–6] 비즈니스 인텔리전스

비즈니스 인텔리전스(BI)의 주요 구성요소는 [그림 12–7]에서와 같이 비즈니스 정보관리를 위한 데이터 웨어하우스, 데이터 마트와 정보 분석을 위한 OLAP, 비정형 질의, 데이터마이닝 등이 있다.

- 정보관리 — 데이터 웨어하우스, 데이터 마트
- 정보분석 — OLAP, 비정형 질의(ad hoc query), 데이터마이닝

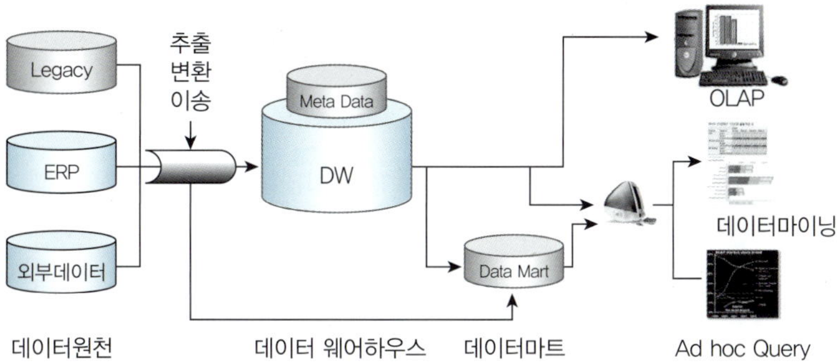

[그림 12-7] 비즈니스 인텔리전스의 주요 구성요소

(1) 데이터 웨어하우스와 데이터 마트

데이터 웨어하우스(data warehouse)는 조직 내/외부에서 관리되는 방대한 양의 데이터를 통합하여 조정 · 관리하며, 효율적인 의사결정을 지원하기 위한 기초를 제공하는 자료의 중앙 저장소로 비즈니스 인텔리전스(BI)의 근간이 되는 기술구조이다.

> **데이터 웨어하우스**
> 조직 내/외부에서 관리되는 방대한 양의 데이터를 통합하여 조정 · 관리하는 중앙저장소

데이터 웨어하우스 자료는 [그림 12-7]에서와 같이 기존 시스템(Legacy) 및 ERP 시스템 그리고 외부로부터 자료를 추출 · 변환 · 이송되어 데이터에 관한 구조화된 데이터인 메타 데이터(meta data)로 정리되어 저장된다. 데이터 웨어하우스는 기업의 의사결정 과정을 효율적으로 지원하기 위하여 주제 중심적이고 시간성을 가지는 비휘발성 자료의 집합으로 구성되어 관리된다.

- 주제 중심적 자료 — 전통적인 데이터베이스와 달리 애플리케이션에 종속되지 않고 독립적이며 고객, 제품과 같은 주요한 주제를 중심으로 주제들과 관련된 데이터들로 조직화된다.
- 시간성 혹은 역사성을 가진 자료 — 일, 월, 년, 회계기간 등과 같은 정의된 기간과 관련되어 저장된다.
- 비휘발성 자료 — 데이터 웨어하우스에 일단 적재된 데이터는 변경 또는 삭제하지 않는 것을 원칙으로 하고 있다.

데이터 마트(data mart)는 소형의 데이터 웨어하우스로 하나의 주제 또는 하나의 사업단위 중심의 데이터 웨어하우스라고 할 수 있다. 일반적으로 기업들은 데이터 웨어하우스를 구축할 만한 시간이나 비용이 없는 경우 우선 데이터 마트를 구축하

> **데이터 마트**
> 하나의 주제 또는 하나의 사업단위 중심의 소형 데이터 웨어하우스

여 운영한다.

(2) OLAP과 데이터마이닝

OLAP
다차원 자료에 대하여 대화식으로 정보를 분석하는 도구

OLAP과 데이터마이닝은 비즈니스 인텔리전스(BI)의 정보 분석 기능들과 관련되어 있다. **OLAP**(On-Line Analytical Processing)은 사용자가 다차원 정보에 직접 접근하여 대화식으로 정보를 분석하고 의사결정에 활용하는 과정 또는 관련 도구를 의미한다. 일반적으로 OLAP 지원 도구들은 데이터 웨어하우스에 있는 다차원 정보를 다양한 비즈니스 관점에서 Drill-down, Drill-Across, Drill-Through, Pivoting, Slice and Dice 등의 대화식 형태 분석을 지원한다.

- Drill Down/Up — 사용자가 특정위치에서 더욱 상세한 내역을 알기 위해 데이터 검색단계를 이동하거나(Drill Down) 상위계층의 축약된 내용을 보기 위해 이동하는(Drill Up) 기법
- Drill Across — 현재 보고서 차원과 다른 새로운 차원으로 넘어가서 분석하는 기법
- Drill-Through — 현재 보고서와 관련된 상세 보고서를 보기 위해 사용되는 기법
- Pivoting — 최종적으로 나타난 분석결과를 동적으로 차원이 되는 축을 바꾸어 다양한 각도로 정보를 보는 기능
- Slice and Dice — Slice는 3차원 큐브모양으로 자료를 인식하고 특정 관점으로 큐브를 잘라서 보는 방식이고 Dice는 큐브를 돌려서 보는 형태의 정보분석 방법

데이터마이닝
대규모 데이터내의 알려지지 않은 사실을 패턴이나 연관관계 분석을 이용하여 도출해내는 과정

데이터마이닝(data mining)이란 대용량의 데이터로부터 그 속에 산재되어 있는 알려지지 않은 사실을 패턴이나 연관관계 분석을 이용하여 도출해내는 과정으로 이러한 사실들은 고객 마케팅과 같은 기업 업무 활동에서 적극적으로 이용되고 있다. 데이터마이닝의 작업유형은 데이터를 분석하여 어떤 종류의 정보를 찾고자 하는지에 따라 연관규칙, 연속패턴, 분류, 추정/회귀분석, 군집구분 등으로 구분된다.

(3) SAP BW

SAP BW(비즈니스 인포메이션 웨어하우스)는 비즈니스 인텔리전스(BI) 구축을 위한 솔루션으로 기업에서 필요한 정형/비정형적인 모든 데이터를 관리하는 데이터 웨어하우스 기능을 근간으로, 다양한 업무 시스템 간의 데이터를 하나로 통합하여 정보 이용자가 필요한 다차원의 정보를 취합분류하고, 분석 자료를 생성하여 이용자들의 다양한 의사결정을 지원한다.

SAP BW
SAP의 비즈니스 인텔리전스(BI) 구축을 위한 솔루션

SAP BW는 Data Warehousing, BI Platform, BI Suite 등으로 구성되어 있다.

- Data Warehousing — 데이터 웨어하우스 구성과 관리를 지원한다.
- BI Platform — 비즈니스 정보를 분석하기 위한 다양한 분석 플랫폼을 제공한다.
- BI Suite — 다양한 분석을 위한 도구들을 포함한다.

Data Warehousing

SAP BW의 Data Warehousing은 기존의 시스템(Legacy), ERP 등의 종류에 관계없이 인터페이스를 제공하여 추출부터 변환, 적재, 관리까지의 모든 기능을 통합 관리하여 지원한다. 모든 자료가 메타 데이터 형태로 저장되어 어떠한 단계에서도 관련된 모든 정보를 확인, 조회, 및 수정이 가능하다. 또한 소스시스템에서 전달되는 데이터부터 모니터링하고 관리하는 기능까지 전 과정도 일관성 있게 관리한다.

BI Platform

SAP BW의 BI Platform는 기업의 비즈니스 정보를 효과적으로 분석하기 위해 OLAP, 데이터 마이닝, 계획 및 시뮬레이션 등의 다양한 분석 플랫폼을 탑재하고 있다.

- OLAP — 다차원 분석을 위한 OLAP 엔진이 탑재되어 있어 BW자체 레포팅 툴들과는 웹API 방식으로, 외부의 레포팅 툴들과는 MDX 문을 통한 ODBO Interface 방식을 지원하여 다차원 분석을 가능하게 하며, Drill-down, Drill-Across, Drill-Through, Pivoting, Slice and Dice 등의 대화형 분석을 위한 다양한 기능들을 지원한다.

- 데이터마이닝 — 경영정보 분석을 위해 다양한 예측함수들을 제공하고, 군집분석, 연관분석, 의사결정나무, 스코어링, 선형 회귀 & 비선형 회귀 분석, ABC 분류, RFM 분석 등의 다양한 데이터마이닝을 기법을 이용하여, 기존의 데이터를 통해 데이터마이닝 모델을 정의하고 엔진을 통해 예측할 수 있는 기반을 제공한다.
- 계획 및 시뮬레이션 — 경영계획(BPS) 기능을 탑재하여, 연간 사업계획이나, 예산 계획 수립과 같은 계획 작업을 지원하며, 데이터웨어하우스 기능인 데이터 적재 및 다차원 분석 기능과 계획 및 시뮬레이션 시스템을 하나의 시스템 안에 구축을 도와준다.

BI Suite

SAP BW는 BI Suite는 웹 보고서 작성기(Web Report)나 다차원 분석기(Bex Analyzer)와 같은 분석 툴을 자체 내장하고 있어 다양한 분석, 사용자 정의 보고서 생성과 비정형 질의(Ad hoc Query) 등에 대한 처리가 가능하도록 지원한다.

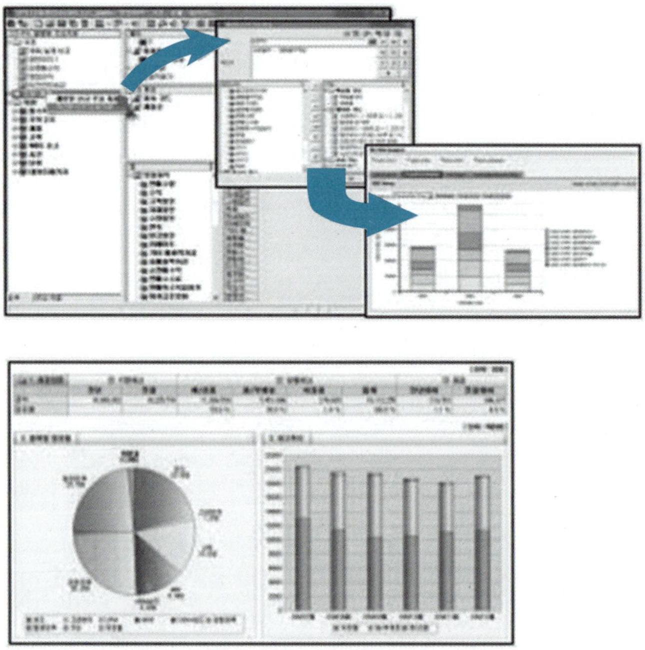

[그림 12-8] SAP BW 분석

5. 고객관계관리

고객관계관리(customer relationship management, CRM)는 고객정보를 기반으로 신규고객 획득, 기존고객의 유지, 고객충성도 및 고객기여도 향상을 위한 고객 분석 활동, 상품 기획활동, 채널 확보활동을 통해 궁극적으로 고객으로부터 안정적인 수익성을 확보하기 위한 것을 의미한다. CRM란 용어가 상기와 같이 포괄적으로 정의되었기 때문에 이를 지원하는 정보기술들에 대하여도 학계 및 실무분야에서 다양한 형태로 분류 · 제시되어 왔다. 메타그룹(Meta group)이 제시한 CRM 유형은 가장 보편적으로 사용되는 CRM 정보기술들의 분류 방법이다.

고객관계관리
고객정보를 기반으로 신규고객 획득, 기존고객의 유지, 고객충성도 및 고객기여도 향상을 위한 고객관리 활동

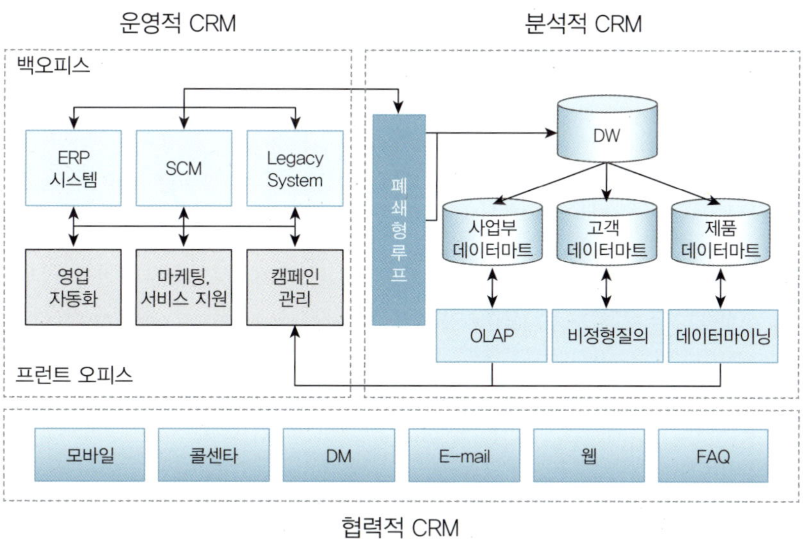

[그림 12-9] CRM 유형

메타그룹 정의에 따르면 CRM 정보기술들은 [그림 12-9]와 같이 운영적 CRM, 분석적 CRM 그리고 협력적 CRM으로 분류된다.

- 운영적 고객관계관리(Operational CRM) — 영업자동화나 캠페인관리와 같은 마케팅, 영업, 서비스 영역의 운영적인 업무들에 지원하는 애플리케이션들을 의미한다.
- 분석적 고객관계관리(Analytical CRM) — 고객 마케팅을 위해 분석적인 활동들

을 지원하기 애플리케이션들로 데이터웨어하우스, OLAP, 데이터마이닝과 같은 분석도구들이 포함된다.

- 협력적 고객관계관리(Collaborative CRM) — 콜센터, FAQ, 웹 판매서비스와 같은 고객과 상호작용 위한 정보기술들을 의미한다.

Kalakota와 Robinson(2005)에 의하면, 협력적 고객관계관리, 운영적 고객관계관리, 분석적 고객관계관리가 독립적으로 실행되는 것이 아니라, 상호 밀접하게 연관되는 순환루프로 구성되어야 한다는 것이다. 즉, 세 가지의 유형이 동시에 이루어져야 하고 통합되어야 한다는 것을 의미한다.

(1) SAP CRM

SAP 솔루션들은 메타그룹에서 정의한 운영적 CRM, 분석적 CRM, 그리고 협력적 CRM의 대부분의 CRM 정보기술들을 제공한다. 그러나 SAP CRM은 운영적 CRM과 일부 협력적 CRM 유형에 초점을 맞추고 있다. SAP 솔루션을 이용한 분석적 CRM 업무는 SAP BW에서 대부분 수행된다.

SAP CRM
마케팅, 영업 그리고 서비스의 세 가지 영역의 운영적인 업무를 지원하는 시스템

SAP CRM은 마케팅, 영업 그리고 서비스의 세 가지 영역의 운영적인 업무를 지원한다. 이들 영역은 전통적인 비즈니스는 물론 인터넷 세일즈와 전화(Telephone) 영업 분야까지 포괄적으로 지원한다. SAP CRM이 지원하는 세 가지 영역의 기본 기능들은 다음과 같다.

- 마케팅 — 마케팅 계획, 대상설정, 마케팅 활동 관리 및 결과분석
- 영업 — 리드관리, 기회관리, 활동관리, 인터넷, 전화 영업 지원
- 서비스 — 서비스 주무관리, 현장서비스 관리 등

(2) 마케팅지원 기능

SAP CRM의 마케팅(marketing)은 [그림 12-10]과 같은 마케팅 활동의 계획, 채널 및 타깃 선정, 계획된 마케팅 활동의 실행과 실행된 결과 분석의 전 마케팅 프로세스를 효과적으로 지원하기 위한 기능들로 구성되어 있다.

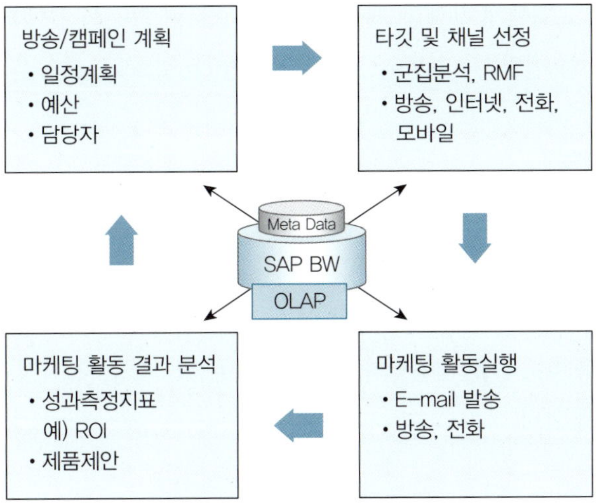

[그림 12-10] 마케팅 프로세스

SAP CRM의 마케팅에서 제공하는 기능들은 다음과 같다.

- 마케팅 플래너 — 마케팅 계획 단계에서 기업 내의 모든 마케팅 활동을 등록 관리하기 위한 도구로 캠페인, 프로모션, 이벤트, 전시회 세미나 등의 활동들에 대한 일정 및 비용뿐 아니라 반응률, 캠페인 ROI 등의 성과지표들을 등록하여 모니터링이 가능한 체계를 지원
- 마케팅 캘린더 — 마케팅 플래너에서 등록된 모든 활동을 캘린더 형태의 시각적으로 보여주는 도구
- 개인화된 메일 — 캠페인 실행시 사용할 다양한 스크립트를 작성하는 도구
- 인터액티브 스크립팅 — 고객에게 전달할 스크립트를 작성하는 도구
- 세그먼트 빌더 — 다양한 고객정보를 이용하여 고객 세분화를 실행을 지원하는 도구
- 외부고객 리스트관리 — 외부에서 구입한 고객데이터를 활용하기 위한 도구
- 캠페인 자동화 — 캠페인 실행과 관련된 일체의 활동을 자동화해주는 도구
- 캠페인 최적화 — 캠페인 설계시 예산, 채널, 가용량, 제공될 오퍼 등을 조건으로 반응률, 비용, 수익, ROI 등의 성과지표들을 시뮬레이션닝하여 타깃, 채널 오퍼 등의 최적화된 조합을 제공해주는 도구

- 제품제안 — 고객에게 구매할 제품을 제안함으로써 고객의 구매의사결정을 지원하는 도구로 업 셀링(Up selling), 크로스 셀링(cross selling) 등을 지원

(3) 영업지원 기능

SAP CRM의 영업(sales)은 [그림 12-11]과 같은 전 영업프로세스에서 SAP ERP의 영업유통(SD)에서 지원하는 부분을 제외한 부분을 지원한다. 아울러 판매계획 및 예측, 지역 특성화된 영업관리 영업사원들의 활동관리 등을 지원하여 영업업무의 효과성과 효율성을 제공한다. 또한 인터넷영업 활동, 전화영업 활동 등을 위한 기능들도 제공한다.

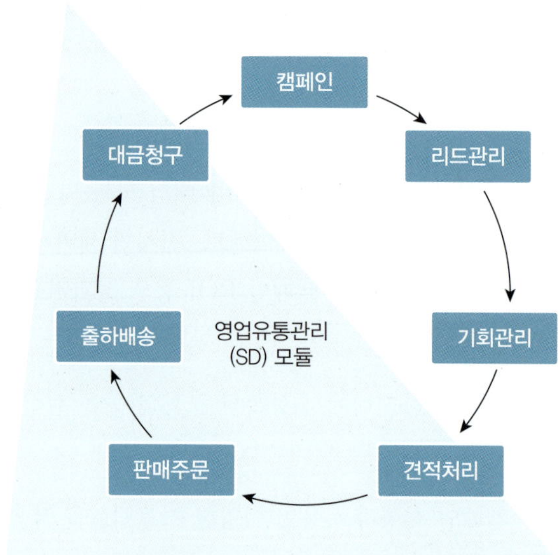

[그림 12-11] 전 영업 프로세스

SAP CRM의 영업에서 제공하는 주요 기능들은 다음과 같다.

- 판매계획 및 예측(Sales planning and forecasting) — 기업의 영업목표부터 개별 영업담당자들에 대한 판매 목표관리와 실적률에 대한 모니터링 기능을 제공
- 지역관리(Territory) — 지역별 특성화된 영업을 지원하기 위한 도구로 지역정보 관리 및 지역별 영업 분석 기능을 제공
- 고객 및 주요 담당자 관리 — 기업의 비즈니스 수행과 관련된 모든 조직 및 개인

들을 비즈니스 파트너로 데이터베이스화하여 통합적으로 관리하는 기능을 제공

- 활동(activity) 관리 — 영업담당자들의 영업행위, 즉 영업활동에 대한 관리를 지원, 세부적으로 일별, 주별, 월별 활동계획을 관리하는 기능을 제공
- 리드 관리(Lead management) — 비즈니스를 위한 기회를 촉진시키는 리드들에 대한 관리를 지원
- 기회 관리(Opportunity management) — 판매 기회들에 대한 관리를 지원
- 인터넷(Internet) 영업 — 인터넷 영업을 위한 상품정보 및 가격관리, 인터넷 주문 및 대금결제관리, 배송 및 서비스 관리 등의 활동을 지원
- 전화 영업(Telesales) — 세일즈 방법론에 따른 텔레세일즈 관리 기능으로 가망고객 관리, 고객에게 정보발송, 현장 영업사원 일정 관리 등의 텔레세일즈 활동들에 대한 관리, 고객정보수집, 이탈고객방지, 시장조사 등의 다목적 캠페인수행 기능 등을 지원

(4) 서비스지원 기능

SAP CRM의 서비스(sales)는 [그림 12-12]와 같이 고객의 헬프데스크 방문, 전화 인터넷을 통한 콜센터로의 서비스 문의 또는 요청에 대하여 초기 서비스 접수부터 최종 서비스 완료까지 전체 사후서비스 프로세스를 지원한다.

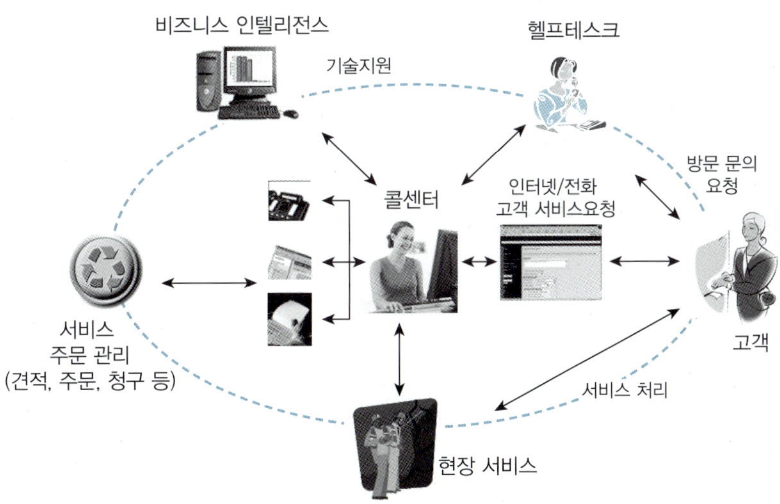

[그림 12-12] 서비스 활동

SAP CRM의 서비스에서 제공하는 기능들은 다음과 같다.

- 서비스계획 — 일정할 주기로 반복되거나 특정시점에 수행되어야 할 서비스를 관리하고 이에 대한 스케줄링 작업을 지원
- 서비스 주문관리 — 서비스 견적, 서비스 주문서 생성, 서비스 자원할당, 서비스 결과등록 및 서비스 비용청구에 이르는 서비스 주문관리 프로세스를 지원
- 지식관리 — 비즈니스 인텔리전스 기능을 연계한 다양한 기술지원 기능을 지원
- 고객 불만 및 반품관리 — 고객 불만과 반품현황에 대한 관리를 지원
- 서비스 요원 인력관리 — 서비스 요원의 인력관리 기능을 제공, 서비스 요원들의 자격 요건은 물론 고객 요청일의 서비스 요원의 서비스 가능여부 확인 기능 등을 제공

6. 공급사슬관리

공급사슬관리
서비스수준을 만족시키고, 비용을 최소화하기 위하여 공급사슬을 효율적으로 통합하는데 이용되는 일련의 접근법

공급사슬
부품 공급업자로부터 생산자, 도소매 유통, 고객에 이르는 물류의 흐름

공급사슬관리(supply chain management, SCM)는 서비스 수준을 만족시키고, 비용을 최소화하기 위하여 공급자, 생산자, 창고, 소매상 및 고객에 이르기까지의 공급사슬을 효율적으로 통합하는 데 이용되는 일련의 접근법으로 공급사슬(supply chain) 또는 공급망은 [그림 12-13]과 같이 부품 공급업자로부터 생산자, 도소매 유통, 고객에 이르는 물류의 흐름을 의미한다.

[그림 12-13] 공급사슬

정보기술을 이용한 공급사슬관리는 일반적으로 산업별로 구축·발전되어 왔으며, 다음들은 대표적인 산업별 SCM들이다.

- APS(advanced planning and schedule) — 제조업체의 생산계획 시스템

- QRS(quick response system) — 의류업체의 즉시응답시스템
- CRP(continuous replenishment program) — 유통업체의 연속상품보충 시스템

SAP은 전통적인 제조업체에서 범용적으로 사용될 수 있는 SCM 제품들을 제공하고 있다. SAP에 제공하는 주요 SCM 제품은 다음과 같다.

- SAP APO(Advanced Planning and Optimization)
- SAP SRM(Supplier Relationship Management)

(1) SAP APO

SAP APO(Advanced Planning and Optimization)는 제조업체 관점에서 공급사슬을 최적화하기 위한 도구로서, 기존의 ERP시스템보다 강화된 수요계획기능들인, **유한자원 생산계획** 기능 및 글로벌 가용성 점검 기능 등을 제공한다. SAP APO에서 제공하는 세부적인 기능들은 다음과 같다.

SAP APO
제조업체 관점에서 공급사슬을 최적화하기 위한 도구

유한자원 생산계획
제약이론(TOC)에 근거해 공급되는 자재가 유한하다는 관점 하에 수립되는 생산계획

- 공급망 조종석(Supply Chain Cockpit) — 공급망 전반에 걸친 모든 연결 관계를 모델링, 이동, 제어하는 그래픽 계기판으로서 공급망 조종석은 지휘 본부로서 공급망 관리를 진행할 수 있는 조종석을 통해 공급망 전 구간을 완벽하게 조망하는 기능을 제공
- 수요계획(Demand Planning) — 시장수요 움직임의 패턴을 분석하고 예측되는 기능으로 SAP BW와 밀접하게 연결되어 예측 및 계획 수립을 지원하는 통계 예측기법과 수요계획 기능을 제공
- 공급망 계획 및 실전 배치(Supply Network Planning & Deployment) — 구매와 생산 그리고 물류프로세스를 시장수요에 대응시켜서 전체 공급망을 최적화하고 공급망과 관련된 모든 제약 조건을 고려한 공급망 계획 모델 개발을 지원
- 생산계획 및 상세 일정 수립(Production Planning & Detailed Scheduling) — 자원 활용을 최적화하는 생산계획과 일정생성을 지원하는 기능으로 제약이론(TOC)과 최적화 라이브러리 등을 활용해 유한자원 생산계획 수립을 지원
- 글로벌 가용성 점검(Global Available-to-Promise) — 글로벌 규모로 수요와 공급을 대응시켜 고객주문 납기와 관련한 실시간 가용성 점검과 시뮬레이션 기법을 지원

(2) SAP SRM

SAP SRM
전략적 소싱과 온라인 상에서 협력업체들과 협업을 통한 최적의 전자조달 체제 구축을 위한 시스템

SAP SRM(Supplier Relationship Management)은 외부 파트너인 공급사와의 관계를 개선하고 공급망의 확장 및 통합하여 공급사슬 전체의 효율을 높이는 활동을 지원한다. [그림 12-14]와 같은 전 구매조달프로세스에서 전략적 소싱과 온라인상에서 협력업체들과 협업을 통한 최적의 전자조달 체제 구축을 지원한다.

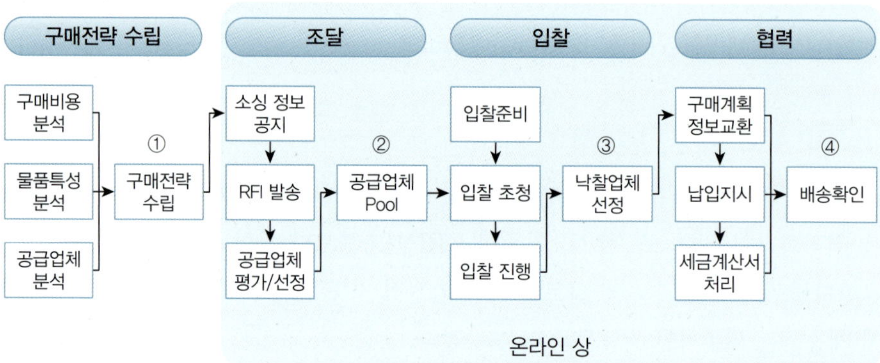

[그림 12-14] 전 구매조달프로세스

SAP SRM 제공하는 주요 기능들은 다음과 같다.

- 구매비용, 물품 특성, 시장상황, 공급업체 분석 등을 통한 품목군별 구매전략 수립을 지원
- 구매계획 공지 및 정보요청서(Request for Information, RFI) 등에 의한 공급가능한 업체들에 대한 Pool을 체계적으로 관리
- 입찰/역경매 등의 다양한 온라인 조달(On-Line Sourcing) 활동에 의한 공급업체 선택의 최적화를 지원

7. 기업애플리케이션통합

기업애플리케이션통합(Enterprise Application Integration, EAI)은 [그림 12-15]와 같이 기업 내부에 산재되어 있는 각종 애플리케이션, 레거시(Legacy) 시스템, ERP 시스템, 고객관계관리(CRM) 시스템, 공급사슬관리(SCM) 시스템, 데이터웨어하우스(DW), 전자상거래, 클라우드 시스템 등을 서로 간에 상호 연동이 가능토록 통합하는 것으로 기업애플리케이션통합을 통해 중단 없는 업무 프로세스 연계와 업무의 효율성을 제고하는 효과를 볼 수 있다.

기업애플리케이션통합
기업 내부에 산재되어 있는 각종 애플리케이션들을 서로 간에 상호 연동이 가능토록 통합하는 것

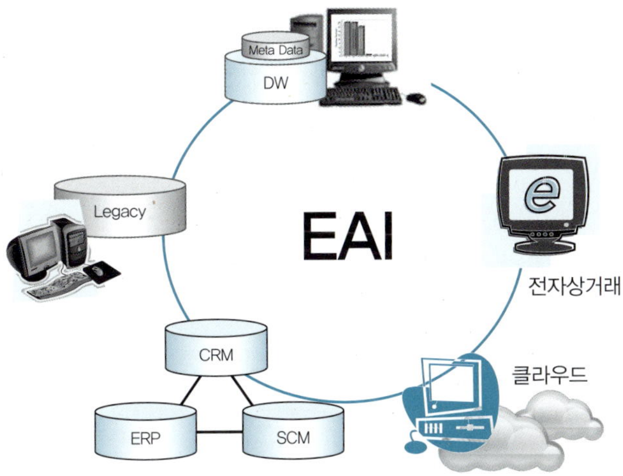

[그림 12-15] 기업애플리케이션통합

(1) SAP 넷위버

SAP의 넷위버는 서비스 지향 아키텍처를 실현하기 위한 플랫폼을 의미하며, XI(eXchange Infrastructure)는 SAP 넷위버 플랫폼의 하나로 프로세스 통합 부분을 담당하는 핵심 솔루션이다. XI는 일반적인 EAI 기능, 크로스 컴포넌트형 업무 프로세스관리 기능 그리고 일반적인 업무 프로세스관리 기능 등으로 구성되어 있으며, 이를 통해 SAP와 non-SAP 애플리케이션 간의 통합, 기업 내부의 애플리케이션 간 연계 시나리오 및 비즈니스 파트너와의 B2B 연계 시나리오 구현, 서비스 지향 아키텍처의 실현 그리고 크로스 컴포넌트 비즈니스 프로세스 관리 등을 지원하는 데 활용될 수 있다.

요약

기업의 비즈니스 형태는 기업 내부 업무통합 단계와 공급사슬사의 기업 간의 업무 통합 단계를 거쳐 커뮤니티 상의 모든 기업들과 통합하는 단계로 변화하고 있다. e-business는 인터넷과 최신 정보기술들을 기업경영에 도입하여 기존 기업의 경영활동영역을 가상공간으로 이전시킨 것으로 이를 위해 기업의 정보시스템은 ERP, 확장 ERP를 근간으로 다양한 비즈니스 가치를 추구할 수 있는 e-business 지원 시스템으로 진화하고 있다. 기업의 e-business를 지원하기 위해 환경은 전사적 자원관리(ERP) 시스템을 근간으로 전략적 기업경영(SEM), 비즈니스 인텔리전스(BI), 고객관계관리(CRM), 공급사슬관리(SCM) 등을 위한 확장 ERP와 이들과 다양한 기존의 시스템들을 통합하기 위한 기업애플리케이션통합(EAI) 솔루션이 기반이 된다. SAP는 기업의 e-business 수행을 위하여 SAP SEM(전략적 기업경영 지원), SAP BW(비즈니스 인텔리전스), SAP CRM(고객관계관리 지원) SAP APO와 SAP SRM(공급사슬관리), SAP NetWeaber(기업애플리케이션통합) 등의 확장 ERP 솔루션들을 제공하고 있다.

SAP SEM은 가치 중시 전략 계획 수립과 경영성과의 상시적 모니터링 체제를 구축함으로써 기업이 가치경영을 실현할 수 있도록 지원한다. SAP SEM은 정보수집, 경영계획 및 시뮬레이션, 연결/결합 재무제표, 기업 성과평가, 이해관계자 관리의 5가지 구성요소들이 유기적으로 결합되어 기업의 전략경영을 지원한다. SAP BW는 비즈니스 인텔리전스(BI) 구축을 위한 솔루션으로 기업에서 필요한 정형과 비정형적인 모든 데이터를 관리하는 데이터 웨어하우스 기능을 근간으로, 다양한 업무 시스템 간의 데이터를 하나로 통합하여 이용자들의 다양한 의사결정을 지원한다. SAP CRM은 마케팅, 영업 그리고 서비스의 세 가지 영역의 운영적인 고객관리업무를 지원한다. 이들 영역은 전통적인 비즈니스는 물론 인터넷 세일즈와 전화영업 분야까지 포괄적으로 지원한다. SAP APO는 제조업체 관점에서 공급망을 최적화하기 위한 도구로서, 기존의 ERP 시스템보다 강화된 수요 예측기능, 유한자원 생산계획 기능 및 글로벌 가용성 점검 기능 등을 제공한다. SAP SRM은 외부 파트너인 공급사와의 관계를 개선하고 온라인상에서 공급망의 확장 및 통합하여 공급사슬 전체의 효율을 높이는 활동을 지원한다. SAP의 넷위버는 서비스 지향 아키텍처를 실현하기 위한 플랫폼을 의미하며, XI는 SAP 넷위버 플랫폼의 하나로 프로세스 통합 부분을 담당하는 핵심 솔루션으로 일반적인 EAI 기능, 크로스 컴포넌트형 업무프로세스관리 기능 그리고 일반적인 업무프로세스관리 기능 등으로 구성되어 있다.

● 참고문헌

- 구교열, 『최고 경영자 리치 골드 운명을 바꾼 경영수업』, 시대의 창, 2007
- 김은 · 박진우 · 박준호 · 유세열 외, 『enterprise solutions(기업용 솔루션)』, 어람출판사, 2005.
- 김은홍 · 최병구, 『경영정보학 개론』, 다산출판사, 2012.
- 서영호 · 박주석 · 김재경 · 이경전 · 김경재, 『e비즈니스 시대의 경영정보시스템』, 한경사, 2004.
- 송경근, 『가치실현을 위한 통합경영지표 BSC』, 한언, 1998
- 윤철호 · 김상훈(2003), "e-Transformation 수행 방안에 관한 코오롱글로텍 (주)의 사례연구", Information Systems Review, 5(2), 23-36.
- 윤철호 · 김상훈(2005), "e-Transformation 을 위한 풀무원의 전략적 연계 사례연구", Information Systems Review, 7(2), 183-194.
- 윤철호 · 최해성(2006), "기업 프로세스 통합을 위한 EAI 구축사례: 대교(주)의 EAI 프로젝트를 중심으로", 한국IT서비스학회지5(3) pp.109-119, 2006.
- 이영해, 『SCM (공급사슬경영)이론과 실제』, 문영각, 2001
- 조재희 · 박성진, 『OLAP 테크놀로지』, 시그마컨설팅그룹, 1999
- Kalakota, R., and M. Robinson. "e-Business 2.0-Roadmap for Success 2001"(2005).
- Katta, S.(2009), *Discover SAP CRM*, Galileo Press.
- Kaplan, R. S., & Norton, D. P.(1996), *Linking the balanced scorecard to strategy*, California management review, 39(1), 53-79.
- Meta Group, "CRM predictive analytics: From buzzwords to Business Value", www2.sas.com/proceedings/sugi29/004-29.pdf, 2003
- Hoppe, M.(2007), "Sales and Inventory Planning with SAP APO" in www. sap-press. com.
- SAP Korea, SAP 솔루션 상세 설명 자료: 14) 비즈니스인포메이션웨어하우스, SAP Korea, 2005
- SAP Korea, SAP 솔루션 상세 설명 자료: 전략적기업경영, SAP Korea, 2005

- SAP Korea, mySAP SRM 솔루션 소개, SAP Korea, 2005
- SAP Korea, mySAP CRM 솔루션 소개, SAP Korea, 2002
- SAP Korea, SAP SCM(APO) Enhancements, SAP Korea, 2008
- Sethi, S.(2010), *Enhancing supplier relationship management using SAP SRM*. Galileo Press.

연·습·문·제

1. 기업 정보시스템의 진화 과정에 대하여 설명하라.

2. e－business 지원시스템들에 대하여 설명하라.

3. 전략적 기업경영을 위한 개념들에 대하여 설명하라.

4. SAP SEM의 구성에 대하여 설명하라.

5. 비즈니스 인텔리전스와 BW에 대하여 설명하라.

6. 고객관계관리 시스템 구성에 대하여 설명하라.

7. SAP CRM의 구성에 대하여 설명하라.

8. 공급사슬관리 시스템에 대하여 설명하라.

9. SAP APO가 제공하는 기능들에 대하여 설명하라.

10. 기업애플리케이션통합에 대하여 설명하라.

● 실무적용

- 우리 회사에 확장 ERP 시스템들을 도입하기 위한 기안서를 작성해 보자.
- 사장에게 e-Business를 소개하기 위한 프레젠테이션 자료를 만들어 보자.
- 우리 회사에서 SAP의 확장 ERP 시스템 구축을 위한 팀을 조직해 보자.

찾·아·보·기

ㅇ

ㅈ

ㅊ

ㅋ

ㅌ

ㅍ

ㅎ

A